Das Wettbewerbskriterium der Mehrwertsteuersystemrichtlinie und dessen Einfluss auf die Umsatzbesteuerung der öffentlichen Hand

Europäische Hochschulschriften Recht

European University Studies in Law

Publications Universitaires Européennes de Droit

Band/Volume 6165

Henning Koewius

Das Wettbewerbskriterium der Mehrwertsteuersystemrichtlinie und dessen Einfluss auf die Umsatzbesteuerung der öffentlichen Hand

PETER LANG

Bibliografische Information der Deutschen Nationalbibliothek
Die Deutsche Nationalbibliothek verzeichnet diese Publikation in der Deutschen Nationalbibliografie; detaillierte bibliografische Daten sind im Internet über http://dnb.d-nb.de abrufbar.

Zugl.: Potsdam, Univ., Diss., 2019..

Gedruckt auf alterungsbeständigem, säurefreiem Papier.
Druck und Bindung: CPI books GmbH, Leck

D 517
ISSN 0531-7312
ISBN 978-3-631-80912-9 (Print)
E-ISBN 978-3-631-80913-6 (E-PDF)
E-ISBN 978-3-631-81566-3 (EPUB)
E-ISBN 978-3-631-81567-0 (MOBI)
DOI 10.3726/b17013

Diese Publikation wurde begutachtet.

www.peterlang.com

Vorwort & Danksagung

Nach Jahrzehnten des Stillstands hat der Gesetzgeber die Materie der Umsatzbesteuerung der öffentlichen Hand in Deutschland neu geregelt. Für den Verfasser dieses Buches bedeutete es, dass sich die gesetzlichen Grundlagen und damit sein Thema während des Schreibens änderten. Künftigen Doktoranden sei an dieser Stelle mit einem Augenzwinkern „geraten“, doch lieber in römischer Rechtsgeschichte zu promovieren, anstatt sich mit dem wechselhaften deutschen Steuerrecht auseinanderzusetzen.

Gleichwohl ist das Thema hochaktuell und wird auch in den kommenden Jahren Gegenstand intensiver wissenschaftlicher Diskussionen und finanzgerichtlicher Entscheidungen sein. Daher danke ich meinem Doktorvater und Erstgutachter Herrn Prof. Dr. Musil, der mir die Möglichkeit bot zu diesem Thema zu promovieren und mir große Geduld beim Schreibprozess entgegenbrachte.

Mein Buch widme ich meinen lieben Eltern, Annegret und Rüdiger Koewius, die mich in jeder Lebensphase unendlich unterstützt haben und mir mein Studium der Rechtswissenschaften an der Freien Universität Berlin ermöglichten. Durch die zahllosen Gespräche und aufmunternden Worte haben sie auch zum Gelingen dieser Arbeit beigetragen. Ich danke ihnen von Herzen!

Ich danke auch meiner lieben Frau Kinga Koewius, die mich durch ihren Zuspruch und ihre positive Art stets neu motivierte sowie meinem guten Freund Oliver Schoepke, mit dem ich gemeinsam alle Herausforderungen der juristischen Ausbildung meisterte.

Berlin, 8. Oktober 2019
Henning Koewius

Inhaltsverzeichnis

Abkürzungsverzeichnis

a. F.	alter Fassung
a. A.	anderer Ansicht
Abl.	Amtsblatt
Abs.	Absatz
AcP	Archiv für die civilistische Praxis
AEUV	Vertrag über die Arbeitsweise der Europäischen Union
AG	Aktiengesellschaft
AGB	Allgemeine Geschäftsbedingungen
AO	Abgabenordung
AöR	Archiv des öffentlichen Rechts
Art.	Artikel
ASOG	Allgemeines Gesetz zum Schutz der öffentlichen Sicherheit und Ordnung in Berlin
Aufl.	Auflage
Az.	Aktenzeichen
BB	Betriebs-Berater
Bd.	Band
BeckOK	Beck'scher Online-Kommentar
BeckRS	Beck online Rechtsprechung
BeSt	Beratersicht zur Steuerrechtsprechung
BGB	Bürgerliches Gesetzbuch
BGBl.	Bundesgesetzblatt
BBG	Berliner Betriebe Gesetz
BBBG	Gesetz über die Anstalt öffentlichen Rechts Berliner Bäder-Betrieb
BFH	Bundesfinanzhof
BFH/NV	Sammlung der Entscheidungen des Bundesfinanzhofs, die nicht in der amtlichen Sammlung des BFH veröffentlicht werden
BFHE	Entscheidungen des Bundesfinanzhofs
BGH	Bundesgerichtshof
BHO	Bundeshaushaltsordnung
BMF	Bundesministerium der Finanzen
BremGebBeitrG	Bremisches Gebühren- und Beitragsgesetz
BremPolG	Bremer Polizeigesetz
BStBl.	Bundessteuerblatt
BT Drucks.	Bundestagsdrucksache

Buchst.	Buchstabe
BVerfG	Bundesverfassungsgericht
BVerfGE	Sammlung der Entscheidungen des Bundesverfassungsgerichtes
BVerfGG	Bundesverfassungsgerichtsgesetz
BVerwG	Bundesverwaltungsgericht
bzw.	beziehungsweise
d. h.	das heißt
DB	Der Betrieb
DÖV	Die Öffentliche Verwaltung
DStJG	Deutsche Steuerjuristische Gesellschaft e.V.
DStR	Deutsches Steuerrecht
DStRE	Deutsches Steuerrecht – Entscheidungsdienst
DStR-Beih	Deutsches Steuerrecht – Beihefter
DStZ	Deutsche-Steuer-Zeitung
dt.	deutsch
DVBl.	Deutsches Verwaltungsblatt
ECLI	Europäischer Rechtsprechungs-Identifikator
EFG	Entscheidungen der Finanzgerichte
EG	Vertrag zur Gründung der Europäischen Gemeinschaft
EGV	Vertrag zur Gründung der Europäischen Gemeinschaft
EStG	Einkommensteuergesetz
EU	Europäische Union
EuGH	Europäische Gerichtshof
EuR	Europarecht
EUV	Vertrag über die Europäische Union
EuZW	Europäische Zeitschrift für Wirtschaftsrecht
EWG	Europäische Wirtschaftsgemeinschaft
f.	folgende
FAG	Finanzausgleichgesetz
ff.	fortfolgende
FG	Finanzgericht
FGO	Finanzgerichtsordnung
FR	Finanz-Rundschau
FS	Festschrift
GewStG	Gewerbesteuergesetz
GG	Grundgesetz
GmbH	Gesellschaft mit beschränkter Haftung
GRUR	Gewerblicher Rechtsschutz und Urheberrecht
GWB	Gesetz gegen Wettbewerbsbeschränkungen

i. S. d.	im Sinne des
i. S. v.	im Sinne von
ifo	Leibniz-Institut für Wirtschaftsforschung an der Universität München e. V.
IHK	Industrie- und Handelskammer
IStR	Internationales Steuerrecht
JZ	Juristen Zeitung
KommJur	Kommunal Jurist
KrWG	Gesetz zur Förderung der Kreislaufwirtschaft und Sicherung der umweltverträglichen Bewirtschaftung von Abfällen
KStG	Körperschaftsteuergesetz
KStR	Körperschaftsteuer Richtlinien 2015
Ls	Leitsatz
LSF	Landesamt für Steuern und Finanzen
LuftVG	Luftverkehrsgesetz
MMR	Multi Media und Recht
m.w.N.	mit weiteren Nachweisen
MwStR	Mehrwert-Steuerrecht
MwStSystRL	Mehrwertsteuersystemrichtlinie
NJW	Neue Juristische Wochenschrift
NJW-RR	Neue Juristische Wochenschrift – Rechtsprechung-Report Zivilrecht
NRW	Nordrhein-Westfalen
NVwZ	Neue Zeitschrift für Verwaltungsrecht
OFD	Oberfinanzdirektion
PBefG	Personenbeförderungsgesetz
PStG	Personenstandsgesetz
RFH	Reichsfinanzhof
RL	Richtlinie
Rn.	Randnummer
Rs.	Rechtssache
S.	Seite oder Satz
SGB VIII	Achtes Buch Sozialgesetzbuch
Slg.	Sammlung der Rechtsprechung des Gerichtshofes
sog.	sogenannte
SPÖ	Sozialdemokratische Partei Österreichs
Stbg	Die Steuerberatung
SteuK	Steuerrecht kurz gefasst
StuW	Steuer und Wirtschaft

u. a.	unter anderem
Unterabs.	Unterabsatz
UR	Umsatzsteuer-Rundschau
UStAE	Umsatzsteueranwendungserlass
UStG	Umsatzsteuergesetz
usw.	und so weiter
UVR	Umsatzsteuer- und Verkehrsteuer-Recht
UWG	Gesetz gegen den unlauteren Wettbewerb
VAT	value added tax
VerwArch	Verwaltungsarchiv
vgl.	vergleiche
VGV	Vergabeverordnung
VO	Verordnung
VwGO	Verwaltungsgerichtsordnung
WiVerw	Zeitschrift für Wirtschaftsverwaltungsrecht
WRV	Weimarer Reichsverfassung
WuW	Wirtschaft und Wettbewerb
z. B.	zum Beispiel
ZG	Zeitschrift für Gesetzgebung
ZRP	Zeitschrift für Rechtspolitik

Erstes Kapitel – Einleitung

A. Einführung

„Um eine Einkommensteuererklärung abgeben zu können, muss man ein Philosoph sein. Für einen Mathematiker ist es zu schwierig.“[1]

In Anbetracht der rechtlichen Probleme, welche in den vergangenen Jahren zum Thema der Umsatzbesteuerung der öffentlichen Hand aufkamen, könnte man meinen, die Aussage *Einsteins* lasse sich ohne Weiteres auch auf diesen Bereich der Verkehrsteuern übertragen. Dabei ist die Diskussion über den richtigen Umgang mit öffentlichen Einrichtungen in der Umsatzsteuer ebenso alt wie die Umsatzsteuer selbst.[2] Bereits vor über 100 Jahren finden sich Aussagen in dem Gesetz über einen Warenumsatzstempel, welche die unternehmerische Tätigkeit der öffentlichen Hand betreffen.[3]

Der deutsche Steuergesetzgeber hatte zuletzt im Herbst 2015, über 35 Jahre nach der letzten geringfügigen Anpassung,[4] einen neuen Versuch unternommen, der anhaltenden Probleme mit einer gesetzlichen Neuregelung Herr zu werden.[5] Verglichen mit anderen Rechtsgebieten erscheint ein Zeitraum von 35 Jahren noch überschaubar. Hält man sich jedoch die bereits seit den 70iger Jahren anhaltende Debatte[6] und den in der Literatur seit den 90iger Jahren[7] anhaltenden Ruf nach einer gesetzlichen Neuregelung der Thematik vor Augen, möchte man hoffen: „Was lange währt wird endlich gut“. Die Zwischenzeit war geprägt von einer Vielzahl nationaler Finanzgerichts- und Bundesfinanzhofsentscheidungen, Entscheidungen des Europäischen Gerichtshofes sowie von einer noch größeren Zahl wissenschaftlicher Beiträge. Diesen „Übergangszeitraum“ beschreibt wohl am treffendsten *Kronthaler:*

---

1 Einstein, Albert, Physiker (1879–1955).

2 Vgl. § 76 Abs. 2 Gesetz über einen Warenumsatzstempel, RGBl. 1916, S. 639 ff.; *Küffner,* Umsatzsteuerliche Behandlung von juristischen Personen des öffentlichen Rechts, S. 4.

3 *Stadie,* in Rau/Dürrwächter, UStG, § 2, Rn. 1106.

4 Vgl. BT Drucks. 08/2827, S. 6.

5 Vgl. BT Drucks. 18/6094, S. 85 ff; Steueränderungsgesetz 2015, BGBl. I S. 1834 ff.

6 Vgl. bereits: *Selmer/Schulze-Osterloh,* in DÖV, 1978, S. 381 ff.; *Sarrazin,* in UR 1974, S. 281 ff.

7 Vgl. *Sorgenfrei,* DStR 1993, S. 1893 ff.; *Seer,* DStR 1992, Teil 1 S. 1751ff., Teil 2 S. 1790 ff.; *Wagner,* in UR 1994, S. 388 (390).

> „Die Besteuerung der öffentlichen Hand ist immer noch einer der anerkanntesten Irrgärten des deutschen Steuerrechts.“[8]

Die Entstehung dieses „Irrgartens“ ist möglicherweise zwei Umständen geschuldet. Zum einen in der wichtigen Frage nach dem Sinn und Zweck beziehungsweise warum man den Staat und seine Einrichtungen überhaupt besteuern sollte; zum anderen in der Schaffung des europäischen Binnenmarktes mit seinem europaweit harmonisierten Mehrwertsteuersystem.[9]

Durch den gemeinsamen Binnenmarkt steht das Umsatzsteuerrecht wie kaum eine andere Steuerart unter unionsrechtlichem Einfluss. Im Bereich der Umsatzbesteuerung von juristischen Personen des öffentlichen Rechts hat die höchstrichterliche Rechtsprechung in den vergangenen Jahren immer wieder Abweichungen zwischen den unionsrechtlichen Vorgaben und den nationalen Normen festgestellt, was unter anderem zu der anhaltenden fachlichen Diskussion führte. Dabei scheint der richtige Umgang mit den unterschiedlichen Regelungssystemen bis heute nicht endgültig geklärt zu sein.

Vor dem Hintergrund des schwierigen Umgangs mit den Prinzipien des gemeinsamen Binnenmarktes, der einheitlichen Auslegung des europaweit harmonisierten Umsatzsteuerrechts sowie mit Blick auf die Eigenheiten der nationalen Steuergesetze, welche mit den europäischen Vorgaben in Einklang zu bringen sind, erscheint es umso wichtiger, sich grundsätzlich über den Sinn und Zweck der Besteuerung des Staates im Klaren zu sein.

Ohne den weiteren Ausführungen zu weit vorzugreifen, liegt nach Ansicht des Verfassers die Lösung der Probleme in dem richtigen Verständnis des Wettbewerbsbegriffes. Er ist der Schlüssel zu einer ordnungsgemäßen Besteuerung des Staates und seiner Einrichtungen. Insofern kommt dem Verständnis von Wettbewerb in den europäischen und nationalen Regelungssystemen eine zentrale Bedeutung zu. Wobei in dieser Arbeit, mit Blick auf den Titel, besonderes Augenmerk auf das Wettbewerbskriterium der Mehrwertsteuersystemrichtlinie[10] gelegt wird. Gibt es ein solches überhaupt? An welcher Stelle tritt es auf? Was ist darunter zu verstehen? Und welche Auswirkungen hat es auf das nationale Umsatzsteuerrecht?

---

8 *Kronthaler*, DStR 2007, S. 227 (228).

9 Aus Gründen der besseren Lesbarkeit wird in dieser Arbeit grundsätzlich von der „Umsatzsteuer“ gesprochen, auch wenn sich Textpassagen eigentlich auf den Begriff der europäischen „Mehrwertsteuer“ beziehen.

10 Richtlinie 2006/112/EG des Rates vom 28. November 2006 über das gemeinsame Mehrwertsteuersystem.

Von der Beantwortung dieser Fragen und der Definition des Wettbewerbsbegriffes im europäischen Kontext lassen sich Lösungen erhoffen, die bis auf das nationale Recht durchdringen und somit die bisherigen Unklarheiten, welche durch die unterschiedlichen Regelungssysteme begründet scheinen, aufheben.

Besondere Bedeutung haben die grundsätzlichen Überlegungen zum europäischen Recht ganz aktuell vor dem Hintergrund der gesetzlichen Neuregelung der Umsatzbesteuerung der öffentlichen Hand in § 2b UStG. Der Vergleich des europäischen Rechts mit dem alten § 2 Abs. 3 UStG lässt Erkenntnisse zur Qualität und Wirksamkeit der Neuregelung erwarten. Dabei sollen die theoretischen Überlegungen zur Steuerbarkeit von Leistungen der öffentlichen Hand immer wieder anhand praktischer Fallbeispiele überprüft werden, in der Hoffnung, so einen möglichen Ausweg aus dem „Irrgarten“ der Umsatzbesteuerung juristischer Personen des öffentlichen Rechts aufzuzeigen.

B. Ziele

Gegenstand dieser Arbeit ist die Umsatzbesteuerung von juristischen Personen öffentlichen Rechts unter besonderer Berücksichtigung des Wettbewerbsbegriffes. Aufgrund der europaweiten Harmonisierung des Umsatzsteuerrechts ist dabei in unterschiedlichen Kapiteln zwischen dem europäischen und dem nationalen Regelungsregime zu unterscheiden.

Bevor man sich jedoch im Detail mit den Voraussetzungen der Besteuerung im europäischen und nationalen Recht befassen kann, erscheint es angezeigt, sich in Vorüberlegungen zunächst grundsätzliche Gedanken darüber zu machen, warum man Leistungen des Staates und seiner Einrichtungen überhaupt der Umsatzbesteuerung unterwerfen sollte.

- Es ist der Sinn und Zweck einer Umsatzbesteuerung des Staates zu hinterfragen.
  Sofern sich der allgemeine Sinn und Zweck der Besteuerung des Staates, unabhängig von konkreten Regelungsregimen, bestimmen lässt, können diese Erkenntnisse auch auf das europäische und das nationale Recht angewendet werden.
- Es ist die These zu überprüfen, ob der Begriff des Wettbewerbs ein solch allgemeingültiges Prinzip für die Besteuerung des Staates sein kann.

Wenn der Wettbewerb ein solch übergeordnetes Prinzip sein sollte, ist sowohl im europäischen als auch im nationalen Recht zu überprüfen, ob, wo und in welcher Form diesem Prinzip Rechnung getragen wird.

Aufgrund der besonderen Wichtigkeit des europäischen Rechts für die deutschen Regelungen liegt ein Schwerpunkt dieser Arbeit in Kapitel 2 darin, das Wettbewerbskriterium im europäischen Recht zu identifizieren. Dazu sind die Voraussetzungen der Steuerbarkeit von Leistungen der öffentlichen Hand auf eine Wettbewerbsrelevanz hin zu untersuchen. Ausdrücklich findet sich der Begriff der „Wettbewerbsverzerrung" in Art. 13 MwStSystRL, einer Ausnahmevorschrift für die öffentliche Hand.

Jedoch erscheint der für eine Steuerbarkeit vorrangig zu prüfende Art. 9 MwStSystRL bisher unzureichend auf eine Wettbewerbsrelevanz hin untersucht worden zu sein. Dies überrascht, da doch der Regelungsrahmen der Mehrwertsteuersystemrichtlinie maßgeblich für sämtliche Umsetzungsakte in das nationale Umsatzsteuerrecht ist. Insbesondere der Begriff der wirtschaftlichen Tätigkeit gemäß Art. 9 Abs. 1 MwStSystRL deutet auf eine Wettbewerbskomponente hin.

- Es soll in diesem Zusammenhang der Frage nachgegangen werden, ob sich der Anwendungsbereich der wirtschaftlichen Tätigkeit durch ein „Marktkriterium" sinnvoll einschränken lässt.
- Dazu muss zunächst der Marktbegriff selbst definiert und geschärft werden.
- Es soll der These nachgegangen werden, ob Markt und Wettbewerb untrennbar miteinander verbunden sind und wenn dem so ist,
- ob dann nicht einer wirtschaftlichen Tätigkeit im Sinne von Art. 9 MwStSystRL auch stets Wettbewerb immanent ist.
- Insofern ist die Vorfrage zu klären, was aus einer europäischen Perspektive unter Wettbewerb zu verstehen ist.

Die bisherigen wissenschaftlichen Erkenntnisse im Bereich der Umsatzbesteuerung der öffentlichen Hand beschränken sich darauf, den Anwendungsbereich der wirtschaftlichen Tätigkeit unkritisch weit zu verstehen, um dann eine ausufernde Besteuerung der öffentlichen Hand durch die Ausnahmevorschrift des Art. 13 MwStSystRL „mangels Wettbewerb" wieder zu beschneiden. Es erscheint jedoch fraglich, ob es rechtlich geboten ist, den Kreis der wirtschaftlichen Tätigkeit im Bereich des öffentlichen Handelns derart weit zu verstehen.

Dem Begriff der wirtschaftlichen Tätigkeit ist der Begriff der hoheitlichen Tätigkeit gegenüberzustellen. Die Besteuerung bestimmter Tätigkeiten der öffentlichen Hand ist seit jeher mit erheblichen Abgrenzungsfragen verbunden. Diese Abgrenzungsfragen gehen auf den Umstand zurück, dass wirtschaftliche Tätigkeiten, welche grundsätzlich steuerbar sind, auch hoheitliche Tätigkeiten sein können, welche grundsätzlich nicht steuerbar sind. Diese Überschneidung und das Verschwimmen der Besteuerungsvoraussetzungen, welche von der herrschenden Meinung jedoch in Kauf genommen werden, sind nach der hier vertretenen Auffassung der Hauptgrund für die bestehenden Abgrenzungsschwierigkeiten.

- Vor diesem Hintergrund soll anhand der Erkenntnisse zum Markt- und Wettbewerbsbegriff abschließend die These überprüft werden, ob sich eine wirtschaftliche Tätigkeit und eine hoheitliche Tätigkeit, entgegen der herrschenden Meinung, nicht bereits vom Wesen her gegenseitig ausschließen.

Dieser These liegt die Annahme zugrunde, dass eine hoheitliche Tätigkeit vom Wesen her nicht vergleichbar ist mit einer wirtschaftlichen Tätigkeit.

Zur Überprüfung der aufgeworfenen Fragen sind die einschlägigen Artikel der Mehrwehrsteuersystemrichtlinie auszulegen. Anhaltspunkte für die Richtigkeit der angestellten Überlegungen können sich dabei aus der Rechtsprechung des Europäischen Gerichtshofes, den bisherigen wissenschaftlichen Erkenntnissen und dem Vergleich mit dem sonstigen europäischen Primär- und Sekundärrecht ergeben.[11] Gedanklich hervorheben sollte man in diesem Zusammenhang die Harmonisierung des europäischen Mehrwertsteuerrechts als notwendigen Zwischenschritt zur Schaffung eines europäischen Binnenmarktes. Insofern hat das Steuerrecht der Schaffung dieses Binnenmarktes zu dienen und verfolgt keinen Selbstzweck. Daher können die historischen Gegebenheiten bei der Schaffung des europäischen Binnenmarktes und auch eine volkswirtschaftliche Betrachtungsweise wertvolle Hinweise für das Verständnis von wirtschaftlichem und nichtwirtschaftlichem Handeln geben.

Ein weiterer Schwerpunkt dieser Arbeit liegt auf der Übertragbarkeit der in Kapitel 2 gewonnenen Erkenntnisse auf die Besteuerung der öffentlichen Hand nach nationalen Regelungen (Kapitel 3). Hierbei ist thematisch zwischen dem neuen § 2b UStG und dem durch Option bis 31. Dezember 2020 geltenden § 2 Abs. 3 UStG a. F. in Verbindung mit § 27 Abs. 22 UStG zu unterscheiden.[12]

---

11 Beispielhaft sei an dieser Stelle das europäische Wettbewerbsrecht genannt.

12 Die Bedeutung der bisherigen Regelungen ist nach wie vor sehr groß, denn gemäß einer für diese Arbeit eingeholten schriftlichen Auskunft des Bundesministeriums der Finanzen vom 6. September 2017 habe jedenfalls im kommunalen und kirchlichen Bereich die deutliche Mehrheit der juristischen Personen des öffentlichen Rechts für die alte Regelung optiert; siehe ebenfalls Optionsausübung gemäß § 27 Abs. 22 UStG durch Hessen, OFD Frankfurt am Main, Merkblatt vom 19.12.2016, UR 2017, S. 313 (313); gleichlautende Erkenntnisse *Desens*, in ifo 2017, S. 28 (29).

Da der § 2b UStG zur Herstellung europarechtskonformer Verhältnisse in das Umsatzsteuerrecht eingeführt wurde, ist zu dessen Verständnis die Analyse der Vorgängerregelung unerlässlich.

- Wurde im § 2 Abs. 3 UStG a. F. ein Wettbewerbskriterium berücksichtigt?
- Herrschte im § 2 Abs. 3 UStG a. F. ein anderes Verständnis von Wettbewerb als im europäischen Recht?
- Weicht der § 2 Abs. 3 UStG a. F. vom Europarecht ab und falls ja, was sind die damit verbundenen Rechtsfolgen?

Hierzu gehört unter anderem die Untersuchung der in § 2 Abs. 3 UStG a. F. verwendeten Verweisungstechnik, welche die Normen des Körperschaftsteuerrechts in die Prüfung der Umsatzsteuerbarkeit inkorporiert (Stichwort: Betrieb gewerblicher Art).

Eine Abweichung vom Europarecht könnte sich insbesondere dadurch ergeben, dass das Umsatzsteuerrecht durch die Mehrwertsteuersystemrichtlinie harmonisiert wurde, das Körperschaftsteuerrecht hingegen weiterhin nur nationalen Erwägungen folgt. In dem in dieser Arbeit vertretenen Ansatz kommt es in erster Linie durch die Verweisungstechnik auf das Körperschaftsteuerrecht zu den Konflikten mit der Mehrwertsteuersystemrichtlinie. Diese Konflikte sorgten in den vergangenen Jahren für erhebliche Rechtsunsicherheiten im Bereich der Umsatzbesteuerung der öffentlichen Hand und führten zu einer immensen Zahl finanzgerichtlicher Urteile.

- Daher soll in einem ersten Schritt die rechtliche Form der Verweisung genauer untersucht werden.

Überraschenderweise setzte sich weder die Rechtsprechung noch die Fachliteratur der letzten Jahre mit der genauen Art und Weise der Verweisung auseinander.

- In einem zweiten Schritt soll überprüft werden, ob die Verweisung auf das Körperschaftsteuerrecht in ihrer bestehenden Form und vor dem Hintergrund des europäischen Rechts anwendbar bleiben kann. Die Prinzipien einer europarechtskonformen Auslegung und deren Grenzen sind hier zu diskutieren.

Die aus den ersten Teilen der Arbeit gewonnenen Erkenntnisse und der Hintergrund der Entstehung des § 2b UStG sollen dann Aufschluss über die Sinnhaftigkeit der gesetzlichen Neuregelung geben. Daher ist in einem letzten Teil die Effizienz des neuen § 2b UStG zu untersuchen. Die Trennung von Umsatzsteuer und Körperschaftsteuer wurde hier vom Gesetzgeber vollzogen, was sich positiv auf viele der Zweifelsfragen auswirken dürfte. Die Umsetzung der Neuregelung könnte jedoch trotzdem problematisch sein. Entgegen dem bestehenden „gesetzgeberischen Trend“, den Richtlinientext in nationale Normen zu gießen, hat sich der Gesetzgeber für eine eigene Umsetzung entschieden. Hierbei werfen insbesondere die verwendeten neuen unbestimmten Rechtsbegriffe Fragen auf.

- Was versteht man unter einer „juristischen Person öffentlichen Rechts“ im Sinne des § 2b UStG?
- Was bedeutet „Ausübung öffentlicher Gewalt“?
- Was sind „größere Wettbewerbsverzerrungen“?
- Wird der im § 2b UStG angelegte Wettbewerbsgedanke den Vorgaben der Mehrwertsteuersystemrichtlinie gerecht?
- Was sind „gleichartige Tätigkeiten“?
- Was bedeutet „interkommunale Zusammenarbeit“?

Es besteht die reale Gefahr, dass die vom Gesetzgeber geschaffenen Ausnahmetatbestände für die öffentliche Hand die europäischen Vorgaben nur in unzureichender Weise berücksichtigen. In diesem Fall sind die Rechtsfolgen einer solchen Nichtberücksichtigung zu thematisieren und ist zu erörtern, welche Rechte dem Einzelnen gegen eine wettbewerbsverzerrende Ungleichbehandlung zustehen.

Abschließend soll ein Ausblick gewagt werden, bis zu welchem Grad mittel- und langfristig die Umsatzbesteuerung der öffentlichen Hand verbessert werden könnte und wo neue Präzedenzfälle entstehen könnten.

C. Sinn und Zweck der Besteuerung juristischer Personen öffentlichen Rechts

Vordergründig scheint es widersinnig zu sein, dass der Staat, der üblicherweise als Steuergläubiger für das Steueraufkommen zu sorgen hat, zugleich als Schuldner der Umsatzsteuer in Erscheinung treten soll. Eine solche Doppelfunktion könnte dem Kernbegriff einer Steuer entgegenstehen.[13]

Es erscheint für das weitere Verständnis der Thematik notwendig, die Frage nach der allgemeinen Sinnhaftigkeit einer Besteuerung des Staates voranzustellen.

13 Vgl. *Treiber*, in Sölch/Ringleb, UStG, § 2, Rn. 401235.

I. Staat als Schuldner und Gläubiger der Umsatzsteuer in einer Person

Fraglich ist, ob man bei einer Besteuerung des Staates noch von einer „Steuer" sprechen kann.

1. Allgemeines Verständnis von Steuern

Steuern werden grundsätzlich als Geldleistungen verstanden, die einem öffentlich-rechtlichen Gemeinwesen zufließen, beziehungsweise diesem zustehen. Sie werden einem Steuerpflichtigen durch einen Hoheitsakt auferlegt, wobei dieser hierfür keine direkte Gegenleistung durch den Staat erhält.[14] Die Steuern müssen dem Staat gemäß der Regelung in § 3 Abs. 1 AO zur Erzielung von Einnahmen dienen,[15] da diese dazu verwendet werden, den Finanzbedarf des Staates zu decken.[16]

Dieser Sinn wird nicht erreicht, wenn der Staat sich selbst Steuern auferlegt, um sie wieder zu vereinnahmen.[17] Die Gefahr von unnötigem, bürokratischem Aufwand erscheint naheliegend, zumal die Absicht, Einnahmen zu erzielen, jeder Steuer, wenn auch nur in untergeordneter Form, zu Grunde liegen muss.[18] Bis zu welchem Grad man bei einer Steuer noch von einem zumindest als Nebenzweck dienenden Motiv der Einnahmenerzielung sprechen kann, wenn sowohl Gläubiger als auch Schuldner der Steuer ein und dieselbe Person ist, erscheint zweifelhaft.

Auch wenn die einfache Logik gegen eine Besteuerung des Staates spricht, so ist doch zu konstatieren, dass Schuldner und Gläubiger der Umsatzsteuer im

---

14 *Wernsmann,* in Hübschmann/Hepp/Spitaler, AO/FGO, § 3 AO, Rn. 71; *Krömker,* Lippross/Seibel, Steuerrecht, § 3, Rn. 11; *Maunz,* in Maunz/Dürig, GG, Art. 105, Rn. 3, 4, 6; *Kube,* in BeckOK, GG, Art. 105, Rn. 4; *di Fabio* FS für Vogel, Der offene Staat in der Wirtschaftsgesellschaft, S. 3 (9).

15 *Wernsmann,* in Hübschmann/Hepp/Spitaler, AO/FGO, § 3 AO, Rn. 85; *Gersch,* in Klein, AO, § 3 Rn. 8; *Hüttemann,* Die Besteuerung der öffentlichen Hand, 2002, S. 5; *Pieroth,* in Jarass/Pieroth, GG, Art. 105, Rn. 3.

16 *Wernsmann,* in Hübschmann/Hepp/Spitaler, AO/FGO, § 3 AO, Rn. 70; *Gersch,* in Klein, AO, § 3 Rn. 2; vgl. *Papier,* in FS für Vogel, Steuerreform und Verfassungsrecht, S. 117 (118).

17 Vgl. *Hidien,* in FS Schmidt-Jortzig, S. 483 (501) ausführlich zum Verbot der Selbstbesteuerung des Staates.

18 BVerfG, Beschluss vom 17.7.1974, 1 BvR 51, 160, 285/69, 1 BvL 16, 18, 26/72, NJW 1975, S. 31 (31); *Gersch,* in Klein, AO, § 3 Rn. 2; *König,* in König, AO, § 3, Rn. 14; BFH, Beschluss vom 21.2.1990, NVwZ 1990, S. 903 (903).

Fall von juristischen Personen des öffentlichen Rechts nicht personenidentisch sein müssen. Denn nach Art. 106 Abs. 3 S. 1 GG steht dem Bund und den Ländern das Steueraufkommen der Umsatzsteuer gemeinschaftlich zu. Die genaue Verteilung richtet sich nach einem Schlüssel gemäß Art. 107 Abs. 1 S. 4 GG in Verbindung mit den Regelungen des Finanzausgleichsgesetztes. Insofern könnte eine rechtlich selbstständige Gebietskörperschaft wie eine Gemeinde, Schuldnerin der Umsatzsteuer und der Bund und die Länder Gläubiger der Umsatzsteuerschuld sein. So wäre der Staat zwar Gläubiger und Schuldner der Umsatzsteuer, jedoch nicht in ein und derselben rechtlichen Person. Auch wenn eine unmittelbare juristische Person des Bundes oder eines Landes Schuldnerin der Umsatzsteuer ist, so ist diese zumindest formal personenverschieden im Hinblick auf die Gläubigerstellung.[19]

Dieses formale Verständnis wird konterkariert, wenn Bund und Länder Teile des Umsatzsteueraufkommens den Gemeinden wieder zur Verfügung stellen,[20] beziehungsweise für die Finanzierung ihrer unmittelbaren Körperschaften aufkommen müssen. So entschied auch der Bundesfinanzhof:

> „… es wäre nicht sinnvoll, juristische Personen des öffentlichen Rechts zugleich zu besteuern und aus dem Steueraufkommen zu finanzieren.“[21]

2. *Zwischenergebnis*

Festzuhalten bleibt, aufgrund der Organisation des Staates ist es formal nicht zwingend, dass der Staat Gläubiger und Steuerschuldner in einer Person ist. Insofern spricht dieser systematische Aspekt nicht gegen die Besteuerung des Staates. Darüber hinaus hat sich in der wissenschaftlichen Diskussion eine Sichtweise des Steuerbegriffes etabliert, welche Steuern nicht als bloßes Mittel zur Einnahmenerzielung qualifiziert, sondern diesen auch eine ordnungspolitische Lenkungsfunktion zuordnet.[22]

Gleichwohl kann der Staat durch die Selbstbesteuerung keine Einnahmen erzielen, um damit seine Staatskosten zu decken. Dieser Umstand läuft dem Sinn und Zweck einer Steuer grundsätzlich zuwider. Wenn die Einnahmenerzielung ein bloßer Nebeneffekt sein soll, dann bedarf es eines weiteren, übergeordneten

---

19 Vgl. *Droege*, Zur Besteuerung der öffentlichen Hand: die Emanzipation des Steuerrechts und das öffentliche Wirtschaftsrecht, S. 106.

20 Siehe Art. 106 Abs. 5a S. 1 GG; *Hidien*, in FS Schmidt-Jortzig, S. 483 (499) zur bundesstaatlichen Steuer- und Finanzverteilung.

21 BFH, Urteil vom 17.4.1969, V B 53/68, BStBl. II 1969, S. 414 (415).

22 *Drüen*, in Tipke/Kruse, AO, § 3, Rn. 12.

Interesses, welches den fiskalischen Aufwand der Selbstbesteuerung bei fehlender Einnahmenerzielung rechtfertigt.[23]

II. Systemübergreifendes Prinzip macht Besteuerung des Staates erforderlich

Grundsätzlich überwacht und reguliert der Staat in gesetzlich fixierten, modernen Werteordnungen die wirtschaftlichen Betätigungen Privater und partizipiert durch Steuern an deren Erfolg.[24] Gleichwohl sind Staaten seit jeher auch unternehmerisch tätig geworden, wobei diese sich dann grundsätzlich den gleichen Bedingungen wie Private zu unterwerfen haben, beispielsweise auch im Bereich der Steuern.[25]

Unabhängig von einem spezifischen Regelungsregime kann festgestellt werden, dass die Umsatzbesteuerung des Staates unter bestimmten Voraussetzungen in zahlreichen Ländern gängige Praxis ist.

In Deutschland wurde die Besteuerung juristischer Personen öffentlichen Rechts jedenfalls mit der Schaffung des Umsatzsteuergesetzes 1967[26] kodifiziert. Die Besteuerung des Staates war bereits 1977 in Art. 4 Abs. 1 der 6. EG-Richtlinie[27], aus welcher die heutige Mehrwertsteuersystemrichtlinie entwickelt wurde, angelegt. Auch außerhalb der Europäischen Union ist die Besteuerung des Staates unter bestimmten Voraussetzungen üblich, sofern ein Umsatzsteuersystem oder eine Goods and Sales Tax existiert. Die Schweiz besteuert sogenannte öffentliche Gemeinwesen gemäß Art. 12 Abs. 4 Schweizer Mehrwertsteuergesetz in Verbindung mit Art. 14 Schweizer Mehrwertsteuerverordnung. Das Umsatzsteuergesetz der Republik Südafrikas sieht ebenfalls Regelungen zur Besteuerung des Staates vor.[28] Norwegen und Kanada haben vergleichbare Regelungen zur Besteuerung juristischer Personen des öffentlichen Rechts.[29]

Trotz der scheinbar fehlenden Sinnhaftigkeit der Besteuerung der öffentlichen Hand mangels echter Einnahmen scheint es ein international übergreifendes, ordnungspolitisches Prinzip zu geben, welches die Besteuerung des Staates und

---

23 Rechtsgutachten des Bundesverfassungsgerichts vom 16.6.1954, 1 PBvV 2/52, BVerfGE 3, 407 (435–436).

24 *Rodi*, Ökonomische Analyse des Öffentlichen Rechts, S. 209.

25 *Rodi*, Ökonomische Analyse des Öffentlichen Rechts, S. 210.

26 BGBl. I 1967, S. 545 f.

27 RL 77/388/EWG.

28 Siehe Value Added Tax Act, Republic of South Africa, Schedule 3, Definitions, 1., XVII, (b), (i).

29 *Henkow*, The VAT/GST Treatment of Public Bodies, S. 107 und 110.

seiner Einrichtungen in einem Umsatzsteuerumfeld erforderlich macht. Dieses Prinzip scheint insbesondere unabhängig von der jeweiligen Ausgestaltung der Steuergesetze zu existieren, wie der Blick ins Ausland gezeigt hat. Dabei ist allen oben genannten Steuergesetzen gemein, dass der Staat grundsätzlich nicht der Umsatzbesteuerung unterfällt, es sei denn, sein Handeln ist mit dem von privaten Unternehmen vergleichbar.[30] In diesem Fall könnte staatliches Handeln zu unerwünschten Wettbewerbsverzerrungen gegenüber privaten Wirtschaftsteilnehmern führen.[31]

Insofern könnte der Wettbewerb das allgemeingültige, global wirkende Prinzip sein, welches Staaten, unabhängig von völkerrechtlichen Verpflichtungen oder sonstigen Kodifizierungen, dazu zwingt, sich selbst einer Umsatzbesteuerung zu unterwerfen.

1. These

Die vorstehenden Überlegungen münden in folgender These:

> Funktionierender Wettbewerb ist der einzige ordnungspolitische Grund, weshalb man den Staat und seine Einrichtungen, trotz fehlender Einnahmemöglichkeiten, einer Umsatzbesteuerung unterwerfen sollte.

Fraglich ist demnach, was unter Wettbewerb als Besteuerungsgrund zu verstehen ist.

2. Wettbewerb als Besteuerungsgrund

Wettbewerb ist jedenfalls in den in dieser Arbeit vorrangig zu untersuchenden Regelungssystemen nicht legaldefiniert. Lediglich Art. 13 Abs. 1 Unterabs. 2 MwStSystRL sieht Rechtsfolgen für das Vorliegen von größeren Wettbewerbsverzerrungen vor. Wobei größere Wettbewerbsverzerrungen vorlägen, sofern sie nicht „unbedeutend“ seien.[32] Gleichwohl vermögen diese Ausführungen nicht, den Begriffskern zu erhellen. Daran wird deutlich, wie schwer zu fassen der Begriff des Wettbewerbs ist. *Musil* weist darauf hin, dass es je nach Verwendung des Begriffes zu unterschiedlichen Ergebnissen kommen kann, etwa im Hinblick auf politischen, sportlichen oder wirtschaftlichen Wettbewerb.[33]

---

30 Vgl. *Henkow*, The VAT/GST Treatment of Public Bodies, S. 43.

31 *Henkow*, The VAT/GST Treatment of Public Bodies, S. 44.

32 EuGH, Urteil vom 16.9.2008, Rs. C-288/07 (Isle of Wight) DStRE 2008, S. 1455 (1461); *Henkow*, The VAT/GST Treatment of Public Bodies, S. 44.

33 *Musil*, Wettbewerb in der staatlichen Verwaltung, S. 12.

Bedenkt man, dass unterschiedliche Staaten unabhängig voneinander die Umsatzbesteuerung der öffentlichen Hand vorsehen, sobald diese wie private Unternehmen handeln,[34] zeigt, dass sie scheinbar in diesem Zusammenhang den Prinzipien der Weltwirtschaftsordnung folgen. Vorrangiges Prinzip der Weltwirtschaftsordnung ist der Wettbewerb, dem sich grundsätzlich kein privates Unternehmen entziehen kann. Dabei bedingen sich Weltwirtschaft und Wettbewerb gegenseitig, da ein Funktionieren der Weltwirtschaft in seiner jetzigen Form ohne Wettbewerb undenkbar ist.[35] Insofern kann der Wettbewerbsbegriff im Kontext der Besteuerung der öffentlichen Hand auf wirtschaftlichen Wettbewerb eingegrenzt werden.

Wirtschaftlicher Wettbewerb ist seit jeher Gegenstand wirtschaftswissenschaftlicher Untersuchungen gewesen, welche zu einer Vielzahl von theoretischen Wettbewerbsmodellen geführt haben.[36] Gleichwohl kann an dieser Stelle eine genaue Untersuchung der einzelnen Wettbewerbsmodelle dahinstehen.

Zwar ist das Grundgesetz wirtschaftspolitisch neutral formuliert und gibt dem Gesetzgeber keine Wirtschaftsordnung vor,[37] jedoch ist wirtschaftlicher Wettbewerb und dessen Schutz unter anderem in Art. 12 GG mit angelegt.[38] Ferner gebietet es der allgemeine Gleichheitsgrundsatz aus Art. 3 Abs. 1 GG, wesentlich Gleiches gleich und wesentlich Ungleiches ungleich zu behandeln.[39] Dies gilt auch für das Steuerrecht, wenn der Staat in Wettbewerb zu privaten Dritten tritt.[40] Demnach ist das staatspolitische Interesse an einem funktionierenden Wettbewerb zum einen den Gesetzen der Weltwirtschaftsordnung geschuldet, zum anderen ein schützenswertes Gut von Verfassungsrang, wenn man Art. 3 und 12 GG betrachtet.

Insofern bestehen auch an der grundsätzlichen Möglichkeit beziehungsweise Pflicht zur Besteuerung öffentlicher Einrichtungen, trotz fiskalischer Sinnlosigkeit, etwa gemäß § 2 Abs. 3 UStG a. F. oder auch § 2b UStG in Deutschland keine

---

34 Siehe oben C., II.

35 *Siebert*, Die Illusion von der Kooperation: zum Wettbewerb in der Weltwirtschaft gibt es keine Alternative, S. 19.

36 Siehe zu den verschiedenen Wettbewerbsmodellen *Musil*, Wettbewerb in der staatlichen Verwaltung, S. 13 f.

37 *Scholz*, in Maunz/Dürig, GG, Art. 12, Rn. 85.

38 *Scholz*, in Maunz/Dürig, GG, Art. 12, Rn. 87.

39 BVerfG, Beschluss vom 18.7.2005, - 2 BvF 2/01 -, BVerfGE, 113, 167, Rn. 126; *Kirchhof*, in Maunz/Dürig, GG, Art. 3 I., Rn. 10.

40 *Wernsmann*, in Hübschmann/Hepp/Spitaler, AO/FGO, § 3 AO, Rn. 183; *Küffner*, Umsatzsteuerliche Behandlung juristischer Personen öffentlichen Rechts, 2001, S. 50.

Zweifel.[41] Diese Sichtweise beruht im Wesentlichen auf dem Gedanken der Wettbewerbsgleichheit.[42] Sofern der Staat eine Tätigkeit ausüben würde, die in gleicher Weise auch von einem privaten Unternehmer erbracht werden könnte, so könnte eine Nichtbesteuerung des Staates in Wettbewerbsnachteilen für die Privatwirtschaft resultieren.[43] Diese sind, wie oben gezeigt, aufgrund des weltweiten Wettbewerbsdrucks politisch nicht wünschenswert und auch zur Wahrung der Verfassung zu verhindern, auch wenn das Grundgesetz, wie dargelegt, nicht explizit von einer vom Wettbewerb bestimmten Wirtschaftsordnung ausgeht.[44]

Dieses übergeordnete Wettbewerbsprinzip macht eine Besteuerung des Staates trotz fehlender Einnahmen und trotz aller damit einhergehenden Schwierigkeiten bei der Rechtsfindung[45] erforderlich.[46] Damit werden unter der bestehenden Wirtschaftsordnung juristische Personen des öffentlichen Rechts stets eine Sonderstellung einnehmen müssen und zwangsläufig vom Leitbild der allgemeinen Umsatz- und sogenannten Allphasenbesteuerung abweichen.[47]

III. Endergebnis

Die These, der Wettbewerb sei der einzige übergeordnete Grund zur Besteuerung des Staates und seiner Einrichtungen, hat sich damit als wahr herausgestellt.[48]

---

41 BFH, Urteil vom 23.10.1997, I R 1–2/94, I R 1/94, I R 2/94, NVwZ 1998, S. 550 (551); BFH, Urteil vom 30.6.1988, BStBl. II 1988, S. 910 (912); *Hilgenstock,* Besteuerung öffentlicher Unternehmen, S. 50; *Küffner,* Umsatzsteuerliche Behandlung von juristischen Personen des öffentlichen Rechts, S. 23; *Hüttemann*, Die Besteuerung der öffentlichen Hand, S. 8.

42 Begründung des Regierungsentwurfes zu § 4 KStG, BT Drucks. 7/1470. S. 336; *Küffner,* Umsatzsteuerliche Behandlung von juristischen Personen des öffentlichen Rechts, S. 23; *Hüttemann*, Die Besteuerung der öffentlichen Hand, S. 8.

43 *Siegel,* Der Begriff des „Betriebs gewerblicher Art" im Körperschaft- und Umsatzsteuerrecht; *Hüttemann*, Die Besteuerung der öffentlichen Hand, S. 8.

44 *Scholz,* in Maunz/Dürig, GG, Art. 12, Rn. 85.

45 Vgl. exemplarisch *Sterzinger,* DStR 2010, S. 2217 (2222); *Küffner/von Streit,* DStR 2012, S. 636 (640).

46 *Maunz,* in Maunz/Dürig, GG, Art. 105, Rn. 9.

47 *Dziadkowski,* IStR 2009, S. 835 (837); *Hüttemann,* Die Besteuerung der öffentlichen Hand, 2002, S. 8.

48 Siehe auch: *Hilgenstock,* Besteuerung öffentlicher Unternehmen, S. 50; *Hüttemann*, Die Besteuerung der öffentlichen Hand, S. 8; BFH, Urteil vom 23.10.1997, I R 1–2/94, I R 1/94, I R 2/94 NVwZ 1998, S. 550 (551); BFH, Urteil vom 30.6.1988, V R 79/84, BStBl. II 1988, S. 910 (912).

Daher ist bei allen weiteren Überlegungen stets auf diesen einzigen Grund zur Besteuerung des Staates zu rekurrieren. Ohne Wettbewerb existieren keinerlei logischen Gründe, staatliche Einrichtungen zu besteuern. Dieser Satz ist daher bei allen folgenden Abgrenzungsfragen zu Grunde zu legen. Es wird in diesem Zusammenhang ganz allgemein zu erörtern sein, was überhaupt unter Wettbewerb zu verstehen ist, unter welchen Bedingungen er auftreten kann und wann er insbesondere im Hinblick auf staatliches Handeln gerade nicht auftreten kann. Im Umkehrschluss lassen sich hieraus möglicherweise Erkenntnisse für die Umsatzbesteuerung der öffentlichen Hand ableiten.

Aufgrund seiner besonderen Stellung ist zunächst das Europarecht in den Blick zu nehmen und bei der Untersuchung der Voraussetzungen der Umsatzbesteuerung der öffentlichen Hand darauf zu achten, an welcher Stelle das Wettbewerbskriterium im europäischen Recht zum Tragen kommt.

Zweites Kapitel – Umsatzbesteuerung gemäß Europarecht

Bei der Umsatzbesteuerung der juristischen Personen des öffentlichen Rechts besteht, wie bei allen umsatzsteuerrechtlichen Fragestellungen, die Besonderheit, dass man zwei unterschiedliche Regelungssysteme beachten muss: das europäische und das nationale Umsatzsteuerrecht.

A. Europarechtliche Vorgaben

Gegenüber den meisten anderen Steuerarten besteht im Umsatzsteuerrecht die Besonderheit, dass das Unionsrecht einheitliche Vorgaben für alle Mitgliedsstaaten hinsichtlich der Voraussetzungen einer Steuerpflicht macht. Maßgebliches Instrumentarium der Europäischen Union ist hierfür die Mehrwertsteuersystemrichtlinie.

Richtlinien sind gemäß Art. 288 Abs. 3 AEUV für jeden Mitgliedsstaat, an den sie gerichtet sind, hinsichtlich des zu erreichenden Ziels verbindlich, wobei die nationale Um- und Durchsetzung der Richtlinie dem Mitgliedsstaat überlassen bleibt.[49] In Deutschland werden die europäischen Vorgaben der Mehrwertsteuersystemrichtlinie in erster Linie durch das Umsatzsteuergesetz und die Umsatzsteuerdurchführungsverordnung umgesetzt. Dabei sind die Regelungen des europäischen Rechts gegenüber denen des deutschen Rechts vorrangig (sog. Anwendungsvorrang).[50]

Dieser Anwendungsvorrang wird zum einen damit begründet, dass die Bundesrepublik Deutschland gemäß Art. 23 Abs. 1 S. 1 GG an der Verwirklichung eines vereinten Europas mitwirke.[51] Zu diesem Zweck ist es notwendig, dass alle an dem Staatenverbund beteiligten Mitglieder die auf die Union übertragenen Befugnisse achten und deren Durchsetzung im Inland auf allen staatlichen Ebenen gewährleisten. Denn sofern Ausnahmen zum umfassenden

---

49 *Heidner*, in Bunjes, UStG, § 15, Rn. 16; *von Bogdandy*, in Grabitz/Hilf/Nettesheim, EUV/AEUV, EGV Art. 10, Rn. 40; Birk/Desens/Tappe, Steuerrecht, Rn. 1679.

50 *Ruffert,* in Calliess/Ruffert, EUV/AEUV, Art. 1 AEUV, Rn. 16; *Geismann,* in von der Groeben/Schwarze/Hatje, EUV/AEUV, Art. 288, Rn. 4; *Schmidt,* in FS für Vogel, Öffentliches Wirtschaftsrecht in einer offenen Staatlichkeit, S. 21 (27); *Ritter,* NJW 2010, S. 1110 (1113); BFH, Urteil vom 24.10.2013, DStR 2014, S. 29 (31).

51 BVerfG, Urteil vom 29.5.1974, 2 BvL 52/71, BVerfGE 37, 271 (279).

Geltungsanspruch des europäischen Rechts in den einzelnen Mitgliedsstaaten zugelassen werden würden, wäre die Idee von einem vereinten Europa gefährdet.[52] Diese Offenheit für Bindungen in der Völkerrechtsgemeinschaft und in dem engeren Rechtsverbund einer zwischenstaatlichen Gemeinschaft ist nach der Rechtsprechung des Bundesverfassungsgerichtes in einem demokratischen Staat angelegt.[53] Denn wie es die Präambel des Grundgesetzes voraussetzt und Artikel 23 GG und Artikel 24 GG ausdrücklich regeln, will die Bundesrepublik Deutschland als gleichberechtigtes Glied in zwischenstaatlichen Einrichtungen und insbesondere bei der Entwicklung der Europäischen Union mitwirken.[54] Die Mitgliedsstaaten sind an der Willensbildung des Staatsverbundes nach dessen Organisations- und Verfahrensrecht beteiligt, jedoch zur Vermeidung von innerstaatlichen Abweichungen an die Ergebnisse dieser Willensbildung gebunden, unabhängig davon, ob sich diese Ergebnisse gerade auf ihre eigene Beteiligung zurückführen lassen oder nicht.[55]

Eine andere Herleitung begründet den Anwendungsvorrang mit dem schlichten Bestehen der Verträge zur europäischen Wertegemeinschaft. So hat der Europäische Gerichtshof entschieden, dass der damalige EWG-Vertrag als eine autonome Rechtsquelle zu sehen sei, dem durch die Zustimmung der Vertragsparteien keine wie auch immer geartete innerstaatliche Rechtsvorschrift vorgehen könne.[56] Es handele sich bei dem Unionsrecht nicht um eine Ansammlung völkerrechtlicher Verträge, sondern es würde vielmehr eine eigene und für alle Mitgliedsstaaten verbindliche Rechtsordnung geschaffen.[57] Diese auf rechtsstaatlichen Prinzipien basierende Europäische Union könne nur bestehen, wenn die für alle Mitgliedsstaaten verbindliche Rechtsordnung in ihrer einheitlichen Wirksamkeit und Anwendung gesichert ist.[58]

Unabhängig davon, wie sich der Anwendungsvorrang begründen lässt, ist er ein allgemein anerkanntes Prinzip zur Verwirklichung eines vereinten Europas.[59]

---

52 *Ruffert,* in Calliess/Ruffert, EUV/AEUV, Art. 1 AEUV, Rn. 17.

53 BVerfG, Urteil vom 12.10.1993, 2 BvR 2134/92, 2 BvR 2159/92, NJW 1993, S. 3047 (3051).

54 BVerfG, Urteil vom 12.10.1993, 2 BvR 2134/92, 2 BvR 2159/92, NJW 1993, S. 3047 (3051).

55 BVerfG, Urteil vom 12.10.1993, 2 BvR 2134/92, 2 BvR 2159/92, NJW 1993, S. 3047 (3051).

56 EuGH, Urteil vom 15.7.1964, Rs. 6/64, NJW 1964, S. 2371 (2372).

57 EuGH, Urteil vom 15.7.1964, Rs. 6/64, NJW 1964, S. 2371 (2372).

58 *Nettesheim,* in Grabitz/Hilf/Nettesheim, EUV/AEUV, Art. 288 AEUV, Rn. 49.

59 *Schroeder,* in Streinz, EUV/AEUV, Art. 288 AEUV, Rn. 40; *Nettesheim,* in Grabitz/Hilf/Nettesheim, EUV/AEUV, Art. 288 AEUV, Rn. 49; *Nettesheim,* Der Grundsatz

Mit Einführung der 6. EG-Richtlinie (RL 77/388/EWG) am 17. Mai 1977 durch den Rat der Europäischen Gemeinschaft wurden erstmals für die Mitgliedsstaaten verbindliche Regelungen zur Umsatzbesteuerung juristischer Personen öffentlichen Rechts geschaffen. Der maßgebliche Wortlaut in Art. 4 Abs. 1 und 5 der 6. EG-Richtlinie hat sich bis heute und auch nach Einführung der Mehrwertsteuersystemrichtlinie im Jahr 2006 praktisch nicht geändert. Lediglich die Anordnung innerhalb der Mehrwertsteuersystemrichtlinie hat sich verändert. So bestimmt nunmehr Art. 9 MwStSystRL[60] die allgemeine Steuerpflicht dergestalt, dass

> *„als Steuerpflichtiger gilt, wer eine wirtschaftliche Tätigkeit unabhängig von ihrem Ort, Zweck und Ergebnis selbstständig ausübt."*

Die ehemals in Art. 4 Abs. 5 der 6. EG-Richtlinie kodifizierte Sonderregelung für juristische Personen öffentlichen Rechts findet sich seit dem 1. Januar 2007 in Art. 13 Abs. 1 MwStSystRL:

> *„Staaten, Länder, Gemeinden und sonstige Einrichtungen des öffentlichen Rechts gelten nicht als Steuerpflichtige, soweit sie die Tätigkeiten ausüben oder Umsätze bewirken, die ihnen im Rahmen der öffentlichen Gewalt obliegen, auch wenn sie im Zusammenhang mit diesen Tätigkeiten oder Umsätzen Zölle, Gebühren, Beiträge oder sonstige Abgaben erheben.*
>
> *Falls sie solche Tätigkeiten ausüben oder Umsätze bewirken, gelten sie für diese Tätigkeiten oder Umsätze jedoch als Steuerpflichtige, sofern eine Behandlung als Nichtsteuerpflichtige zu größeren Wettbewerbsverzerrungen führen würde."*[61]

Aufgrund des beschriebenen umfassenden Anwendungsvorrangs für Unionsrecht bilden die oben wiedergegebenen Absätze seit dem 1. Januar 1978[62] in Deutschland die rechtlichen Voraussetzungen zur Umsatzbesteuerung juristischer Personen öffentlichen Rechts. Dieser Vorrang des europäischen Rechts erfordert eine richtlinienkonforme Umsetzung des Unionsrechts im deutschen

---

der einheitlichen Wirksamkeit des Gemeinschaftsrechts, S. 447; *Geismann*, in von der Groeben/Schwarze/Hatje, EUV/AEUV, Art. 288, Rn. 4.

60 Ehemals Art. 4 Abs. 1 6. EG-Richtlinie (RL 77/388/EWG).

61 Zur besseren Lesbarkeit wird in dieser Arbeit grundsätzlich auf Art. 9 MwStSystRL Bezug genommen, auch wenn beispielsweise Gerichtsentscheidungen noch zum alten Art. 4 Abs. 1 der 6. EG-Richtlinie ergangen sein sollten. Gleiches gilt für Art. 13 MwStSystRL und der Vorgängernorm des Art. 4 Abs. 5 der 6. EG-Richtlinie.

62 Gemäß Art. 1 Abs. 2 der 6. EG-Richtlinie (RL 77/388/EWG) maßgebliche Umsetzungsfrist der Mitgliedsstaaten für die Regelungen der 6. EG-Richtlinie.

Umsatzsteuergesetz sowie in nachrangigen Rechtssätzen.[63] Die Maßstäbe für diese unionsrechtlichen Anforderungen leiten sich aus der einschlägigen Rechtsprechung und den entsprechenden Literaturmeinungen ab.

B. Allgemeine Umsatzsteuerpflicht gemäß Mehrwertsteuersystemrichtlinie

Unter Ausblendung weiterer Voraussetzungen[64] hängt die Steuerpflicht gemäß der Mehrwertsteuersystemrichtlinie grundsätzlich von zwei Faktoren ab:

a) dem Vorliegen einer Tätigkeit im Sinne des Katalogs des Art. 2 Abs. 1 MwStSystRL (insbesondere Lieferungen und Dienstleistungen) und
b) der Vornahme dieser Tätigkeit durch einen Steuerpflichtigen im Sinne des Art. 9 Abs. 1 MwStSystRL.

I. Lieferungen und Dienstleistungen

Umsatzsteuerpflichtige Tätigkeiten im Sinne des Katalogs von Art. 2 Abs. 1 MwStSystRL sind allen voran Lieferungen und Dienstleistungen gegen Entgelt. Lieferungen werden legal definiert in Art. 14 Abs. 1 MwStSystRL als die Übertragung der Befähigung, wie ein Eigentümer über einen körperlichen Gegenstand zu verfügen. Demgegenüber werden Dienstleistungen gemäß Art. 24 Abs. 1 MwStSystRL verstanden als jeder Umsatz, der keine Lieferung von Gegenständen darstellt. Dabei kann gemäß Art. 24 Abs. 1 in Verbindung mit Art. 25 Buchst. b) MwStSystRL eine Dienstleistung in einem Tun, Dulden oder Unterlassen bestehen. Der Begriff der Dienstleistung ist somit synonym mit dem Begriff der sonstigen Leistung im deutschen Umsatzsteuerrecht gemäß § 3 Abs. 9 S. 1 UStG zu verstehen.[65]

Die in Art. 2 Abs. 1 MwStSystRL genannte Entgeltlichkeit solcher Leistungen ist keine zwingend notwendige Voraussetzung einer Umsatzsteuerpflicht. Denn auch in der Mehrwertsteuersystemrichtline (Art. 16 Abs. 1 und Art. 26 Abs. 1 Buchst. b) MwStSystRL) steht das rechtliche Gebilde der in Deutschland bekannten unentgeltlichen Wertabgabe im Sinne des § 3 Abs. 1b) und 9a) UStG

63 EuGH, Urteil vom 9.3.1978 - Rs. 106/77, NJW 1978, S. 1741 (1741); *Heidner*, in Bunjes, UStG, § 15, Rn. 15.

64 Wie etwa dem räumlichen Anwendungsgebiet der MwStSystRL, oder dem Eingreifen etwaiger Steuerbefreiungen.

65 Vgl. *Martin*, in Sölch/Ringleb, UStG, § 3, Rn. 12.

einer Leistung gegen Entgelt gleich.[66] Allerdings ist zu Recht darauf hinzuweisen, dass Lieferungen oder Dienstleistungen ohne Entgelt grundsätzlich nicht in den Anwendungsbereich der Umsatzsteuer fallen, da Leistung und Gegenleistung zentrales Merkmal der Umsatzbesteuerung sind.[67]

Insofern ist der Anwendungsbereich für eine umsatzsteuerbare Tätigkeit geeignet, jedwedes Tun, Dulden oder Unterlassen gegen Entgelt als steuerpflichtigen Vorgang zu erfassen.

II. Steuerpflichtiger

Aufgrund der Tatsache, dass die Definitionen der Lieferung und Dienstleistung so weit gefasst sind, kommt der Definition des Steuerpflichtigen im Sinne des Art. 2 Abs. 1 Buchst. a) und c) MwStSystRL eine besondere Bedeutung zu. Denn Lieferungen und Dienstleistungen lösen nur dann eine Umsatzsteuerbarkeit aus, wenn diese von einem Steuerpflichtigen erbracht werden. Steuerpflichtiger ist, wer als natürliche oder juristische Person, gemäß Art. 9 Abs. 1 MwStSystRL eine wirtschaftliche Tätigkeit unabhängig von ihrem Ort, Zweck und Ergebnis, zur Einnahmenerzielung, selbstständig ausübt.

Dabei ist der unbestimmte Rechtsbegriff der wirtschaftlichen Tätigkeit eine zentrale Voraussetzung für eine Steuerpflicht nach der Mehrwertsteuersystemrichtlinie.[68]

1. Wirtschaftliche Tätigkeit

Gemäß Art. 9 Abs. 1 S. 2 MwStSystRL ist eine wirtschaftliche Tätigkeit jede Tätigkeit eines Erzeugers, Händlers oder Dienstleistenden einschließlich der Tätigkeiten der Urproduzenten, der Landwirte sowie der freien Berufe und der diesen gleichgestellten Berufe.[69]

Dieser Katalog wird erweitert um den erläuternden Tatbestand des Art. 9 Abs. 1 S. 3 MwStSystRL, wonach neben den in Art. 9 Abs. 1 S. 2 MwStSystRL genannten Fällen, eine wirtschaftliche Tätigkeit insbesondere dann vorliegt, wenn sie

---

66 Tausch oder tauschähnliche Umsätze werden ebenfalls einer Leistung gegen Entgelt gleichgestellt gemäß Art. 2 Abs. 1, Art. 73 MwStSystRL, vgl. *Leonard*, in Bunjes, UStG, § 3, Rn. 307.

67 Vgl. *Kokott*, Schlussanträge der Generalanwältin, vom 23.12.2015, Rs. C-520/14 (Gemeente Borsele), ECLI: EU: C:2015:855.

68 *Lohse*, in IStR 2009, S. 486 (489).

69 *Birkenfeld*, in Kessler/Kröner/Köhler, Konzernsteuerrecht, § 5, Rn. 177.

a) die Nutzung von körperlichen oder nicht körperlichen Gegenständen umfasst und
b) zur nachhaltigen Erzielung von Einnahmen dient.[70]

Trotz dieser ausführlichen Kodifizierung der wirtschaftlichen Tätigkeit ist der Begriff als Tatbestandsmerkmal nur schwer greifbar. So wird in der umsatzsteuerlichen Kommentierung beispielsweise auch der Normenwortlaut lediglich dahingehend erläutert, dass „eine Tätigkeit im Allgemeinen als wirtschaftlich anzusehen sei, wenn sie nachhaltig ist und gegen ein Entgelt ausgeübt wird, das derjenige erhält, der die Leistung erbringt".[71] Ferner müssten Leistung und Gegenleistung in einem engen unmittelbaren Zusammenhang erbracht werden, wobei die Rechtsform unter der die Leistung ausgeführt werde unerheblich sei.[72]

Wohl bedingt durch seine unscharfe Abgrenzung gehen mit dem Begriff der wirtschaftlichen Tätigkeit eine Vielzahl von Einzelfallentscheidungen einher, welche sich im Wesentlichen stets mit der Tragweite und dem Gewicht des wirtschaftlichen beziehungsweise unternehmerischen Handelns beschäftigen.[73] Zwar war die Steuerbarkeit von Tätigkeiten juristischer Personen öffentlichen Rechts in der Vergangenheit häufig Gegenstand finanzgerichtlicher Rechtsprechung, jedoch bezogen sich diese Entscheidungen in erster Linie stets auf die Befreiungsvorschrift für die öffentliche Hand.[74] Die Tätigkeiten von juristischen Personen des öffentlichen Rechts sind jedoch bisher zu wenig im Hinblick auf ihren *wirtschaftlichen* Gehalt untersucht worden. Im Folgenden muss daher der

---

70 Vgl. EuGH, Urteil vom 29.2.1996, Rs. C-110/94, BStBl. II 1996, S. 655 (656); *Gröpl*, in Dauses, EU-Wirtschaftsrecht, J, Rn. 442.

71 *Treiber*, in Sölch/Ringleb, UStG, § 2, Rn. 63; *Scharpenberg*, in Hartmann/Metzenmacher, UStG E § 2, Rn. 31.

72 *Korn*, in Bunjes, UStG, § 2, Rn. 10; *Scharpenberg*, in Hartmann/Metzenmacher, UStG E § 2, Rn. 31.

73 Zur Frage der Unternehmereigenschaft nach deutschem Recht vgl.: *Treiber*, in Sölch/Ringleb, UStG, § 2, Rn. 450; zu den Einnahmen eines Berufspokerspielers BFH, Urteil vom 30.8.2017, XI R 37/14, DStR 2017, S. 2330 (2330); Unternehmereigenschaft beim Verkauf von Gegenständen über „ebay" BFH, Urteil vom 26.4.2012, V R 2/11, DStR 2012, S. 965 (965); Unternehmereigenschaft eines Berufsverbandes FG Berlin-Brandenburg, Urteil vom 13.9.2017, 2 K 2164/15, DStR 2018, S. 71 (71).

74 EuGH, Urteil vom 16.9.2008, Rs. C-288/07 (Isle of Wight), DStRE 2008, S. 1455 (1458); EuGH, Urteil vom 4.6.2009, Rs. C-102/08 (Salix), DStR 2009, S. 1196 (1199); EuGH, Urteil vom 8.6.2006, Rs. C-430/04 (Feuerbestattungsverein Halle), DStR 2006, S. 1082 (1084).

Fokus auf den wirtschaftlichen Tätigkeiten der juristischen Personen des öffentlichen Rechts liegen.

a) Nutzung von körperlichen und nicht körperlichen Gegenständen

Betrachtet man die Tatbestandsvoraussetzungen des Art. 9 Abs. 1 MwStSystRL genauer, so fällt auf, dass diese tatsächlich kaum geeignet sind, den unbestimmten Rechtsbegriff der wirtschaftlichen Tätigkeit näher zu umschreiben. Zwar werden zunächst Regelbeispiele von Tätigkeiten genannt, die wirtschaftlich im Sinne von Art. 9 MwStSystRL sind,[75] jedoch umfassen diese Beispiele das gesamte Spektrum wirtschaftlichen Handelns und sind daher kaum geeignet, dem Begriff der wirtschaftlichen Tätigkeit die notwendige Abgrenzungsschärfe zu verleihen.

Auch der „Auffangtatbestand" gemäß Art. 9 Abs. 1 S. 3 MwStSystRL[76] vermag dem Wortlaut nach nicht, den Begriff der wirtschaftlichen Tätigkeit handhabbar zu definieren. Denn die körperliche und nicht körperliche Nutzung von Gegenständen ist nicht vielmehr als die Vornahme einer Lieferung, das heißt körperliche Verschaffung der Verfügungsmacht an einer Sache;[77] und die Erbringung einer Dienstleistung, das heißt eine Leistung, die nicht in der körperlichen Verschaffung einer Verfügungsmacht besteht.[78] Der Richtliniengeber unternahm somit den Versuch, den unbestimmten Rechtsbegriff der wirtschaftlichen Tätigkeit aus Art. 9 Abs. 1 MwStSystRL, durch Begriffe des Art. 2 Abs. 1 MwStSystRL (Lieferungen und Dienstleistungen) weiter einzugrenzen. Diese Begriffe sind aber ihrerseits bereits selbst Tatbestandsvoraussetzungen für die bloße Anwendbarkeit der Mehrwertsteuersystemrichtlinie gemäß Art. 2 Abs. 1 MwStSystRL. Mithin handelt es sich hierbei insgesamt um einen Zirkelschluss, da man durch die Begrifflichkeiten des weit gefassten Art. 2 MwStSystRL nicht den Art. 9 MwStSystRL enger fassen kann.

b) Nachhaltige Erzielung von Einnahmen

Eine wirtschaftliche Tätigkeit im Sinne von Art. 9 Abs. 1 S. 3 MwStSystRL muss zudem zur Erzielung von Einnahmen dienen.[79] Doch auch diese

75 Tätigkeit eines Erzeugers, Händlers oder Dienstleistenden einschließlich der Tätigkeiten der Urproduzenten, der Landwirte sowie der freien Berufe und der diesen gleichgestellten Berufe.

76 „Als wirtschaftliche Tätigkeit gilt insbesondere die Nutzung von körperlichen oder nicht körperlichen Gegenständen zur nachhaltigen Erzielung von Einnahmen."

77 Vgl. Art. 14 Abs. 1 MwStSystRL.

78 Vgl. Art. 24 Abs. 1 MwStSystRL; *Gröpl*, in Dauses, EU-Wirtschaftsrecht, J, Rn. 465.

79 *Gröpl*, in Dauses, EU-Wirtschaftsrecht, J, Rn. 451; *Korn*, in Bunjes, UStG, § 2, Rn. 49.

Tatbestandsvoraussetzung ist nur bedingt geeignet, die Umsatzsteuerpflicht genauer zu bestimmen. Denn was unter Einnahmen zu verstehen ist, geht nicht aus der MwStSystRL hervor. Vielmehr regelt Art. 134 Buchst. b) MwStSystRL, dass Einnahmen aus Umsätzen generiert werden.[80] Umsätze wiederum werden gemäß Art. 2 Abs. 1 MwStSystRL unter anderem als Lieferungen und Dienstleistungen definiert. Insofern spiegelt das Tatbestandsmerkmal der Einnahme dem Wortlaut nach auch lediglich den weiten Anwendungsbereich des Art. 2 Abs. 1 MwStSystRL wider.

Feststellen kann man anhand der Formulierung jedoch den unmittelbaren Zusammenhang zwischen Leistung und Gegenleistung. Denn Einnahmen sind Erlöse, die aus entgeltlichen Lieferungen und Dienstleistungen generiert werden, wobei für das Tatbestandsmerkmal nachhaltig kennzeichnend ist, dass die Tätigkeit auf Wiederholung angelegt sein muss.[81] Insofern bleibt als Gerüst einer wirtschaftlichen Tätigkeit nur die auf Wiederholung angelegte Erbringung von Lieferungen und Dienstleistungen um einer Gegenleistung willen.[82]

Leider vermögen es diese rechtlichen Voraussetzungen nicht, die Grenzen des Begriffes der wirtschaftlichen Tätigkeit im Kontext der Umsatzbesteuerung der öffentlichen Hand weiter zu erhellen. Dies könnte bisher unschädlich gewesen sein, da es sowohl im nationalen-, wie auch europäischen Recht Ausnahmetatbestände für die öffentliche Hand gibt. So scheint es nicht ins Gewicht zu fallen, ob man eine wirtschaftliche Tätigkeit für die öffentliche Hand bejaht oder nicht, da es letztlich immer noch ein weiteres Korrektiv für die Steuerbarkeit gibt.[83]

Insofern ist zu untersuchen, wie die bisherige Rechtsprechung des Europäischen Gerichtshofes den dargestellten Voraussetzungen Rechnung trägt.

c) Rechtsprechung des Europäischen Gerichtshofes zum Tatbestandsmerkmal der wirtschaftlichen Tätigkeit

Auch der Europäische Gerichtshof führt zur Auslegung des Begriffes der wirtschaftlichen Tätigkeit aus, dass eine Tätigkeit im Allgemeinen als wirtschaftlich angesehen werde, wenn sie nachhaltig ist und gegen ein Entgelt ausgeübt wird,

---

80 Art. 134 MwStSystRL verbietet eine Steuerbefreiung für juristische Personen öffentlichen Rechts nach Art. 132 i.V.m. Art. 133 MwStSystRL für Umsätze, die bei gewerblichen Unternehmern der Umsatzbesteuerung unterliegen.

81 *Gröpl*, in Dauses, EU-Wirtschaftsrecht, J, Rn. 451; m.w.N. *Korn*, in Bunjes, UStG, § 2, Rn. 61.

82 Vgl. BFH, Urteil vom 15.4.2010, DStR 2010, S. 1280 (1282); *Stadie*, in Rau/Dürrwächter, UStG, § 2, Rn. 194, § 2b, Rn. 65.

83 Siehe Art. 13 Abs. 1 MwStSystRL.

das derjenige erhält, der die Leistung erbringt.[84] Somit werde der Begriff der wirtschaftlichen Tätigkeit objektiv bestimmt und zwar unabhängig vom Zweck und Ergebnis der Tätigkeit.[85] Insofern lassen sich trotz der positiven Formulierung in Art. 9 Abs. 1 MwStSystRL lediglich bedingt Rückschlüsse ziehen, welche Tätigkeiten tatsächlich nicht unter eine wirtschaftliche Tätigkeit zu subsumieren sind. Dadurch bedingt ist die derzeitige Meinung verbreitet, das Anwendungsspektrum einer wirtschaftlichen Tätigkeit sei „sehr weit".[86] Aus diesem Grund seien grundsätzlich auch Tätigkeiten von juristischen Personen des öffentlichen Rechts geeignet, die Tatbestandsvoraussetzungen von Art. 9 Abs. 1 MwStSystRL zu erfüllen.[87]

Allerdings schließen auch die allgemeinen Ausführungen des Europäischen Gerichtshofes zur Nachhaltigkeit, nur die einmalige, nicht auf Wiederholung angelegte, Tätigkeit von der Umsatzbesteuerung aus.[88] Das Tatbestandsmerkmal der Entgeltlichkeit schließt seinem Wortsinn nach nur unentgeltliche Tätigkeiten aus. Die zwingende Verknüpfung von Leistung und Gegenleistung deckt zwar im Verhältnis zwischen privaten Personen flächendeckend alle Sachverhalte ab, jedoch ist diese Verknüpfung nicht pointiert genug, um die Besonderheit darzustellen, wenn eben nicht zwei Privatpersonen Leistungen miteinander austauschen.

Die Wesensverschiedenheit von juristischen Personen des Privatrechts und des öffentlichen Rechts macht es erforderlich, das Tatbestandsmerkmal der wirtschaftlichen Tätigkeit genauer auf diese Sonderstellung hin zu untersuchen.

---

84 EuGH, Urteil vom 29.10.2009, Rs. C-246/08, EuZW 2010, S. 34 (37); EuGH, Urteil vom 29.2.1996, Rs. C-110/94, BStBl. II 1996, S. 655 (656).

85 EuGH, Urteil vom 6.10.2009, Rs. C-267/08 (SPÖ Landesorganisation Kärnten), IStR 2009, S. 778 (779).

86 EuGH Urteil vom 13.12.2007, Rs. C-408/06, DStRE 2008, S. 710 (712); *Korn*, in Bunjes, UStG, § 2, Rn. 51, *Scharpenberg*, in Hartmann/Metzenmacher, UStG, § 2, Rn. 31; *Hundt-Eßwein*, in DStR 2012, S. 1371 (1373).

87 EuGH, Urteil vom 16.9.2008, Rs. C-288/07 (Isle of Wight), DStRE 2008, S. 1455 (1458); EuGH, Urteil vom 4.6.2009, Rs. C-102/08 (Salix), DStR 2009, S. 1196 (1199); EuGH, Urteil vom 8.6.2006, Rs. C-430/04 (Feuerbestattungsverein Halle), DStR 2006, S. 1082 (1084); EuGH, Urteil vom 21.3.2013, Rs. C-18/12 (Mesto Zamberk), DStR 2013, S. 407 (408); Anders jedoch EuGH, Urteil vom 26.6.2007, Rs. C-369/04 (Hutchison 3G), MMR 2007, S. 568 (569); EuGH, Urteil vom 12.7.2012, Rs. C-138/11 (Compass-Datenbank GmbH), GRUR 2013, S. 191 (192); siehe ebenfalls BFH, Urteil vom 27.1.2011, DStR 2011, S. 769 (771); BFH, Urteil vom 12.12.1996; DStR 1997, S. 389 (390); *Korn*, in Bunjes, UStG, § 2, Rn. 185.

88 So auch EuGH, Urteil vom 26.9.1996, Rs. C-230/94, DStRE 1997, 34 (35).

Insbesondere gilt es zu prüfen, ob das übergeordnete Wettbewerbsprinzip auch in der wirtschaftlichen Tätigkeit im Sinne von Art. 9 Abs. 1 MwStSystRL angelegt ist. Die grundsätzlichen Ausführungen zum Sinn und Zweck der Umsatzbesteuerung der öffentlichen Hand könnten auf eine solche Verknüpfung hindeuten.[89]

Dazu ist der unbestimmte Rechtsbegriff der wirtschaftlichen Tätigkeit weiter auszulegen; unter Zuhilfenahme einzelner einschlägiger Urteile des Europäischen Gerichtshofes. Insbesondere bietet es sich an, die Argumentation des Europäischen Gerichtshofes in Urteilen zu untersuchen, in denen eine wirtschaftliche Tätigkeit verneint wurde, um so im Umkehrschluss den Bereich der wirtschaftlichen Tätigkeit eingrenzen zu können.

aa) SPÖ Landesorganisation Kärnten

Bekannt ist in diesem Zusammenhang das Urteil in der Rechtssache SPÖ Landesorganisation Kärnten. In dieser Entscheidung wurde die Steuerpflicht einer politischen Landespartei in Österreich verneint, die verschiedene Werbe- und Marketingtätigkeiten zugunsten ihrer untergeordneten Bezirks- und Ortsverbände erbrachte.[90] Dabei erzielte die Landespartei in den Streitjahren insbesondere Einnahmen aus der Weiterberechnung ihrer Werbe- und Marketingtätigkeit an ihre Bezirks- und Ortsverbände.

Ausschlaggebend war nach Ansicht des Europäischen Gerichtshofes, dass die Partei durch ihre nach außen gerichteten Werbetätigkeiten an der Verwirklichung ihrer politischen Ziele arbeite und die Verbreitung ihrer parteipolitischen Anschauungen bezwecke. Sinn und Zweck dieser Werbetätigkeit sei lediglich, an der politischen Willensbildung mitzuwirken und an der Ausübung politischer Macht teilzuhaben. Folglich subsumierte der Europäische Gerichtshof bei der Prüfung der Nachhaltigkeit, dass *„die Partei bei der Ausübung dieser Tätigkeiten nicht an einem Markt teilnehme"*, welcher kennzeichnend für das Vorliegen einer wirtschaftlichen Tätigkeit sei.[91]

Die zentrale Erkenntnis dieser Entscheidung ist also, dass die Teilnahme an einem Markt mit anderen Wirtschaftsteilnehmern notwendig ist, um eine wirtschaftliche Tätigkeit ausüben zu können. In seiner rechtlichen Würdigung

89 Siehe oben 1. Kapitel, C.

90 EuGH, Urteil vom 6.10.2009, Rs. C-267/08 (SPÖ Landesorganisation Kärnten), EuZW 2009, S. 898 ff.

91 EuGH, Urteil vom 6.10.2009, Rs. C-267/08 (SPÖ Landesorganisation Kärnten), EuZW 2009, S. 898 (899).

verneinte der Europäische Gerichtshof diese Marktteilnahme durch die ausgeübte Werbetätigkeit. Ob eine juristische Person öffentlichen Rechts durch Werbetätigkeiten möglicherweise doch Leistungen auf einem Markt erbringt, mag an dieser Stelle dahinstehen. Entscheidend ist vielmehr, dass der Europäische Gerichtshof eine nachhaltige wirtschaftliche Tätigkeit nur dann annehmen will, wenn diese dazu geeignet ist, auf einem Markt angeboten zu werden.

Die Entscheidung wurde in der Fachliteratur kontrovers diskutiert. Ihr wurde entgegengehalten, dass der Europäische Gerichtshof inkonsequent wäre, weil er in dieser Entscheidung die wirtschaftliche Tätigkeit davon abhängig mache, ob diese dauerdefizitär und damit nicht mehr wirtschaftlich im Sinne des Art. 9 Abs. 1 MwStSystRL ausgeübt werde.[92] Ferner wurde vertreten, dass der Europäische Gerichtshof eine wirtschaftliche Tätigkeit von dem Vorliegen eines Entgelts für die Leistung abhängig mache und damit von seiner bisherigen Rechtsprechung abweiche.[93]

Korf gesteht im Rahmen seiner Kritik[94] ein, dass eine politische Partei, soweit sie an der politischen Meinungs- und Willensbildung mitwirke, nicht an einem Markt teilnehme. Er zieht jedoch im Folgenden die falschen Schlüsse und argumentiert, der Europäische Gerichtshof wolle womöglich bei der Auslegung des Begriffs der Nachhaltigkeit eine Gewinnerzielungsabsicht als Voraussetzung der wirtschaftlichen Tätigkeit hineinlesen.[95] Richtig ist jedoch vielmehr, dass der Europäische Gerichtshof eine wirtschaftliche Tätigkeit nicht aufgrund einer fehlenden Gewinnerzielungsabsicht abgelehnt hat, sondern aufgrund der fehlenden Marktteilnahme durch die politische Partei. Denn in der Entscheidung heißt es wörtlich:

> *„Bei der Ausübung dieser Tätigkeit nimmt die SPÖ* (politische Partei) *jedoch nicht an einem Markt teil. Daher kann die fragliche Tätigkeit im Ausgangsverfahren keine „wirtschaftliche Tätigkeit" i.S.d. MwStSystRL sein."*[96]

Insofern ist die der Entscheidung entgegengebrachte Kritik unberechtigt, da die Würdigung der Entscheidung in erster Linie nur auf die Entgeltlichkeit der Leistung abzielt. Denn der Europäische Gerichtshof hat, unabhängig vom Kriterium

92 *Korn*, in Bunjes, UStG, § 2b, Rn. 12: „Die Entscheidung des Europäischen Gerichtshofes sei als weiterer Ausreißer zu verstehen."

93 *Huschens,* in UVR 2010, S. 61 ff.

94 *Korf,* in IStR 2009, S. 778 (780).

95 *Korf,* in IStR 2009, S. 778 (780).

96 EuGH, Urteil vom 6.10.2009, Rs. C-267/08 (SPÖ Landesorganisation Kärnten), EuZW 2009, S. 898, Rn. 24 und 25.

der Entgeltlichkeit, als Voraussetzung für eine wirtschaftliche Tätigkeit ausdrücklich eine Marktteilnahme vorgesehen.[97]

Zwar leitet der Europäische Gerichtshof die Beantwortung der Vorlagefrage damit ein, darauf hinzuweisen, dass eine steuerpflichtige Leistung ein Rechtsverhältnis voraussetzt, in dessen Rahmen ein Entgelt für die Leistung gewährt wird.[98] Jedoch lehnt der Europäische Gerichtshof die Annahme einer wirtschaftlichen Tätigkeit nicht aufgrund eines fehlenden Entgelts, sondern aufgrund der Tatsache ab, dass die Leistung nicht auf einem Markt angeboten wird und sich somit dem Anwendungsbereich der Umsatzsteuer entzieht.[99] Die Voraussetzungen eines Marktes mögen bei Betrachtung von privatrechtlichen Unternehmen als trivial erscheinen, da diese regelmäßig und ausschließlich auf Märkten tätig sind, um Umsätze erzielen zu können. Entscheidend wird die Frage jedoch in der hier vertretenen Auffassung bei der Abgrenzung nicht steuerbarer Tätigkeiten der öffentlichen Hand zu privaten Unternehmen. Bei dieser Abgrenzung kann das Vorliegen eines Marktes eine gewichtige Rolle bei der Beurteilung der Umsatzsteuerbarkeit spielen. Ein solcher Markt besteht aber gerade nicht für Binnentätigkeiten innerhalb einer der politischen Meinungsbildung dienenden Partei.

bb) Hutchison 3G

Entgegen der in der Literatur vorgebrachten Kritik gegen die Entscheidung des Europäischen Gerichtshofes in der Rechtssache SPÖ Landesorganisation Kärnten[100], ist dieses Urteil bei richtiger Lesart, das heißt im Sinne der Notwendigkeit eines Marktes für die Annahme einer wirtschaftlichen Tätigkeit, keineswegs inkonsequent.

Den eingeschlagenen Weg beschritt der Europäische Gerichtshof in zwei weiteren Entscheidungen zur Zugangsgewährung zu Mobilfunknetzen.[101] In beiden Fällen aus dem Jahr 2007 war streitig, ob die Erteilung von Konzessionen zur

---

97 EuGH, Urteil vom 06.10.2009, Rs. C-267/08 (SPÖ Landesorganisation Kärnten), EuZW 2009, S. 898, Rn. 24.

98 EuGH, Urteil vom 06.10.2009, Rs. C-267/08 (SPÖ Landesorganisation Kärnten), EuZW 2009, S. 898, Rn. 19.

99 In diese Richtung auch: *Englisch,* DStR 2011, S. 1692 (1696).

100 EuGH, Urteil vom 6.10.2009, Rs. C-267/08 (SPÖ Landesorganisation Kärnten), EuZW 2009, S. 898 f.

101 EuGH, Urteil vom 26.6.2007, Rs. C-369/04 (Hutchison 3G), MMR 2007, S. 568 f.; EuGH, Urteil vom 26.6.2007, Rs. C-284/04 (T-Mobile Austria GmbH), EuZW 2007, S. 433 f.

Nutzung von Mobilfunklizenzen durch den Staat ein steuerpflichtiger Umsatz sei. Der Europäische Gerichtshof verneinte jeweils die Vorlagefrage mit dem Hinweis, dass sich die beschriebene Tätigkeit als notwendige Vorbedingung für den Zugang von Wirtschaftsteilnehmern zum Mobilfunkmarkt erweise. Sie selbst stelle keine Teilnahme der zuständigen nationalen Behörde an diesem Markt dar. Denn es seien ausschließlich die betreffenden Wirtschaftsteilnehmer, die als Inhaber der zugeteilten Rechte, auf dem relevanten Markt tätig seien, um daraus nachhaltig Einnahmen zu erzielen. Die Konzessionserteilung durch den Staat sei vielmehr eine notwendige Vorbedingung für wirtschaftliche Tätigkeiten der Marktteilnehmer, aber nicht selbst eine wirtschaftliche Tätigkeit.[102] Denn bei der Durchführung des Zuteilungsverfahrens übe die jeweils zuständige Behörde ausschließlich eine ihr übertragene Kontroll- und Regelungstätigkeit in Bezug auf die Nutzung des elektromagnetischen Spektrums aus.[103]

Mithin lässt sich festhalten, dass nach der Rechtsprechung des Europäischen Gerichtshofes eine Kontroll- und Regelungstätigkeit juristischer Personen öffentlichen Rechts, welche diese aufgrund öffentlich-rechtlicher Aufgaben wahrnehmen, keine Marktteilnahme und damit auch keine wirtschaftliche Tätigkeit im Sinne des Art. 9 Abs. 1 MwStSystRL ist.

cc) Compass-Datenbank GmbH

Eine wirtschaftliche Tätigkeit wurde durch den Europäischen Gerichtshof ebenfalls mit Hinweis auf einen fehlenden Markt in der Rechtssache Compass-Datenbank GmbH verneint. In Rede stand die Tätigkeit eines Hoheitsträgers, der Auskünfte aus gesetzlichen Meldepflichten in einer Datenbank gespeichert hatte. Die entgeltliche Zurverfügungstellung dieser Daten sei keine wirtschaftliche Tätigkeit, da es am Markt keinen Wettbewerber gäbe, der ebenfalls diese Daten gegen Entgelt herausgeben könnte.[104]

dd) Milchquoten-Verkaufsstelle

In dem sogenannten Milchquoten-Urteil[105] ließ der Europäische Gerichtshof die Frage nach einer wirtschaftlichen Tätigkeit durch eine staatliche

---

102 EuGH, Urteil vom 26.6.2007, Rs. C-369/04 (Hutchison 3G), MMR 2007, S. 568, Rn. 36.

103 EuGH, Urteil vom 26.6.2007, Rs. C-284/04 (T-Mobile Austria GmbH), EuZW 2007, S. 433 (434).

104 EuGH, Urteil vom 12.7.2012, Rs. C-138/11 (Compass-Datenbank GmbH), GRUR 2013, S. 191, Rn. 35.

105 EuGH, Urteil vom 13.12.2007, Rs. C-408/06 (Milchquoten-Verkaufsstelle), DStRE 2008, S. 710 f.

Milchquoten-Verkaufsstelle offen und überließ die Prüfung der zu Grunde liegenden Tatsachen dem nationalen Gericht. Zu den Aufgaben einer solchen Milchquoten-Verkaufsstelle gehöre, nach den Ausführungen des Gerichtes, im Wesentlichen die Regulierung des Milchmarktes, ohne selbst in den An- und Verkauf der Milch involviert zu sein. Auch wenn der Gerichtshof in dieser Entscheidung nicht explizit zu der Prüfung der wirtschaftlichen Tätigkeit Stellung bezogen hat, lässt sich festhalten, dass er eine Steuerpflicht der staatlichen Milchquoten-Verkaufsstelle mit dem Argument verneint hat, dass diese mit ihrer Tätigkeit nicht mit privaten Wirtschaftsteilnehmern auf einem gemeinsamen Markt konkurriere.[106]

ee) Gemeente Borsele

Aufschlussreich ist, dass der Europäische Gerichtshof seiner Linie auch in einer aktuellen Entscheidung abermals Ausdruck verliehen hat. In der Rechtssache Gemeente Borsele[107] verneinte das Gericht eine wirtschaftliche Tätigkeit einer Gemeinde, welche Schülertransportdienstleistungen anbot. Hintergrund des Streits war das Vorsteuerbegehren der Gemeinde. Diese hatte zur Schülerbeförderung Transportkapazitäten bei lokalen Busunternehmern eingekauft. 3 % der hierdurch entstandenen Kosten berechnete die Gemeinde weiter an die Eltern der Schulkinder. Sie begehrte alsdann den Vorsteuerabzug in Höhe von 100 % der bei den Transportunternehmen eingekauften Leistungen, da sie diese für steuerpflichtige Ausgangsleistungen verwende (Schülertransport). Zum einen entschied der Europäische Gerichtshof, dass es an einer wirtschaftlichen Tätigkeit der Gemeinde fehle, da die Weiterberechnung von lediglich 3 % der Kosten nicht den Umständen entspräche unter denen derartige Dienstleistungen für gewöhnlich erbracht würden.[108] Es fehle zudem an einem Zusammenhang zwischen dem sehr geringen Entgelt und der tatsächlichen Transportleistung, weshalb die Kostenbeteiligung der Eltern eher eine Gebühr als eine Gegenleistung darstelle.[109]

---

106 EuGH, Urteil vom 13.12.2007, Rs. C-408/06 (Milchquoten-Verkaufsstelle), DStRE 2008, S. 710 (714).

107 EuGH, Urteil vom 12.5.2016, Rs. C-520/14 (Gemeente Borsele), DStRE 2016, S. 798 f.

108 EuGH, Urteil vom 12.5.2016, Rs. C-520/14 (Gemeente Borsele), DStRE 2016, S. 798, Rn. 30.

109 EuGH, Urteil vom 12.5.2016, Rs. C-520/14 (Gemeente Borsele), DStRE 2016, S. 798, Rn. 33; zustimmend *Ismer*, MwStR 2016, S. 654 (660); ebenso BFH, Urteil vom 28.6.2017, XI R 12/15, DStR 2017, S. 1873 (1877).

Zum anderen wiederholte der Europäische Gerichtshof seine Sichtweise, dass es für eine wirtschaftliche Tätigkeit auf das Vorhandensein eines Marktes ankomme. Im vorliegenden Fall handele die Gemeinde jedoch eher als Endverbraucher gegenüber den Transportunternehmen und trete nicht selbst als Unternehmer in Erscheinung.[110]

Der Europäische Gerichtshof stellt bei der Verneinung der wirtschaftlichen Tätigkeit die vergleichbaren Umstände in den Vordergrund, unter denen gleichartige Leistungen üblicherweise erbracht würden und kommt zu dem Schluss, dass ein eher symbolisches Entgelt, mangels steuerpflichtiger Ausgangsumsätze, nicht zum Vorsteuerabzug in voller Höhe berechtige.[111] Entscheidend für die hier vertretene Sichtweise ist jedoch, dass er in einem Nebensatz erneut die Marktteilnahme als Abgrenzungskriterium für eine wirtschaftliche Tätigkeit nennt.[112]

ff) Zwischenergebnis

Aufgrund der Rechtsprechung des Europäischen Gerichtshofes zur Umsatzsteuerpflicht juristischer Personen des öffentlichen Rechts lässt sich festhalten, dass nach dem hier verfolgten Verständnis einer wirtschaftlichen Tätigkeit im Sinne des Art. 9 Abs. 1 MwStSystRL stets eine Beteiligung an einem Markt innewohnen muss.

Die Rechtsprechung des Europäischen Gerichtshofes zur Bestimmung einer wirtschaftlichen Tätigkeit bei juristischen Personen des öffentlichen Rechts überzeugt in diesem Zusammenhang, da sie geeignet erscheint, den weiten Begriff der wirtschaftlichen Tätigkeit im Zusammenhang mit Tätigkeiten von juristischen Personen öffentlichen Rechts sinnvoll zu begrenzen. Zur Überprüfung der Richtigkeit dieser Rechtsprechung des Europäischen Gerichtshofes zum Tatbestandsmerkmal der wirtschaftlichen Tätigkeit und bevor eine belastbare These formuliert werden kann, sind zunächst die Grenzen des Marktbegriffes zu untersuchen.

---

110 EuGH, Urteil vom 12.5.2016, Rs. C-520/14 (Gemeente Borsele), DStRE 2016, S. 798, Rn. 35.

111 EuGH, Urteil vom 12.5.2016, Rs. C-520/14 (Gemeente Borsele), DStRE 2016, S. 798, Rn. 33.

112 EuGH, Urteil vom 12.5.2016, Rs. C-520/14 (Gemeente Borsele), DStRE 2016, S. 798, Rn. 35.

d) Definition des Marktbegriffes als Teil einer wirtschaftlichen Tätigkeit

Von dem Ergebnis, was als Markt zu verstehen ist, kann man nach der Rechtsprechung des Europäischen Gerichtshofes Rückschlüsse auf das Wesen einer wirtschaftlichen Tätigkeit ziehen, da die Beteiligung am Markt Bestandteil einer solchen ist.

aa) Volkswirtschaftliche Definition des Marktbegriffes

Da der Rechtsprechung des Europäischen Gerichtshofes nicht unmittelbar zu entnehmen ist, was unter dem Rechtsbegriff „Markt" zu verstehen ist, muss dieser anhand von juristischen Auslegungskriterien bestimmt werden. Dem Wortlaut nach beschreibt ein Markt grundsätzlich den Handel mit Waren oder Rechten zwischen mindestens zwei Personen. In der volkswirtschaftlichen Fachliteratur wird ein Markt beschrieben als der Ort des Zusammentreffens von Angebot und Nachfrage, wodurch sich im Falle eines Tausches die Preisbildung vollzieht.[113] Diesem Zusammentreffen von Angebot und Nachfrage ist ein ständiger Wettbewerb um den besten Preis immanent.[114] Denn „wirtschaftlicher Wettbewerb bezeichnet eine Rivalitätsbeziehung zwischen Wirtschaftseinheiten beim Bemühen um vorteilhafte Ergebnisse (Preise) am Markt."[115]

Insofern erscheint der Wettbewerb eine entscheidende Grundvoraussetzung für funktionierende Märkte im Rahmen unserer sozialen Marktwirtschaft zu sein.[116] Häufig wird für einen funktionierenden Wettbewerb mit einer Vielzahl von Anbietern und Abnehmern ohne störende Nebenbedingungen auch die Formulierung „vollkommener Markt"[117] verwendet.[118] Diese Definitionen und Umschreibungen aus der Volkswirtschaft verdeutlichen, wie stark der Begriff des Marktes mit dem des Wettbewerbs verbunden zu sein scheint und wie sehr das Prinzip des Wettbewerbs, als übergeordneter Grund für die Besteuerung der öffentlichen Hand, auf das Tatbestandsmerkmal der wirtschaftlichen Tätigkeit einstrahlen könnte.[119]

---

113 *Gabler*, Wirtschaftslexikon Ko - Pe, Stichwort „Markt", S. 2106; *Rittershofer*, Wirtschaftslexikon, Stichwort „Markt" S. 630.

114 *Woll*, Volkswirtschaftslehre, S. 162; *Gabler*, Wirtschaftslexikon Ko - Pe, Stichwort „Markt", S. 2106.

115 *May*, Lexikon der ökonomischen Bildung, Stichwort „Wettbewerb", S. 604.

116 *Baßler/Heinrich/Utecht*, Volkswirtschaft, S. 60; *May*, Handbuch der ökonomischen Bildung, S. 301.

117 Im angelsächsischen „perfect competition" vgl. *Woll*, Volkswirtschaftslehre, S. 163.

118 *Woll*, Volkswirtschaftslehre, S. 163; *Baßler/Heinrich/Utecht*, Volkswirtschaft, S. 169.

119 Siehe oben Kapitel 1, C.

Fraglich könnte sein, ob es begrifflich auch Märkte ohne Wettbewerbssituation geben kann. Sofern es Märkte ohne Wettbewerb geben kann, würden sich die Erkenntnisse zum Markt und zum Wettbewerb nicht ohne weiteres auf die oben dargestellte Rechtsprechung des Europäischen Gerichtshofes übertragen lassen.

(1) Der Wettbewerbsbegriff

Musil nennt als Grundelemente des Wettbewerbsbegriffes „die Existenz von Märkten mit mindestens zwei Anbietern oder Nachfragern, die sich antagonistisch verhalten."[120] Im neoklassischen Modell der vollständigen Konkurrenz gehe man von einem idealen Markt mit idealen Marktteilnehmern aus, für die keine Zugangsbeschränkungen bestehen.[121] Auch die sonstigen von *Musil* untersuchten wesentlichen Wettbewerbsmodelle[122] haben alle gemeinsam, dass sich der Wettbewerb auf einem Markt vollziehen muss. Dies spricht dafür, dass Wettbewerb nie ohne Märkte bestehen kann und umgekehrt.

(2) Monopolstellungen

Aufschlussreich könnte in diesem Zusammenhang die Betrachtung von sogenannten Monopolstellungen sein. Möglicherweise können hier Märkte ohne Wettbewerb existieren.

Dabei ist zwischen tatsächlichen oder faktischen Monopolstellungen und solchen, welche vom Staat durch Hoheitsakt geschaffen werden (rechtliches Monopol) zu unterscheiden.

(aa) Tatsächliche oder faktische Monopolstellungen

Existiert für eine Ware nur ein Anbieter, spricht man im Allgemeinen von einem Monopol. Für die weitere Untersuchung ist jedoch entscheidend, welche Grundlage dieses Monopol hat. Sofern sich ein Anbieter durch Technik, Marketing oder sonstige Mittel eine überragende Marktstellung verschafft hat, so soll dies im Folgenden als tatsächliches oder faktisches Monopol behandelt werden.

Auch bei tatsächlichen Monopolstellungen besteht ein Rest von Wettbewerb, solange sich mindestens zwei Anbieter oder Nachfrager auf diesem Markt befinden.[123] Denn selbst bei einem Anbietermonopol (das heißt ein Anbieter,

---

120 *Musil*, Wettbewerb in der staatlichen Verwaltung, S. 13.

121 *Musil*, Wettbewerb in der staatlichen Verwaltung, S. 15.

122 Vgl. *Musil*, Wettbewerb in der staatlichen Verwaltung, workable competition S. 15, Die Theorie des wirksamen Wettbewerbs S. 16, Die Ansätze von Kantzenbachs und Hoppmanns S. 16 f.

123 *Musil*, Wettbewerb in der staatlichen Verwaltung, S. 13; *Gabler*, Wirtschaftslexikon, T – Z, Stichwort „Wettbewerb", S. 3566.

wenigstens zwei Nachfrager) konkurrieren die Nachfrager um den besten Preis, wobei die Preisbildung für den Anbieter mangels Wettbewerber anderen Prämissen folgt, als beispielsweise in einem vollkommenen Markt.[124] Ferner ist auch der alleinige Anbieter stets der Möglichkeit ausgesetzt, dass andere Anbieter auf den Markt drängen (freier Marktzugang). Auch wenn das Erobern von Marktanteilen bei einem Konkurrenten mit überlegener Marktmacht für Wettbewerber mit größeren Hürden verbunden ist, besteht trotzdem ein potentieller Wettbewerb. Denn auch in solchen Situationen beschreibt der Wettbewerb noch das Ringen von mehreren Anbietern oder Nachfragern um den besten Preis und somit Erfolg am Markt.[125]

Insofern stehen auch bei tatsächlichen Monopolstellungen in der Wirtschaft Unternehmen zueinander in Wettbewerb, solange es ihnen erlaubt ist gleichartige Tätigkeiten auszuüben. Aufgrund der herausragenden Marktposition des Monopolisten ist der Zugang für andere Anbieter lediglich erschwert. Diese Erschwernis ist aber nicht gleichzusetzen mit Unmöglichkeit, sondern höchstens mit „wirtschaftlicher Sinnlosigkeit". Jedoch können sich hier die Parameter ändern, so dass ein Markteintritt für Wettbewerber wieder lukrativer wird.

(bb) Rechtliche Monopolstellungen

Von den tatsächlichen Monopolstellungen sind Situationen zu unterscheiden, in denen eine Tätigkeit aufgrund gesetzlicher Anordnung für private Dritte versperrt ist.[126]

Sofern es sich um eine Monopolstellung aufgrund Anwendung staatlicher Hoheitsmacht handelt, greifen die oben beschriebenen Marktprinzipien nicht mehr. Zwar mag die Tätigkeit des Staates äußerlich mit der von anderen Wirtschaftsteilnehmern vergleichbar sein. Beispielsweise erscheint die Hausmüll-Abfallentsorgung durch eine Gemeinde äußerlich wie die Tätigkeit eines Abfallentsorgers in einem geöffneten Markt, vergleichbar etwa mit der Wertstoffsammlung. Jedoch vollzieht sich die im Rahmen eines staatlichen Monopols auf gesetzlicher Grundlage ausgeübte Tätigkeit nicht mehr nach den wirtschaftlichen Regeln des Marktes und des Wettbewerbs.

Der Marktzugang wird final per Hoheitsakt ausgeschlossen, so dass dann nicht einmal mehr potentieller Wettbewerb möglich ist. Zum anderen erfolgt

---

124 *Gabler,* Wirtschaftslexikon, T – Z, Stichwort „Wettbewerb", S. 3566.

125 *Woll,* Volkswirtschaftslehre, S. 162; *Gabler*, Wirtschaftslexikon Ko - Pe, Stichwort „Markt", S. 2106.

126 Z. B. bei öffentlich-rechtlichen Friedhofsleistungen mit Benutzungszwang, siehe *Musil*, in WiVerw, S. 45 (48).

auch keine Preisbildung mehr auf einem Markt nach den Regeln von Angebot und Nachfrage. Insofern kann man bei rechtlichen und vom Staat geschaffenen Monopolen nicht vom Vorliegen eines Marktes sprechen, welcher nach der Rechtsprechung des Europäischen Gerichtshofes typisch für eine wirtschaftliche Tätigkeit im Sinne des Art. 9 Abs. 1 MwStSystRL ist. Denn genau diese Marktsituation wird durch den staatlichen Hoheitsakt ausgeschlossen. Handelt dann ein Hoheitsträger in diesem wettbewerbsfreien Raum, ist diese Tätigkeit aus umsatzsteuerlicher Perspektive nicht mehr mit der Tätigkeit übriger Unternehmer vergleichbar, da der Staat hierbei vielmehr regulierend oder verwaltend, jedoch nicht mehr wirtschaftlich, tätig wird.[127]

Bereits *Smith* erkannte, dass der Staat typischerweise in einem wettbewerbsfreien Raum agiere, sei es, um private Einflussnahme auf einen Staatsbereich zu verhindern oder sei es, um eine Versorgungsleistung zu erbringen, die von privaten Unternehmen aufgrund fehlender Gewinnaussichten der Tätigkeit nicht angeboten würde.[128]

Daher kann man bei rechtlichen Monopolstellungen nicht von dem Vorhandensein eines Marktes sprechen.

(3) Zwischenergebnis

Zusammenfassend lässt sich sagen, dass aus einer volkswirtschaftlichen Betrachtungsweise Wettbewerb die wesentliche Voraussetzung für einen Markt ist und sich beide Begriffe gegenseitig bedingen.

In unserer bestehenden Wirtschaftsordnung ist ein Markt ohne Wettbewerb nicht denkbar. Insofern formulierte *Fezer* zutreffend, „der Markt bedarf des Wettbewerbs. Das Prinzip der Marktwirtschaft ist der Wettbewerb und der Wettbewerb ist die Funktionsbedingung des Marktsystems."[129]

bb) Wettbewerbsrechtliche Definition des Marktbegriffes

Aufgrund der gemeinsamen Wirtschaftspolitik der Union[130] bietet sich zur Definition eines Marktes der Rückgriff auf das Europäische Primärrecht sowie Bekanntmachungen der Europäischen Kommission und Entscheidungen des Europäischen Gerichtshofes an. Denn zur Erfassung einer Wettbewerbsrelevanz war und ist immer erst der zugrunde liegende Markt zu bestimmen, auf dem

127 Vgl. *Musil*, in WiVerw, S. 45 (48).
128 *Smith*, Der Wohlstand der Nationen, nach der Übersetzung von *Recktenwald*, S. 612.
129 *Fezer*, in JZ 1990, S. 657 (659).
130 Vgl. Art. 2 Abs. 3 EUV.

sich dieser Wettbewerb vollzieht.[131] Die Anlehnung an das Europäische Wettbewerbsrecht bei der Auslegung umsatzsteuerlicher Sachverhalte hatte bereits 2008 die italienische Regierung in der Rechtssache Isle of Wight gefordert.[132] Die Wettbewerbsregeln des Europäischen Primärrechts finden sich insbesondere in den Art. 101 f. AEUV.

Eine Aussage, zur Definition des Marktes, ist beispielsweise in Art. 102 AEUV[133] zu finden. Bei dessen Anwendung kommt es maßgeblich auf die sogenannte Marktabgrenzung an. Diese Marktabgrenzung dient dazu, den Einfluss der Wettbewerbskräfte auf das Verhalten von Unternehmen zu bestimmen.[134] Anhand einer solchen Marktabgrenzung kann ermittelt werden, in welchem Bereich und welchem Umfang Unternehmen untereinander im Wettbewerb stehen.[135] Ein solcher Markt, auf dem Angebot und Nachfrage aufeinander treffen, wird nach wettbewerbsrechtlichen Kriterien unter anderem aufgrund von sachlichen und räumlichen Gesichtspunkten bestimmt.[136] Dabei ist der für Art. 102 AEUV räumlich relevante Markt das Gebiet, in dem die beteiligten Unternehmen ihre Produkte oder Dienstleistungen anbieten, in dem die Wettbewerbsbedingungen hinreichend homogen sind und das sich von benachbarten Gebieten durch spürbar unterschiedliche Wettbewerbsbedingungen unterscheidet.[137] Die heutige Regelung des Art. 102 AEUV spiegelt die Ausführungen vergangener Jahre der Europäischen Kommission und des Europäischen Gerichtshofes zum relevanten Markt wider.

Die Europäische Kommission hat in diesem Zusammenhang im Jahr 1997 ausgeführt, dass

> „die Definition des Marktes der genauen Abgrenzbarkeit des Gebietes diene, auf dem Unternehmen miteinander im Wettbewerb stehen."[138]

---

131 *Berg,* in Berg/Mäsch, Kartellrecht, Art. 102 AEUV, Rn. 12.

132 EuGH, Urteil vom 16.9.2008, Rs. C-288/07 (Isle of Wight), DStRE 2008, S. 1455, Rn. 16.

133 Ehemals Art. 82 EGV.

134 *Roth/Ackermann,* in Jaeger/Kokott/Pohlmann/Schroeder, Frankfurter Kommentar zum Kartellrecht, Art. 81 EG, Rn. 369.

135 *Riesenkampff/Lehr,* in Loewenheim/Meessen/Riesenkampff, Kartellrecht, VO 139/2004/EG Art. 2, Rn. 10.

136 *Weiß,* in Calliess/Ruffert, EUV/AEUV, Art. 102 AEUV, Rn. 6.

137 *Roth/Ackermann,* in Jaeger/Kokott/Pohlmann/Schroeder, Frankfurter Kommentar zum Kartellrecht, Art. 81 EG, Rn. 392.

138 Bekanntmachung der Kommission über die Definition des relevanten Marktes, ABl. 1997 C 372/5.

Ferner umfasse der sachlich relevante Produktmarkt sämtliche Erzeugnisse und Dienstleistungen, die von den Verbrauchern hinsichtlich ihrer Eigenschaften, ihres Preise und ihres vorgesehenen Verwendungszwecks als austauschbar oder substituierbar angesehen werden.[139]

Insofern setzt sowohl eine sachliche als auch eine räumliche Marktabgrenzung nach Meinung der Europäischen Kommission eine Wettbewerbssituation voraus. Denn nur bei bestehendem Wettbewerb können Waren als untereinander austauschbar gelten (sachliche Abgrenzung), wobei bei der räumlichen Abgrenzung das Vorhandensein von Wettbewerbsbedingungen Teil der Marktdefinition ist.[140]

Der Europäische Gerichtshof setzt für das Vorhandensein eines Marktes in ständiger Rechtsprechung ebenfalls das Vorhandensein von Wettbewerb voraus.[141] Wörtlich entschied der Europäische Gerichtshof in der Wettbewerbssache „Motoe ./. Griechenland“:

> „Eine wirtschaftliche Tätigkeit ist jede Tätigkeit, die darin besteht, Güter oder Dienstleistungen auf einem bestimmten Markt anzubieten.“[142]

Entscheidend sei, dass die Möglichkeit bestünde gleichartige Erzeugnisse austauschen zu können und damit auf einem Markt im gegenseitigen Wettbewerb treten zu können.[143] Insofern stellten die Art. 101 bis 106 AEUV Regeln auf, diesen Wettbewerb zu fördern und zu erhalten. Die Regelungen seien weniger dazu gedacht, die Interessen einzelner Wettbewerbsteilnehmer zu schützen, als vielmehr die Struktur des Marktes und damit den Wettbewerb als solchen.[144]

Zwar wählten die Europäische Kommission und der Europäische Gerichtshof bei ihrer Marktdefinition zunächst unterschiedliche Betrachtungswinkel[145],

---

139 Bekanntmachung der Kommission über die Definition des relevanten Marktes, ABl. 1997 C 372/5.

140 *Berg*, in Berg/Mäsch, Kartellrecht, Art. 102 AEUV, Rn. 22.

141 EuGH, Urteil vom 4.6.2009, Rs. C-8/08, EuZW 2009, S. 505 (507); EuGH, Urteil vom 7.2.2013, Rs. C-68/12, BB 2013, S. 1233 (1235); EuGH, Urteil vom 6.10.2009; verbundene Rechtssachen C-501/06 P, C-513/06 P, C-515/06 P und C-519/06 P, EuZW 2009, S. 912 (912).

142 EuGH, Urteil vom 1.7.2008, Rs. C-49/07, EuZW 2008, S. 605 (607).

143 EuGH, Urteil vom 12.12.1991, Rs. T-30/89, Slg. 1991, II-1439, Rn. 64; EuGH, Urteil vom 26.11.1998, Rs. C-7/97, Slg. 1998, I-7791 Rn. 32, 33; EuGH, Urteil vom 3.7.1991, Rs. C-62/86, Slg. 1991, I-3359 Rn. 51.

144 EuGH, Urteil vom 4.6.2009, Rs. C-8/08, EuZW 2009, S. 505 (507); ebenso *Mestmäcker/Schweitzer*, in Mestmäcker/Schweitzer, Europäisches Wettbewerbsrecht, § 11, Rn. 9.

145 Vgl. *Jung*, in Grabitz/Hilf/Nettesheim, EUV/AEUV, Art. 102 AEUV, Rn. 37.

jedoch weisen diese mittlerweile kaum noch Unterschiede auf.[146] Denn entscheidend für eine Marktsituation sei die Austauschbarkeit von Produkten oder Dienstleistungen für die Marktgegenseite, da nur solche Leistungen miteinander in Wettbewerb stehen und zusammen einen Markt bilden.[147] Mithin lässt sich festhalten, dass sowohl die Europäische Kommission als auch der Europäische Gerichtshof bei ihrer Definition eines Marktes regelmäßig auf Wettbewerbskomponenten eingehen, da diese untrennbar mit einem Markt verbunden scheinen.

Ein solches Ergebnis findet ein breites Echo in der wettbewerbsrechtlichen Fachliteratur. Auch diese geht von „einer wettbewerbsrechtlichen Struktur des Marktes" aus.[148] Genau diese wettbewerbsrechtliche Struktur des Marktes sei das Schutzgut der Art. 101 ff. AEUV[149] sowie der auf diesen Gedanken basierenden nationalen Regelungen.[150]

Mithin wird anhand der dargestellten wettbewerbsrechtlichen Quellen deutlich, dass eine Betätigung auf einem Markt grundsätzlich auch immer einem zumindest latenten Wettbewerb unterworfen sein muss. Denn bereits die Anwesenheit eines beherrschenden Unternehmens wird als Störung des Marktes eingestuft, da dies den freien Wettbewerb als solchen beeinträchtigt.[151]

Insofern lassen sich aus dieser wettbewerbsrechtlichen Betrachtungsweise Rückschlüsse für eine umsatzsteuerliche Marktdefinition ziehen. Denn im Sinne einer einheitlichen Rechtsordnung ist es erstrebenswert, dass gleiche Begriffe auch in unterschiedlichen Rechtsgebieten ihre originäre Bedeutung behalten. Dies gilt umso mehr, als dass sowohl das Wettbewerbsrecht als auch das Umsatzsteuerrecht dem Zweck einer einheitlichen Europäischen Wirtschaftspolitik dienen. Die Voraussetzung, dass die den Markt bildenden Produkte miteinander im

---

146 *Jung*, in Grabitz/Hilf/Nettesheim, EUV/AEUV, Art. 102 AEUV, Rn. 37.

147 *Jung*, in Grabitz/Hilf/Nettesheim, EUV/AEUV, Art. 102 AEUV, Rn. 38.

148 *Gröpl*, in Dauses, EU-Wirtschaftsrecht, J, Rn. 2; Mestmäcker/*Schweitzer*, in Mestmäcker/Schweitzer, Europäisches Wettbewerbsrecht, § 11, Rn. 9; *de Bronett*, in Schulte/Just, Kartellrecht, Art. 101 AEUV, Rn. 1.

149 *Gröpl*, in Dauses, EU-Wirtschaftsrecht, J, Rn. 14; *Mestmäcker/Schweitzer*, in Mestmäcker/Schweitzer, Europäisches Wettbewerbsrecht, § 11, Rn. 9; *Berg/Mudrony*, in Berg/Mäsch, Kartellrecht, Art. 101 AEUV, Rn. 71.

150 Exemplarisch: *Leinemann*, Die Vergabe öffentlicher Aufträge, S. 115, zur Vergabe- und Vertragsordnung für Bauleistungen; *Stickler/Diehr* in: Reidt/Stickler/Glahs, Vergaberecht, § 4 VGV, Rn. 8, zur Vergabe von Liefer- und Dienstleistungsaufträgen.

151 *Mestmäcker/Schweitzer*, in Mestmäcker/Schweitzer, Europäisches Wettbewerbsrecht, § 11, Rn. 9.

Wettbewerb stehen,[152] muss sich dann auch vom Grundsatz her auf das Umsatzsteuerrecht übertragen lassen.

cc) Zwischenergebnis

Die Untersuchung des Markbegriffes, welcher regelmäßig für die Charakterisierung der wirtschaftlichen Tätigkeit im Sinne des Art. 9 Abs. 1 MwStSystRL durch den Europäischen Gerichtshof herangezogen wurde, zeigt, dass sich Markt und Wettbewerb in einer freien Marktwirtschaft gegenseitig bedingen und untrennbar verbunden sind.[153] Für die meisten Unternehmen mag diese Einschränkung keine Bedeutung haben, da dieser Wettbewerb für sie ohnehin selbstverständlich ist. Bedeutung erlangt diese Unterscheidung jedoch mit Blick auf die Tätigkeiten der öffentlichen Hand, wie der Europäische Gerichtshof in der Vergangenheit zutreffend gezeigt hat.[154] Eine zu unkritische Annahme wirtschaftlicher Tätigkeiten[155] für die öffentliche Hand könnte den Anwendungsbereich dieser Tatbestandsvoraussetzung überdehnen.

Ferner ist ein Markt ohne Wettbewerb nur in Ausnahmesituationen möglich (Monopole), ein wirtschaftlicher Wettbewerb ohne Markt sogar undenkbar. Festzuhalten bleibt, dass in einer freien Marktwirtschaft der Begriff Markt vom Wortsinn her stets mit Wettbewerb zu assoziieren ist.[156] Dabei hat der

---

152 *Roth/Ackermann,* in Jaeger/Kokott/Pohlmann/Schroeder, Frankfurter Kommentar zum Kartellrecht, Art. 81 EG, Rn. 379; Kommission vom 29.3.1994 – HOV/SVZ/MCN, Abl. EG 1994 Nr. L 104, 34 Rn. 54.

153 Bejahend: *Riebel,* Wettbewerb, S. 22; *Hoppmann,* Recht und Staat in Geschichte und Gegenwart, S. 9; *Fezer,* in JZ 1990, S. 657 (659), „der Wettbewerb ist dasjenige Verfahren, auf dem das Funktionieren des Marktsystems beruht. Die Funktionen des Marktsystems und die Wettbewerbsfunktion entsprechen einander".

154 Vgl. EuGH, Urteil vom 6.10.2009, Rs. C-267/08 (SPÖ Landesorganisation Kärnten), EuZW 2009, S. 898.

155 Häufig findet sich die Formulierung der Anwendungsbereich der wirtschaftlichen Tätigkeit sei „sehr weit": Scharpenberg, in Hartmann/Metzenmacher, UStG E § 2, Rn. 31; Hundt-Eßwein, in DStR 2012, S. 1371 (1373); der Europäische Gerichtshof urteilte jedoch lediglich und zutreffend Art. 9 MwStSystRL „weist zwar der Mehrwertsteuer einen sehr weiten Anwendungsbereich zu, doch betrifft diese Vorschrift *nur* Tätigkeiten mit wirtschaftlichem Charakter", EuGH Urteil vom 13.12.2007, Rs. C-408/06, DStRE 2008, S. 710 (712).

156 Laut *Fezer* sind „Marktfreiheit und Marktverantwortung die beiden Seiten ein und derselben Medaille einer marktwirtschaftlichen Wettbewerbsordnung." *Fezer,* in JZ 1990, S. 657 (662).

Europäische Gerichtshof gezeigt, dass der Begriff der wirtschaftlichen Tätigkeit durch das Marktkriterium sinnvoll eingegrenzt werden kann.

Diese Punkte zusammengenommen lassen sich zu folgender These verdichten:

> Einer wirtschaftlichen Tätigkeit im Sinne des Art. 9 Abs. 1 MwStSystRL ist stets eine wettbewerbsrechtliche Komponente immanent, die sich allen voran durch eine Konkurrenzsituation auf einem gemeinsamen Markt äußert. Erst danach sind, jedenfalls im Bereich der öffentlichen Hand, die weiteren Voraussetzungen wie etwa Leistung und Gegenleistung zu prüfen.

e) Auslegung des Begriffes der wirtschaftlichen Tätigkeit

Ob sich das vom Europäischen Gerichtshof gebildete Verständnis einer wirtschaftlichen Tätigkeit, das heißt die Bedingung einer Marktsituation, welche nach der hier vertretenen Auffassung stets mit Wettbewerb einhergeht, mit der Auslegbarkeit des Begriffes deckt, lässt sich in erster Linie mittels der juristischen Interpretationsregeln (Wortlautauslegung, systematischer Zusammenhang, historisches Verständnis und Sinn und Zweck) ergründen.

aa) Wortlautauslegung

Ein unbestimmter Rechtsbegriff hat einen Begriffskern und einen Begriffshof beziehungsweise einen engen und einen weiten Bedeutungsspielraum.[157] Der Begriffskern beschreibt die sicheren negativen und positiven Anwendungsfälle, wobei der Begriffshof die offenen, neutralen und zweifelhaften Anwendungsfälle betrifft.[158] Die (Wortlaut-) Grenze, welche den Anwendungsbereich eines Begriffes markiert, ist dabei anhand von wertenden Gesichtspunkten zu ermitteln.[159]

Bezogen auf den umsatzsteuerlichen Begriff der wirtschaftlichen Tätigkeit im Sinne des Art. 9 Abs. 1 MwStSystRL gehören alle Tätigkeiten eines Erzeugers, Händlers oder Dienstleistenden einschließlich der Tätigkeiten der Urproduzenten, der Landwirte sowie der freien Berufe und der diesen gleichgestellten Berufe zum Begriffskern der wirtschaftlichen Tätigkeit. Ferner gehört die Nutzung von körperlichen oder nicht körperlichen Gegenständen zur nachhaltigen Erzielung von Einnahmen zum Begriffshof der wirtschaftlichen Tätigkeit.

---

157 *Zippelius*, Methodenlehre, S. 38.

158 *Zippelius*, Methodenlehre, S. 58; *Nastelski,* in GRUR, 1968, S. 545 (545).

159 *Zippelius*, Methodenlehre, S. 58; *Nastelski,* in GRUR, 1968, S. 545 (547); *Hüpers,* Larenz Methodenlehre, S. 441.

Eine Einschränkung des Begriffes der wirtschaftlichen Tätigkeit durch das Merkmal einer Betätigung an einem Markt, wie sie vom Europäischen Gerichtshof bei Tätigkeiten der öffentlichen Hand vorgenommen wird, lässt sich dem Begriffskern nicht entnehmen. Gleichwohl kann eine Wettbewerbssituation Teil des Begriffshofes sein und den Begriff der wirtschaftlichen Tätigkeit weiter sinnvoll bestimmen. Dass dem so ist, lässt sich der Formulierung des Art. 9 Abs. 1 S. 2 MwStSystRL entnehmen, da dieser keine abschließende Definition der wirtschaftlichen Tätigkeit enthält, sondern lediglich aufzeigt, welche Tätigkeiten auf jeden Fall als wirtschaftliche Tätigkeit zu verstehen sein sollen; nämlich die eines Erzeugers, Händlers usw. Im Umkehrschluss ist im Rahmen der grammatischen Auslegung zu prüfen, welche weitergehende Bedeutung dem Begriff zukommt und was mit der Formulierung objektiv zum Ausdruck gebracht wird.

Nach einem allgemeinen Sprachverständnis bedeutet wirtschaftliches Handeln ein Tun bei dem Kosten und Nutzen der Tätigkeit in einem gesunden, optimierten Verhältnis zueinander stehen.[160] *Musil* führt aus, dass Wirtschaftlichkeit das Minimal- und Maximalprinzip beinhalte, wobei das Minimalprinzip ein bestimmtes Ergebnis mit kleinstem Ressourceneinsatz verlange und das Maximalprinzip ein bestimmtes Ergebnis bei gleichbleibenden Ressourceneinsatz.[161]

Insofern schließt sich die Frage an, warum der Einsatz der Mittel im Verhältnis zu ihrem Ertrag in einem gesunden und optimierten Verhältnis zueinander stehen soll. Der Grund hierfür liegt in der hier vertretenen Auffassung darin, dass jeder „Wirtschaftsteilnehmer" aufgrund des bestehenden – oder wenigstens potentiellen – Wettbewerbes am Markt dazu gezwungen wird, will er nicht den Fortbestand seiner Unternehmung riskieren. Nur wer seine Ressourcen sinnvoll und effektiv einsetzt, kann in unserer Wirtschaftsordnung dauerhaft Erfolg haben. Daher ist wirtschaftliches Handeln vom Sprachverständnis auch häufig mit unternehmerischen Handeln gleichzusetzen, da eben diese Wirtschaftlichkeit Grundvoraussetzung jeglichen unternehmerischen Erfolges ist. Ursache eines solchen wirtschaftlichen Handelns ist der Wettbewerb am jeweiligen Markt.

Zwar können auch andere Handlungen im allgemeinen Sprachgebrauch wirtschaftlich sein. Beispielsweise das private Führen einer Haushaltskasse oder die Krafteinteilung eines Sportlers im Wettkampf. Jedoch macht eine derartige

---

160 *Gabler*, Wirtschaftslexikon, T – Z, S. 3595, Stichwort: Wirtschaftlichkeit; *May*, Lexikon der ökonomischen Bildung, S. 391, Stichwort: ökonomisches Prinzip, S. 611, Stichwort: Wirtschaften; *Rau*, Betriebswirtschaftslehre für Städte und Gemeinden, S. 4.

161 *Musil*, Wettbewerb in der staatlichen Verwaltung, S. 73.

Verwendung des Begriffes „wirtschaftlich" in diesem Zusammenhang nur Sinn, wenn davon auszugehen ist, dass eine solche Wirtschaftlichkeit im Sprachgebrauch der „unternehmerischen Wirtschaftlichkeit" entlehnt wurde und nicht etwa umgekehrt. Zudem ist bei der Ermittlung des Wortsinns stets der gesetzliche Kontext im Blick zu behalten. Dieser regelt im Fall des Art. 9 Abs. 1 MwStSystRL die Steuerbarkeit einer unternehmerischen Leistung um den Willen einer Gegenleistung, sprich das Angebot einer Leistung zu einem am Markt zu ermittelnden Preis. In einem solchen Gesetzeskontext kann eine kostenoptimierte Handlungsweise nur über den Wettbewerb und die Frage ermittelt werden, zu welchem Preis Dritte dieselbe Leistung anbieten. Mithin kann bei diesem Sachzusammenhang nur eine Tätigkeit gemeint sein, die sich in einem wirtschaftlichen, das heißt wettbewerbszugänglichen (privatwirtschaftliche) Umfeld vollzieht.[162]

Dies wird umso deutlicher, hält man sich nicht nur den Begriff der wirtschaftlichen Tätigkeit, sondern auch den Begriff der Wirtschaft allgemein vor Augen. Laut Duden handelt es sich bei dem Begriff der Wirtschaft um die Gesamtheit der Einrichtungen und Maßnahmen, die sich auf Produktion und Konsum von Wirtschaftsgütern beziehen.[163] Umfasst man diese Wirtschaft territorial durch Grenzen, so ergibt sich der Begriff der Volkswirtschaft, welche die Gesamtwirtschaft eines Volkes ist.[164]

Dabei kann der Begriff der wirtschaftlichen Tätigkeit nur innerhalb des durch sie begrenzenden Systems ausgelegt werden, das heißt innerhalb der Gesetzmäßigkeiten die unsere Volkswirtschaft oder den europäischen Wirtschaftsraum ausmachen. Unsere Wirtschaftsordnung geht von einer freien Marktwirtschaft aus, die sich weitgehend selbst reguliert, wobei der freie Wettbewerb das entscheidende Kriterium der sozialen Marktwirtschaft ist.[165]

Im Rahmen einer planwirtschaftlichen Volkswirtschaft mag der Begriff einer wirtschaftlichen Tätigkeit keine oder zumindest eine andere Bedeutung haben

---

162 Vgl. *Musil,* Wettbewerb in der staatlichen Verwaltung, S. 12.

163 Online Ausgabe des Dudens (abgerufen am 4.3.2019): http://www.duden.de/rechtschreibung/Wirtschaft.

164 Online Ausgabe des Dudens (abgerufen am 4.3.2019): http://www.duden.de/rechtschreibung/Volkswirtschaft.

165 *Fischer,* Europäische Wirtschafts- und Sozialgeschichte, S. 465; *Scholz,* in Maunz/Dürig, GG, Art. 12, Rn. 85.

als in einer kapitalistisch ausgerichteten Volkswirtschaft, da der Planwirtschaft das Wettbewerbsprinzip grundsätzlich fremd ist.[166]

Legt man jedoch die in der Europäischen Union vorherrschenden und in Art. 119 Abs. 1 AEUV kodifizierten Zustände zu Grunde, welche zugleich Maßstab für die Auslegung des Begriffes der wirtschaftlichen Tätigkeit sein müssen, gelangt man zu dem Ergebnis, dass wirtschaftliches Handeln semantisch untrennbar mit unserem wettbewerbsorientierten Wirtschaftssystem verbunden ist. Denn im Rahmen einer Volkswirtschaft, ist wirtschaftliches Handeln davon geprägt, sich im Wettbewerb mit anderen Wirtschaftsteilnehmern Vorteile am Markt zu verschaffen.[167] Dieser Wettbewerb ist der Antrieb und der Motor einer (Volks-) Wirtschaft und entscheidend für die Frage, was zu welchem Preis produziert werden soll.[168] Insofern könnte man auch nicht treffender als *Smith* formulieren, der sagt, dass die Wirtschaft durch eine unsichtbare Hand namens Wettbewerb kontrolliert wird.[169] Interessanterweise beschreibt *Smith* den öffentlichen Sektor auch aus seiner damaligen Perspektive als nichtmarktwirtschaftlichen Sektor.[170]

Eine solche Einschätzung deckt sich beispielsweise mit der zitierten Rechtsprechung des Europäischen Gerichtshofes, der eine wirtschaftliche Tätigkeit juristischer Personen öffentlichen Rechts ebenfalls ablehnt, wenn diese mit ihrer Tätigkeit nicht am Markt agieren wie ein privater Unternehmer.[171]

---

166 Der Wettbewerbscharakter einer wirtschaftlichen Tätigkeit äußert sich zudem in dem Vergleich einer Planwirtschaft mit dem einer kapitalistischen Marktwirtschaft, wenn man bedenkt, dass *Marx* Wettbewerb und Marktwirtschaft zu Gunsten von Solidarität hat abschaffen wollen. Allein dieser Umstand legt eine Konnexität zwischen Wettbewerb und dem bei uns herrschenden Verständnis einer (Markt-) Wirtschaft nahe. Vgl. *Giersch*, Online-Ausgabe des Handelsblattes vom 28.1.2015: http://www.handelsblatt.com/technik/projekt-zukunft/wettbewerb-der-zukunft-mehr-erfolg-ohne-konkurrenzdruck/11061958.html, aufgerufen am 4.3.2019.

167 *May*, Lexikon der ökonomischen Bildung, S. 604, Stichwort: Wettbewerb.

168 *Vahlen*, Wirtschaftslexikon, S. 2354, Stichwort: Wettbewerb.

169 Smith, Wealth of Nations, Book IV, Chapter II, Para 9: "By preferring the support of domestic to that of foreign industry, he intends only his own security; and by directing that industry in such a manner as its produce may be of the greatest value, he intends only his own gain, and he is in this, as in many other cases, led by an invisible hand to promote an end which was no part of his intention."

170 *Smith*, Der Wohlstand der Nationen, nach der Übersetzung von *Recktenwald*, LXIX.

171 EuGH, Urteil vom 26.6.2007, Rs. C-369/04 (Hutchison 3G), MMR 2007, S. 568; EuGH, Urteil vom 26.6.2007, Rs. C-284/04 (T-Mobile Austria GmbH), EuZW 2007, S. 433; EuGH, Urteil vom 12.5.2016, Rs. C-520/14 (Gemeente Borsele), DStR 2016, S. 798 (801).

Insofern wird deutlich, dass juristische Personen öffentlichen Rechts bei der Erfüllung ihrer hoheitlichen Aufgaben mangels Wettbewerbs nicht „wirtschaften", wie man es vom Wortsinn, zum Beispiel bei einem privaten Unternehmer, erwarten würde. Zwar ist die Verwaltung dem Gebot der Wirtschaftlichkeit und Sparsamkeit gemäß Art. 114 Abs. 2 S. 1 GG in Verbindung mit § 7 BHO verpflichtet. Jedoch handelt es sich hierbei um eine von Gesetzes wegen auferlegte Handlungsmaxime.[172] Diese ist jedoch nicht vergleichbar mit dem Zwang der Unternehmer aufgrund eines Wettbewerbsdrucks wirtschaftlich zu handeln.

Insofern formulierte auch *Musil*, „dass es vorkommen kann, dass staatliches Handeln aus der Sicht eines Privaten als unwirtschaftlich erscheint… Jedoch unterliegt staatliches Handeln anderen Anforderungen als das Handeln Privater."[173] Daher ist im Rahmen hoheitlichen Handelns in dem Gebot der Sparsamkeit und Wirtschaftlichkeit lediglich eine Absichtserklärung zu sehen, deren Nichtbeachtung jedenfalls keine unmittelbaren Folgen für den Staat hat auf einem Markt hat.

Eine andere Wertung ergibt sich auch nicht, wenn man sich den englischen Wortlaut der Mehrwertsteuersystemrichtline vor Augen hält.[174] Wonach die Grundvoraussetzung für eine Umsatzsteuerpflicht eine „economic activity" ist. Das Verständnis einer wirtschaftlichen Tätigkeit deckt sich hierbei mit der angelsächsischen Auslegung des Begriffes „economic activity". Dieser wird beschrieben als eine Situation, in der Menschen oder Unternehmen versuchen erfolgreicher zu sein als andere, um bessere Absätze am Markt zu erzielen.[175] Diese Rolle des Wettbewerbs für die Wirtschaft sei dabei grundlegender Natur für das Verständnis der Produktion und die Entwicklung der Gesellschaft.[176] Um

---

172 *von Lewinski/Burbart*, in v.Lewinksi/Burbar, BHO, § 7, Rn. 3.

173 *Musil*, Wettbewerb in der staatlichen Verwaltung, S. 75.

174 Article 9 VAT Directive: "'Taxable person' shall mean any person who, independently, carries out in any place any economic activity, whatever the purpose or results of that activity.

Any activity of producers, traders or persons supplying services, including mining and agricultural activities and activities of the professions, shall be regarded as 'economic activity'. The exploitation of tangible or intangible property for the purposes of obtaining income therefrom on a continuing basis shall in particular be regarded as an economic activity."

175 *O'Shea*, Camebridge Business English Dictionary, S. 155, Stichwort: "competition": Economic competition: the situation in which people or businesses are trying to be more successful than each other, for example by making more sales in a market.

176 *Hussain*, Encyclopedia of Capitalism- Volume I, S. 157, Stichwort: "competitive economics": The role of competition in economics is vital toward understanding the entire process of production and the evolution of society.

diese Wirtschaftsordnung zu erhalten und zu fördern, sei es Aufgabe des Staates den Wettbewerb und die marktwirtschaftliche Ordnung zu schützen.[177]

Folglich kann sich eine wirtschaftliche oder unternehmerische Betätigung innerhalb der Grenzen unserer Volkswirtschaft vom Wortsinn her immer nur bei gleichzeitiger unternehmerischer Konkurrenz vollziehen, da diese integraler Bestandteil dieser Wirtschaftsordnung ist und sich stets deren Gesetzmäßigkeiten zu beugen hat.[178] Aufgrund dieser untrennbaren Verknüpfung zwischen Wirtschaft und Wettbewerb ist die grammatikalische Bedeutung des Begriffes der wirtschaftlichen Tätigkeiten im Sinne des Art. 9 Abs. 1 MwStSystRL stets unter der Prämisse zu verstehen, dass es sich um eine wettbewerbsrelevante Tätigkeit handeln muss.

bb) Systematische Auslegung

Im Rahmen der systematischen Auslegung werden der Inhalt und die Bedeutung einer Norm entsprechend ihrer Position innerhalb des Gesetzes als auch im Zusammenhang mit der gesamten übrigen Rechtsordnung bewertet.[179] Zuerst soll hierbei der Blick auf die Binnenregelungen der Mehrwertsteuersystemrichtlinie als solche gerichtet werden, um alsdann die Rechtsordnung als Ganzes, hierbei insbesondere das Verfassungs- und Europarecht, in den Blick zu nehmen.

(1) Systematische Bezüge in der Mehrwertsteuersystemrichtlinie

Die wirtschaftliche Tätigkeit in Art. 9 Abs. 1 MwStSystRL befindet sich im dritten Teil der Mehrwertsteuersystemrichtlinie und regelt als eine der grundlegenden Vorschriften die allgemeine Steuerpflicht. Dass dem Begriff der wirtschaftlichen Tätigkeit eine Wettbewerbskomponente innewohnt, lässt sich mit Blick auf Art. 10 MwStSystRL verdeutlichen. Darin ist geregelt, dass abhängig Beschäftigte, im Gegensatz zu Selbstständigen,[180] nicht der Umsatzbesteuerung unterliegen, obwohl diese auch grundsätzlich Lieferungen und Dienstleistungen im Rahmen ihres Arbeitsverhältnisses erbringen.[181] Diese Regelung ist auch im Hinblick auf wettbewerbsrechtliche Aspekte schlüssig.

---

177 *Rumford*, European Studies, S. 143, … the overall capacity of states to constitute and maintain market order and enforce competition and market orientation remains crucial.

178 *Wöhe/Döring*, Allgemeine Betriebswirtschaftslehre, S. 10.

179 *Hüpers*, Larenz Methodenlehre, S. 443; *Geserich*, DStR-Beih 2011, S. 59 (60).

180 Vgl. Art. 9 Abs. 1 MwStSystRL.

181 *Gröpl*, in Dauses, EU-Wirtschaftsrecht, J, Rn. 450.

In erster Linie handelt es sich bei der Ausgestaltung des Art. 9 Abs. 1 MwStSystRL um eine politische Entscheidung, Arbeitsleistung gegen Arbeitslohn nicht der Umsatzbesteuerung zu unterwerfen, sondern die Selbstständigkeit der Leistungserbringung als Voraussetzung für eine Steuerpflicht zu kodifizieren.

Andererseits, lässt sich dieses Ergebnis auch mit Blick auf den Wettbewerb begründen. Denn wenn eine wirtschaftliche Tätigkeit nur wettbewerbsrelevante Tätigkeiten besteuern soll, dann gehört die Tätigkeit von abhängig Beschäftigten nicht dazu, weil sie ihre Arbeitsleistung nicht am Markt gegen Entgelt anbieten, sondern ausschließlich weisungsgebunden für ihren Arbeitgeber tätig sind. Das heißt sie betätigen sich zwar innerhalb der Wirtschaftsordnung, jedoch ohne aktiv als Selbstständiger am Wettbewerb teilzunehmen. Insofern ist die Nichtbesteuerung nicht-selbstständiger Arbeit auch aus einer wettbewerbsrechtlichen Perspektive mit Blick auf die nicht vorhandene wirtschaftliche Tätigkeit zu begründen. Demnach ist eine Besteuerung abhängig Beschäftigter nicht nur deswegen ausgeschlossen, weil sie unselbstständig handeln, sondern auch, weil eine Besteuerung dem gesamten Prinzip der Umsatzbesteuerung zuwiderlaufen würde, welches auf einen Verbrauch von Lieferungen und Dienstleistungen angelegt ist, die auf einem Markt unter Wettbewerbsbedingungen angeboten werden.

(2) Systematische Bezüge zum Grundgesetz

Für die Wettbewerbsrelevanz jedweder wirtschaftlichen Tätigkeit im Rahmen unserer Wirtschaftsordnung sprechen zudem die Wertungen, die das Grundgesetz sowie das Europarecht vorgeben.

Entgegen der Weimarer Reichsverfassung[182] gibt das Grundgesetz keine grundsätzliche Wirtschaftsordnung vor.[183] Allerdings lässt sich aus einem der Grundpfeiler unserer verfassungsrechtlichen Werteordnung – Art. 2 Abs. 1 GG – der Rückschluss ziehen, dass eine wirtschaftliche Tätigkeit im Geltungsbereich des Grundgesetzes regelmäßig in einer Wettbewerbskonstellation erfolgen muss. Denn der freie Markt und der damit einhergehende Wettbewerb, sind eine substantielle und unverzichtbare Bedingung für die in Art. 2 Abs. 1 GG zum Ausdruck gebrachte Freizügigkeit im wirtschaftlichen Bereich.[184] Praktisch

182 Vgl. Art. 151 – 165 WRV.

183 *Di Fabio,* in Maunz/Dürig, GG, Art. 2 I., Rn. 76.

184 *Di Fabio,* in Maunz/Dürig, GG, Art. 2 I., Rn. 76; andere Herleitung *Depenheuer,* in v.Mangoldt/Klein/Strack, GG, Art. 2, Rn. 146, der zur Wirtschaftsfreiheit die Wettbewerbsfreiheit zählt, diese jedoch aus Art. 12 Abs. 1 GG ableitet.

wird durch dieses Grundrecht die freie Marktwirtschaft als Grundprinzip allen Wirtschaftslebens in Deutschland vorausgesetzt und dadurch auch indirekt eine Aussage zur Wirtschaftsordnung getroffen.[185] Wie weitreichend diese Bedeutung für das Wirtschaftsleben in Deutschland ist, wird deutlich, wenn man sich vor Augen hält, auf welche Rechtsbereiche diese durch Wettbewerb gekennzeichnete Ordnung Auswirkungen hat. Beispielsweise sind die Privatautonomie und die Wettbewerbsfreiheit zwei miteinander verwobene Rechtskonstrukte,[186] die Wettbewerbsfreiheit selbst wird als Voraussetzung der Berufsfreiheit angesehen[187] und selbst die Eigentumsgarantie aus Art. 14 Abs. 1 GG wurzelt auf den Grundfesten einer Wirtschaftsordnung mit freiem Wettbewerb.[188]

Insofern entschied auch das Bundesverfassungsgericht in diesem Zusammenhang pointiert und folgerichtig:

> „dass das Verhalten der Unternehmer im Wettbewerb im Rahmen der bestehenden Wirtschaftordung Bestandteil ihrer Berufsausübung sei…"[189]

Wenn denn aber diese Wirtschaftsordnung durch Wettbewerb und Wettbewerbsfreiheit bestimmt wird, dann müssen wirtschaftliche Tätigkeiten, auch und vor allem aus einer steuerrechtlichen Perspektive, innerhalb dieser Wirtschaftsordnung zugleich diesem Wettbewerb unterworfen sein.

(3) Systematische Bezüge im Europarecht

Auch das Europarecht in Verbindung mit dem deutschen Grundgesetz suggeriert, in einer wirtschaftlichen Tätigkeit bereits eine Tätigkeit mit Wettbewerbsrelevanz zu sehen. Anders als im Grundgesetz existieren auf europäischer Ebene rechtliche Vorgaben zu den Rahmenbedingungen des Wirtschaftsrechts.[190] Art. 119 Abs. 1 AEUV gibt vor, dass die europäische Wirtschaftspolitik auf den Grundsätzen einer offenen Marktwirtschaft mit freiem Wettbewerb beruht. Wenn man bedenkt, dass das gemeinsame Mehrwertsteuersystem die Umsetzung einer gemeinsamen europäischen Wirtschaftspolitik[191] ist, dann ist es nur

---

185 *Depenheuer*, in v.Mangoldt/Klein/Strack, GG, Art. 14, Rn. 1; *Jarass*, in Jarass/Pieroth, GG, Art. 2, Rn. 2.

186 *Stürner*, in AcP, Bd. 210, S. 105.

187 *Depenheuer*, in v.Mangoldt/Klein/Strack, GG, Art. 12, Rn. 71; a.A. *Di Fabio*, in Maunz/Dürig, GG, Art. 2 I., Rn. 76, welcher die Wettbewerbsfreiheit als Ausfluss des Art. 2 GG bewertet.

188 *Depenheuer*, in v.Mangoldt/Klein/Strack, GG, Art. 14, Rn. 9.

189 BVerfG, Beschluss vom 8.2.1972, 1 BvR 170/71, BVerfGE 32, S. 311 (317); BVerfG, Beschluss vom 12.10.1977, BVerfGE 46, S. 120 (137).

190 *Häde*, in Calliess/Ruffert, EUV/AEUV, Art. 119 AEUV, Rn. 8.

191 Vgl. Art. 113 AEUV.

konsequent, die Grundsätze dieser Wirtschaftsordnung, das heißt mit allgegenwärtigem Wettbewerb im wirtschaftlichen Bereich, im Rahmen der Auslegung auch auf den steuerlichen Begriff der wirtschaftlichen Tätigkeit anzuwenden. Aufgrund von Art. 21 Abs. 1 GG gelten solche europäischen Vorgaben stets auch für das deutsche Recht.[192]

(aa) Europäischen Wettbewerbsrecht

Weitere Anhaltspunkte zur systematischen Auslegung des Begriffes der wirtschaftlichen Tätigkeit ergeben sich beim Vergleich mit dem Wettbewerbsrecht.[193] Der Rückgriff auf das Wettbewerbsrecht bietet sich in diesem Zusammenhang aus zwei Gründen an. Zum einen überschneiden sich die Begrifflichkeiten in beiden Rechtsgebieten, denn sowohl das Wettbewerbsrecht als auch das Umsatzsteuerrecht verwenden den Begriff der wirtschaftlichen Tätigkeit oder den des Wettbewerbs. Zum anderen ist beiden Rechtsgebieten gemein, dass sie durch europäische Vorgaben einheitlich geregelt werden.[194] Aufgrund dieser Überschneidungen erscheint es im Sinne einer einheitlichen Rechtsordnung sowohl wünschenswert als auch notwendig, dass die unterschiedlichen Regelungssysteme hinsichtlich der gleichen Rechtsbegriffe korrespondieren.

Das europäische Wettbewerbsrecht dient in erster Linie dazu, die wirtschaftlichen Ziele der Europäischen Union, bestehend aus einer offenen Marktwirtschaft mit freiem Wettbewerb sowie dem gemeinsamen Binnenmarkt, beruhend auf einer sozialen Marktwirtschaft und einem System zum Schutz vor Wettbewerbsbeeinträchtigungen, zu erreichen.[195] Allein aufgrund dieser Tatsache wird der enge Zusammenhang zwischen Wirtschaft, Markt und Wettbewerb betont.[196] Der starke gesetzessystematische Zusammenhang zwischen europäischem Wettbewerbs- und Umsatzsteuerrecht zeigt sich jedoch vor allem an der Tatsache, dass das Umsatzsteuerrecht ein Baustein zur Verwirklichung der europäischen Wettbewerbspolitik ist und daraus resultierend, dass sich Wertungen des Wettbewerbsrechtes systemgerecht auf das Umsatzsteuerrecht übertragen lassen.

---

192 *Di Fabio,* in Maunz/Dürig, GG, Art. 2 I., Rn. 76.

193 Vgl. *Musil,* Wettbewerb in der staatlichen Verwaltung, S. 12.

194 Vgl. Art. 101 AEUV ff. und Art. 113 AEUV.

195 *de Bronett,* in Schulte/Just, Kartellrecht, Art. 101 AEUV, Rn. 1; vgl. *di Fabio* FS für Vogel, Der offene Staat in der Wirtschaftsgesellschaft, S. 3 (15).

196 Vgl. *Schmidt,* in FS für Vogel, Öffentliches Wirtschaftsrecht in einer offenen Staatlichkeit, S. 21 (23).

(bb) Umsatzsteuer als Baustein der europäischen Wettbewerbspolitik

Freier Wettbewerb und Warenverkehr zwischen den Mitgliedsstaaten kann nur funktionieren, wenn die Steuern, die in diesem Zusammenhang von jedem einzelnen Mitgliedsstaat erhoben werden, vereinheitlicht sind. Denn nur so ist ein reibungsloser Ablauf der Handelsbeziehungen zwischen den Mitgliedsstaaten möglich. Insofern ist zu konstatieren, dass die Einführung eines gemeinsamen Mehrwertsteuersystems vielmehr ein notwendiger zweiter Schritt war, um die europäische Wirtschaftspolitik, bestehend aus einem gemeinsamen Binnenmarkt, frei von Wettbewerbsbeschränkungen zu verwirklichen.[197] Auch die Formulierung des Art. 113 AEUV zeigt, dass Bestimmungen zur Harmonisierung von Rechtsvorschriften im Bereich der Umsatzsteuer nur zu erlassen waren, *„soweit"* sie für einen funktionierenden Binnenmarkt und zur Vermeidung von Wettbewerbsverzerrungen notwendig sind. Mithin lässt sich feststellen, dass das Recht der Mehrwertsteuersystemrichtlinie grundsätzlich den Zielen und Vorgaben des europäischen Wettbewerbsrechtes zu folgen hat.[198] Im Sinne einer einheitlichen und systematisch logischen europäischen Rechtsordnung kann dies nur von statten gehen, sofern sich das Umsatzsteuerrecht an den begrifflichen Vorgaben des europäischen Wettbewerbsrechtes orientiert.[199]

(cc) Übertragbarkeit der rechtlichen Wertungen auf das Steuerrecht

Es ist also zu untersuchen, inwieweit das europäische Wettbewerbsrecht Vorgaben im Hinblick auf eine wirtschaftliche Tätigkeit macht, die aufgrund der Einheit der Rechtsordnung auch für das Umsatzsteuerrecht zu gelten haben.

Zentrale Normen des Europäischen Wettbewerbsrechtes sind die Art. 101 f. AEUV. Dabei bestimmt Art. 101 AEUV unter anderem, dass Handlungen von Unternehmen verboten sind, welche Beeinträchtigungen des Wettbewerbs auf dem europäischen Binnenmarkt herbeiführen.

Unter einem Unternehmer im Sinne des Art. 101 AEUV versteht der Europäische Gerichtshof jede „eine wirtschaftliche Tätigkeit ausübende Einheit, unabhängig von ihrer Rechtsform und der Art ihrer Finanzierung".[200] Eine wirtschaftliche Tätigkeit sei jede Tätigkeit, die darin besteht, Güter oder Dienstleistungen auf einem bestimmten Markt anzubieten.[201] In diesem Zusammenhang fällt auf, dass sowohl das Wettbewerbsrecht als auch das Umsatzsteuerrecht auf

197 So auch *Mellinghoff*, in UR 2013, S. 5 (6).

198 A.A. *Stadie*, in Rau/Dürrwächter, UStG, § 2b, Rn. 346.

199 Vgl. *Mellinghoff*, in UR 2013, S. 5 (10).

200 EuGH, Urteil vom 18.6.1998, Rs. C 35/96, EuZW 1999, S. 93, Rn. 36.

201 EuGH, Urteil vom 18.6.1998, Rs. C 35/96, EuZW 1999, S. 93, Rn. 36.

dieselben Rechtsbegriffe abstellen, nämlich Unternehmer und wirtschaftliche Tätigkeit. Konsequenterweise hat auch der Europäische Gerichtshof in Sachen der Umsatzsteuer bei der Untersuchung der wirtschaftlichen Tätigkeit einer juristischen Person des öffentlichen Rechts darauf abgestellt, ob diese Tätigkeit einem Markt zugänglich ist.[202] Sofern dies nicht der Fall war, unterlag die Tätigkeit nicht dem Besteuerungstatbestand des Art. 9 Abs. 1 MwStSystRL. Vergleicht man den Begriff des Unternehmens nach Art. 101 AEUV mit dem des Steuerpflichtigen in Art. 9 Abs. 1 MwStSystRL, so ergeben sich einheitliche Voraussetzungen für die Annahme einer wirtschaftlichen Tätigkeit, nämlich das Tätigwerden auf einem Markt.

Dieses Tätigwerden auf einem Markt hatte der Europäische Gerichtshof in verschiedenen Urteilen zur Umsatzsteuerpflicht juristischer Personen öffentlichen Rechts verneint.[203] Blickt man in diesem Zusammenhang auf das dem Umsatzsteuerrecht systematisch vorgelagerte europäische Wettbewerbsrecht geschah dies auch mit gutem Grund. Denn auch im Wettbewerbsrecht sind hoheitliche Tätigkeiten grundsätzlich nicht geeignet, eine wirtschaftliche Tätigkeit zu begründen. In der fachlichen Diskussion heißt es etwa, die Ausübung hoheitlicher Tätigkeiten falle nicht in den Anwendungsbereich des europäischen Wettbewerbsrechts, wenn die hoheitliche Befugnis in erster Linie auf Kontroll- oder Überwachungsfunktionen ausgelegt ist.[204] Daher könne eine Tätigkeit einer juristischen Person öffentlichen Rechts, die die Ausübung bestimmter Hoheitsrechte wahrnimmt, nicht anhand von Art. 101 AEUV gemessen werden, wenn diese juristische Person öffentlichen Rechts überwiegend nicht wirtschaftliche Handlungen ausführt.[205] Die EU-Wettbewerbsvorschriften gelten somit nicht für alle öffentlichen Dienstleistungen von allgemeinem Interesse, sondern nur für solche wirtschaftlicher Art.[206] Wirtschaftlich ist dabei jede Tätigkeit, die darin besteht, Waren oder Dienstleistungen auf einem bestimmten Markt anzubieten.[207]

---

202 EuGH, Urteil vom 26.6.2007, Rs. C-369/04 (Hutchison 3G), MMR 2007, S. 568; EuGH, Urteil vom 26.6.2007, Rs. C-284/04 (T-Mobile Austria GmbH), EuZW 2007, S. 433.

203 EuGH, Urteil vom 26.6.2007, Rs. C-369/04 (Hutchison 3G), MMR 2007, S. 568; EuGH, Urteil vom 26.6.2007, Rs. C-284/04 (T-Mobile Austria GmbH), EuZW 2007, S. 433.

204 *De Bronett*, in Schulte Just, Art. 101 AEUV Rn. 27.

205 *De Bronett*, in Schulte Just, Art. 101 AEUV Rn. 27.

206 *De Bronett*, in Schulte Just, Art. 101 AEUV Rn. 28.

207 EuGH, Urteil vom 19.2.2002, Rs. C-309/99, Slg. 2002, I-1577, Rn. 47; *Berg/Mudrony*, in Berg/Mäsch, Kartellrecht, Art. 101 AEUV, Rn. 10.

Insofern gibt das europäische Wettbewerbsrecht vor, dass grundsätzlich zwischen einer wirtschaftlichen Tätigkeit und einer hoheitlichen Tätigkeit unterschieden werden müsse, da sich diese Rechtsbegriffe gegenseitig ausschlössen.[208] Eine hoheitliche Tätigkeit liege dabei regelmäßig in Fällen vor, in denen der Regelungsgegenstand typischerweise mit der Ausübung hoheitlicher Vorrechte zusammenhänge.[209] Überträgt man diese Sichtweise auf das Umsatzsteuerrecht, so müssten sich eine hoheitliche und eine wirtschaftliche Tätigkeit ebenfalls ausschließen.

Festzuhalten bleibt an dieser Stelle, dass das Europäische Wettbewerbsrecht zum Schutz des Wettbewerbs die wirtschaftlichen Tätigkeiten von Unternehmen zum Gegenstand hat. Dabei ist allein aufgrund des Regelungszwecks diesen wirtschaftlichen Tätigkeiten eine wettbewerbsrechtliche Komponente immanent. Demgegenüber sind juristische Personen des öffentlichen Rechts grundsätzlich nicht Gegenstand der wettbewerbsrechtlichen Überwachung, da diese in der Regel keine wirtschaftliche Tätigkeit, das heißt wettbewerbsrelevante Tätigkeit ausüben. In jedem Fall korrespondieren die Regelungen des Europäischen Wettbewerbsrechtes mit der Rechtsprechung des Europäischen Gerichtshofes zur fehlenden Umsatzsteuerbarkeit juristischer Personen öffentlichen Rechts bei fehlender Marktteilnahme.

(4) Nationales Wettbewerbsrecht

Auch dem nationalen Wettbewerbsrecht lassen sich ähnliche Wertungen entnehmen, zumal sich das deutsche Wettbewerbsrecht an dem der Europäischen Union orientiert[210] und die Umsatzbesteuerung des Staates grundsätzlich aus Gründen des Wettbewerbsschutzes erfolgt.[211] Zentrale Rechtsquelle für nationale Wettbewerbsregeln ist das Gesetz gegen Wettbewerbsbeschränkungen.

Gemäß § 1 GWB sind Vereinbarungen zwischen Unternehmen verboten, die eine Verhinderung, Verfälschung oder Einschränkung des Wettbewerbs bewirken können.

Da sich grundsätzlich der Anwendungsbereich der Vorschriften des Gesetzes gegen Wettbewerbsbeschränkungen auf Unternehmen beschränkt, setzt die Anwendung des Gesetzes gegen Wettbewerbsbeschränkungen auf die öffentliche

---

208 *Berg/Mudrony*, in Berg/Mäsch, Kartellrecht, Art. 101 AEUV, Rn. 14.

209 *Berg/Mudrony*, in Berg/Mäsch, Kartellrecht, Art. 101 AEUV, Rn. 15.

210 BGH, Beschluss vom 9.3.1999, NJW-RR 1999, S. 1266 (1668); *Götting*, in Löwenheim/Meessen/Riesenkampff, Kartellrecht, § 130, Rn. 5.

211 *Hüttemann*, in FS für Franz Wassermeyer, Der Beginn der subjektiven Körperschaftsteuerpflicht S. 27 (47).

Hand voraus, dass deren Handeln gemäß § 130 GWB als unternehmerisch qualifiziert wird.

Für die Frage, wann der Staat unternehmerisch handelt, hat sich der weite Unternehmerbegriff etabliert. Danach ist entscheidend auf das Vorliegen einer wirtschaftlichen Betätigung abzustellen.

Man spricht insofern auch von einem weiten Unternehmerbegriff, der auch staatliches Handeln dem Gesetz gegen Wettbewerbsbeschränkungen unterwirft, sofern die Tätigkeit des Staates, unabhängig von der Organisationsform, wirtschaftlicher Natur ist und somit in Konkurrenz zu privaten Unternehmen erbracht wird.[212] Demgegenüber gilt jedoch auch, dass eine Anwendung des Gesetzes gegen Wettbewerbsbeschränkungen für juristische Personen öffentlichen Rechts ausscheidet, wenn diese sich nicht wirtschaftlich als Anbieter oder Nachfrager auf einem Markt betätigen und damit nicht in Wettbewerb zu privaten Unternehmen treten.[213] Dies ist dann der Fall, wenn Träger hoheitlicher Gewalt ausschließlich als solche tätig werden.[214]

Mithin ist festzuhalten, dass auch nach deutschem Recht der Wettbewerb zwischen juristischen Personen öffentlichen Rechts und privaten Unternehmen das entscheidende Abgrenzungskriterium für die Annahme einer wirtschaftlichen Tätigkeit auf einem Markt ist. Wobei dieser Markt der Ort ist, auf dem der Wettbewerb ausgetragen wird.[215] Zu diesem Ergebnis kommt auch *Reiß*, der die „Teilnahme am allgemeinen (privaten) Rechtsverkehr" einer juristischen Person verneint, wenn diese aufgrund eigens für sie geltenden Sonderrechts handle.[216]

(5) Zwischenergebnis

Der Rückgriff auf das deutsche und insbesondere auf das europäische Wettbewerbsrecht hat gezeigt, dass sich diese Rechtsquellen als besonders ergiebig zur Auslegung des umsatzsteuerlichen Begriffes der wirtschaftlichen Tätigkeit im Sinne von Art. 9 Abs. 1 MwStSystRL erweisen. Zum einen, da das Wettbewerbsrecht dem Steuerrecht gegenüber eine Art Weisungsfunktion besitzt, wodurch

---

212 BGH, Beschluss vom 9.3.1999, NJW-RR 1999, S. 1266 (1668); BGH, Urteil vom 7.7.1992, NJW 1993, S. 789 (791); *Storr*, Der Staat als Unternehmer, S. 524; *Mäsch*, in Berg/Mäsch, Kartellrecht, § 130, Rn. 2; *Emmerich*, in Immenga/Mestmäcker, Wettbewerbsbeschränkungen, § 130, Rn. 29; *Götting*, in Löwenheim/Meessen/Riesenkampff, Kartellrecht, § 130, Rn. 5.

213 *Mäsch*, in Berg/Mäsch, Kartellrecht, § 130, Rn. 2.

214 BGH, Beschluss vom 9.3.1999, NJW-RR 1999, S. 1266 (1668); *Emmerich*, in Immenga/Mestmäcker, Wettbewerbsbeschränkungen, § 130, Rn. 8.

215 *Schröter/Bartl*, in von der Groeben/Schwarze/Hatje, EUV/AEUV, Art. 102, Rn. 149.

216 Vgl. *Reiß*, in Reiß/Kraeusel/Langer, UStG, § 2, Rn. 188.

die steuerlichen Regelungen der Wettbewerbspolitik der Europäischen Union dienen soll. Zum anderen, da dieselben Begrifflichkeiten im Wettbewerbsrecht und Steuerrecht verwendet werden, und aufgrund der Einheit der Rechtsordnung sowie aufgrund des Sachzusammenhangs eine synonyme Auslegung der Begrifflichkeiten angezeigt ist.

Dies vorausgeschickt gibt das Wettbewerbsrecht vor, dass für eine wirtschaftliche Tätigkeit einer juristischen Person des öffentlichen Rechts eine Wettbewerbssituation zu privaten Unternehmen entscheidend ist. Insofern ist eine Betätigung am Markt unter Wettbewerbsbedingungen integraler Bestandteil einer wirtschaftlichen Tätigkeit aus wettbewerbsrechtlicher Perspektive.

cc) Historische Auslegung

Im Rahmen der historischen Auslegung ist die Entstehungsgeschichte der Norm zu untersuchen, um hieraus Rückschlüsse auf den genauen Inhalt der Norm ziehen zu können.[217]

Die Begrenzung des Begriffes „wirtschaftliche Tätigkeit" durch die Hinzunahme der Voraussetzungen von einem Markt und Wettbewerb wird anhand einer historischen Auslegung besonders deutlich. Denn in diesem Zusammenhang kann auf konkrete Zielsetzungen und Regelungen verwiesen werden, ohne den Begriff der wirtschaftlichen Tätigkeit in die eine oder andere Richtung hin interpretieren zu müssen.

Zur Verwirklichung eines vereinten Europas wurde unter anderem die Etablierung einer Wirtschaftsunion mit einem europäischen Binnenmarkt als ein Grundpfeiler der europäischen Idee gesehen.[218] Zur Errichtung dieses gemeinsamen Binnenmarktes war es notwendig, die nationalen Rechtsvorschriften im Bereich des Handels anzugleichen. Im Zuge dessen wurde die Harmonisierung der indirekten Steuern beschlossen und in Art. 113 AEUV[219] kodifiziert, um so einen funktionierenden Binnenmarkt ohne Wettbewerbsverfälschungen zu gewährleisten.[220]

Hält man sich diese Zielsetzung verbunden mit dem Wortlaut des Art. 26 Abs. 2 AEUV[221] vor Augen („Der Binnenmarkt umfasst einen Raum ohne

---

217 *Geserich,* DStR-Beih 2011, S. 59 (60); *Hüpers,* Larenz Methodenlehre, S. 445.

218 Vgl. Art. 26 AEUV, ehemals Art. 14 EGV; sowie *Mellinghoff,* in UR 2013, S. 5 (6).

219 Ehemals Art. 93 EGV.

220 *Seiler,* Grabitz/Hilf/Nettesheim, EUV/AEUV, Art. 113, Rn. 3; *Siegel,* Der Begriff des "Betriebs gewerblicher Art" im Körperschaft- und Umsatzsteuerrecht, S. 276; *Sarrazin,* in UR 1974, S. 281 (281).

221 Ehemals Art. 14 EGV.

Binnengrenzen, in dem der freie Verkehr von Waren, Personen, Dienstleistungen und Kapital gemäß den Bestimmungen dieses Vertrages gewährleistet ist"), wird deutlich, dass hiermit grundsätzlich nur Tätigkeiten gemeint gewesen sein können, die einem Wettbewerb auf diesem Markt zugänglich sind. Auf einem solchen Binnenmarkt wäre es deutschen juristischen Personen des öffentlichen Rechts gar nicht möglich, hoheitliche Tätigkeiten oder Leistungen anzubieten, da diese notwendigerweise an deutsche Gesetze und deutsches Staatsgebiet gekoppelt sind. Lediglich Leistungen, welche austauschbar sind und auch von privaten Dritten erbracht werden können, sind geeignet grenzüberschreitend angeboten zu werden. Sofern die Tätigkeit an staatliche Hoheitsrechte geknüpft ist, versagt eine grenzüberschreitende Leistung auf dem gemeinsamen Binnenmarkt.

Insofern wird anhand der historischen Auslegung deutlich, dass die Etablierung eines europäischen Binnenmarktes und damit auch die Harmonisierung der Umsatzsteuer nicht auf Tätigkeiten der öffentlichen Hand gezielt haben kann, da diese im Rahmen ihrer Hoheitsrechte gar nicht befugt ist, außerhalb der nationalen Landesgrenzen aufgrund Hoheitsrechtes tätig zu werden. Dies spricht dafür, die Steuerpflicht nach § 9 Abs. 1 MwStSystRL an wirtschaftliche Tätigkeiten zu knüpfen, welche von jedermann erbracht werden können, da eine Tätigkeit im Rahmen von Hoheitsgewalt auf dem Staatsgebiet anderer Mitgliedsstaaten unmöglich erscheint. Vielmehr ist es der Regelfall, dass der Staat bei der Verwirklichung eines gemeinsamen Binnenmarktes außerhalb des anwendbaren Steuersystems steht und regulierend und lenkend in dieses eingreift. Die Tatsache, dass der Staat grundsätzlich nicht Steuerschuldner ist, wird im Kontext der Etablierung des gemeinsamen Binnenmarktes deutlich und deckt sich mit dem Sinn und Zweck der Besteuerung staatlicher Einrichtungen.[222] Etwas anderes kann bei grenzüberschreitenden Leistungen nur gelten, wenn der Staat wie ein Privater handelt und sich denselben Regeln, namentlich Wettbewerb, unterwirft.

Diese These wird ferner damit untermauert, dass bereits 1977 in der Präambel der 6. EG-Richtlinie darauf hingewiesen wird, dass das Ziel eines gemeinsamen Umsatzsteuersystems die Verwirklichung eines gemeinsamen Marktes sei, auf dem ein gesunder Wettbewerb herrsche und der somit mit einem echten Binnenmarkt vergleichbar sei.[223] Ähnliche Ausführungen lassen sich auch in der Begründung zur Mehrwertsteuersystemrichtlinie aus dem Jahr 2006 finden.[224]

---

222 Vgl. 1. Kapitel, C., III.

223 Sechste Richtlinie 77/388/EWG vom 17. Mai 1977, Begründung der Richtlinie; ebenso *Schmidt*, in FS für Vogel, Öffentliches Wirtschaftsrecht in einer offenen Staatlichkeit, S. 21 (23).

224 RL 2006/112/EG vom 28.11.2006, Begründung.

Darin heißt es, der gemeinsame Binnenmarkt dürfe nicht durch Wettbewerbsverzerrungen verfälscht und der freie Waren- und Dienstleistungsverkehr nicht behindert werden.[225] Sowohl die Begründung der 6. EG-Richtlinie als auch die der MwStSystRL legen den Schluss nahe, dass sich eine wirtschaftliche Tätigkeit nur auf Tätigkeiten in einem Wettbewerbsverhältnis beziehen kann. Denn wenn der Schutz dieses Wettbewerbs als das höchste schützenswerte Gut angesehen wird, es bei hoheitlichen Tätigkeiten aber im europäischen Kontext keinen Wettbewerb geben kann, so muss man den Begriff der wirtschaftlichen Tätigkeit so verstehen, als dass davon hoheitliche Tätigkeiten ausgenommen sein müssen.

dd) Teleologische Auslegung

Schlussendlich ist die Auslegung des Begriffes der wirtschaftlichen Tätigkeit im Kontext der Umsatzbesteuerung juristischer Personen öffentlichen Rechts am Sinn und Zweck der Regelung zu messen. Hierbei ist der objektivierte Wille des Gesetzgebers besonders maßgeblich, da der Rechtsanwender versuchen muss, die Motivation des Gesetzgebers für die konkrete Regelung nachzuvollziehen.[226]

Da das Tatbestandsmerkmal der wirtschaftlichen Tätigkeit allgemeine Grundvoraussetzung für eine Umsatzsteuerbarkeit nach Art. 9 Abs. 1 MwStSystRL ist, wird hiermit zudem die Frage nach dem Sinn und Zweck der Umsatzbesteuerung öffentlicher Einrichtungen als solcher aufgeworfen.

Grundsätzlich soll die allgemeine und weit gefasste Steuerpflicht des Art. 9 Abs. 1 MwStSystRL alle Tätigkeiten eines Erzeugers, Händlers oder Dienstleistenden, Urproduzenten, Landwirts sowie der freien Berufe erfassen. Ergänzt wird diese konkrete Aufzählung um den allgemeingültigen Tatbestand der Nutzung von körperlichen und nichtkörperlichen Gegenständen zur Erzielung von Einnahmen. Stellt man die Frage nach dem Normenadressaten des Artikel 9 Abs. 1 MwStSystRL, so ist dem Wortlaut zunächst nur allgemein der „Steuerpflichtige“ zu entnehmen. Hält man sich vor Augen, dass der zitierte Katalog von Tätigkeiten im Art. 9 Abs. 1 MwStSystRL grundsätzlich einer ist, der der öffentlichen Hand fremd ist und diese Tätigkeit in erster Linie von privatwirtschaftlichen Unternehmen vorgenommen werden, so liegt die Annahme nahe, dass der Adressat dieser Regelung in erster Linie private Unternehmen sein sollen. Diese Annahme wird konkretisiert, wenn man die der Richtlinie vorgeschickten Gründe in den Blick nimmt.

---

225 RL 2006/112/EG vom 28.11.2006, Begründung, Abs. 4.

226 *Geserich*, DStR-Beih 2011, S. 59 (60); *Hüpers*, Larenz Methodenlehre, S. 446.

Gemäß Absatz 4 der Begründung zur Mehrwertsteuersystemrichtlinie sollen die Rechtsvorschriften zur unionseinheitlichen Umsatzbesteuerung die Wettbewerbsbedingungen nicht verfälschen und der freie Waren- und Dienstleistungsverkehr nicht behindert werden. Einheitliche Wettbewerbsbedingungen können dabei grundsätzlich nur für Unternehmen gelten, da sie diejenigen sind, die ihre Leistungen in einem Wettbewerbsverhältnis anbieten. Der Staat selbst muss in der Regel nicht vor Wettbewerbsbeeinträchtigungen geschützt werden, weil dieser die gesetzlichen Regeln aufstellt, in denen sich der Wettbewerb vollzieht. Daher ist festzuhalten, dass in erster Linie private Unternehmen vor Beeinträchtigungen geschützt werden sollen, da der Staat und seine Tätigkeiten nur bedingt vor Wettbewerbsbeeinträchtigungen geschützt werden muss.

Ferner fällt auf, dass die Umsatzsteuer auf allen Produktions- und Vertriebsebenen bis hin zum Einzelhandel angewandt werden soll.[227] Eine solche Strukturierung bei der Leistungserbringung durch den Staat ist jedoch ungewöhnlich. Insbesondere werden keine oder kaum Waren der öffentlichen Hand auf Einzelhandelsebene vertrieben. Insofern gelangt man zu dem Schluss, dass der Adressat der Regelung in Art. 9 Abs. MwStSystRL zwar allgemein der Steuerpflichtige ist, bei richtiger Lesart jedoch insbesondere der private Unternehmer gemeint gewesen sein muss, das heißt, eine Person, die Leistungen im Rahmen eines Wettbewerbsverhältnisses erbringt. Dass der Staat hiermit grundsätzlich nicht gemeint sein kann, wird ferner durch die Regelung des Art. 13 Abs. 1 MwStSystRL deutlich, wonach der Staat in der Regel nicht der Umsatzbesteuerung unterliegt und somit einen Spezialfall innerhalb des Umsatzsteuersystems darstellt.

Es lässt sich festhalten, dass nach dem Sinn und Zweck der Formulierung der allgemeinen Umsatzsteuerpflicht nur Tätigkeiten gemeint sind, welche sich auf dem gemeinsamen Binnenmarkt unter Einfluss der Wettbewerbskräfte vollziehen. Mithin entspricht es der Auslegung der wirtschaftlichen Tätigkeit dem Sinn und Zweck nach, diese nur anzunehmen, wenn sich die Tätigkeit in einem wettbewerbsrelevanten Rahmen vollzieht.

Der Europäische Gerichtshof hat entschieden, dass wenn einer Handlung dieser wettbewerbsrelevante Bezug fehlt, keine wirtschaftliche Tätigkeit für die öffentliche Hand in Betracht komme.[228] Diese Deutung wird dadurch verstärkt, dass die im Art. 9 Abs. 1 MwStSystRL aufgezählten Tätigkeiten grundsätzlich

---

227 Vgl. Abs. 5 der Begründung zur MwStSystRL sowie Art. 1 Abs. 2 S. 3 MwStSystRL.

228 EuGH, Urteil vom 26.6.2007, Rs. C-369/04 (Hutchison 3G), MMR 2007, S. 568; EuGH, Urteil vom 26.6.2007, Rs. C-284/04 (T-Mobile Austria GmbH), EuZW 2007, S. 433.

nicht vom Staat ausgeübt werden. Vielmehr erscheint es so, dass staatliches Handeln den Gegensatz zu einer wirtschaftlichen Tätigkeit bildet.

Etwas anderes könnte nur dann gelten, wenn der Staat ausnahmsweise doch in wirtschaftlichen Wettbewerb mit privaten Unternehmen tritt und mit ihnen auf einer Ebene steht. In einem solchen Fall ist er aus Wettbewerbsgesichtspunkten wie ein privater Unternehmer zu behandeln, um den freien Wettbewerb auf dem europäischen Binnenmarkt nicht zu gefährden. Durch das Merkmal der Wettbewerbsrelevanz wird sodann aus einer behördlichen Tätigkeit eine wirtschaftliche Tätigkeit, welche der Umsatzbesteuerung zugänglich ist. Eine solche Einordnung korrespondiert mit dem Sinn und Zweck der Umsatzbesteuerung juristischer Personen öffentlichen Rechts.[229] Denn nur da, wo der Staat mit einer Tätigkeit im Wettbewerb mit privaten Unternehmern steht, macht eine Besteuerung des Staates überhaupt Sinn. Ob der Staat wirtschaftlich, das heißt wie ein privater Unternehmer oder hoheitlich das heißt außerhalb des Steuertatbestandes des Art. 9 Abs. 1 MwStSystRL handelt, hängt davon ab, ob er sich wie ein privater Unternehmer dem Wettbewerb aussetzt oder nicht.

Letztlich entspricht eine solche Trennung anhand des Wettbewerbskriteriums auch dem Neutralitätsprinzip der Umsatzsteuer. Denn die Umsatzsteuer soll für die Unternehmen wettbewerbsneutral sein.[230] Ein Wettbewerb kann jedoch nur dort entstehen, wo Unternehmen auf einem gemeinsamen Markt konkurrieren (wirtschaftliche Tätigkeit).[231] In einem hoheitlichen Umfeld, in dem eine bestimmte Tätigkeit von gesetzlichen Vorgaben abhängig ist und nur von einem Hoheitsträger erbracht werden kann, kann nicht von einem Markt und somit auch nicht von einer wirtschaftlichen Tätigkeit im Sinne der Mehrwertsteuersystemrichtlinie gesprochen werden.

ee) Ergebnis

Sowohl die Wortlautauslegung, die Auslegung nach System, Geschichte und Sinn und Zweck haben gezeigt, dass eine wirtschaftliche Tätigkeit stets mit einer Wettbewerbskomponente einhergehen muss. Die These, dass einer wirtschaftlichen

---

229 Vgl. auch Sekretariat der ständigen Konferenz der Kultusminister der Länder in der Bundesrepublik Deutschland, Analyseraster zur Unterscheidung wirtschaftlicher und nichtwirtschaftlicher Tätigkeit von Hochschulen, Leitfaden vom 28.9.2012, III C – 4120/6.1.2, S. 4.

230 *Gröpl*, in Dauses, EU-Wirtschaftsrecht, J, Rn. 429.

231 Vgl. *Schmidt*, in FS für Vogel, Öffentliches Wirtschaftsrecht in einer offenen Staatlichkeit, S. 21 (23), der Markt und Wettbewerb als die wichtigsten Prinzipien des europäischen Wirtschaftsrechtes bezeichnet.

Tätigkeit im Sinne des Art. 9 Abs. 1 MwStSystRL stets eine wettbewerbsrechtliche Komponente immanent ist, die sich allen voran durch eine Konkurrenzsituation auf einem gemeinsamen Markt äußert, lässt sich durch sämtliche Auslegungskriterien bestätigen.

Diese Annahme wird weiter untermauert, wenn man sich den Sinn und Zweck der Umsatzbesteuerung juristischer Personen des öffentlichen Rechts vor Augen hält, wonach eine Besteuerung der öffentlichen Hand nur dann vertretbar ist, wenn eine Nichtbesteuerung zu Wettbewerbsnachteilen für die Privatwirtschaft führen würde.[232] Insofern kommt das tragende Prinzip der Umsatzbesteuerung der öffentlichen Hand in der Mehrwertsteuersystemrichtlinie bereits durch das Merkmal der wirtschaftlichen Tätigkeit in Art. 9 MwStSystRL zum Ausdruck.

Wie oben gesehen, ist die Annahme wirtschaftlicher Tätigkeiten des Staates nur unter engen Voraussetzungen möglich. Lediglich aus Wettbewerbsgesichtspunkten ist eine solche Besteuerung tatsächlich notwendig. Eine Besteuerung juristischer Personen des öffentlichen Rechts ist aus dem Blickwinkel der Mehrwertsteuersystemrichtlinie solange nicht angezeigt, solange die Neutralität der Besteuerung nicht gefährdet ist. So heißt es etwa, dass das gemeinsame Mehrwertsteuersystem eine Wettbewerbsneutralität in dem Sinne bewirken sollte, gleichartige Gegenstände und Dienstleistungen steuerlich gleich zu belasten.[233] Eine Verletzung dieser Wettbewerbsneutralität ist jedoch bei hoheitlichem Handeln ausgeschlossen, welches dem Staat qua Gesetz vorbehalten ist, da kein privater Dritter in Konkurrenz zu diesem staatlichen Handeln treten kann.

Wenn es so ist, dass sich wirtschaftliches Handeln nur in einem Wettbewerbsumfeld auf Märkten vollzieht, dann ist in einem weiteren Schritt diesem wirtschaftlichen Handeln das hoheitliche Handeln analytisch gegenüberzustellen.

2. *Tätigkeit im Rahmen öffentlicher Gewalt im Kontrast zur wirtschaftlichen Tätigkeit*

Steht im Ergebnis fest, dass einer wirtschaftlichen Tätigkeit gemäß Art. 9 Abs. 1 MwStSystRL stets ein Wettbewerbsverhältnis zugrunde liegen muss, ist zu klären, wie sich hiervon die Tätigkeiten im Rahmen öffentlicher Gewalt gemäß Art. 13 Abs. 1 MwStSystRL abgrenzen lassen.

Grundsätzlich soll von dem weiten Anwendungsbereich der wirtschaftlichen Tätigkeit aus Art. 9 Abs. 1 MwStSystRL für die öffentliche Hand mit Art. 13

---

232 Siehe oben 1. Kapitel, C., III.

233 RL 2006/112/EG vom 28.11.2006, Begründung, Abs. 7; *Gröpl*, in Dauses, EU-Wirtschaftsrecht, J, Rn. 431.

Abs. 1 MwStSystRL eine Ausnahme gemacht werden. Darin heißt es, „dass Staaten, Länder, Gemeinden und sonstige Einrichtungen des öffentlichen Rechts nicht als Steuerpflichtige gelten, soweit sie die Tätigkeiten ausüben oder Umsätze bewirken, die ihnen im Rahmen der öffentlichen Gewalt obliegen, auch wenn sie im Zusammenhang mit diesen Tätigkeiten oder Umsätzen Zölle, Gebühren, Beiträge oder sonstige Abgaben erheben." „Dies gelte jedoch nicht, wenn eine Nichtbesteuerung zu größeren Wettbewerbsverzerrungen führen würde."[234] Insofern enthält der Art. 13 Abs. 1 MwStSystRL zwei tatbestandliche Voraussetzungen. Zum einen eine Einrichtung öffentlichen Rechts, zum anderen die Ausübung einer Tätigkeit im Rahmen der öffentlichen Gewalt.[235]

Zur Abgrenzung dessen, was Staaten, Länder, Gemeinden oder sonstige Einrichtungen des öffentlichen Rechts sind, sei in einem ersten Schritt auf die Rechtsform abzustellen. Es müsse sich um eine gesetzlich errichtete Körperschaft öffentlichen Rechts handeln und nicht um eine privatrechtliche Organisationsform.[236] Insofern ließe sich die erste Tatbestandsvoraussetzung grundsätzlich an der Rechtsform der handelnden Person ablesen.[237]

Nicht eindeutig, da nicht ausdrücklich in der Mehrwertsteuersystemrichtlinie geregelt, ist die Beantwortung der Frage, wann eine staatliche Stelle im Rahmen ihrer öffentlichen Gewalt handelt.[238] Dies ist insbesondere der Tatsache geschuldet, dass die Mehrwertsteuersystemrichtlinie keine Regelung enthält, die vorgibt, welche Tätigkeiten den Körperschaften des öffentlichen Rechts und ihren nachgeordneten Einrichtungen im Rahmen ihrer öffentlichen Gewalt obliegen.[239] Vielmehr wird in der Literatur argumentiert, eine Definition, was öffentliche Gewalt sei, könne nicht anhand europäischen Rechts vorgenommen werden, da es keine supranationale, europäische öffentliche Gewalt gäbe.[240] Gleichwohl hat bereits im Jahr 1974 der Europäische Wirtschafts- und Sozialausschuss unterstrichen, er halte es für unerlässlich, dass der Begriff der Tätigkeiten der öffentlichen Hand einheitlich festgelegt werde.[241] Eine Umsetzung dieser Forderung

---

234 Vgl. Art. 13 Abs. 1 Unterabs. 1.

235 EuGH, Urteil vom 29.10.2015, Rs. C-174/14 (Saudaçor), UR 2015, S. 901, Rn. 51; *Stadie*, in Stadie, UStG, § 2, Rn. 353; *Treiber*, in Sölch/Ringleb, UStG, § 2, Rn. 430.

236 So jedenfalls u.a.: *Kraeusel*, UR 2010, S. 480 (484); Korn, in Bunjes, UStG, § 2, Rn. 199.

237 So *Kraeusel*, UR 2010, S. 480 (484).

238 *Kraeusel*, UR 2010, S. 480 (484).

239 *Kraeusel*, UR 2010, S. 480 (484).

240 *Tiedje*, in von der Groeben/Schwarze/Hatje, EUV/AEUV, Art. 51 AEUV, Rn. 5.

241 Anhörung des Europäischen Wirtschafts- und Sozialausschusses vom 12.11.1974, ABl. Nr. C 139, Art. 4.

ist bis heute nicht erfolgt und ist womöglich auch nur schwer zu vollziehen, da in den verschiedenen Mitgliedsstaaten unterschiedliche Vorstellungen von den Tätigkeiten der öffentlichen Hand bestehen.[242] Nichtsdestotrotz erscheint es erstrebenswert zu sein, wenn schon auf eine allgemeine, grenzübergreifende Definition der öffentlichen Gewalt nicht zurückgegriffen werden kann, so doch wenigstens einen allgemeingültigen umsatzsteuerrechtlichen Terminus zu finden.

Der Europäische Gerichtshof vertritt zu dieser Abgrenzung in ständiger Rechtsprechung die Auffassung, dass für die Zuordnung einer Tätigkeit zum Bereich der öffentlichen Gewalt nicht nach dem Inhalt der Tätigkeit, sondern nach der Form der Tätigkeit zu entscheiden sei.[243] Grundsätzlich sei ein Handeln im Rahmen öffentlicher Gewalt anzunehmen, wenn die juristische Person öffentlichen Rechts im Rahmen der eigens für sie geltenden Regelungen, das heißt des nur für sie geltenden öffentlichen Sonderrechts, tätig werde.[244] Handele sie hingegen unter den gleichen rechtlichen Bedingungen wie private Wirtschaftsteilnehmer, so könne nicht von einer Tätigkeit im Rahmen der öffentlichen Gewalt ausgegangen werden.[245]

Diese Rechtsprechung scheint zumindest auf den ersten Blick ein pragmatischer Lösungsansatz zur Unterscheidung von privatrechtlichen und hoheitlichen Tätigkeiten zu sein.[246] Auch wenn in den Mitgliedsstaaten unterschiedliche Auffassungen vorherrschen mögen, welche Tätigkeiten ausschließlich der öffentlichen Gewalt obliegen, so ermöglicht diese Rechtsprechung dennoch grundsätzlich eine eindeutige Zuordnung für umsatzsteuerliche Zwecke. Denn hoheitliche Handlungsformen müssen in einem Rechtsstaat grundsätzlich per Gesetz definiert sein, um staatliche Willkürhandlungen auszuschließen. Sollte sich die öffentliche Hand bei einer Handlung auf das nur für sie geltende Sonderrecht

---

242 So auch *Sarrazin*, in UR 1974, S. 281 (284); *Küffner*, Umsatzsteuerliche Behandlung von juristischen Personen des öffentlichen Rechts, S. 144.

243 EuGH, Urteil vom 6.2.1997, Rs. C-247/95, DStRE 1997, S. 213, (215); EuGH, Urteil vom 17.10.1989, Rs. 231/87, 129/88, EuZW, 1991, S. 120 (121); *Stadie*, in Rau/Dürrwächter, UStG, § 2, Rn. 1149; *Kraeusel*, UR 2010, S. 480 (484).

244 *Korn*, in Bunjes, UStG, § 2, Rn. 186; EuGH, Urteil vom 29.10.2015, Rs. C-174/14, UR 2015, S. 901, Rn. 70.

245 EuGH, Urteil vom 14.12.2000, Rs. C-446/98 (Fazenda Pública), DStRE 2001, S. 260, (261); *Beinert/Kostic*, in Handbuch Kommunale Unternehmen, § 11, Rn. 264.

246 A.A. *Hüttemann*, Die Besteuerung der öffentlichen Hand, S. 171, der weiterhin danach unterscheiden will, ob eine Tätigkeit der öffentlichen Hand „eigentümlich und vorbehalten“ ist.

stützen, ist allein an dieser Tatsache ablesbar, dass es sich hierbei um eine hoheitliche Tätigkeit aus umsatzsteuerrechtlicher Perspektive handeln muss. Diese ausschließliche Zuordnung erscheint deshalb pragmatisch, weil es privaten Unternehmern unmöglich ist, sich auf ein solches Sonderrecht zurückzuziehen. Wenn es das alleinige Privileg des Staates ist, aufgrund von Sonderrecht zu handeln, dann kann das Vorliegen einer hoheitlichen Handlungsform qua Gesetz nur zu dem Schluss führen, dass es sich um eine Tätigkeit im Rahmen der öffentlichen Gewalt im Sinne von Art. 13 Abs. 1 MwStSystRL handeln muss.

Ferner scheint diese Regelung auf den ersten Blick auch dem Sinn und Zweck der Umsatzbesteuerung öffentlicher Einrichtungen Rechnung zu tragen. Denn wenn eine wirtschaftliche Tätigkeit sich im Kontext eines allgegenwärtigen Wettbewerbs vollzieht, so ist die Tätigkeit im Rahmen staatlicher Gewalt das genaue Gegenteil davon. Denn die Einteilung als Sonderrecht und Exklusivrecht des Staates verbildlicht geradezu das Fehlen von Wettbewerb im Bereich hoheitlichen Handelns. Es ist quasi ein Umkehrschluss, dass im Bereich der staatlichen Hoheitsgewalt keine konkurrierende Verantwortlichkeit zu privaten Dritten entstehen kann.

Gleichwohl sieht Art. 13 Abs. 1 Unterabs. 1 MwStSystRL eine Rückausnahme vom Prinzip des Art. 13 Abs. 1 MwStSystRL vor, wenn eine Nichtbesteuerung der öffentlichen Hand zu größeren Wettbewerbsverzerrungen im Hinblick auf private Wirtschaftsteilnehmer führen würde.[247] Die Systematik dieser Regelung wird vielfach in einem dreiteiligen Prüfungsverfahren wiedergegeben, welches durch eine Regel, einer Ausnahme und einer Rückausnahme gekennzeichnet ist.[248]

Zentraler Prüfungspunkt für die Umsatzsteuerpflicht von juristischen Personen öffentlichen Rechts ist danach das Vorliegen einer wirtschaftlichen Tätigkeit (1.). Von dieser Regel greift eine Ausnahme, sofern die Tätigkeit der juristischen Person öffentlichen Rechts im Rahmen ihrer öffentlichen Gewalt ausgeführt werden (2.). In einem letzten Schritt gilt von dieser Ausnahme eine weitere Unterausnahme, welche zur Umsatzsteuerpflicht von wirtschaftlichen Tätigkeiten im Bereich der öffentlichen Gewalt führt, sofern eine Nichtbesteuerung zu größeren Wettbewerbsverzerrungen im Vergleich zu privaten Marktteilnehmern führen würde (3.).[249] Wobei eine größere Wettbewerbsverzerrung angenommen

247 *Keyser,* UVR 2012, S. 126 (126).

248 *Korn,* in Bunjes, UStG, § 2, Rn. 184; *Beinert/Kostic,* in Handbuch Kommunale Unternehmen, § 11, Rn. 259; *Canz,* Die Umsatzbesteuerung der öffentlichen Hand im Wandel, S. 36.

249 *Kraeusel,* UR 2010, S. 480 (480).

wird, wenn diese im Vergleich zur Privatwirtschaft nicht unbedeutend sei.[250] Im Ergebnis wird also eine Tätigkeit des Staates von einer Umsatzsteuerpflicht ausgenommen, wenn diese Tätigkeit auf Grundlage hoheitlichen Sonderrechts erfolgt. Das heißt, es wird versucht, den unbestimmten Rechtsbegriff der hoheitlichen Tätigkeit durch das Handeln aufgrund hoheitlichen Sonderrechts zu konkretisieren. Dabei sei Sonderrecht das Recht, welches allein den Staat berechtigt oder verpflichtet. Diese Einteilung greift jedoch nicht mehr, wenn durch diese Tätigkeit auf Grundlage von Sonderrecht Wettbewerbsverzerrungen zu privaten Dritten ausgelöst werden.

Insofern erscheint die Abgrenzung einer wirtschaftlichen Tätigkeit von einer hoheitlichen Tätigkeit anhand des Merkmals „Sonderrecht" kaum zielführend, da letztlich das Vorliegen von Wettbewerb darüber entscheidet, ob die Tätigkeit steuerbar ist oder nicht.[251]

a) *Erarbeitung einer These zur Abgrenzung einer steuerbaren wirtschaftlichen und einer nicht steuerbaren hoheitlichen Tätigkeit*

Die bisherigen Untersuchungen haben Folgendes gezeigt:

aa) Eine wirtschaftliche Tätigkeit umfasst stets Wettbewerb

Die Grundvoraussetzung für eine Umsatzsteuerbarkeit nach Art. 9 Abs. 1 MwStSystRL ist die Ausübung einer wirtschaftlichen Tätigkeit. Ferner ergab die Auslegung des Begriffes der wirtschaftlichen Tätigkeit, dass diese, aufgrund der gesellschaftlichen Ordnung als soziale Marktwirtschaft, sich stets in einem Wettbewerbsumfeld vollziehen muss, da die Tätigkeiten auf einem Markt angeboten werden, welcher zur vollen Funktionsfähigkeit wiederum auf einen funktionierenden Wettbewerb angewiesen ist. Zum Schutz der Funktionsweise der nationalen und europäischen Marktwirtschaft haben die zur Gesetzgebung befugten Institutionen Maßnahmen erlassen, um genau diesen Wettbewerb zu fördern und zu schützen. Dies entspricht auch dem Sinn und Zweck beziehungsweise dem überragenden Prinzip, weshalb Staaten sich selbst Steuern auferlegen sollten. Insofern ist eine wirtschaftliche Tätigkeit ohne Wettbewerb undenkbar.

---

250 *Korn*, in Bunjes, UStG, § 2, Rn. 187; EuGH, Urteil vom 16.9.2008, Rs. C-288/07 (Isle of Wight), DStRE 2008, S. 1455 (1460).

251 Vgl. hierzu *Seer/Wendt*, DStR 2001, S. 825 (827) zur Frage der Abgrenzung des Betriebs gewerblicher Art vom Hoheitsbetrieb unter besonderer Beachtung des Wettbewerbskriteriums.

bb) Öffentliche Gewalt soll grundsätzlich nicht steuerbar sein

Gemäß Art. 13 Abs. 1 MwStSystRL sollen der Staat und seine Einrichtungen von einer Umsatzbesteuerung ausgenommen sein.

Dies deckt sich grundsätzlich mit dem Gebot, dass Steuern der Einnahmenerzielung dienen müssen, es aber im Falle der Besteuerung öffentlicher Einrichtungen nicht tun. Voraussetzung für diese Ausnahme ist, dass der Staat im Rahmen seiner öffentlichen Gewalt tätig wird. Die Ausübung öffentlicher Gewalt ist nach der Rechtsprechung des Europäischen Gerichtshofes an der Handlungsform ablesbar. Das heißt ein Handeln aufgrund staatlichen Sonderrechts, zum Beispiel durch einen Verwaltungsakt, löst die Ausnahmeregelung des Art. 13 Abs. 1 MwStSystRL aus. Allerdings scheint die Abgrenzung der wirtschaftlichen (steuerbaren) Tätigkeit von der hoheitlichen (nicht steuerbaren) Tätigkeit anhand des Sonderrechtskriteriums nicht zielführend, da für eine Steuerpflicht des Staates letztlich nur das Wettbewerbskriterium maßgeblich ist.

cc) These

Wenn die Grundsätze gelten, dass eine wirtschaftliche Tätigkeit eine Steuerbarkeit der Leistung auslöst und eine hoheitliche Tätigkeit eine Steuerbarkeit verdrängt, lässt dies nur den logischen Schluss zu, dass sich eine wirtschaftliche Tätigkeit und eine hoheitliche Tätigkeit vom Wesen her gegenseitig ausschließen.

Dabei ist die bisherige Unterscheidung auf Grundlage der Handlungsform ungeeignet, da Art. 13 Abs. 1 Unterabs. 1 MwStSystRL auch eine staatliche Handlung in eine steuerbare Handlung „verwandeln“ kann, wenn Wettbewerbsverzerrungen drohen.

b) Überprüfung der These

Die Einfachheit und die Logik dieses Gedankens scheinen überzeugend. Der Wortlaut des Art. 9 Abs. 1 MwStSystRL besagt, dass derjenige als Steuerpflichtiger gilt, der eine wirtschaftliche Tätigkeit ausübt. Der Wortlaut des Art. 13 Abs. 1 MwStSystRL wiederum statuiert, dass der Staat nicht als Steuerpflichtiger gilt, wenn er im Rahmen seiner öffentlichen Gewalt tätig wird. Das heißt, die wirtschaftliche Tätigkeit und die hoheitliche Tätigkeit lösen jeweils sich gegenseitig widersprechende und sich logisch ausschließende Rechtsfolgen aus: die Steuerbarkeit und die Nichtsteuerbarkeit.

In diese Richtung gehen die Ausführungen von *Siegel*, der beschreibt, dass die Ausübung öffentlicher Gewalt eine Tätigkeit zur Erzielung von Einnahmen unstreitig ausschließe.[252] Denn die Ausübung öffentlicher Gewalt sei dadurch gekennzeichnet, dass Private nicht in derselben Weise tätig werden könnten.[253] Insofern sei die hoheitliche Tätigkeit der genaue Gegensatz zur wirtschaftlichen Tätigkeit.[254]

Sterzinger merkt im Rahmen der Abgrenzung zwischen wirtschaftlicher und hoheitlicher Tätigkeit kritisch an, dass die juristischen Personen öffentlichen Rechts nach der Rechtsprechung des Europäischen Gerichtshofes[255], wonach diese immer dann hoheitlich handelten, wenn sie sich auf Sonderrecht stützen würden, es selbst in der Hand hätten, ob sie einer Umsatzbesteuerung unterfallen wollten oder nicht.[256] Wenn die juristische Person durch ihre Handlungsform tatsächlich ein Wahlrecht bezüglich ihrer Steuerpflicht haben sollte, dann kann dies im Umkehrschluss auch nur bedeuten, dass sich die wirtschaftliche Tätigkeit und die hoheitliche Tätigkeit gegenseitig ausschließen müssen. Gleichwohl wird ein solches Wahlrecht aus Wettbewerbsgesichtspunkten kritisch zu hinterfragen sein, da es unrechtmäßig erscheint, wenn der Staat sich – fiskalisch motiviert – seine Steuerpflicht anhand der Handlungsform aussuchen kann.

Küffner führt aus, dass es keinen Bereich der öffentlichen Hand gäbe der „unantastbar" sei.[257] Aus jeder Tätigkeit der öffentlichen Hand erwächst eine wirtschaftliche Tätigkeit, wenn diese in Wettbewerb zu privaten Unternehmen treten würde.[258] Insofern versteht *Küffner* eine wirtschaftliche Tätigkeit und eine hoheitliche Tätigkeit ebenfalls als sich gegenseitig ausschließende Rechtsfiguren, wobei die hoheitliche Tätigkeit in eine wirtschaftliche Tätigkeit umschlägt, wenn

---

252 *Siegel*, Der Begriff des "Betriebs gewerblicher Art" im Körperschaft- und Umsatzsteuerrecht, S. 94.

253 *Siegel*, Der Begriff des "Betriebs gewerblicher Art" im Körperschaft- und Umsatzsteuerrecht, S. 283.

254 *Siegel*, Der Begriff des "Betriebs gewerblicher Art" im Körperschaft- und Umsatzsteuerrecht, S. 94; Ebenso *Dziadkowski*, in BB 2011, S. 3031 (3031), der fragt „wie weit der Kreis der hoheitlichen Tätigkeit zu ziehen ist und was als wirtschaftliche Tätigkeit zu bewerten ist".

255 EuGH, Urteil vom 6.2.1997, Rs. C-247/95, DStRE 1997, S. 213 (215); EuGH, Urteil vom 17.10.1989, Rs. 231/87, 129/88, EuZW, 1991, S. 120 (121).

256 *Sterzinger*, UR 2009, S. 37 (43)

257 *Küffner*, Umsatzsteuerliche Behandlung von juristischen Personen des öffentlichen Rechts, S. 187.

258 *Küffner*, Umsatzsteuerliche Behandlung von juristischen Personen des öffentlichen Rechts, S. 186.

die Tätigkeit in Konkurrenz zu privaten Dritten ausgeübt wird.[259] In diesem Sinne ist auch *Gröpl* zu verstehen, der die Abgrenzung der öffentlichen zur privaten Tätigkeit nicht wie der Europäische Gerichtshof handlungsformbezogen, sondern tätigkeitsbezogen vornehmen will.[260]

Die Grenzen zwischen wirtschaftlicher Tätigkeit und einer Tätigkeit im Rahmen öffentlicher Gewalt im Sinne der Mehrwertsteuersystemrichtlinie verschwimmen ebenfalls bei *Korn*. Dieser formuliert, dass bei der Prüfung der Steuerpflicht einer juristischen Person öffentlichen Rechts gemäß Unionsrecht zunächst entscheidend sei, ob die wirtschaftliche Tätigkeit im Rahmen öffentlicher Gewalt ausgeübt wird.[261] *Ismer/Keyser* führen aus, dass sich wirtschaftliche Tätigkeiten einer juristischen Person des öffentlichen Rechts... als Ausübung öffentlicher Gewalt darstellen können.[262] Diese Formulierungen lassen sich nur so verstehen, als dass eine steuerpflichtige wirtschaftliche Tätigkeit auch im hoheitlichen Bereich erfolgen könnte.

aa) Rechtsprechung des Europäischen Gerichtshofes

Die Vielzahl der verschiedenen Literaturmeinungen hat gezeigt, dass die Abgrenzung der wirtschaftlichen Tätigkeit von der hoheitlichen Tätigkeit gemäß Mehrwertsteuersystemrichtlinie nicht eindeutig ist.

Die aufgestellte These soll in diesem Zusammenhang zur Rechtsklarheit beitragen, indem sie auf eine trennscharfe Abgrenzung der Handlungsformen hinzielt. Das heißt wenn der Tatbestand der wirtschaftlichen Tätigkeit die Steuerpflicht begründet und die hoheitliche Tätigkeit die Steuerpflicht ausschließt, dann müssten sich diese Tatbestände grundsätzlich gegenseitig ausschließen. Die Analyse der Literaturmeinungen konnte dieses Ergebnis jedoch nicht belegen.

Die Richtigkeit der These könnte sich ferner aus der Rechtsprechung des Europäischen Gerichtshofes ableiten lassen. Dieser hatte in der Vergangenheit mehrfach zu den Voraussetzungen einer Umsatzsteuerbarkeit von Leistungen juristischer Personen des öffentlichen Rechts Stellung genommen.

---

259 So auch *Mellinghoff*, in UR 2013, S. 5 (7), „Handelt die juristische Person des öffentlichen Rechts auf öffentlich-rechtlicher Grundlage, z. B. durch Verwaltungsakt, ist sie demgegenüber nur Unternehmer, wenn eine Behandlung als Nichtunternehmer zu größeren Wettbewerbsverzerrungen führen würde."

260 *Gröpl*, in Dauses, EU-Wirtschaftsrecht, J, Rn. 456.

261 *Korn*, in Bunjes, UStG, § 2, Rn. 186.

262 *Ismer/Keyser*, in UR 2011, S. 81 (83).

(1) Isle of Wight
In der Rechtssache Isle of Wight hatte der Europäische Gerichtshof über die Umsatzsteuerpflicht einer juristischen Person des öffentlichen Rechts zu entscheiden, welche im Zuge der ihr obliegenden hoheitlichen Aufgabe der Straßenverkehrslenkung Parkraum entgeltlich zur Verfügung stellte.[263] Insofern hätte man in diesem Zusammenhang erwarten können, dass der Europäische Gerichtshof die in Rede stehende Tätigkeit entweder als wirtschaftlich oder hoheitlich einordnen würde.

Er beschränkte sich jedoch zunächst darauf festzustellen, dass Art. 9 Abs. 1 MwStSystRL einen sehr weiten Anwendungsbereich habe,[264] die Bestimmung aber zugleich nur Tätigkeiten mit wirtschaftlichem Charakter erfasse.[265] Leider versäumt es der Europäische Gerichtshof an dieser Stelle, Ausführungen zu dem wirtschaftlichen Charakter einer Tätigkeit zu machen und was darunter, insbesondere im Hinblick auf staatliches Handeln, zu verstehen sei. Vielmehr geht er in einem nächsten Schritt darauf ein, dass Art. 13 Abs. 1 MwStSystRL eine Ausnahme für juristische Personen des öffentlichen Rechts enthalte, wonach diese nicht steuerpflichtig seien, selbst wenn diese wirtschaftliche Tätigkeiten ausübten, die eng mit ihren hoheitlichen Befugnissen im Zusammenhang stünden.[266] Ferner könne es Tätigkeiten geben, die trotz anwendbaren Sonderrechts wirtschaftlicher Natur seien.[267]

Mithin erfolgt auch durch den Europäischen Gerichtshof eine Durchmischung der Begrifflichkeiten, da selbst hoheitliche Tätigkeiten, die nicht der Besteuerung unterliegen, wirtschaftlicher Art sein könnten. Insofern entschied der Europäische Gerichtshof in dieser Rechtssache, dass die Gemeinde zwar aufgrund des britischen Straßenverkehrsrechts gehandelt hat und damit im Rahmen der Ausnahme des Art. 13 Abs. 1 MwStSystRL, jedoch eine Nichtbesteuerung

263 EuGH, Urteil vom 16.9.2008, Rs. C-288/07 (Isle of Wight), DStRE 2008, S. 1455 f.
264 EuGH, Urteil vom 16.9.2008, Rs. C-288/07 (Isle of Wight), DStRE 2008, S. 1455, Rn. 28.
265 EuGH, Urteil vom 16.9.2008, Rs. C-288/07 (Isle of Wight), DStRE 2008, S. 1455, Rn. 29.
266 EuGH, Urteil vom 16.9.2008, Rs. C-288/07 (Isle of Wight), DStRE 2008, S. 1455, Rn. 31.
267 EuGH, Urteil vom 16.9.2008, Rs. C-288/07 (Isle of Wight), DStRE 2008, S. 1455 (1458): „So kann einer Einrichtung des öffentlichen Rechts nach nationalem Recht im Rahmen einer öffentlich-rechtlichen Sonderregelung die Ausübung bestimmter Tätigkeiten obliegen, die im Wesentlichen wirtschaftlicher Natur sind."

aufgrund der wirtschaftlichen Natur trotzdem zu unterbleiben habe, da die Gefahr größerer Wettbewerbsverzerrungen bestehe.[268]

Der Europäische Gerichtshof stützt seine Argumentation in erster Linie auf die Regel – Ausnahme – Kodifizierung in Art. 13 MwStSystRL, wonach zunächst eine wirtschaftliche Tätigkeit bejaht wird, dann die Ausnahme der Besteuerung aufgrund einer hoheitlichen Tätigkeit festgestellt wird, dann aber die Rückausnahme eingreift, nach der auch der Staat besteuert wird, wenn eine Nichtbesteuerung zu größeren Wettbewerbsverzerrungen führen würde.

Dies mag im Ergebnis richtig sein. Jedoch hat die Sichtweise, dass eine hoheitliche Tätigkeit auch eine wirtschaftliche Natur haben kann, fatale Folgen für die Abgrenzbarkeit der beiden Begrifflichkeiten. Denn pointiert gesprochen macht eine solche Auslegung die Unterscheidung überflüssig und unmöglich. Es kann nicht sein, dass man zwei unterschiedliche Rechtsfolgen zwei unterschiedlichen Tatbestandsmerkmalen zuordnet, um dann aber bei der Rechtsanwendung doch nicht zwischen den verschiedenen Begriffen zu unterscheiden. Gerettet wird diese unglückliche Konstruktion allein durch die Rückausnahme des Art. 13 Abs. 1 Unterabs. 1 MwStSystRL. Denn durch diese Rückausnahme ist es gar nicht mehr entscheidend, ob die juristische Person öffentlichen Rechts hoheitlich gehandelt hat.[269] Entscheidend ist vielmehr nur noch, ob diese Tätigkeit in Konkurrenz zu privaten Dritten ausgeübt wird.

(2) Feuerbestattungsverein Halle

Ein weiteres Urteil zum Zwecke der Abgrenzung stützt sich auf die Rechtsprechung zum Feuerbestattungsverein Halle.[270] In der Rechtssache Feuerbestattungsverein Halle entschied der Europäische Gerichtshof, dass ein privater Dritter, welcher im Wettbewerb zu einer wirtschaftlich tätigen juristischen Person öffentlichen Rechts stehe, gegen diese im Rahmen einer drittschützenden Konkurrentenklage vorgehen könne, um etwaige Nachteile aus einer Nichtbesteuerung der juristischen Person öffentlichen Rechts auszuschließen.[271] Ohne genauer auf die rechtliche Qualität der Begrifflichkeiten einzugehen, stellte der Europäische Gerichtshof fest, dass „der (private) Feuerbestattungsverein mit einer Gemeinde im Wettbewerb steht, die als Einrichtung des öffentlichen Rechts

---

268 Vgl. Art. 13 Abs. 1 Unterabs. 2 MwStSystRL.

269 Vgl. *Wagner*, in UR 1993, S. 301 (304).

270 EuGH, Urteil vom 8.6.2006, Rs. C-430/04 (Feuerbestattungsverein Halle), DStR 2006, S. 1082 f.

271 EuGH, Urteil vom 8.6.2006, Rs. C-430/04 (Feuerbestattungsverein Halle), DStR 2006, S. 1082 (1084).

eine wirtschaftliche Tätigkeit im Rahmen der öffentlichen Gewalt ausübt.“[272] Anhand dieser Formulierung wird deutlich, dass der Europäische Gerichtshof davon ausgeht, dass wirtschaftliche Tätigkeiten auch im Rahmen der öffentlichen Gewalt ausgeübt werden können.[273]

(3) Zwischenergebnis

Der Meinungsstand hinsichtlich der Abgrenzung einer wirtschaftlichen Tätigkeit von einer hoheitlichen Tätigkeit ist vielschichtig.

Der Europäische Gerichtshof und Teile der Literatur vertreten eine Rechtsauffassung, nach welcher wirtschaftliche Tätigkeiten auch im Rahmen öffentlicher Gewalt ausgeführt werden können.

Allerdings widerspricht dies grundsätzlich seiner Rechtsprechung, nach der eine wirtschaftliche Tätigkeit auf einem Markt stattfinden muss, wobei einem Markt stets auch ein Wettbewerbsverhältnis immanent sein muss.[274] Staatliches Handeln und Wettbewerb könnten jedoch zwei gegensätzliche Begriffspaare sein.

bb) Auslegung des Begriffes der hoheitlichen Tätigkeit

Da sich weder durch die rechtlichen Vorgaben der Mehrwertsteuersystemrichtlinie noch durch die Analyse des Meinungsstandes ein klares Bild hinsichtlich der Abgrenzung der wirtschaftlichen von der hoheitlichen Tätigkeit zeichnen lässt, soll im Folgenden die oben aufgeworfene These anhand der juristischen Auslegungskriterien überprüft werden.

(1) Wortlautauslegung

Der Begriff „öffentliche Gewalt“ oder „hoheitliche Tätigkeit“ suggeriert, dass es sich hierbei in erster Linie um Aufgaben des Staates handeln muss. Für diese ist kennzeichnend, dass sie eine regulierende oder lenkende Funktion haben[275] und

---

272 EuGH, Urteil vom 8.6.2006, Rs. C-430/04 (Feuerbestattungsverein Halle), DStR 2006, S. 1082 (1084).

273 Vgl. *Sterzinger*, Anmerkung zu BFH, Urteil vom 26.1.2012, VII R 4/11, in SteuK 2012, S. 258 (258).

274 EuGH, Urteil vom 06.10.2009, Rs. C-267/08 (SPÖ Landesorganisation Kärnten), EuZW 2009, S. 898 f.; EuGH, Urteil vom 26.6.2007, Rs. C-369/04 (Hutchison 3G), MMR 2007, S. 568; EuGH, Urteil vom 26.6.2007, Rs. C-284/04 (T-Mobile Austria GmbH), EuZW 2007, S. 433; EuGH, Urteil vom 12.7.2012, Rs. C-138/11 (Compass-Datenbank GmbH), GRUR 2013, S. 191 (192).

275 EuGH, Urteil vom 26.6.2007, Rs. C-369/04 (Hutchison 3G), MMR 2007, S. 568 (569); vgl. *di Fabio* FS für Vogel, Der offene Staat in der Wirtschaftsgesellschaft, S. 3 (14).

nicht im Rahmen einer marktwirtschaftlichen Betätigung erfolgen.[276] In diesem Zusammenhang weist *Stadie* darauf hin, dass die Ausübung öffentlicher Gewalt im Sinne des Umsatzsteuerrechts nicht gleichgesetzt werden könne mit dem Handeln auf öffentlich-rechtlicher Grundlage, weil eben auch das Handeln auf öffentlich-rechtlicher Grundlage zu einer Umsatzsteuerbarkeit führen kann.[277] Vor dem Hintergrund dieser Abgrenzungsfragen wird deutlich, wie schwer eine sinnvolle Definition des Begriffs öffentlicher Gewalt fällt. Es erscheint jedoch wahrscheinlich, dass selbst wenn ein abschließender Katalog staatlicher Aufgaben definiert werden könnte,[278] dies nicht unbedingt einen Gegensatz zur wirtschaftlichen Tätigkeit darstellen müsste, eben weil auch staatliches Handeln der Umsatzsteuer unterfallen kann. Insofern stößt die Auslegung dem Wortlaut nach an dieser Stelle an ihre Grenzen, weil allein am Merkmal der Hoheitlichkeit ein Kontrast zur wirtschaftlichen Tätigkeit unmöglich erscheint. Allein die semantische Umschreibung der hoheitlichen Tätigkeit lässt den Unterschied zur wirtschaftlichen Tätigkeit in nicht ausreichender Weise erkennen. Dies liegt insbesondere daran, dass auch eine staatliche Tätigkeit in eine wirtschaftliche Tätigkeit umschlagen kann. Im Umkehrschluss kann jedoch dem Wortlaut auch nicht entnommen werden, dass eine hoheitliche Tätigkeit zugleich eine wirtschaftliche Tätigkeit sein kann. Im allgemeinen Sprachgebrauch verhalten sich diese Begrifflichkeiten vielmehr gegensätzlich und stehen vom Wortlaut her in einem unauflösbaren Kontrast.

(2) Historische Auslegung

Schon 1974 formulierte *Sarrazin* zum Stand der Beratungen über eine 6. Mehrwertsteuerrichtlinie, dass die Frage nach dem hoheitlichen Charakter einer Tätigkeit letztlich ein Problem des Staatsverständnisses sei.[279] Zwar sei die Harmonisierung der Umsatzsteuer im Gemeinschaftsgebiet zur Herstellung gleicher Wettbewerbsbedingungen notwendig, jedoch bereite insbesondere die einheitliche Beurteilung der Frage, was als hoheitliche und damit nicht steuerbare

276 Vgl. *Gröpl*, in Dauses, EU-Wirtschaftsrecht, H., § 1, Rn. 9, der aufzeigt, dass im europäischen Wirtschaftsrecht nicht die Form der Handlung einer juristischen Person öffentlichen Rechts entscheidend sei, sondern allein der wirtschaftliche Charakter einer Tätigkeit.

277 *Stadie*, in Stadie, UStG, § 2, Rn. 369.

278 *Küffner*, Umsatzsteuerliche Behandlung von juristischen Personen des öffentlichen Rechts, S. 132.

279 *Sarrazin*, in UR 1974, S. 281 (284).

Tätigkeit zu verstehen sei, Probleme.[280] Bis heute scheint hier keine befriedigende Lösung gefunden worden zu sein.

Bemerkenswert in diesem Zusammenhang ist, dass auch in Deutschland seit jeher um eine taugliche Definition der hoheitlichen Tätigkeit argumentativ gerungen wurde und wird. Lange Zeit war im deutschen Umsatzsteuerrecht eine Definition gängig, nach der eine Tätigkeit als hoheitlich zu qualifizieren sei, wenn die Tätigkeit dem Staat „eigentümlich und vorbehalten" sei.[281] Doch in der Vergangenheit war es keineswegs so, dass hoheitliche Tätigkeiten auch staatlichen Einrichtungen vorbehalten sein mussten. Beispielsweise wurde in der Vergangenheit (1932) vertreten, dass „die Ausübung der öffentlichen Gewalt nicht vom Staat unmittelbar auszugehen braucht".[282] Auch in § 19 Abs. 3 Bekanntmachung der Neufassung der Durchführungsbestimmungen zum Umsatzsteuergesetz vom 1. September 1951 heißt es: „Werden Schlachthöfe oder Anstalten … in der Form privatrechtlicher Gesellschaften betrieben, so werden sie wie Betriebe und Verwaltungen der öffentlichen Körperschaften behandelt, wenn die Anteile an Ihnen ausschließlich dem Bunde oder anderen Körperschaften des öffentlichen Rechts gehören und die Erträge ausschließlich diesen Körperschaften zufließen." Das heißt, öffentliche Gewalt konnte in diesem Zusammenhang auch von privaten Dritten ausgeübt werden.

Mithin bleibt festzuhalten, dass die Beurteilung der hoheitlichen Tätigkeit in der Vergangenheit, durchaus unterschiedlich und möglicherweise auch differenzierter behandelt wurde.

(3) Systematische Auslegung

Eine systematische Einordnung des Begriffes der hoheitlichen Tätigkeit im Vergleich zu anderen Mitgliedsstaaten fällt schwer, da diese grundsätzlich ein unterschiedliches Verständnis von Hoheitsgewalt haben.[283] Zumal aufgrund mangelnder Übertragung einer tatsächlich gegenüber den EU-Bürgern wirkenden öffentlichen Gewalt auf europäische Institutionen eine gesamteuropäische Definition ausgeschlossen scheint.[284]

---

280 *Sarrazin*, in UR 1974, S. 281 (284).

281 BFH, Urteil vom 12.7.2012, I R 106/10, DStR 2012, S. 1912 (1913); BFH, Urteil vom 3.4.2012, I R 22/11, BFH/NV 2012, S. 1334 (1335).

282 *Heiss/Kammel/Heiss/Heiss*, Bau, Einrichtung und Betrieb öffentlicher Schlacht- und Viehhöfe, S. 534.

283 *Henkow*, The VAT/GST Treatment of Public Bodies, S. 18.

284 So auch *Tiedje*, in von der Groeben/Schwarze/Hatje, EUV/AEUV, AEUV Art. 51, Rn. 5.

Gleichwohl sei anhand der ratio legis des Artikel 51 AEUV[285] für die Annahme einer hoheitlichen Tätigkeit entscheidend, ob ein Kontrahierungszwang[286] oder aber dem Staat per Gesetz zur Ausübung der Tätigkeit besondere Zwangsrechte verliehen werden.[287]

Überträgt man diese Maßstäbe auf das Umsatzsteuerrecht, so fällt auf, dass die typischen Merkmale für öffentliches Handeln einer wirtschaftlichen Tätigkeit grundsätzlich fremd sind. Denn der nach dem Willen der Union schützenswerte Wettbewerbscharakter, welcher einer wirtschaftlichen Tätigkeit innewohnt, wäre nicht mit Kontrahierungszwängen oder sonstigen einseitigen Zwangsrechten vereinbar.

Zu diesem Ergebnis kommt man auch, wenn man die der Umsatzsteuer systematisch vorgelagerten Wettbewerbsregeln der Union betrachtet. Nach diesen habe eine Tätigkeit keinen wirtschaftlichen Charakter und unterfalle nicht den Wettbewerbsregeln, wenn sie ihrer Art, ihrem Gegenstand und den für sie geltenden Regeln nach mit der Ausübung von typischerweise hoheitlichen Befugnissen zusammenhänge.[288] Typischerweise hoheitliche Befugnisse seien anzunehmen, wenn es sich bei der Art der Tätigkeiten in erster Linie um von allgemeinem oder öffentlichem Interesse getragenen Motivationen handelt, beziehungsweise um wesentliche Staatsaufgaben, die nach Maß, Art und Ausübung der Tätigkeit durch behördliche Regeln bestimmt sind.[289]

Wie auch bei der Auslegung der wirtschaftlichen Tätigkeit liefert das europäische Wettbewerbsrecht wichtige Anhaltspunkte wie Begrifflichkeiten des europäischen Umsatzsteuerrechtes zu verstehen sein sollten. Das systematische Argument hat in diesem Zusammenhang wie auch bei der wirtschaftlichen Tätigkeit besonderes Gewicht, da die Harmonisierung der Umsatzsteuer quasi nur ein Unterfall oder notwendiges Mittel zur Etablierung eines gemeinsamen Binnenmarktes ist.

---

285 Ehemals Art. 45 EG.

286 *Tiedje,* in von der Groeben/Schwarze/Hatje, EUV/AEUV, AEUV Art. 51, Rn. 7.

287 *Tiedje,* in von der Groeben/Schwarze/Hatje, EUV/AEUV, AEUV Art. 51, Rn. 9.

288 *Dallmann,* in Schulte/Just, Kartellrecht, Art. 106 AEUV, Rn. 10; *Mestmäcker/Schweitzer,* in Immenga/Mestmäcker, Wettbewerbsbeschränkungen, Art. 106 AEUV, Rn. 16; EuGH, Urteil vom 18.3.1997, Rs. C-343/95, Slg. 1997 I, S. 1547 (1548); EuGH, Urteil vom 19.1.1994, Rs. C-364/92, Slg. 1994 I, S. 43 (63).

289 *Mestmäcker/Schweitzer,* in Immenga/Mestmäcker, Wettbewerbsbeschränkungen, Art. 106 AEUV, Rn. 16; EuGH vom 18. 03. 1997, Slg. 1997 I, S. 1547 (1548); EuGH vom 19.1.1994, Slg. 1994 I, S. 43, (63).

Demnach müssen im Sinne einer einheitlichen Rechtsordnung die grundlegenden Begriffsbestimmungen des Wettbewerbsrechtes auch eine hohe Relevanz für die Umsatzsteuer besitzen. Dies zur Wichtigkeit der systematischen Auslegung vorausgeschickt, lässt sich festhalten, dass nach dem europäischen Wettbewerbsrecht eine wirtschaftliche und eine hoheitliche Tätigkeit zwei grundlegend verschiedene Rechtsfiguren bilden. Wobei die Voraussetzungen der einen Tätigkeit die gleichzeitige Annahme der anderen ausschließen.[290]

Mithin müssen sich aus einer systematischen Perspektive eine wirtschaftliche Tätigkeit und eine hoheitliche Tätigkeit auch im Umsatzsteuerrecht dem Grunde nach logisch ausschließen. Dies kann jedoch nur gelten, wenn anhand eines Merkmals eine Tätigkeit entweder eindeutig der wirtschaftlichen Tätigkeit oder aber der hoheitlichen Tätigkeit zugeordnet werden kann. Idealerweise orientiert sich diese Zuordnung aber nicht an staatlichem Sonderrecht, Handlungsform oder Rechtsform des Handelnden, da diese in den Mitgliedstaaten unterschiedlich sein können, sondern an den harmonisierten Vorgaben der Mehrwertsteuersystemrichtlinie. Hier kommt insbesondere das Wettbewerbskriterium in Betracht.

(4) Teleologische Auslegung

Zunächst lässt sich festhalten, dass, in der Bundesrepublik Deutschland, hoheitliches Handeln mit einer Reihe von Ge- und Verboten einhergeht. Bei einer hoheitlichen Tätigkeit hat die staatliche Einrichtung unter anderem den Gesetzesvorrang[291], den Gesetzesvorbehalt[292], die Verhältnismäßigkeit[293], das Willkürverbot[294] sowie weitere vielschichtige Ge- und Verbote[295] zu beachten.

Zwar sind auch private Unternehmer an Recht und Gesetz gebunden, jedoch nicht in dem Ausmaß wie die öffentliche Verwaltung, welche bei Hoheitsakten stets die Rechtmäßigkeit ihrer Handlungen prüfen und rechtfertigen muss. Insofern bestehen zwischen einer wirtschaftlichen und einer hoheitlichen Tätigkeit immer wesentliche Unterschiede hinsichtlich der Entscheidungsfindung und Entscheidungslegitimation. Daher erscheint es zweifelhaft, eine wirtschaftliche

---

290 *de Bronett*, in Schulte/Just, Kartellrecht, Art. 101 AEUV, Rn. 27 und 28.

291 *Grzeszick*, in Maunz/Dürig, GG, Art. 20 IV., Rn. 72; *Leisner*, in Sodan, GG, Art. 20, Rn. 47; *Antoni*, in Hömig, GG, Art. 20, Rn. 15.

292 *Grzeszick*, in Maunz/Dürig, GG, Art. 20 IV., Rn. 99; *Leisner*, in Sodan, GG, Art. 20, Rn. 49; *Antoni*, in Hömig, GG, Art. 20, Rn. 15.

293 *Leisner*, in Sodan, GG, Art. 20, Rn. 65; *Antoni*, in Hömig, GG, Art. 20, Rn. 13.

294 *Kischel*, in BeckOK, GG, Art. 3, Rn. 83.

295 *Schmidt-Aßmann/Schenk*, in Schoch/Schneider/Bier, VwGO, Einleitung, Verfassungsrechtliche Grundlagen, Rn. 1 ff.

Tätigkeit, welche in erster Linie von geschäftlichem Erfolg geleitet ist, gedanklich in den Bereich staatlichen Handelns zu transferieren. Denn der Staat hat regelmäßig von Amts wegen seine Tätigkeiten an einem umfangreichen Normenapparat zu überprüfen.[296] Eine solche Überprüfung ist einem privaten Unternehmer grundsätzlich fremd. Der Europäische Gerichtshof geht trotzdem zuweilen davon aus, dass eine Tätigkeit sowohl der wirtschaftlichen als auch der hoheitlichen Seite zugeordnet werden kann.[297] Es mag staatliche Tätigkeiten geben, welche von der Natur der Sache her aus steuerlicher Perspektive vergleichbar sind mit einer wirtschaftlichen Tätigkeit, jedoch sind beide Begrifflichkeiten von völlig anderen Organisations- und Entscheidungsstrukturen beherrscht, weshalb aus einem teleologischen Gesichtspunkt die Trennung der steuerlichen wirtschaftlichen von der hoheitlichen Tätigkeit angezeigt erscheint.

Ferner ist auch an dieser Stelle mit dem Sinn und Zweck der Umsatzbesteuerung öffentlicher Einrichtungen zu argumentieren.[298] Eine Umsatzbesteuerung des Staates macht nur unter engen Voraussetzungen Sinn. Von daher ist es angezeigt, staatliche Tätigkeiten per Definition ohne Rückausnahme von der Besteuerung auszunehmen, denn nur eine solche Trennung führt zu verbesserter Rechtssicherheit und Rechtsklarheit. Wann jedoch tatsächlich von einer hoheitlichen Tätigkeit auszugehen ist, ist seit jeher äußerst umstritten.[299] Wobei keiner der erdachten Abgrenzungsversuche tatsächlich zielführend war, solange versucht wurde, bestimmte Aufgaben als hoheitlich zu klassifizieren.[300] Denn dafür müsste ein abschließender Katalog der Staatsaufgabenlehre entwickelt werden,[301] was unter Berücksichtigung des gesellschaftlichen Fortschritts

---

296 *Musil,* Wettbewerb in der staatlichen Verwaltung, S. 43.

297 EuGH, Urteil vom 16.9.2008, Rs. C-288/07 (Isle of Wight), DStRE 2008, S. 1455 (1458); EuGH, Urteil vom 8.6.2006, Rs. C-430/04 (Feuerbestattungsverein Halle), DStR 2006, S. 1082 (1084).

298 Vgl. 1. Kapitel, C., III.

299 Zusammenfassend stellt *Boetius,* in DB 1996, S. 1 (5) die entwickelten Abgrenzungskriterien dar: „eine spezifische Aufgabe im Rahmen der öffentlichen Gewalt müsse wahrgenommen werden; die Erfüllung öffentlich-rechtlicher Aufgaben müsse aus der Staatsgewalt abgeleitet sein und staatlichen Zwecken dienen; … das Interesse des Gemeinwohls sei für den hoheitlichen Charakter unerheblich; notwendig sei, dass der Staat Anordnungen treffen und erzwingen kann; … die Tätigkeit müsse der Trägerin der öffentlichen Gewalt eigentümlich und vorbehalten sein.“

300 *Boetius,* in DB 1996, S. 1 (5).

301 *Küffner,* Umsatzsteuerliche Behandlung von juristischen Personen des öffentlichen Rechts, S. 132; *Seer/Klemke,* BB 2010, S. 2015 (2016); *Selmer/Schulze-Osterloh,* in DÖV, 1978, S. 381 (383).

und der Entwicklung des Rechts eine kaum zu leistende Aufgabe darstellt. *Storr* stellte in diesem Zusammenhang fest, der Staatszweck und die damit verbundenen Staatsaufgaben seien nicht allein juristisch fassbar und definierbar, sondern auch durch staatsphilosophische, soziologische, historische, politologische und volkswirtschaftliche Sichtweisen geprägt.[302] Je nach Perspektive könnten sich andere Staatszwecke und Aufgaben ergeben.

Für die abschließende steuerliche Definition des hoheitlichen Handelns anhand von Staatsaufgaben bedeutet dies allerdings, dass diese nur gelingen kann, wenn sämtliche staatlichen Aufgaben klar benannt werden könnten. Anhand solch einer Positivliste wäre dann die Steuerpflicht einer juristischen Person öffentlichen Rechts ablesbar. Allerdings scheitert solch eine abschließende Positivliste, wie die Ausführungen von *Storr* nahelegen, bereits an der zu wählenden Perspektive, um jede staatliche Tätigkeit richtig zu verorten. Darüber hinaus zeigt sich die Qualität juristischer Regelungen gerade darin, nicht jeden Einzelfall gesondert zu bestimmen, sondern allgemeine Formeln zu entwickeln, die auf eine unbestimmte Zahl von Fällen angewendet werden können und trotzdem bei ihrer Anwendung rechtmäßige und vorhersehbare Ergebnisse liefern.

Daher erscheint es klärend, korrespondierend mit dem Sinn und Zweck der Umsatzbesteuerung öffentlicher Einrichtungen, die Tätigkeit im Rahmen der öffentlichen Gewalt im Sinne von Art. 13 Abs. 1 MwStSystRL jedenfalls umsatzsteuerrechtlich von dem Vorliegen eines Wettbewerbs abhängig zu machen. Denn die Frage, ob ein privater Dritter genauso befähigt ist eine Tätigkeit auszuüben wie der Staat, lässt sich um ein Vielfaches einfacher beantworten als die Frage, ob eine Tätigkeit tatsächlich zwingend dem Staat vorbehalten bleiben muss. Insofern liefert die Prüfung der Wettbewerbsrelevanz belastbare Ergebnisse, um eine Steuerpflicht des Staates, korrespondierend mit dem Sinn und Zweck der Besteuerung öffentlicher Einrichtungen, zu bestimmen. Eine Prüfung anhand der Wettbewerbsrelevanz trifft grundsätzlich jedoch keine Aussage hinsichtlich der staatlichen Handlungs- oder Rechtsform.

c) Würdigung

Die Begründung des Europäischen Gerichtshofes[303] und von Teilen der Literatur[304] zur Abgrenzung der wirtschaftlichen Tätigkeit von einer hoheitlichen Tätigkeit ist abzulehnen.

---

302 *Storr*, Der Staat als Unternehmer, S. 104.

303 EuGH, Urteil vom 8.6.2006, Rs. C-430/04 (Feuerbestattungsverein Halle), DStR 2006, S. 1082 f.; EuGH, Urteil vom 16.9.2008, Rs. C-288/07 (Isle of Wight), DStRE 2008, S. 1455 f.

304 Beispielhaft: *Korn*, in Bunjes, UStG, § 2, Rn. 184; *Ismer/Keyser*, in UR 2011, S. 81 (83).

Indem die genannten Begrifflichkeiten mit einander vermischt werden, ist eine klare Abgrenzung nicht mehr möglich. Dieser Zustand wird nur durch die Rückausnahme des Art. 13 Abs. 1 Unterabs. 1 kaschiert, da in diesem die eigentliche Voraussetzung für eine Umsatzsteuerbarkeit von Leistungen der öffentlichen Hand kodifiziert ist – nämlich die Gefahr einer Wettbewerbsverzerrung.

Der Europäische Gerichtshof konterkariert mit dieser Sichtweise seine sonstige ständige Rechtsprechung in zweierlei Hinsicht.

Denn zum einen wird die Bestimmung einer Tätigkeit als hoheitlich anhand der Untersuchung, ob der Staat aufgrund von allein ihm obliegendem Sonderrecht gehandelt hat, quasi überflüssig.[305] Selbst wenn der Staat hoheitlich gehandelt haben sollte, heißt dies im Ergebnis nicht, dass die Tätigkeit auch nicht umsatzsteuerbar ist. Denn letztlich entscheidend ist allein das Wettbewerbskriterium. Wenn es jedoch letztlich sowieso nur auf die Wettbewerbsrelevanz einer Tätigkeit ankommt, dann ist eine Abgrenzung zwischen einer wirtschaftlichen und einer hoheitlichen Tätigkeit nur ein überflüssiger Zwischenschritt, um letztlich das entscheidende Merkmal der Wettbewerbsrelevanz zu prüfen. Aus Gründen der Rechtssicherheit und Klarheit wäre hier eine eindeutigere Abgrenzung wünschenswert, zumal wie gesehen, der Wettbewerb logisch auch immer in einer wirtschaftlichen Tätigkeit angelegt ist.

Zum anderen hat der Europäische Gerichtshof selbst entschieden, dass Tätigkeiten der öffentlichen Hand aufgrund fehlender Wettbewerbsrelevanz nicht wirtschaftlicher Art sind. Die Abwesenheit von Wettbewerb ist aber der Regelfall, wenn die öffentliche Hand aufgrund von Sonderrecht handelt. Denn hoheitliches Handeln dient in erster Linie dazu, einer staatlichen Verpflichtung oder Ordnungsfunktion nachzukommen. Die Erzielung von Einnahmen ist dabei stets von untergeordneter Rolle und soll lediglich zur Kostendeckung führen. Die steuerliche Nichtberücksichtigung solcher staatlicher Tätigkeiten entspricht auch am ehesten dem Sinn und Zweck der Umsatzbesteuerung, nach der der Staat bei klassischen staatlichen, das heißt hoheitlichen Tätigkeiten, nicht der Besteuerung unterworfen wird, sondern nur, wenn er sich auf eine Ebene mit privaten Wirtschaftsteilnehmern begibt und wie diese wirtschaftliche Tätigkeiten ausübt. Eine klare Trennung zwischen wirtschaftlicher und hoheitlicher Tätigkeit spiegelt am ehesten den eigentlichen Sinn und Zweck der Umsatzbesteuerung öffentlicher Einrichtungen wider.

305 Daher zutreffend: *Selmer/Schulze-Osterloh*, in DÖV, 1978, S. 381 (385, 387).

Aus diesem Grund wird in der hier vertretenen Ansicht eine klare Trennung zwischen einer wirtschaftlichen und einer hoheitlichen Tätigkeit vorgenommen, wie sie auch teilweise in der Literatur angedeutet wird[306] und insgesamt vorzugswürdig ist. Eine Besteuerung würde nur dort stattfinden, wo wirtschaftlicher Wettbewerb herrscht, das heißt eine Tätigkeit in einer Konkurrenzsituation auf einem Markt ausgeübt wird. Dem gegenüber stehen von Gesetzes wegen geschaffene wettbewerbsfreie Räume. Hat sich der Staat auf diese Weise eine Sonderposition verschafft, so handelt er aus einer steuerlichen Perspektive hoheitlich. Damit korrespondiert auch der Sinn und Zweck der Umsatzbesteuerung öffentlicher Einrichtungen. Diese Sichtweise stützt sich auf folgende Maßgaben:

Eine Wettbewerbsrelevanz ist in einer wirtschaftlichen Tätigkeit stets mit angelegt, da es privaten Unternehmern schlicht unmöglich ist, ihr Unternehmen abseits eines, wenigstens potentiellen, Wettbewerbs zu betreiben. Da eine hoheitliche Tätigkeit vom Grundsatz her keinen Wettbewerb beinhaltet, ist auch das Merkmal der Hoheitlichkeit an dem Vorhandensein von Wettbewerb zu messen. Bei einer solchen Unterscheidung schließen sich dann diese beiden Begrifflichkeiten gegenseitig aus. Entweder der Staat handelt wirtschaftlich im Bereich eines Marktes unter gleichen Wettbewerbsbedingungen oder aber ohne Wettbewerb innerhalb seines ihm vorbehaltenen Hoheitsregimes.[307]

Eine solche steuerliche Sichtweise harmoniert insbesondere mit dem europäischen Wettbewerbsrecht und trägt damit zur Einheit des Rechts und damit der Rechtssicherheit bei. Daher ist nach der hier vertretenen Meinung der marktwirtschaftliche Wettbewerbsgedanke der entscheidende Unterschied und das entscheidende Abgrenzungsmerkmal zwischen einer wirtschaftlichen und einer hoheitlichen Tätigkeit. Insofern wird die Rückausnahme des Art. 13 Abs. 1 Unterabs. 2 MwStSystRL bereits im Merkmal der wirtschaftlichen Tätigkeit mit geprüft. Aufgrund dieser Interpretation des Begriffes der wirtschaftlichen Tätigkeit ist das logische Ergebnis, dass die hoheitliche Tätigkeit als solche auch gänzlich von einer Umsatzbesteuerung verschont bleiben kann. Denn selbst wenn eine juristische Person des öffentlichen Rechts durch Hoheitsakt handeln sollte, so bewirkt eine etwaige Wettbewerbssituation, dass diese Tätigkeit nicht mehr

---

306 Vgl. *Selmer/Schulze-Osterloh*, in DÖV, 1978, S. 381 (385); *Küffner*, in DStR 2003, S. 1606 (1608).

307 In diese Richtung auch *Hatzopoulos* zur Europäische Konzeption einer „economic activity: „Economic dealings of the state, on the other hand, are either within the market, in which case the competition rules do, in principle, apply to them; or they operate in the pursuance of the general interest, in which case the public procurement rules apply to them", in The concept of 'economic activity' in the EU Treaty, S. 18.

als hoheitlich zu qualifizieren ist, sondern als wirtschaftliche Tätigkeit, weil sie sich in echter Konkurrenz zu privaten Unternehmen vollzieht.

aa) Normativer Rahmen der Mehrwertsteuersystemrichtlinie

Entgegen anderer Meinungen[308] ist es nach dem eindeutigen Wortlaut der Mehrwertsteuersystemrichtlinie auch nicht zwingend erforderlich, für die Anwendung des Art. 13 MwStSystRL zunächst die Voraussetzungen des Art. 9 MwStSystRL zu bejahen. In der Richtlinie heißt es ausdrücklich:

> Als Steuerpflichtiger gilt, wer eine wirtschaftliche Tätigkeit ausübt (Art. 9 MwStSystRL).
> Und:
> Als Steuerpflichtiger gilt nicht, wer Tätigkeiten ausübt, die ihm im Rahmen seiner öffentlichen Gewalt obliegen (Art. 13 MwStSystRL).

Die Gegenüberstellung zeigt, dass sich eine wirtschaftliche Tätigkeit und eine Tätigkeit im Rahmen der öffentlichen Gewalt genau gegensätzlich verhalten und gerade nicht miteinander vermischt werden sollten. Insbesondere besagt der Wortlaut des Art. 13 MwStSystRL nicht, dass für seine Anwendung zuvor eine wirtschaftliche Tätigkeit im Sinne des Art. 9 MwStSystRL vorliegen muss. Art. 13 MwStSystRL spricht ganz allgemein von Tätigkeiten. Wenn diese Tätigkeiten im Rahmen der öffentlichen Gewalt erfolgen, sind sie von wirtschaftlichen Tätigkeiten im Sinne des Art. 9 MwStSystRL zu trennen und nicht zu besteuern. Umgekehrt verlässt der Staat seinen steuerlich privilegierten Hoheitsbereich, wenn er sich mit einer Tätigkeit in Konkurrenz zu privaten Unternehmern begibt. Die Konkurrenzsituation zeigt dabei bereits an, dass es sich um eine wirtschaftliche und keine hoheitliche Tätigkeit handeln muss.

Die Regelung des Art. 13 Abs. 1 MwStSystRL hat in diesem Zusammenhang dann einen deklaratorischen und keinen konstitutiven Charakter, da die darin enthaltenen Merkmale bereits in den Regelungen des Art. 9 Abs. 1 MwStSystRL angelegt und vorgegeben sind. Daher ist auch die in der Literatur verbreitete Dreiklangprüfung, das heißt Regelbesteuerung nach Art. 9 MwStSystRL, Ausnahme für die öffentliche Hand nach Art. 13 Abs. 1 MwStSystRL und Rückausnahme von der Ausnahme nach Art. 13 Abs. 1 Unterabs. 1 MwStSystRL, abzulehnen.[309]

---

308 Beispielweise: *Stadie*, in Rau/Dürrwächter, UStG, § 2, Rn. 194, § 2b, Rn. 65.

309 So aber z. B. *Kraeusel*, in UR 2010, S. 480 (483); *Korn*, in Bunjes, UStG, § 2, Rn. 184; *Becker*, in BB 2012, S. 2154 (2155); *Beinert/Kostic*, in Handbuch Kommunale Unternehmen, § 11, Rn. 259.

Kraeusel kritisiert die Rechtsprechung des Europäischen Gerichtshofes in der Rechtssache Landesorganisation Kärnten[310]:

> „Allerdings hat der Europäische Gerichtshof in den letzten beiden Entscheidungen für Verwirrung gesorgt, weil er sich nicht an die Prüfungsreihenfolge halte. So hat er ausgeführt, dass die Werbetätigkeit einer politischen Partei keine wirtschaftliche Tätigkeit darstelle, weil die Partei nicht an einem Markt teilnehme, es also nicht zu einer Wettbewerbssituation kommen kann. Diese Argumente seien erst in der nächsten Stufe bei Art. 13 MwStSystRL zu prüfen."[311]

Diese Sichtweise berücksichtigt jedoch nicht ausreichend den Zusammenhang des europäischen Wettbewerbsrechts mit der harmonisierten Umsatzsteuer und den Sinn und Zweck der Umsatzbesteuerung juristischer Personen des öffentlichen Rechts. Hier ist eine klare Trennung aus systematischen und teleologischen Gründen sowie aus Gründen der Rechtsklarheit erstrebenswert.

Eine solche kann nur erreicht werden, wenn man den Begriff der hoheitlichen Tätigkeit anhand des Wettbewerbskriteriums von der wirtschaftlichen Tätigkeit abgrenzt. Diesen Weg hat der Europäische Gerichtshof mit seiner Entscheidung SPÖ Landesorganisation Kärnten aufgezeigt, wurde damit jedoch in der Fachliteratur zu Unrecht missverstanden. Nur die Trennung der wirtschaftlichen Tätigkeit von der hoheitlichen Tätigkeit anhand des Wettbewerbskriteriums, welches in der wirtschaftlichen Tätigkeit von Natur aus angelegt ist, führt zu dogmatisch sauberen Ergebnissen.[312]

Dieser Auslegung des Begriffes der wirtschaftlichen Tätigkeit steht es auch nicht entgegen, dass der Begriff der wirtschaftlichen Tätigkeit weit zu fassen sei.[313] Der Europäische Gerichtshof urteilte zutreffend, der Begriff des Steuerpflichtigen „weist zwar der Mehrwertsteuer einen sehr weiten Anwendungsbereich zu, doch betrifft diese Vorschrift *nur* Tätigkeiten mit wirtschaftlichem Charakter".[314] Das heißt, es sollen nach weitem Verständnis alle Steuerpflichtigen erfasst werden, jedoch muss die wirtschaftliche Tätigkeit zunächst positiv festgestellt werden, was aber im Rahmen der öffentlichen Hand bisher zu unkritisch geschah.

---

310 EuGH, Urteil vom 6.10.2009, Rs. C-267/08 (SPÖ Landesorganisation Kärnten), IStR 2009, S. 778 f.

311 *Kraeusel,* in UR 2010, S. 480 (483).

312 In diese Richtung bereits: *Selmer/Schulze-Osterloh,* in DÖV, 1978, S. 381 (391).

313 Scharpenberg, in Hartmann/Metzenmacher, UStG E § 2, Rn. 31; Hundt-Eßwein, in DStR 2012, S. 1371 (1373).

314 EuGH Urteil vom 13.12.2007, Rs. C-408/06, DStRE 2008, S. 710 (712); EuGH, Urteil vom 16.9.2008, Rs. C-288/07 (Isle of Wight), DStRE 2008, S. 1455 (1458).

Tatsächlich ergibt sich durch die präzisere Auslegung des Begriffs der wirtschaftlichen Tätigkeit keine Reduzierung oder Erweiterung der Umsatzsteuerbarkeit. Es wird lediglich das letztlich entscheidende Korrektiv des Wettbewerbs, welcher in Art. 13 Abs. 1 Unterabs. 1 MwStSystRL durch die größeren Wettbewerbsverzerrungen zum Ausdruck kommt, bereits im Rahmen der wirtschaftlichen Tätigkeit geprüft.

bb) Zwischenergebnis

Die oben aufgestellte These stellt sich nach der hier vertretenen Ansicht als wahr heraus, unter der Bedingung, dass man zur Abgrenzung von einer wirtschaftlichen zu einer hoheitlichen Tätigkeit das Kriterium des Wettbewerbs auf einem Markt heranzieht.[315]

Dabei ist zu beachten, dass aus umsatzsteuerlicher Perspektive eine Handlung des Staates aufgrund Sonderrechts entweder eine wirtschaftliche Tätigkeit oder eine hoheitliche Tätigkeit darstellen kann.

Positiver Nebeneffekt dieser Abgrenzung ist, dass die juristische Person öffentlichen Rechts bei solch einer Auslegung durch die Art des Handelns keinen Einfluss auf ihre Steuerpflicht nehmen kann. Dies ist ihr verwehrt, wenn man aufgrund der Wettbewerbssituation sofort von einer wirtschaftlichen Tätigkeit ausgehen muss und damit der Weg in die Nichtsteuerbarkeit nach Art. 13 Abs. 1 MwStSystRL verwehrt ist.

Die praktischen Konsequenzen dieser Sichtweise sollen im Folgenden an konkreten Beispielen erörtert werden.

d) Beispiel Berliner Bäder Betriebe

Die umsatzsteuerliche Beurteilung soll unter anderem an dem Beispiel der Berliner Bäder Betriebe durchgeführt werden. Die Berliner Bäder Betriebe sind gemäß § 1 Gesetz über die Anstalt öffentlichen Rechts Berliner Bäder Betrieb (BBBG) eine Anstalt des öffentlichen Rechts. Gemäß § 3 BBBG hat die Anstalt für Planung, Errichtung, Betrieb, Unterhaltung und Verwaltung von Schwimmbädern zu sorgen. Insbesondere seien Schwimmbäder zur sportlichen Betätigung, Erholung und Entspannung für die Angehörigen aller Bevölkerungsgruppen angeboten, die Nutzung durch Schulen, Kindertagesstätten und förderungswürdige Sportorganisationen sichergestellt. Jedenfalls bei der Nutzung zur sportlichen Betätigung, Erholung und Entspannung werden vom Bürger sogenannte

---

315 Ähnlich: *Küffner*, in DStR 2003, S. 1606 (1608); *Selmer/Schulze-Osterloh*, in DÖV, 1978, S. 381 (385).

Eintrittsentgelte gemäß Nummer 5 der Tarifsatzung der Berliner Bäder Betriebe vom 15. Dezember 2017 erhoben.[316] Die Regelungen zu den Nutzungsentgelten treffen keine Aussagen über die Erhebung von Umsatzsteuer. Es erscheint jedoch fraglich, ob es sich bei dem Eintritt zu einer Schwimmhalle nicht um eine umsatzsteuerbare und umsatzsteuerpflichtige Leistung handelt.

Nach der hier vertretenen Ansicht stellt der Zutritt zu einer Schwimmhalle durch die Anstalt des öffentlichen Rechts eine wirtschaftliche Leistung dar. Denn es handelt sich hierbei um eine Dienstleistung nach Art. 9 Abs. 1 MwStSystRL, die ein Steuerpflichtiger unabhängig von ihrem Ort, Zweck und Ergebnis zur nachhaltigen Erzielung von Einnahmen anbietet. Die Anstalt des öffentlichen Rechts ist als Steuerpflichtiger zu beurteilen, da sie mit ihrem Angebot in Wettbewerb zu privaten Schwimmhallenbetreibern tritt. Die Tatsache, dass die Leistung auf Grundlage des Gesetzes über die Anstalt öffentlichen Rechts Berliner Bäder Betriebe oder auf Grundlage der öffentlichen Bäder Betriebe Satzung erfolgt, ist unmaßgeblich. Eine Qualifikation dieser Tätigkeit als hoheitliche Maßnahme käme nur in Betracht, wenn die Tätigkeit nicht in Konkurrenz zu privaten Unternehmen stehen würde. In einem solchen Fall wäre die Tätigkeit hoheitlich und damit nicht umsatzsteuerbar.

Zu demselben Ergebnis gelangt man, wenn man die zum Teil in der Literatur und vom Europäischen Gerichtshof geprägte Regel – Ausnahme – Rückausnahme – Prüfung anwendet.[317] Danach würde es sich bei dem Zutritt zur Schwimmhalle ebenfalls um eine wirtschaftliche Leistung im Sinne des Art. 9 Abs. 1 MwStSystRL handeln. Alsdann würde die Ausnahme des Art. 13 Abs. 1 MwStSystRL greifen, wonach staatliche Einrichtungen nicht der Umsatzbesteuerung unterliegen, wenn diese auf Grundlage von Sonderrecht handeln. Dies wäre vorliegend der Fall, da die Benutzung der Schwimmhallen öffentlich-rechtlich ausgestaltet ist. Letztlich würde jedoch wiederum die Rückausnahme des Art. 13 Abs. 1 Unterabs. 2 MwStSystRL greifen, wonach die öffentliche Hand doch besteuert wird, wenn eine Nichtbesteuerung zu größeren Wettbewerbsverzerrungen führen würde.[318] Eine solche Wettbewerbsverzerrung darf an dieser Stelle ohne Weiteres vorausgesetzt werden, da es nicht mit dem Grundsatz der steuerlichen Neutralität vereinbar wäre, wenn ein privater Schwimmhallenbetreiber

316 Tarifsatzung der Berliner Bäder Betriebe vom 15.12.2017: https://www.berlinerbaeder.de/fileadmin/user_upload/Satzungen/Endfassg._Tarifsatzung_04.01.2018.pdf; abgerufen am 4.3.2019.

317 Exemplarisch: *Rang/Baldauf*, in DStZ, 2014, S. 68 (69).

318 Vgl. *Rang/Baldauf*, in DStZ, 2014, S. 68 (74).

für die gleiche Leistung Umsatzsteuer abführen müsste, die öffentlich-rechtliche Anstalt jedoch nicht.

Insofern zeigt sich, dass die hier vertretene Sichtweise zwar zum selben Ergebnis wie der Europäische Gerichtshof kommen würde, jedoch einen besseren systematischen und dogmatischen sowie dem europäischen Wettbewerbsrecht angeglichenen Ansatz verfolgt.[319] Inwieweit für den Besuch kommunaler Schwimmbäder möglicherweise Umsatzsteuerbefreiungen in Betracht kommen könnten, sei an dieser Stelle dahingestellt.[320] Nach deutschem Recht dürften diese grundsätzlich nicht in Betracht kommen.[321]

e) *Beispiel Berliner Stadtreinigung*

Als weiteres Beispiel zur umsatzsteuerlichen Beurteilung von Tätigkeiten der öffentlichen Hand soll die Berliner Stadtreinigung untersucht werden.

Gemäß § 17 Abs. 1 Gesetz zur Förderung der Kreislaufwirtschaft und Sicherung der umweltverträglichen Bewirtschaftung von Abfällen (KrWG) sind Erzeuger oder Besitzer von Abfällen aus privaten Haushalten verpflichtet, diese Abfälle den nach Landesrecht zur Entsorgung verpflichteten juristischen Personen (öffentlich-rechtliche Entsorgungsträger) zu überlassen. In Berlin ist die Berliner Stadtreinigung gemäß § 3 Abs. 1 Berliner Betriebe Gesetz für Aufgaben der Daseinsfürsorge, hier namentlich die Aufgabe der Abfallentsorgung nach § 17 Abs. 1 KrWG, zuständig.

aa) Staatliche Monopolstellung und Daseinsfürsorge

Vor der Mehrwertsteuersystemrichtlinie beziehungsweise der 6. EG Richtlinie waren gesetzliche Aufgaben im Bereich der Daseinsfürsorge, das heißt Aufgaben, die ein Mindestmaß an sozialpolitisch wünschenswerten Dienstleistungen darstellen, wie etwa im Bereich der Infrastruktursicherung oder sonstiger Grundversorgung,[322] regelmäßig einem Hoheitsbetrieb zuzuordnen.[323] Dies war häufig ein deutliches Indiz dafür, eine Umsatzbesteuerung auszuschließen.

Jedoch entschied der Bundesfinanzhof, dass selbst wenn die öffentliche Hand zum Zwecke der Daseinsfürsorge und aufgrund gesetzlichen Auftrags handle,

---

319 Vgl. *Treiber*, in Sölch/Ringleb, UStG, § 2, Rn. 450, Stichwort: „Schwimmbad"; *Rang/Baldauf*, in DStZ, 2014, S. 68 (80).

320 Vgl. dazu EuGH, Urteil vom 21.2.2013, Rs. C-18/12, DStR 2013, S. 407 (407).

321 *Küffner*, in DStR 2013, S. 407 (411); Abschnitt 2.11, Abs. 18, S. 1 UStAE.

322 *di Fabio* FS für Vogel, Der offene Staat in der Wirtschaftsgesellschaft, S. 3 (14).

323 *Korn*, in Bunjes, UStG, § 2, Rn. 194.

allein ein potentielles Wettbewerbsverhältnis zu privaten Dritten entscheidend für eine Umsatzbesteuerung der staatlichen Einrichtung sei.[324] So geschehen am Beispiel eines kommunalen Kindergartens, der Leistungen nach § 24 SGB VIII erbrachte und damit trotzdem in Konkurrenz zu privaten Unternehmen geriet.[325] In diesem Zusammenhang erörtert und bejaht der Bundesfinanzhof auch das Vorliegen eines Marktes auf dem ein Wettbewerb herrscht, wenngleich die Leistungen im Zusammenhang mit dem Sozialgesetzbuch stehen.[326] Ebenfalls als Betrieb gewerblicher Art wertete der Bundesfinanzhof eine Abfallberatung, da diese nicht ausschließlich der öffentlichen Hand zugewiesen sei und sich in diesem Bereich, anders als bei der gesetzlichen Pflicht zur Entsorgung von Hausmüll, in Wettbewerb zu privaten Unternehmen begab.[327]

Eine solche umsatzsteuerliche Würdigung entspricht den Vorgaben der Mehrwertsteuersystemrichtline.[328] Nach der hier vertretenen Ansicht handelt es sich bei dem Angebot von Kindertagesstättenplätzen durch eine Gemeinde um eine wirtschaftliche Tätigkeit, welche stets eine Wettbewerbsrelevanz impliziert. Denn Kindergartenplätze können auch von privaten Unternehmern angeboten werden. Nach dieser Einschätzung ist es ohne Belang, dass die Plätze auf Grundlage öffentlichen Rechts (SGB VIII) angeboten werden, denn die Tätigkeit ist aufgrund ihrer Wettbewerbsrelevanz als wirtschaftlich zu beurteilen, was nach der hier vertretenen Ansicht eine Klassifizierung als hoheitliche Tätigkeit ausschließt. Zu demselben Ergebnis kommt freilich auch der Bundesfinanzhof, der von einer wirtschaftlichen Tätigkeit im hoheitlichen Bereich ausgeht und diese aufgrund der Gefahr größerer Wettbewerbsverzerrungen der Umsatzbesteuerung unterwirft.[329]

Die Grundsätze dieser Rechtsprechung zur Daseinsfürsorge lassen sich auch auf das Beispiel der Berliner Stadtreinigung übertragen:

Bei ihr handelt es sich um eine Anstalt des öffentlichen Rechts gemäß § 1 Abs. 1 Nr. 1 Berliner Betriebe Gesetz (BBG). Gemäß § 1 der Satzung der Berliner Straßenreinigung ist die Berliner Stadtreinigung verpflichtet, die staatliche Aufgabe, der Hausmüllentsorgung privater Haushalte, zu gewährleisten. Im Gegenzug ist sie berechtigt, gemäß § 11 Abs. 3 Nr. 3 BBG in Verbindung mit § 3 der

324 BFH, Urteil vom 12.7.2012, I R 106/10, DStR 2012, S. 1912 (1913).

325 BFH, Urteil vom 12.07.2012, I R 106/10, DStR 2012, S. 1912 (1913).

326 Zustimmend: *Bisle*, Anmerkung zu BFH, Urteil vom 12.7.2012, I R 106/10, in SteuK 2012, S. 447 (447).

327 BFH, Urteil vom 3.4.2012, I R 22/11, BFH/NV 2012, S. 1334 f.

328 *Lippross*, in UR 2010, S. 214 (221).

329 BFH, Urteil vom 12.7.2012, I R 106/10, DStR 2012, S. 1912 (1914).

Satzung der Berliner Straßenreinigung[330], hierfür den im Berliner Amtsblatt veröffentlichten Tarif von den Bürgerinnen und Bürgern zu verlangen.

Folgte man der in Literatur und Rechtsprechung vertretenen „Regel-Ausnahme-Rückausnahme" Prüfungsreihenfolge, so würde man in der Leistung der Berliner Straßenreinigung eine wirtschaftliche Tätigkeit im Sinne des Art. 9 Abs. 1 MwStSystRL sehen, da diese zur nachhaltigen Erzielung von Einnahmen dient. Ferner würde die „Ausnahme" des Art. 13 Abs. 1 MwStSystRL greifen, da die Berliner Stadtreinigung ihre öffentliche Aufgabe aufgrund von staatlichem Sonderrecht wahrnimmt. Anders als im Fall der Berliner Bäder Betriebe würde jedoch nicht die „Rückausnahme" des Art. 13 Abs. 1 Unterabs. 1 MwStSystRL anwendbar sein, da private Unternehmer nicht befugt sind, die öffentliche Aufgabe der privaten Hausmüllentsorgung zu übernehmen. Insofern wären keine Wettbewerbsverzerrungen zu befürchten.[331]

In dem hier vertretenen Ansatz orientiert sich die Prüfung der wirtschaftlichen Tätigkeit gemäß Art. 9 Abs. 1 MwStSystRL an wettbewerbsrechtlichen Gesichtspunkten[332] und dem Sinn und Zweck der Umsatzbesteuerung öffentlicher Einrichtungen.[333] Danach ist bei der oben beschriebenen Tätigkeit der Berliner Stadtreinigung eine wirtschaftliche Tätigkeit nach Art. 9 Abs. 1 MwStSystRL abzulehnen. Denn die Berliner Stadtreinigung bietet diese Leistung nicht auf einem Markt an, der dem freien Wettbewerb zugänglich ist. Nicht entscheidend ist es aus einer steuerlichen Perspektive, dass die Tätigkeit im Bereich der Daseinsfürsorge erbracht wird. Denn Tätigkeiten im Bereich der Daseinsfürsorge dürfen nicht von vornherein als eine nicht wettbewerbsrelevante Tätigkeit klassifiziert werden, sondern nur in dem Fall, in dem der Gesetzgeber ein Tätigwerden privater Unternehmen in diesem Bereich durch Gesetz oder Verordnung verhindert.[334] Im Fall der Abfallentsorgung sind durch die Überlassungspflicht des § 17 Abs. 1 S. 1 KrWG private Unternehmen von der Abfallentsorgung

---

330 Siehe Satzung der Berliner Stadtreinigung vom 28.4.2009: https://www.bsr.de/assets/downloads/Satzung_BSR_2009.pdf; abgerufen am 4.3.2019.

331 So auch *Reiß,* in Reiß/Kraeusel/Langer, UStG, § 2, Rn. 177.

332 D.h. dem Gedanken, dass das harmonisierte Wettbewerbsrecht das vorrangige Ziel der europäischen Wirtschaftspolitik ist und dass die Harmonisierung des Umsatzsteuerrechts eine notwendige Folge dieser Wirtschaftspolitik ist. Ausgehend hiervon hat sich das Recht der Mehrwertsteuersystemrichtlinie systematisch und von den Begrifflichkeiten an den Vorgaben des europäischen Wettbewerbsrechts zu orientieren.

333 Vgl. Sinn und Zweck der Umsatzbesteuerung staatlicher Einrichtungen, S. 15.

334 Vgl. *Musil,* in WiVerW 2018/1, S. 45 (46) am Beispiel der Friedhofsverwaltung.

privaten Hausmülls ausgeschlossen. Ein Wettbewerb findet somit von Gesetzes wegen nicht statt.

Die steuerliche Privilegierung der öffentlichen Hand reicht jedoch nur soweit, wie das gesetzliche Verbot für private Unternehmer reicht. Dies wird deutlich, wenn man sich eine aktuelle Entscheidung des Bundesverwaltungsgerichts vor Augen führt.[335] Grundsätzlich ist ausschließlich die öffentliche Hand zuständig private Hausmischabfälle zu entsorgen. Hierzu gehöre jedoch kein Sperrmüll, weil eine Beschränkung für private Unternehmer gegen die Warenverkehrsfreiheit aus Art. 35 AEUV verstoße.[336] Insofern öffnet das Bundesverwaltungsgericht hier durch seine restriktive Auslegung des § 17 Abs. 2 KrWG ein Marktsegment für den Wettbewerb, soweit keine sonstigen öffentlichen Interessen entgegenstehen.[337] Sperrmüllentsorgung durch die öffentliche Hand wird künftig nur zuzüglich ausgewiesener Umsatzsteuer möglich sein.[338] Diese zwingende rechtliche Würdigung lässt sich jedoch nur am konkreten Fall, hier Sperrmüll, vornehmen und gerade nicht anhand der Klassifizierung Abfallentsorgung sei grundsätzlich Teil der Daseinsfürsorge, damit strikt hoheitlich und damit stets ohne Umsatzsteuerausweis durchzuführen.

Die Bewertung der Tätigkeit als eine im Bereich der Daseinsfürsorge sagt daher nichts über die steuerliche Qualität der Tätigkeit aus, denn entscheidend für die Besteuerung ist nur, ob die Tätigkeit auch von einem privaten Unternehmer erbracht werden könnte. Die Frage, ob es sich dabei um eine Tätigkeit im Bereich der Daseinsfürsorge handelt, kann künftig allenfalls noch als Indiz für eine nicht steuerbare Tätigkeit herangezogen werden. Dieses Ergebnis entspricht auch dem Art. 106 Abs. 2 AEUV, welcher Tätigkeiten von öffentlichen Unternehmen grundsätzlich den Wettbewerbsregeln und damit indirekt auch einer notwendigen Besteuerung unterstellt.[339]

---

335 BVerwG, Urteil vom 23.2.2018, 7 C 9.16, WuW 2018, S. 440 f.

336 BVerwG, Urteil vom 23.2.2018, 7 C 9.16, WuW 2018, S. 440, Rn. 25; a.A. *Krautscheid*, Die Daseinsfürsorge im Spannungsfeld von europäischem Wettbewerb und Gemeinwohl, der dafür plädiert private Dritte grundsätzlich von der Abfallentsorgung auszuschließen S. 219.

337 BVerwG, Urteil vom 23.2.2018, 7 C 9.16, WuW 2018, S. 440, Rn. 25, 29 wonach beispielsweise Umweltschutz ein Ausschlussgrund für private Müllsammlung sein kann.

338 *Belcke/Westermann*, in BB, 2018, S. 1431 (1434), weisen zutreffend darauf hin, dass sich diese Würdigung auf sämtliche Sammeltätigkeiten, wie etwa Papier, Glas, Altmetall, Kleider usw., ausweiten lässt.

339 *Blankart*, Öffentliche Finanzen in der Demokratie: eine Einführung in die Finanzwissenschaft, S. 362.

bb) Gewinnerzielungsabsicht

Fehlende Gewinnerzielungsabsicht wird weithin nicht als Ausschlussgrund für eine wirtschaftliche Tätigkeit im Sinne von Art. 9 Abs. 1 MwStSystRL gesehen.[340] Gleichwohl ist eine fehlende Gewinnerzielungsabsicht durchaus ein Indiz dafür, dass es sich nicht um eine klassische wirtschaftliche Tätigkeit handeln kann, denn grundsätzlich ist die Gewinnerzielungsabsicht notwendige Voraussetzung, um am freien Markt agieren zu können.[341] Diese Sichtweise hat der Europäische Gerichtshof in seiner aktuellen Entscheidung Gemeente Borsele bestätigt, wonach bei der Einordnung der Tätigkeit stets gefragt werden müsse, ob die fragliche Dienstleistung in der Form und zu dem Preis auch von anderen Wirtschaftsteilnehmern so erbracht werden könnte.[342]

Ein Versorgungsunternehmen oder Unternehmen zur Sicherung der Daseinsfürsorge arbeitet in erster Linie, weil es ihm durch Gesetz aufgetragen ist, nicht aber zur Erzielung von Einnahmen im Sinne von Art. 9 Abs. 1 MwStSystRL. Denn die gesetzliche Verpflichtung erfolgt nahezu losgelöst von wirtschaftlichen Erwägungen, die ein privater Unternehmer zu treffen hätte. Die Besteuerung einer solchen Tätigkeit widerspricht grundsätzlich dem Leitbild einer wirtschaftlichen Tätigkeit im Sinne des Art. 9 Abs. 1 MwStSystRL, welche sich auf sich selbst regulierenden Märkten im Wettbewerb vollzieht.

Im Fall der Berliner Stadtreinigung richtet sich der festzusetzende Tarif nicht nach marktwirtschaftlichen Gesichtspunkten, insbesondere Angebot und Nachfrage. Denn die Leistungen sind für den Bürger stets „kostengünstig“ zu erbringen[343] und der Tarif hat sich lediglich daran zu orientieren, ob die Höhe „kostendeckend“[344] ist. Insofern stellt auch *Hüttemann* anschaulich dar, weshalb es für eine rechtmäßige Besteuerung juristischer Personen des öffentlichen Rechts sehr wohl auf eine vorliegende Gewinnerzielungsabsicht ankommen muss.[345] Zwar ist die öffentliche Verwaltung – hier der Abfallentsorger des Landes Berlin – aufgrund des Grundgesetzes, durch Art. 114 Abs. 2 GG, die Bundeshaushaltsordnung, durch § 7 Abs. 1 BHO, und diverse landesrechtliche Haushaltsordnungen ebenfalls zur Wirtschaftlichkeit und Sparsamkeit

---

340 *Korn*, in Bunjes, UStG, § 2, Rn. 185.

341 Vgl. *Lippross,* in UR 2010, S. 214 (216); *Stadie,* in Rau/Dürrwächter, UStG, § 2, Rn. 354.

342 EuGH, Urteil vom 12.5.2016, Rs. C-520/14 (Gemeente Borsele), DStRE 2016, S. 798 (801).

343 Vgl. § 3 Abs. 1 S. 2 BBG.

344 Vgl. § 16 Abs. 1 S. 2 BBG.

345 *Hüttemann,* Die Besteuerung der öffentlichen Hand, S. 35 f, S. 123 f.

angehalten.[346] Jedoch erfolgt diese auferlegte Sparsamkeit nicht auf Druck eines Marktes, sondern zur Schonung der staatlichen Finanzen, welche sich in der Regel aus Steuern generieren. Das heißt, es werden nicht wie auf einem Markt Preisanpassungen vorgenommen, sofern dies zur Erzielung von Mehreinnahmen erforderlich erscheint. Vielmehr ist der Staat gesetzlich zu bestimmten Leistungen zum Beispiel im Bereich der Daseinsfürsorge verpflichtet. Das in Art. 114 Abs. 2 GG aufgestellte Wirtschaftlichkeitsgebot soll zwar fiskalisches Handeln optimieren, jedoch nicht nach der Maßgabe der Gewinnmaximierung, wie es für private Unternehmer am Markt üblich ist.[347]

Insofern ist wirtschaftliches Handeln des Staates im Sinne von Art. 114 Abs. 2 GG trotz des ähnlichen Wortlautes nicht vergleichbar mit einer wirtschaftlichen Tätigkeit im Sinne des Art. 9 Abs. 1 MwStSystRL. Die Auferlegung von Gebühren, Beiträgen und Abgaben soll in diesem Zusammenhang lediglich einen Beitrag dazu leisten, den Verwaltungsauffand zu refinanzieren, nicht aber selbst wirtschaftliche Erfolge an einem Markt zu erzielen.

Die dauerhafte Erzielung von Einnahmen ist jedoch wesentlich für jedes Unternehmen, das unter wirtschaftlichem Druck am Markt agiert. An einer solchen Absicht fehlt es im Bereich gesetzlicher Verpflichtungen. Zwar mag der staatliche Abfallentsorger ebenfalls „wirtschaftlich" im Sinne von sparsam handeln, jedoch eher unter dem Kostendeckungsprinzip und nicht tatbestandlich im Sinne von Art. 9 Abs. 1 MwStSystRL, da ihm hierfür die wirtschaftlich gelenkte Absicht, Einnahmen erzielen zu müssen, fehlt.

Für die Berliner Stadtreinigung besteht insbesondere kein unternehmerisches Wahlrecht wo, wie oft oder wann die Leistungen zu erbringen sind, da die Leistungen aufgrund des öffentlichen Auftrags sowohl räumlich, das heißt in jedem Bezirk, als auch zeitlich, das heißt ununterbrochen, zu erbringen sind. Die öffentliche Hand hat somit in diesem Bereich keine unternehmerische Entscheidungsbefugnis, wie ein privater Unternehmer, der am Markt agiert und sein Angebot streng nach Angebot und Nachfrage ausrichtet. Der Staat hingegen ist verpflichtet, ein entsprechendes Angebot vorzuhalten, selbst wenn die Erbringung der Leistung defizitär ist. Dieser Umstand zeigt, dass die für private Unternehmen elementare Gewinnerzielungsabsicht grundsätzlich nicht für staatliche Einrichtungen gilt. Dies wird ferner dadurch unterstrichen, dass die Abfallentsorgung mehr eine regulierende Tätigkeit als eine unternehmerische Tätigkeit ist. Der Staat regelt die Abfallentsorgung gesetzlich, um eine für die

346 *Kube*, in Maunz/Dürig, GG, Art. 110, Rn. 152.

347 *Musil*, Wettbewerb in der staatlichen Verwaltung, S. 82.

Infrastruktur im Land erforderliche lückenlose Abfallentsorgung zu gewährleisten. Tätigkeiten, die der Regulierung und Lenkung dienen, sind jedoch nach der Rechtsprechung des Europäischen Gerichtshofes grundsätzlich nicht mit einer Gewinnerzielungsabsicht und einer wirtschaftlichen Tätigkeit verbunden.[348]

Eine solche Gewinnerzielungsabsicht ist jedoch Voraussetzung,[349] oder nach der hier vertretenen Auffassung wenigstens ein Indiz, für eine wirtschaftliche Tätigkeit im Sinne von Art. 9 Abs. 1 MwStSystRL und daher bei der Ermittlung eines Wettbewerbsverhältnisses zu berücksichtigen.

Mithin handelt die Berliner Stadtreinigung, ohne Wettbewerber und damit nicht auf einem Markt sowie ohne echte Gewinnerzielungsabsicht, was eine wirtschaftliche Tätigkeit im Sinne von Art. 9 Abs. MwStSystRL ausschließt.

cc) Zwischenergebnis

Bei der privaten Hausmüllentsorgung, die nach dem KrWG ausschließlich von der öffentlichen Hand vorgenommen werden darf, handelt es sich nach dem hier vertretenen Ansatz nicht um eine wirtschaftliche Tätigkeit nach Art. 9 Abs. 1 MwStSystRL.

Aufgrund der gesetzlichen Regelung sind private Anbieter von der Müllentsorgungstätigkeit ausgeschlossen. Die Leistungen werden nicht im Wettbewerb zu privaten Dritten auf einem Markt angeboten, der wettbewerbsrechtlichen Maßstäben folgt, so dass die Tätigkeit als hoheitliche Maßnahme im Sinne des Art. 13 Abs. 1 MwStSystRL einzuordnen ist. Eine Umsatzbesteuerung scheidet daher, unabhängig von der Qualität als staatliche Daseinsfürsorge, aus.[350]

Einer Prüfung hinsichtlich einer Wettbewerbsverzerrung nach Art. 13 Abs. 1 Unterabs. 1 MwStSystRL bedarf es in diesem Zusammenhang nicht, da die Frage der Wettbewerbsrelevanz bereits im Rahmen der Prüfung der wirtschaftlichen Tätigkeit zu erörtern ist. Ein Indiz für gegen eine wirtschaftliche Tätigkeit und für eine hoheitliche Tätigkeit kann eine fehlende Gewinnerzielungsabsicht darstellen.

---

348 EuGH, Urteil vom 26.6.2007, Rs. C-284/04 (T-Mobile Austria GmbH), EuZW 2007, S. 433; EuGH, Urteil vom 26.6.2007, Rs. C-369/04 (Hutchison 3G), MMR 2007, S. 568 (569).

349 So *Hüttemann*, Die Besteuerung der öffentlichen Hand, S. 35 f, S. 123 f.

350 Anders jedoch im Fall der Sperrmüllsammlung, da hier das Bundesverwaltungsgericht festgestellt hat, der Ausschluss privater Unternehmer von dieser Tätigkeit verletzte die Warenverkehrsfreiheit. Insofern handelt es sich bei der Sperrmüllsammlung nicht (mehr) um eine hoheitliche, sondern wirtschaftliche Tätigkeit i.S.v. Art. 9 MwStSystRL.

3. *Ergebnis zur Abgrenzung einer wirtschaftlichen Tätigkeit von einer hoheitlichen Tätigkeit*

Die These, dass sich eine wirtschaftliche Tätigkeit nach Art. 9 Abs. 1 MwStSystRL und eine hoheitliche Tätigkeit gemäß Art. 13 Abs. 1 MwStSystRL gegenseitig wesensmäßig ausschließen, kann nach der hier vertretenen Ansicht bejaht werden, unter der Prämisse, dass sich die Abgrenzung anhand des Wettbewerbsmerkmals vollzieht. Schließt der Staat durch Gesetz oder Verordnung private Unternehmen von einer Tätigkeit aus, besteht kein Markt und kein Wettbewerb, so dass die allein vom Staat wahrgenommene Tätigkeit als hoheitlich und damit nicht steuerbar im Sinne von Art. 13 Abs. 1 MwStSystRL anzusehen ist.

Dabei hat die Prüfung einer Wettbewerbsrelevanz stets im jeweiligen Einzelfall zu erfolgen. Handeln durch Verwaltungsakt, im Bereich der Daseinsfürsorge oder regulierende Staatstätigkeiten haben für sich genommen keine Aussagekraft hinsichtlich der Wettbewerbsrelevanz einer Tätigkeit. Fehlende Gewinnerzielungsabsicht kann im Rahmen der Einzelfallprüfung ein Indiz darstellen, was für eine hoheitliche Tätigkeit spricht.

Gleichzeitig wird jedoch nach der hier vertretenen Ansicht allen Erfordernissen der Mehrwertsteuersystemrichtlinie Rechnung getragen. Insbesondere orientiert sich diese Lösung streng an dem Wortlaut des Art. 9 und des Art. 13 MwStSystRL. Trotzdem führt das Hineinlesen von Wettbewerb in eine wirtschaftliche Tätigkeit zu keinen abweichenden Ergebnissen, verglichen mit der Rechtsprechung des Europäischen Gerichtshofes im Hinblick auf die Umsatzbesteuerung von juristischen Personen des öffentlichen Rechts.

III. Endergebnis

Die Untersuchungen haben Folgendes gezeigt.

- Der Europäische Gerichtshof setzt für eine wirtschaftliche Tätigkeit ein Handeln auf einem Markt voraus.
- Der Marktbegriff ist in unserer Marktwirtschaft untrennbar mit Wettbewerb verbunden.
- Zur Umsetzung der Europäischen Wirtschafts- und Wettbewerbspolitik ist die Harmonisierung der Umsatzsteuer ein notwendiger Zwischenschritt. Mithin hat sich die Anwendung der Mehrwertsteuersystemrichtlinie aus systematischen Gesichtspunkten an den europäischen Wettbewerbsregeln zu orientieren. Eine solche Anlehnung korrespondiert mit dem Sinn und Zweck der Umsatzbesteuerung öffentlicher Einrichtungen.

- Die Auslegung des Begriffes der wirtschaftlichen Tätigkeit zeigt, dass wirtschaftliches Handeln stets auch im Wettbewerb erfolgt. Insofern ist das Hineinlesen einer Wettbewerbsrelevanz in die wirtschaftliche Tätigkeit erforderlich.[351] Insofern ist die These zu bejahen, dass einer wirtschaftlichen Tätigkeit im Sinne des Art. 9 Abs. 1 MwStSystRL stets eine wettbewerbsrechtliche Komponente immanent ist, die sich durch eine Konkurrenzsituation auf einem gemeinsamen Markt äußert.
- Tritt die öffentliche Hand in Wettbewerb zu privaten Dritten, ist ihre Tätigkeit nicht mehr als im Rahmen der öffentlichen Gewalt im Sinne des Art. 13 Abs. 1 MwStSystRL zu verstehen.
- Die Prüfung des Wettbewerbsverhältnisses im Rahmen der wirtschaftlichen Tätigkeit im Sinne von Art. 9 Abs. 1 MwStSystRL hat stets einzelfallbezogen zu erfolgen. Dabei kann Wettbewerb insbesondere nicht aufgrund der rechtlichen Gestalt, der rechtlichen Handlungsform oder aufgrund der Wahrnehmung einer öffentlichen Aufgabe ausgeschlossen werden.
- Schließt der Staat durch Gesetz oder Verordnung private Unternehmen von einer Tätigkeit aus, besteht kein Markt und kein Wettbewerb, so dass die allein vom Staat wahrgenommene Tätigkeit als hoheitlich und damit nicht steuerbar im Sinne von Art. 13 Abs. 1 MwStSystRL anzusehen ist.
- Aufgrund dieser Unterscheidung ist die These, dass sich die Begriffe der wirtschaftlichen und der hoheitlichen Tätigkeit entgegen der herrschenden Meinung gegenseitig ausschließen, zu bejahen. Hierdurch bedingt hat der Art. 13 Abs. 1 Unterabs. 2 MwStSystRL nur deklaratorischen beziehungsweise klarstellenden Charakter.

---

351 So jedenfalls auch EuGH, Urteil vom 6.10.2009, Rs. C-267/08 (SPÖ Landesorganisation Kärnten), IStR 2009, S. 778 f.

Drittes Kapitel – Umsatzbesteuerung in Deutschland

Nachdem in einem ersten Schritt die Voraussetzungen der Umsatzbesteuerung nach den Regeln der vorrangigen Mehrwertsteuersystemrichtlinie analysiert wurden, erfolgt nun in einem zweiten Schritt die Darstellung der Umsatzbesteuerung juristischer Personen öffentlichen Rechts nach deutschem Recht. Aufgrund des Anwendungsvorrangs des europäischen Sekundärrechts müssten sich die Wertungen der Mehrwertsteuersystemrichtlinie auf das deutsche Recht übertragen lassen. Ist dies nicht der Fall, ist zu untersuchen, welche rechtlichen Auswirkungen ein solches Abweichen haben könnte.

Zunächst soll dabei die bisherige Rechtslage untersucht werden, welche gemäß § 2 Abs. 3 a. F. in Verbindung mit § 27 Abs. 22 UStG noch bis 31. Dezember 2020 fortwirkt. Die praktische Bedeutung der bisherigen Regelungen ist nach wie vor sehr groß, denn gemäß einer für diese Arbeit eingeholten schriftlichen Auskunft des Bundesministeriums der Finanzen vom 6. September 2017 habe jedenfalls im kommunalen und kirchlichen Bereich die deutliche Mehrheit der juristischen Personen des öffentlichen Rechts für die alte Regelung optiert.[352]

Zudem lassen sich durch die Analyse des alten § 2 Abs. 3 UStG Erkenntnisse für die Neuregelung in § 2b UStG erwarten. Insbesondere in welcher Form und an welcher Stelle das Wettbewerbskriterium für die Besteuerung der öffentlichen Hand berücksichtigt wurde und ob es im Einklang mit der Mehrwertsteuersystemrichtlinie steht. Aus dem Wettbewerbsverständnis des § 2 Abs. 3 UStG a.F. lassen sich dann unter Umständen Rückschlüsse auf ein gewandeltes Wettbewerbsverständnis in § 2b UStG ziehen.

A. Bisherige Besteuerung gemäß § 2 Absatz 3 Umsatzsteuergesetz alter Fassung

Umsatzsteuerbar sind in Deutschland gemäß § 1 Abs. 1 Nr. 1 UStG grundsätzlich Lieferungen und sonstige Leistungen, die ein Unternehmer im Inland gegen Entgelt im Rahmen seines Unternehmens ausführt. Unternehmer ist nach § 2 Abs. 1 S. 1 UStG, wer eine gewerbliche oder berufliche Tätigkeit selbständig

352 Siehe ebenfalls Optionsausübung gemäß § 27 Abs. 22 UStG durch Hessen, OFD Frankfurt am Main, Merkblatt vom 19.12.2016, UR 2017, S. 313 (313); gleichlautende Erkenntnisse von *Desens*, in ifo 2017, S. 28 (29); *Korn*, in Bunjes, UStG, § 2, Rn. 177.

ausübt. Der Unternehmerbegriff wird regelmäßig verstanden als jedes selbstständige Wirtschaftsgebilde, das nachhaltig Leistungen gegen Entgelt ausführt.[353]

Von diesem Grundsatz zur Bestimmung der Steuerbarkeit wird vom Gesetzgeber für juristische Personen öffentlichen Rechts eine Ausnahme gemacht. Nach § 2 Abs. 3 S. 1 UStG a. F. sind juristische Personen des öffentlichen Rechts nur im Rahmen ihrer Betriebe gewerblicher Art gewerblich oder beruflich tätig und damit der Umsatzbesteuerung zu unterwerfen.[354] Das heißt, nur wenn die Voraussetzungen eines Betriebs gewerblicher Art gegeben sind, kann nach deutschem Recht überhaupt eine Umsatzsteuerpflicht für eine juristische Person des öffentlichen Rechts entstehen, da diese nur dann als Unternehmer im Sinne des § 2 Abs. 1 UStG angesehen wird.[355] Mithin ist nach deutschem Recht die Einordnung als Betrieb gewerblicher Art das entscheidende Tatbestandsmerkmal für eine Umsatzbesteuerung juristischer Personen öffentlichen Rechts.[356] Auf den eigentlichen Unternehmerbegriff im Sinne des § 2 Abs. 1 UStG kommt es bei der Geltung des Regelungsregimes des § 2 Abs. 3 UStG a. F. nicht an, da sich die Besteuerung an die Voraussetzungen des Betriebs gewerblicher Art knüpft.

Zur Definition, was aus umsatzsteuerrechtlicher Perspektive als Betrieb gewerblicher Art gilt, wird in § 2 Abs. 3 S. 1 UStG a. F. auf die Vorschriften des Körperschaftsteuergesetzes, namentlich § 1 Abs. 1 Nr. 6 und § 4 KStG, verwiesen. Ausdrücklich keine Betriebe gewerblicher Art und damit nicht körperschaftsteuerpflichtig sind nach § 4 Abs. 5 S. 1 KStG Betriebe, die überwiegend der Ausübung der öffentlichen Gewalt dienen (Hoheitsbetriebe).[357]

Während § 1 Abs. 1 Nr. 6 KStG bestimmt, dass Betriebe gewerblicher Art unbeschränkt körperschaftsteuerpflichtig sind, definiert § 4 Abs. 1 S. 1 KStG diese als Einrichtungen von juristischen Personen öffentlichen Rechts, die einer nachhaltigen wirtschaftlichen Tätigkeit zur Erzielung von Einnahmen außerhalb der Land- und Forstwirtschaft dienen und die sich innerhalb der Gesamtbetätigung der juristischen Person wirtschaftlich herausheben.[358] Des Weiteren ist eine nachhaltige Tätigkeit im Sinne von § 4 Abs. 1 KStG regelmäßig eine auf

---

353 BFH, Urteil vom 4.7.1956, V 56/55 U, BStBl. III, S. 275; *Wäger*, in Birkenfeld/Wäger, UStG, § 2, Rn. 6 und 7; Abschnitt 2.1, Abs. 1, S. 2 UStAE.

354 *Stadie*, in Stadie, UStG, § 2, Rn. 360; *Korn*, in Bunjes, UStG, § 2, Rn. 191.

355 *Reiß*, in Reiß/Kraeusel/Langer, UStG, § 2, Rn. 130; *Korn*, in Bunjes, UStG, § 2, Rn. 191.

356 *Scharpenberg*, in Hartmann/Metzenmacher, UStG, § 2, Rn. 532; *Stadie*, in Stadie, UStG, § 2, Rn. 360.

357 *Scharpenberg*, in Hartmann/Metzenmacher, UStG, § 2, Rn. 532.

358 Vgl. *Meßmer*, in FS für Wallis, Der Betrieb gewerblicher Art im Körperschaftsteuerrecht - ein Stiefkind des Gesetzgebers -, S. 347 f.

Wiederholung angelegte oder mehrjährige Tätigkeit.[359] Die Erzielung von Einnahmen ist nicht gleichzusetzen mit einer Gewinnerzielungsabsicht und muss nicht Hauptzweck der wirtschaftlichen Tätigkeit sein.[360]

Es fällt auf, dass der gesetzessystematische Ansatz in der Mehrwertsteuersystemrichtlinie ein anderer ist als im deutschen Umsatzsteuergesetz.[361] Die Mehrwertsteuersystemrichtlinie stellt für die Steuerbarkeit in erster Linie darauf ab, ob eine wirtschaftliche Tätigkeit vorliegt. Demgegenüber statuiert das deutsche Umsatzsteuergesetz, dass die juristischen Personen öffentlichen Rechts nur im Rahmen ihrer Betriebe gewerblicher Art umsatzsteuerpflichtig seien. Von diesen seien jedoch die sogenannten Hoheitsbetriebe zu unterscheiden.[362] Insofern stellt das Unionsrecht für die Steuerbarkeit auf die Tätigkeit, das deutsche Recht auf die Organisationsform ab.[363]

Neben den verschiedenen systematischen Ansätzen liegt eine weitere Schwierigkeit für die unionskonforme Ermittlung der Umsatzsteuerpflicht nach dem Umsatzsteuergesetz darin, dass das Unionsrecht und das deutsche Recht von unterschiedlichen Begrifflichkeiten ausgehen. Insofern ist zu überprüfen, ob trotz der unterschiedlichen Formulierung eine richtlinienkonforme Regelung vorliegt. Deutlich erschwert wird diese Einordnung jedoch dadurch, dass sich Finanzverwaltung, finanzgerichtliche Rechtsprechung und umsatzsteuerliche Fachliteratur uneinig sind, wie die Voraussetzungen der Umsatzsteuerbarkeit für juristische Personen öffentlichen Rechts gemäß § 2 Abs. 3 UStG a. F. vor dem Hintergrund der europarechtlichen Einflüsse zu bestimmen sind.[364]

I. Ermittlung der Besteuerung durch die Finanzverwaltung

Die Finanzverwaltung orientiert sich streng an der Verweisung in § 2 Abs. 3 UStG a. F. auf das Körperschaftsteuergesetz. Denn die von Rechtsprechung und Verwaltung entwickelten Grundsätze zu den Vorschriften der Körperschaftsteuer seien auch heute noch uneingeschränkt für das Umsatzsteuerrecht maßgeblich

---

359 *Meier/Semelka*, in Herrmann/Heuer/Raupach, KStG, § 4 Rn. 23.

360 *Meier/Semelka*, in Herrmann/Heuer/Raupach, KStG, § 4 Rn. 25.

361 *Heidner*, UR 2016, S. 45 (45).

362 *Heidner*, UR 2016, S. 45 (45): das Unionsrecht ginge gegenüber dem nationalen Recht vom gegenteiligen Gedanklichen Ansatz einer Steuerpflicht aus.

363 *Heidner*, UR 2016, S. 45 (46).

364 *Karla*, UVR 2012, S. 139 (140).

und daher korrespondierend anzuwenden.[365] Eine Bezugnahme auf die unionsrechtlichen Entwicklungen in diesem Bereich findet nicht statt.[366]

Zur Definition, was die Voraussetzungen eines Betriebes gewerblicher Art oder eines Hoheitsbetriebes sind, wird auf eine Entscheidung des Reichsfinanzhofes aus dem Jahr 1929 verwiesen.[367] Nach dieser wird der Betrieb gewerblicher Art als ein Inbegriff fortdauernder wirtschaftlicher Verrichtung definiert, der unter einem einheitlichen Willen auf ein bestimmtes sachliches Ziel gerichtet sei und dadurch in sich wirtschaftlich zusammenhängt und eine funktionelle Einheit bilde, sich aber innerhalb der Gesamtbetätigung der juristischen Person öffentlichen Rechts als etwas Besonderes heraushebe.[368] Dieses Prinzip liege auch noch dem heutigen Körperschaftssteuerrecht zu Grunde, nach dem Betriebe der öffentlichen Hand der Körperschaftsteuer zu unterwerfen seien, sofern sie das äußere Bild eines Gewerbebetriebes hätten.[369]

Darüber hinaus bezieht sich der Umsatzsteueranwendungserlass[370] des Bundesministeriums der Finanzen zur Bestimmung der Eigenschaft als Betrieb gewerblicher Art ausdrücklich weiterhin auf das Körperschaftsteuerrecht: „Für die Frage, ob ein Betrieb gewerblicher Art vorliegt, ist auf § 1 Abs. 1 Nr. 6 und § 4 KStG in der jeweils geltenden Fassung abzustellen."[371] Somit sind für die Finanzverwaltung zur Bestimmung des Betriebes gewerblicher Art auch heute in erster Linie die Regelungen und Verwaltungsansichten zum Körperschaftsteuerrecht, namentlich zu §§ 1 und 4 KStG, maßgeblich.

Der in Bezug genommene § 4 Abs. 1 S. 1 KStG enthält dabei eine Reihe unbestimmter Rechtsbegriffe zur Definition eines Betriebs gewerblicher Art. Gemäß § 4 Abs. 1 S. 1 KStG muss es sich um eine *Einrichtung* einer juristischen Person öffentlichen Rechts handeln, die *einer nachhaltigen Tätigkeit zur Erzielung von*

---

365 Abschnitt 2.11, Abs. 4, S. 2 UStAE; *OFD Nordrhein-Westfalen*, Besteuerung juristischer Personen öffentlichen Rechts, S. 24; *OFD Niedersachsen*, vom 1. Oktober 2014, S 7106 - 296 - St 171, MwStR 2014, S. 783.

366 So auch *Hidien*, in ifo 2017, S. 22 (25); Zumindest Nennung der entgegenstehenden BFH Rechtsprechung durch das Landesamt für Steuern und Finanzen Sachsen, vom 15. Mai 2014, *LSF Sachsen*, S 7100–447/1–213, MwStR 2014, S. 562.

367 *OFD Nordrhein-Westfalen*, Besteuerung juristischer Personen öffentlichen Rechts, S. 23.

368 RFH, Urteil vom 22.10.1929, RStBl. 1929, S. 666 (667); *OFD Nordrhein-Westfalen*, Besteuerung juristischer Personen öffentlichen Rechts, S. 23.

369 *OFD Nordrhein-Westfalen*, Besteuerung juristischer Personen öffentlichen Rechts, S. 25.

370 Stand 2. Januar 2019.

371 Abschnitt 2.11, Abs. 4, S. 1 UStAE.

Einnahmen nachgeht, und *sich innerhalb der Gesamtbetätigung* der juristischen Person öffentlichen Rechts *wirtschaftlich heraushebt.* Diese Auslegungsmerkmale werden von der Finanzverwaltung zumeist anhand von Umsatzgrenzen administriert.

1. Starre Umsatzgrenzen

Das Tatbestandsmerkmal der Einrichtung sei in Anlehnung an die Definition des Gewerbebetriebs im Einkommensteuerrecht[372] als eine nachhaltige und selbstständige Tätigkeit zu verstehen, welche sich als wettbewerbsrelevante Tätigkeit von den übrigen Aufgaben der juristischen Person abgrenzen lasse.[373]

Die Finanzverwaltung geht von einer Einrichtung im Sinne des § 4 Abs. 1 KStG aus, wenn diese einen Jahresumsatz von mehr als 130.000 Euro erzielt.[374] Nur wenn tatsächliche Anhaltspunkte für eine Einrichtung vorlägen, wie etwa eine gesonderte Geschäftsleitung, eine getrennte Buchführung oder ein gesondert geführter Haushalt, könne ein Betrieb gewerblicher Art auch schon unterhalb der Aufgriffsgrenze angenommen werden.[375]

Eine nachhaltige Tätigkeit liege vor, wenn sie auf Wiederholung angelegt sei, bereits mehrere Jahre vorgenommen werde, oder sie ein planmäßiges Handeln widerspiegele.[376]

Die Wettbewerbsrelevanz einer Tätigkeit macht die Finanzverwaltung ebenfalls an einer Umsatzgrenze fest. Sofern der Jahresumsatz einer Einrichtung einer juristischen Person öffentlichen Rechts 30.678 Euro übersteige, liege eine solche wirtschaftliche Bedeutsamkeit vor, dass auf eine Wettbewerbsrelevanz und damit einen Gewerbebetrieb geschlossen werden könne.[377] Allerdings könne im Einzelfall auch bei einem Unterschreiten der Aufgriffsgrenze eine wirtschaftliche Bedeutsamkeit angenommen werden, wenn besondere Gründe, wie etwa

---

372 Vgl. *Bode,* in Blümich, EStG, § 15, Rn. 13; BFH, Urteil vom 17.3.1981, VIII R 149/78, BFHE 133, S. 44 (48).

373 *LSF Sachsen,* S 7100–447/1–213, MwStR 2014, S. 562 (563); *OFD Nordrhein-Westfalen,* Besteuerung juristischer Personen öffentlichen Rechts, S. 25.

374 Abschnitt 2.11, Abs. 4, S. 3 UStAE; Abschnitt R 4.1 Abs. 4 S. 2 KStR 2015.

375 *OFD Nordrhein-Westfalen,* Besteuerung juristischer Personen öffentlichen Rechts, S. 25.

376 *OFD Nordrhein-Westfalen,* Besteuerung juristischer Personen öffentlichen Rechts, S. 25.

377 Abschnitt 4.1 Abs. 5 S. 5 KStR 2015; *OFD Niedersachsen,* vom 1. Oktober 2014, S 7106 - 296 - St 171, MwStR 2014, S. 783 (783).

eine tatsächlich bestehende Wettbewerbssituation zu privaten Dritten, tatsächlich vorliegen.[378]

Im Unterschied zu § 15 EStG sei für einen Betrieb gewerblicher Art gemäß § 4 Abs. 1 KStG eine Einnahmenerzielungsabsicht und keine Gewinnerzielungsabsicht notwendig.[379]

Bedingt durch die Umsatzgrenzen ist es für die Finanzverwaltung leicht zu bestimmen, ob die Voraussetzungen für einen Betrieb gewerblicher Art vorliegen oder nicht. Insofern finden sich in den Verwaltungsanweisungen wenige Fundstellen, welche die Voraussetzungen eines Hoheitsbetriebes, also dem Gegenstück des Betriebs gewerblicher Art, definieren. Der Umsatzsteueranwendungserlass[380] verweist in diesem Zusammenhang in erster Linie auf die Vorschriften des Körperschaftsteuergesetzes und den dort definierten Voraussetzungen.[381] Die Verwaltungsanweisungen zum Körperschaftsteuerrecht regeln in erster Linie die oben beschriebenen Umsatzgrenzen.[382] Aufgrund der von der Verwaltung entwickelten Tatbestandsvoraussetzungen für den Betrieb gewerblicher Art kommt es bei der Bestimmung der Umsatzsteuerbarkeit auf die Voraussetzungen des Hoheitsbetriebs grundsätzlich nicht mehr an, da die Voraussetzung für eine Besteuerung einer öffentlichen Einrichtung an deren Umsatzgrenzen abzulesen ist.

Gleichwohl geht die Verwaltung von einem Hoheitsbetrieb aus, wenn eine Tätigkeit einer juristischen Person öffentlichen Rechts überwiegend der Ausübung hoheitlicher Gewalt dient.[383] Hierbei sei entscheidend, inwieweit eine aufgrund der rechtlichen Ausgestaltung ihrer Art nach einheitlich als hoheitlich zu beurteilende Tätigkeit der Erfüllung öffentlicher Aufgaben dient.[384] Nach der in Bezug genommenen Rechtsprechung des Bundesfinanzhofes und den Körperschaftssteuerrichtlinien[385] seien unter Ausübung öffentlich-rechtlicher Gewalt Tätigkeiten zu verstehen, die der juristischen Person öffentlichen Rechts

378 *OFD Nordrhein-Westfalen*, Besteuerung juristischer Personen öffentlichen Rechts, S. 26.

379 *OFD Nordrhein-Westfalen*, Besteuerung juristischer Personen öffentlichen Rechts, S. 26; a.A. *Hüttemann*, Die Besteuerung der öffentlichen Hand, S. 35 f., S. 123 f.

380 Stand 26.2.2019.

381 Abschnitt 2.11 Abs. 4 S. 1 UStAE.

382 Abschnitt 4.1 Abs. 1 bis 6 KStR 2015.

383 *OFD Karlsruhe*, Verfügung vom 28.9.2009, S. 1.

384 *OFD Nordrhein-Westfalen*, Besteuerung juristischer Personen öffentlichen Rechts, S. 26.

385 Abschnitt 4.4 Abs. 1 S. 1 KStR 2015.

eigentümlich und vorbehalten sind, aus der Staatsgewalt abgeleitet sind und staatlichen Zwecken dienen.[386] Ein starkes Indiz für das Vorliegen eines Hoheitsbetriebes sei, dass der Leistungsempfänger aufgrund gesetzlicher oder behördlicher Anordnung zur Annahme der Leistung verpflichtet ist (z. B. Schlachthöfe in Gemeinden mit Schlachtzwang, Anstalten zur Straßenreinigung).[387]

2. *Rechtliche Würdigung*

Die Definition des Betriebes gewerblicher Art zur Bestimmung der Umsatzsteuerpflicht einer juristischen Person öffentlichen Rechts durch die Finanzverwaltung berücksichtigt in nicht ausreichendem Maße die europarechtlichen Entwicklungen der letzten Jahre im Bereich der Umsatzsteuer.[388]

Die Einordnung einer Tätigkeit als hoheitlich, sofern diese der öffentlichen Hand eigentümlich und vorbehalten ist, korrespondiert zwar mit dem hier vertretenen Lösungsansatz, staatliches und unternehmerisches Handeln strikt am Wettbewerbskriterium zu messen, jedoch berücksichtigen starre Umsatzgrenzen nicht die hierfür notwendige Einzelfallbetrachtung.

Diese Einordnung deckt sich mit verschiedenen Stimmen aus der Literatur, welche ebenfalls die schematische Einordnung, die Höhe der Aufgriffsgrenzen und das starre Festhalten am Körperschaftsteuerrecht kritisieren.[389] Insbesondere die Umsatzgrenzen würden nicht dem im Körperschaftsteuerrecht herrschenden Prinzip der Wettbewerbsgleichheit ausreichend Rechnung tragen.[390] Denn der Grundsatz der Gleichmäßigkeit der Besteuerung aus Art. 3 Abs. 1, Art. 20 Abs. 3 GG in Verbindung mit § 85 AO zwinge dazu, Steuerpflichtige, die einen Steuertatbestand erfüllen, nicht gegenüber anderen Steuerpflichtigen zu bevorzugen oder zu benachteiligen, welche ebenfalls den Steuertatbestand erfüllen.[391] Dieser Grundsatz sowie die Vermeidung von Wettbewerbsverzerrungen

---

386 *OFD Nordrhein-Westfalen*, Besteuerung juristischer Personen öffentlichen Rechts, S. 27.

387 *OFD Nordrhein-Westfalen*, Besteuerung juristischer Personen öffentlichen Rechts, S. 27.

388 BFH, Urteil vom 17.3.2010, XI R 17/08, KommJur 2011, S. 59 (61); H*eizmann/Heizmann/Schroeder*, in DStR 2004, S. 705 (707); a.A. *Weimann*, in Weimann/Lang, UStG, § 2, Rn. 123 f.

389 *Stadie*, in Rau/Dürrwächter, UStG, § 2, Rn. 1213; *Reiß*, in Reiß/Kraeusel/Langer, UStG, § 2, Rn. 166; *Weimann*, in Weimann/Lang, UStG, § 2, Rn. 123 – 125; *Hidien*, in ifo 2017, S. 22 (25).

390 Vgl. *Meier/Semelka*, in Herrmann/Heuer/Raupach, KStG, § 4 Rn. 27.

391 *Wünsch*, in König, AO, § 85, Rn. 8.

könnten jedoch gefährdet sein, wenn die Steuerpflicht juristischer Personen des öffentlichen Rechts, wie nach der Auffassung der Finanzverwaltung, strikt nach Umsatzgrenzen zu beurteilen wäre.[392]

3. Zwischenergebnis

Die Behandlung der Steuerpflicht juristischer Personen öffentlichen Rechts gemäß § 2 Abs. 3 UStG a. F. durch die Finanzverwaltung korrespondiert in nicht ausreichender Weise mit den Vorgaben der Mehrwertsteuersystemrichtline. Das europäische Recht liefert keine Anhaltspunkte, die eine ausschließliche Bestimmung der Steuerbarkeit anhand von Umsatzgrenzen rechtfertigen würde.

Zugutehalten muss man der Finanzverwaltung, dass sie zwar sämtliche Voraussetzungen des Betriebs gewerblicher Art über Umsatzgrenzwerte definiert, allerdings hilfsweise doch von einem Betrieb gewerblicher Art ausgeht, wenn die Tätigkeit in Konkurrenz zu privaten Unternehmern ausgeübt wird. Durch diese rechtliche Einordnung findet das nach europäischen Gesichtspunkten wesentliche Tatbestandsmerkmal des Wettbewerbs zumindest nachrangig auch Eingang in die steuerliche Bewertung durch die Finanzverwaltung.

Fraglich ist, wie es sich auswirkt, dass die Finanzverwaltung möglicherweise die Rechtsprechung der Finanzgerichte ignoriert.[393] Sollten die Finanzgerichte eine Ermittlung der Steuerbarkeit anhand von Umsatzgrenzen ablehnen oder grundsätzlich andere Vorgaben zur Auslegung des § 2 Abs. 3 UStG a. F. machen, wirft dies erhebliche rechtsstaatliche Bedenken auf. Insofern ist im Folgenden die nationale Rechtsprechung in diesem Zusammenhang zu untersuchen.

II. Ermittlung der Besteuerung durch die Finanzgerichtsbarkeit

Die Ermittlung der Umsatzsteuerbarkeit von Leistungen juristischer Personen des öffentlichen Rechts befindet sich in der nationalen Rechtsprechung, nicht zuletzt durch die immer stärker werdenden europäischen Einflüsse des Europäischen Gerichtshofes, in einem stetigen Wandel. In diesem Zusammenhang können jedenfalls zwei unterschiedliche Phasen identifiziert werden. Zum einen die noch nicht durch europäische Einflüsse geprägte (frühere) Rechtsprechung und die derzeitige Rechtsprechung der Finanzgerichte.

---

392 BFH, Urteil vom 1.12.2011, V R 1/11, DStR 2012, S. 352 (354); *Stadie,* in Rau/Dürrwächter, UStG, § 2 Rn. 1211 – 1213.

393 So jedenfalls m.w.N. *Liebgott,* in Birkenfeld/Wäger, UStG, § 2b, Rn. 28; *Achatz,* IStR 2008, S. 541 (542); *Stadie,* in Stadie, UStG, § 2, Rn. 363; *Küffner,* DStR 2006, S. 1120 (1121).

1. *Frühere Rechtsprechung*

Richtigerweise stellte die Rechtsprechung bei der Ermittlung der Umsatzsteuerbarkeit juristischer Personen des öffentlichen Rechts im Rahmen der Auslegung des Tatbestandsmerkmals des Betriebs gewerblicher Art nach § 2 Abs. 3 S. 1 UStG a. F. in Verbindung mit § 1 Abs. 1 Nr. 6, § 4 KStG nicht wie die Finanzverwaltung auf Umsatzgrenzen ab, da diese dem Grundsatz der Gleichmäßigkeit der Besteuerung und dem umsatzsteuerlichen Neutralitätsprinzip zuwiderlaufen und ohne nachvollziehbaren Anhaltspunkt festgesetzt wurden.[394]

Aufgrund der Tatsache, dass die Rechtsprechung jedoch nicht auf Umsatzgrenzen abstellt, ist sie gezwungen, die Tatbestandsvoraussetzungen des Betriebs gewerblicher Art gemäß § 4 Abs. 1 S. 1 KStG anderweitig positiv zu bestimmen. *Stadie* schreibt in diesem Zusammenhang, dass die Definition des Betriebs gewerblicher Art die „Achillesferse" bei der Ermittlung der Umsatzsteuerpflicht juristischer Personen des öffentlichen Rechts sei.[395] Tatsächlich tat sich die Rechtsprechung seit jeher schwer, die Tatbestandsvoraussetzungen der Einrichtungen, die einer nachhaltigen wirtschaftlichen Tätigkeit zur Erzielung von Einnahmen dienen und die sich innerhalb der Gesamtbetätigung der juristischen Person wirtschaftlich herausheben, zu bestimmen.[396]

a) *Betriebe gewerblicher Art und Hoheitsbetriebe*

Ein viel diskutiertes, historisch und vergleichend aber kaum erforschtes Thema sei die staatliche Unternehmenstätigkeit.[397] Sie sei schwer in den Griff zu bekommen, weil sie sich auf verschiedenen Ebenen und in den verschiedensten Rechts- und Unternehmensformen abspielt.[398] Das Bundesverfassungsgericht konstatierte im Jahr 1971 ebenso in diesem Zusammenhang, die Rechtsprechung und Literatur zur Abgrenzung der Steuerpflicht öffentlicher Unternehmen sei „unsicher, unklar und nicht immer folgerichtig gewesen".[399]

---

394 BFH, Urteil vom 25.10.1989, V R 111/85, BStBl. II 1990, S. 868 (871); BFH, Urteil vom 15.4.2010, V R 10/09, DStR 2010, S. 1280 (1283); BFH, Urteil vom 10.11.2011, V R 41/10, DStR 2012, S. 348 (350); *Stadie,* in Rau/Dürrwächter, UStG, § 2, Rn. 1213; *Reiß,* in Reiß/Kraeusel/Langer, UStG, § 2, Rn. 166.

395 *Stadie,* in Rau/Dürrwächter, UStG, § 2, Rn. 1208.

396 Vgl. *Seer/Klemke,* in BB 2010, S. 2015 f.

397 *Fischer,* Europäische Wirtschafts- und Sozialgeschichte, S. 196; *Rodi*, Ökonomische Analyse des Öffentlichen Rechts, S. 209.

398 *Fischer,* Europäische Wirtschafts- und Sozialgeschichte, S. 196.

399 BVerfG, Urteil vom 27.7.1971, 2 AvF 1/68 und 2 BvR 702/68, NJW 1971, S. 1739 (1745); zustimmend *Selmer/Schulze-Osterloh,* in DÖV, 1978, S. 381 (383).

Insofern verwundert es nicht, dass sich tatsächlich nie eine positive Definition des Betriebs gewerblicher Art durchsetzen konnte. Dieser wurde im Ertragssteuerrecht üblicherweise negativ bestimmt im Gegensatz zum Hoheitsbetrieb, was dann auch für das Umsatzsteuerrecht übernommen wurde.[400] In ständiger Rechtsprechung formulierte der Bundesfinanzhof in Anlehnung an § 4 Abs. 1 KStG, dass Betriebe gewerblicher Art alle Einrichtungen seien, die einer nachhaltigen wirtschaftlichen Tätigkeit zur Erzielung von Einnahmen außerhalb der Land- und Forstwirtschaft dienen und die sich innerhalb der Gesamtbetätigung der juristischen Person wirtschaftlich herausheben.[401] Zu den Betrieben gewerblicher Art gehören nach § 4 Abs. 5 Satz 1 KStG jedoch nicht Betriebe, die überwiegend der Ausübung öffentlicher Gewalt dienen (Hoheitsbetriebe).[402]

Alles, was kein Hoheitsbetrieb war, konnte nach der Rechtsprechung des Bundesfinanzhofes folglich als Betrieb gewerblicher Art klassifiziert werden. Bedingt durch dieses Vorgehen wurde der Begriff des „weiten Feldes der Staatsaufgabenlehre" geprägt,[403] um zu verdeutlichen, wie schwierig eine abschließende Klassifizierung aller staatlichen Tätigkeiten in hoheitliche und nichthoheitliche Bereiche ist.[404]

Trotz der vom Bundesfinanzhof getroffenen Definition bestanden die Abgrenzungsprobleme weiter. Die Rechtsprechung versuchte dieses Problems Herr zu werden und verstand zunächst als Hoheitsbetrieb die staatliche Wahrnehmung von Tätigkeiten, die dem Staat *eigentümlich und vorbehalten* sind.[405]

---

400 *Schauhoff*, in Schauhoff, Gemeinnützigkeit, § 5, Rn. 4; *Seer*, DStR 1992, Teil 1, S. 1751 (1752); *Stadie*, in Rau/Dürrwächter, UStG, § 2, Rn. 1217; BFH, Urteil vom 22.09.1976, I R 102/74, BStBl. 1976 II, S. 793 (793).

401 BFH, Urteil vom 8.1.1998, V R 32/97, DStR 1998, S. 850 (851); BFH, Urteil vom 22.09.1976, I R 102/74, BStBl. 1976 II, S. 793 (793).

402 BFH, Urteil vom 8.1.1998, V R 32/97, DStR 1998, S. 850 (851).

403 *Küffner*, Umsatzsteuerliche Behandlung von juristischen Personen des öffentlichen Rechts, S. 132; *Seer/Klemke*, BB 2010, S. 2015 (2016); *Selmer/Schulze-Osterloh*, in DÖV, 1978, S. 381 (383).

404 *Seer/Klemke*, BB 2010, S. 2015 (2016).

405 BFH, Urteil vom 8.1.1998, V R 32/97, DStR 1998, S. 850 (851); BFH, Urteil vom 23.10.1996, I R 1–2/94, DStR 1997, S. 19 (20); BFH, Urteil vom 21.9.1989, V R 89/85, BStBl. 1990 II, S. 95 (95); BFH, Urteil vom 30.6.1988, V R 79/84, BStBl. 1988 II, S. 910 (910).

b) Dem Staat eigentümlich und vorbehaltene Tätigkeiten

Aufgrund der zusammengesetzten Regelung des § 2 Abs. 3 UStG a. F. ist grundsätzlich zwischen dem Umsatz- und dem Körperschaftsteuerrecht zu unterscheiden.

aa) Körperschaftsteuer

Das Abgrenzungskriterium der eigentümlichen und dem Staat vorbehaltenen Tätigkeit stammt ursprünglich aus dem Körperschaftsteuerrecht. Nach den dort entwickelten Grundsätzen diene öffentliche Gewalt der Erfüllung öffentlich-rechtlicher Aufgaben, die sich aus der Staatsgewalt ableiten.[406] Sie verfolge staatliche Zwecke und könne nicht in gleicher Weise von Privatunternehmen ausgeübt werden (Sonderrecht des Staates).[407] Ausgehend davon formulierte auch der Bundesfinanzhof, dass die in Frage stehende hoheitliche Tätigkeit der Körperschaft des öffentlichen Rechts als Trägerin der öffentlichen Gewalt ihr *eigentümlich* und *vorbehalten* sein muss, das heißt nur von einer staatlichen Stelle ausgeführt werden kann.[408] Sofern eine Tätigkeit nicht von einer Privatperson ausgeführt werden kann, spräche dies für das Vorliegen einer hoheitlichen Tätigkeit.[409]

Die Ausnahme von der Körperschaftsbesteuerung hoheitlicher Leistungen rechtfertige sich dadurch, dass bei einer Tätigkeit, welche dem Staat eigentümlich und vorbehalten ist, kein Wettbewerb zu privaten Dritten entstehen könne, da diese sich nicht ebenfalls auf das dem Staat vorbehaltene Sonderrecht berufen können, insofern auch nicht zu ihm in Wettbewerb treten können.[410] Demnach war für den Bundesfinanzhof ein etwaiges Wettbewerbsverhältnis für die Frage entscheidend, ob eine Tätigkeit dem Staat eigentümlich und vorbehalten sei.[411]

---

406 BFH, Urteil vom 25.1.2005, I R 63/03, DStRE 2005, S. 651 (651 und 652); BFH, Urteil vom 7.11.2007, I R 52/06, DStR 2008, S. 486 (487); *Erhard,* in Blümich, KStG, § 4, Rn. 91.

407 BFH, Urteil vom 12.7.2012, I R 106/10, DStR 2012, S. 1912 (1913); *Erhard,* in Blümich, KStG, § 4, Rn. 92.

408 BFH, Urteil vom 25.1.2005, I R 63/03, DStRE 2005, S. 651 (652); BFH, Urteil vom 7.11.2007, I R 52/06, DStR 2008, S. 486 (487).

409 *Meier/Semelka,* in Herrmann/Heuer/Raupach, KStG, § 4 Rn. 71.

410 BFH, Urteil vom 25.1.2005, I R 63/03, DStRE 2005, S. 651 (652); BFH, Urteil vom 12.7.2012, I R 106/10, DStR 2012, S. 1912 (1913); *Seer/Klemke,* BB 2010, S. 2015 (2016).

411 BFH, Urteil vom 12.7.2012, I R 106/10, DStR 2012, S. 1912 (1913); *Erhard,* in Blümich, KStG, § 4, Rn. 92.

Dies spiegelt auch die gesetzgeberische Wertung zum Körperschaftsteuerrecht wider, nach der sich die Begrifflichkeiten des Betriebs gewerblicher Art und des Hoheitsbetriebs dem Sinn und Zweck nach und gesetzessystematisch „gegenseitig ausschließen".[412]

bb) Umsatzsteuerrecht

Die für das Körperschaftsteuerrecht entwickelten Grundsätze zur Definition hoheitlicher Tätigkeiten gelten wegen der Verweisungstechnik grundsätzlich auch unmittelbar für das Umsatzsteuerrecht.[413] Da Tätigkeiten juristischer Personen des öffentlichen Rechts gemäß § 2 Abs. 3 UStG a. F. nur im Rahmen ihrer Betriebe gewerblicher Art unternehmerisch ausgeübt werden, ist die im Körperschaftsteuerrecht getroffene Unterscheidung zwischen Betrieben gewerblicher Art und Hoheitsbetrieben entscheidend für die Steuerbarkeit der Umsätze.

Tätigkeiten des Staates sind folglich nach deutschem Recht vom Anwendungsbereich der Umsatzsteuer ausgeschlossen, wenn die Ausübung in Form eines Hoheitsbetriebs erfolgt.[414] Insofern wurde der Betrieb gewerblicher Art jahrelang negativ durch die Abgrenzung zum Hoheitsbetrieb (eigentümlich und vorbehalten) definiert.

Auch im Umsatzsteuerrecht ging man davon aus, dass eine Tätigkeit einem Hoheitsbetrieb zuzurechnen sei, das heißt dem Staat eigentümlich und vorbehalten ist, wenn sie auf Grundlage öffentlichen Sonderrechts erfolge.[415] Zwar liegt dem Abgrenzungsmerkmal „eigentümlich und vorbehalten" der Wettbewerbsgedanke zugrunde,[416] jedoch war es damals nicht vorstellbar, dass eine Tätigkeit im Rahmen eines Hoheitsbetriebes in Konkurrenz zu privaten Dritten erbracht werden könne.

---

412 BT Drucks. 7/1470, S. 336; *Kraeusel,* in UR 2010, S. 480 (481).

413 *Weimann,* in Weimann/Lang, UStG, § 2, Rn. 123; *Stadie,* in Rau/Dürrwächter, UStG, § 2, Rn. 1217; *Kraeusel,* in UR 2010, S. 480 (481).

414 *Stadie,* in Rau/Dürrwächter, UStG, § 2, Rn. 1207; *Reiß,* in Reiß/Kraeusel/Langer, UStG, § 2, Rn. 131.

415 BFH, Urteil vom 8.1.1998, V R 32/97, DStR 1998, S. 850 (851); *Birkenfeld,* in Hartmann/Metzenmacher, UStG, D105, S. 10.

416 Siehe sowohl die Rechtsprechung Senate des Bundesfinanzhofes für Körperschaftsteuer: BFH, Urteil vom 25.1.2005, I R 63/03, DStRE 2005, S. 651 (652); BFH, Urteil vom 12.7.2012, I R 106/10, DStR 2012, S. 1912 (1913); als auch Umsatzsteuer: BFH, Urteil vom 8.1.1998, V R 32/97, DStR 1998, S. 850 (851); BFH, Urteil vom 8.1.1998, V R 32/97, DStR 1998, S. 850 (852); BFH, Urteil vom 30.6.1988, V R 79/84, BStBl. 1988 II, S. 910 (913).

Ferner schlösse ein Handeln einer staatlichen Einrichtung auf privatrechtlicher Grundlage einen Hoheitsbetrieb aus, da eine privatrechtliche Tätigkeit dem Staat nicht eigentümlich und vorbehalten sei.[417]

Dem folgend habe die Unterscheidung des Betriebs gewerblicher Art vom Hoheitsbetrieb erst recht keine Bedeutung, sofern eine juristische Person öffentlichen Rechts in Form einer privatrechtlich organisierten Personen- oder Kapitalgesellschaft handele, da sich dann die Unternehmereigenschaft nach den Voraussetzungen des § 2 Abs. 1 S. 1 UStG erschließen würde. Eine Kapitalgesellschaft könne nicht in einem dem Staat eigentümlichen und vorbehaltenen Bereich handeln.

Insofern grenzt der Bundesfinanzhof einen Betrieb gewerblicher Art vom Hoheitsbetrieb in erster Linie nach der Form der Tätigkeit ab, das heißt insbesondere anhand der Unterscheidung von staatlichem Sonderrecht zum Privatrecht.[418]

c) Rechtliche Würdigung

Der Gesetzgeber war bestrebt, die Begrifflichkeiten des Betriebs gewerblicher Art im Umsatzsteuerrecht und Körperschaftsteuerrecht einheitlich zu regeln.[419] Denn die Verwendung der im Körperschaftsteuerrecht bekannten Rechtsfiguren des Hoheitsbetriebs und des Betriebs gewerblicher Art erschien dem deutschen Gesetzgeber als Vereinfachung bei der Verwaltung des bei einer juristischen Person öffentlichen Rechts erzielten Umsatzsteueraufkommens.[420] Diese Abgrenzung sollte gemäß der damaligen Rechtsprechung anhand der Formel erfolgen, welche Tätigkeiten dem Staat eigentümlich und vorbehalten sind.

Damit verfolgte die frühere Rechtsprechung der Finanzgerichte nach dem hier vertretenen Lösungsansatz die richtigen Ziele. Eine klare Trennung in unternehmerisches Handeln und hoheitliches Handeln (das heißt dem Staat eigentümlich und vorbehalten und damit nicht wettbewerbsrelevant) ist das beste Abgrenzungskriterium in diesem rechtlich schwierigen Bereich.

---

417 BFH, Urteil vom 30.6.1988, V R 79/84, BStBl. 1988 II, S. 910 (910); BFH, Urteil vom 22.9.1976, I R 102/74, BStBl. 1976 II 793; BFH, Urteil vom 21.11.1967, I 274/64, BStBl. 1968 II, S. 218 (220).

418 Vgl. *Kraeusel,* in UR 2010, S. 480 (484).

419 Schriftlicher Bericht des Finanzausschusses (BT Drucks. 5/48, S. 11) zu BT Drucks. 5/1581; *Krausel,* UR 2010 S. 480 (481).

420 Schriftlicher Bericht des Finanzausschusses (BT Drucks. 5/48, S. 11) zu BT Drucks. 5/1581; *Stadie,* in Rau/Dürrwächter, UStG, § 2, Rn. 1109.

Diese Rechtsprechung legt jedoch, nach der hier vertretenen Ansicht, sowohl im Körperschaft- als auch im Umsatzsteuerrecht zu eng gefasste Abgrenzungsmerkmale zugrunde. Die Zuordnung zum hoheitlichen Bereich allein auf Grund der Tatsache, dass eine Behörde zum Beispiel durch Verwaltungsakt handelt, findet keine Grundlage im Gesetz. Dies gilt umso mehr, wenn man den Wettbewerb nachweislich als Korrektiv ansieht. Dieser kann nicht formal an der Handlungsform abgelesen werden, sondern ist nur anhand einer Prüfung des konkreten Einzelfalls bestimmbar. Ebenso könnte es im Einzelfall zu kurz gefasst sein, ein staatliches Handeln auf privatrechtlicher Grundlage stets als umsatzsteuerbar zu betrachten. Denn grundsätzlich sind auch Situationen denkbar, in denen der Staat beispielsweise in Form einer Kapitalgesellschaft handelt und trotzdem keinem Wettbewerb ausgesetzt ist.

Insofern wäre die Rechtsprechung der Finanzgerichte zielführend, wenn man zur Abgrenzung von Betrieb gewerblicher Art und Hoheitsbetrieb, im Rahmen der Prüfung einer dem Staat eigentümlichen und vorbehaltenen Tätigkeit, allein auf ein Wettbewerbsverhältnis zu privaten Dritten abstellen würde.[421] Fehlt es an einem Wettbewerbsverhältnis, wäre die Tätigkeit tatsächlich dem Staat eigentümlich und vorbehalten.

Eine solche Auslegung würde zum einen dem Willen des historischen Gesetzgebers entsprechen, da die Wettbewerbsgleichheit, das heißt die gleichmäßige und gesetzmäßige Besteuerung aller Wirtschaftsteilnehmer, von Anfang an erklärtes Ziel der Körperschaftsteuer war[422] und zudem auch als Vorlage für die Umsatzsteuer diente.[423]

Zum anderen könnten auch im Rahmen der bisherigen Regelung des § 2 Abs. 3 UStG a. F. Verhältnisse geschaffen werden, die den europarechtlichen Vorgaben entsprechen. Denn auch wenn die Mehrwertsteuersystemrichtlinie und das deutsche Umsatzsteuerrecht systematisch unterschiedliche Ansätze bei der Bestimmung der Steuerbarkeit von Tätigkeiten der öffentlichen Hand verfolgen, ist ihnen beiden doch ein vergleichbares Wettbewerbskriterium gemein. Dieses Wettbewerbskriterium hat zudem grundsätzlich auch aus einer rein nationalen Perspektive Geltung im Körperschaftsteuerrecht, jedoch war hier mangels europarechtlicher Vorgabe bisher kein Druck vorhanden, sich dezidierter mit

---

421 Hierzu wäre die Bildung eines Großen Senates gemäß § 11 FGO erforderlich gewesen. Jedenfalls wäre ein Umsatzsteuersenat (V. oder XI) und der Körperschaftsteuersenat (I.) an dem Großen Senat zu beteiligen gewesen.

422 Vgl. BT Drucks. 7/1470, S. 336.

423 BT Drucks. 5/48, S. 11.

dem Wettbewerbsmechanismus auseinanderzusetzen. Ansonsten wäre möglicherweise Raum für ein Steuerarten übergreifendes Verständnis einer dem Staat eigentümlichen und vorbehaltenen Tätigkeit gewesen.

Ursächlich ist nach der hier vertretenen Ansicht die übergeordnete Bedeutung des Wettbewerbs insgesamt für die Besteuerung der öffentlichen Hand, unabhängig von der jeweiligen Rechtsordnung oder Steuerarten.[424] Denn bei der gegebenen Weltwirtschaftsordnung ist die Frage der Besteuerung der öffentlichen Hand aus Wettbewerbsgründen grundsätzlich eine der „wirtschaftlichen Vernunft".[425]

d) *Zwischenergebnis*

Die frühere Rechtsprechung der Finanzgerichtsbarkeit zur Umsatzbesteuerung der öffentlichen Hand weicht erheblich von der Verwaltungspraxis ab, da sie sich ohne Umsatzgrenzwerte auf die Prüfung einer dem Staat eigentümlich und vorbehaltenen Tätigkeit konzentriert.

Dieses Merkmal wird nach der hier vertretenen Ansicht grundsätzlich auch dem Wettbewerbskriterium der Mehrwertsteuersystemrichtlinie gerecht. Jedoch darf das Handeln des Staates aufgrund von Sonderrecht nicht automatisch zu der Bewertung einer Tätigkeit als dem Staat eigentümlich und vorbehalten führen. Dies wird dem vom Körperschaft- und Umsatzsteuergesetzgeber angedachten Wettbewerbskriterium nicht gerecht. Wettbewerb ist zwingend anhand einer Prüfung des Einzelfalls festzustellen und kann nicht an einer Handlungsform abgelesen werden.

Da ein einheitliches und wie oben dargestelltes Verständnis der dem Staat eigentümlichen und vorbehaltenen Tätigkeit für die Körperschaft- und Umsatzsteuer damals nicht erzielt werden konnte, wird zu prüfen sein, welche Rechtsfragen sich vor dem Hintergrund des Europarechts ergeben. Hierbei ist insbesondere der Umstand zu beachten, dass sowohl das Europarecht als auch das Körperschaftsteuerrecht Vorgaben für die Umsatzsteuer machen, jedoch lediglich letztere europaweit harmonisiert ist. Sofern Europarecht und Körperschaftsteuer unterschiedliche Vorgaben für die Umsatzsteuer machen sollten, könnte dies zu erheblichen systematischen und materiellen Konflikten führen.

---

424 Siehe oben 1. Kapitel C., III.

425 BVerfG, Urteil vom 27.7.1971, 2 AvF 1/68 und 2 BvR 702/68, NJW 1971, S. 1739, Rn. 70.

2. *Aktuelle Rechtsprechung unter Berücksichtigung der Vorgaben des Europäischen Gerichtshofes*

Insbesondere die stärkeren Einflüsse des Europarechts in den letzten Jahren könnten die nationale Finanzgerichtsbarkeit zu einer Anpassung ihrer bisherigen Rechtsprechung in diesem Bereich gezwungen haben. Diese europarechtlichen Einflüsse lassen sich insbesondere an der Rechtssache Isle of Wight[426] und der Rechtssache Salix[427] verdeutlichen.

a) Rechtssache Isle of Wight

In der Rechtssache Isle of Wight hatte der Europäische Gerichtshof über die Umsatzsteuerpflicht einer juristischen Person öffentlichen Rechts zu entscheiden, welche im Zuge der ihr obliegenden hoheitlichen Aufgabe der Straßenverkehrslenkung Parkraum entgeltlich zur Verfügung stellte.[428] Der Europäische Gerichtshof entschied gemäß Art. 13 Abs. 1 Unterabs. 2 MwStSystRL, dass das entgeltliche Anbieten von Parkraum eine wirtschaftliche Tätigkeit sei. Ferner seien zwar die mit dem Parkraum verbundenen Ordnungsaufgaben des Straßenverkehrs durch eine Einrichtung des öffentlichen Rechts und auch im Rahmen der ihr obliegenden öffentlichen Gewalt erfolgt, jedoch unterliege die Tätigkeit dennoch der Umsatzsteuer, da sie zu größeren Wettbewerbsverzerrungen führe. Denn Parkraum könne auch auf einer privatrechtlichen Grundlage angeboten werden. Bemerkenswert an der Entscheidung des Europäischen Gerichtshofes war weniger die Tatsache, dass er die Ausübung hoheitlicher Gewalt als eine umsatzsteuerpflichtige Tätigkeit bewertet, als vielmehr die Tatsache, dass sich die Wettbewerbsverzerrung nicht auf einen lokalen Markt zu beziehen brauche und dass selbst eine potentielle Wettbewerbsverzerrung ausreichend sei für die Annahme einer Umsatzsteuerpflicht.[429]

Die Entscheidung des Europäischen Gerichtshofes folgt den Regelungen der Mehrwertsteuersystemrichtlinie und ist auch in ihrer Reichweite insofern konsequent, als dass sie die Wettbewerbsverzerrung nicht auf einen lokalen Markt begrenzt und auch potentielle privatrechtliche Konkurrenten schützt.[430] Denn gemäß dem Wortlaut und Sinn und Zweck der Regelung in Art. 13 Abs. 1 S. 2 MwStSystRL ist auch der (potentielle) Markteintritt (überregionaler) privater

---

426 EuGH, Urteil vom 16.9.2008, Rs. C-288/07 (Isle of Wight), DStRE 2008, S. 1455 f.

427 EuGH, Urteil vom 4.6.2009, Rs. C-102/08 (Salix), DStR 2009, S. 1196 f.

428 EuGH, Urteil vom 16.9.2008, Rs. C-288/07 (Isle of Wight), DStRE 2008, S. 1455 f.

429 *Hauke*, in BB 2009, S. 1900 (1903).

430 *Korn*, in Bunjes, UStG, § 2, Rn. 187.

Unternehmer zu schützen. Dies gibt die hypothetische Formulierung des Art. 13 Abs. 1 S. 2 MwStSystRL „… zu größeren Wettbewerbsverzerrungen führen würde…“ vor.

aa) Auswirkung auf die nationale Finanzgerichtsrechtsprechung

Insbesondere das Wettbewerbskriterium als auch das Korrektiv der größeren Wettbewerbsverzerrung gemäß der Mehrwertsteuersystemrichtlinie gerieten in Deutschland durch die Rechtsprechung des Europäischen Gerichtshofes erstmals ins Zentrum der Aufmerksamkeit bei der Bestimmung der Steuerbarkeit von Tätigkeiten der öffentlichen Hand.

Obwohl dem deutschen Recht das Wettbewerbskriterium zur Ermittlung der Steuerpflicht einer juristischen Person öffentlichen Rechts nicht fremd war,[431] bedurfte es der Rechtssache Isle of Wight, um den Bundesfinanzhof zu einer Anpassung seiner Rechtsprechung an die Vorgaben der Mehrwertsteuersystemrichtlinie zu bringen.[432]

Noch im Jahr 2003 stellte der Bundesfinanzhof keine Abweichungen zwischen der nationalen Rechtsauslegung des § 2 Abs. 3 UStG a. F. von den Vorgaben der Mehrwertsteuersystemrichtlinie fest. Er entschied ebenfalls zu der Frage, ob von einer Gemeinde angebotene Parkplätze eine umsatzsteuerbare Leistung seien, dass es sich hierbei um die Tätigkeit eines Hoheitsbetriebes handele.[433] Denn die Parkflächen wurden von der Straßenverkehrsbehörde gemäß § 45 StVO bereitgestellt. Diese Tätigkeit sei Sonderrecht der öffentlichen Hand, so dass die Behörde zur Regelung einer staatlichen Aufgabe durch Sonderrecht gehandelt habe. Diese Aufgabe sei der öffentlichen Hand eigentümlich und vorbehalten. Aufgrund dieser Tatsache könne auch gar kein – nicht mal potentieller – Wettbewerb zu privaten Dritten entstehen.[434]

Im Jahre 2011 kam es dann zur Änderung dieser Rechtsprechung unter namentlicher Berufung auf die Rechtssache Isle of Wight. Ebenfalls ging es wieder um die Bewirtschaftung von Parkraum, welcher durch eine Gemeinde als öffentliche Straße gewidmet wurde. Anders als in seinem Urteil von 2003 entschied der Bundesfinanzhof, dass die Tatsache, ob die Parkraumüberlassung aufgrund hoheitlicher Tätigkeit erfolgte, für die Frage einer potentiellen

431 Siehe oben 3. Kapitel A. II. 1. d).

432 Vgl. *Küffner*, DStR 2003, S. 1606 (1608).

433 BFH, Urteil vom 27.2.2003, V R 78/01, DStRE 2003, S. 815 (817).

434 BFH, Urteil vom 27.2.2003, V R 78/01, DStRE 2003, S. 815 (817).

Wettbewerbsverzerrung ohne Belang sei.[435] Vielmehr würden private Unternehmen benachteiligt, wenn die Gemeinde nicht der Umsatzsteuer unterworfen werde.

Der Bundefinanzhof rechtfertigt seine Änderung der Rechtsprechung mit einer notwendigen europarechtskonformen Auslegung des § 2 Abs. 3 UStG a. F. in Verbindung mit § 1 Abs. 1 Nr. 6, § 4 KStG. Danach seien diese Vorschriften unter Berücksichtigung der Mehrwertsteuersystemrichtlinie richtlinienkonform auszulegen. Staaten, Länder, Gemeinden und sonstige Einrichtungen des öffentlichen Rechts gelten hiernach nicht als Steuerpflichtige, soweit sie die Tätigkeiten ausüben oder Leistungen erbringen, die ihnen im Rahmen der öffentlichen Gewalt obliegen, auch wenn sie im Zusammenhang mit diesen Tätigkeiten oder Leistungen Zölle, Gebühren, Beiträge oder sonstige Abgaben erheben. Falls sie jedoch solche Tätigkeiten ausüben oder Leistungen erbringen, gelten sie hierfür als Steuerpflichtige, sofern eine Behandlung als Nicht-Steuerpflichtige zu größeren Wettbewerbsverzerrungen führen würde.[436]

Somit sei eine juristische Person des öffentlichen Rechts Unternehmer, wenn sie eine wirtschaftliche und damit eine nachhaltige Tätigkeit zur Erbringung entgeltlicher Leistungen (wirtschaftliche Tätigkeit) ausübe, die sich innerhalb ihrer Gesamtbetätigung heraushebe.[437] Handele sie dabei auf privatrechtlicher Grundlage durch Vertrag, komme es auf weitere Voraussetzungen nicht an.[438] Erfolgt ihre Tätigkeit auf öffentlich-rechtlicher Grundlage, zum Beispiel durch Verwaltungsakt, ist sie demgegenüber nur Unternehmer, wenn eine Behandlung als Nichtunternehmer zu größeren Wettbewerbsverzerrungen führen würde.[439]

Insofern geht der Bundesfinanzhof mittlerweile in neuer ständiger Rechtsprechung davon aus, dass dem Unionsrecht und der Rechtsprechung des Europäischen Gerichtshofes im Wege einer europarechtskonformen Auslegung entsprochen werden kann.[440] Im Hinblick auf das unterschiedliche Verständnis von einer Steuerpflicht, das heißt der Voraussetzung eines Betriebs gewerblicher Art nach deutschem Recht und der wirtschaftlichen Tätigkeit nach der MwStSystRL, führt er aus:

---

435 BFH, Urteil vom 1.12.2011, V R 1/11, DStR 2012, S. 352, Rn. 28.

436 BFH, Urteil vom 1.12.2011, V R 1/11, DStR 2012, S. 352, Rn. 19.

437 BFH, Urteil vom 1.12.2011, V R 1/11, DStR 2012, S. 352, Rn. 17.

438 BFH, Urteil vom 1.12.2011, V R 1/11, DStR 2012, S. 352, Rn. 15.

439 BFH, Urteil vom 1.12.2011, V R 1/11, DStR 2012, S. 352, Rn. 26.

440 BFH, Urteil vom 3.3.2011, V R 23/10, DStR 2011, S. 1077 (1080); BFH, Urteil vom 12.7.2012, I R 106/10, DStR 2012, S. 1912 (1913); BFH, Urteil vom 15.4.2010, V R 10/09, DStR 2010, S. 1280 (1282); zustimmend *Dziadkowski*, BB 2011, S. 3031 (3032).

> „§ 2 Abs. 3 S. 1 UStG a. F. ist unter Berücksichtigung von Art. 13 MwStSystRL richtlinienkonform auszulegen. Hieraus folgt, dass juristische Personen öffentlichen Rechts nach § 2 Abs. 3 S. 1 UStG a. F. in Verbindung mit § 4 Abs. 1 KStG Unternehmer sind, wenn sie wirtschaftlich tätig sind.“[441]

Das Abstellen auf die wirtschaftliche Tätigkeit zur Ermittlung einer Unternehmereigenschaft entspräche dem § 4 Abs. 1 KStG, da auch in diesem zur Bestimmung des Betriebs gewerblicher Art auf eine wirtschaftliche Tätigkeit abgestellt würde und damit die europarechtlichen Voraussetzungen einer Steuerpflicht bereits im deutschen Gesetz angelegt seien.[442] Gleichwohl sei damit bei der Ermittlung der Unternehmereigenschaft nicht mehr zwischen juristischen Personen öffentlichen Rechts und anderen Personen zu differenzieren.[443] Das heißt, die Unterscheidung zwischen einem Betrieb gewerblicher Art und einem Hoheitsbetrieb wird damit, entgegen dem Gesetzeswortlaut in § 2 Abs. 3 UStG a. F. in Verbindung mit § 4 Abs. 1 KStG, obsolet.[444]

Im Rahmen seiner richtlinienkonformen Auslegung liest der Bundesfinanzhof zur Bestimmung der Umsatzsteuerpflicht von juristischen Personen öffentlichen Rechts, welche hoheitlich handeln, zudem das Tatbestandsmerkmal der größeren Wettbewerbsverzerrung in den § 2 Abs. 3 UStG a. F. hinein und transportiert somit die vom Europäischen Gerichtshof vorgegeben Wertungen in das deutsche Umsatzsteuerrecht.[445]

Zwar finde sich das Tatbestandsmerkmal der größeren Wettbewerbsverzerrung nicht ausdrücklich im Gesetz, jedoch ist laut ständiger Rechtsprechung des Bundesfinanzhofes

> *„dem körperschaftsteuerlichen Begriff der Ausübung öffentlicher Gewalt gemäß § 4 Abs. 5 S. 1 KStG wesensimmanent, dass es durch die Ausübung öffentlicher Gewalt nicht zu Wettbewerbsverzerrungen kommen darf.“*[446]

Richtig ist, dass die Rechtsprechung in der Vergangenheit das Merkmal des Wettbewerbs verwendete, um einen Hoheitsbetrieb im Rahmen der

---

441 BFH, Urteil vom 20.8.2009, V R 30/06, DStRE 2009, S. 1395 (1399); BFH, Urteil vom 15.4.2010, V R 10/09, DStR 2010, S. 1280 (1282); BFH, Urteil vom 3.3.2011, V R 23/10, DStR 2011, S. 1077 (1078).

442 BFH, Urteil vom 15.4.2010, V R 10/09, DStR 2010, S. 1280 (1282); *Sterzinger*, DStR 2010, S. 2217 (2220).

443 BFH, Urteil vom 15.4.2010, V R 10/09, DStR 2010, S. 1280 (1282).

444 Vgl. *Wagner*, in UR 1993, S. 301 (304).

445 BFH, Urteil vom 1.12.2011, V R 1/11, DStR 2012, S. 352, 354; BFH, Urteil vom 15.4.2010, V R 10/09, DStR 2010, S. 1280 (1284); *Mellinghoff*, UR 2013, S. 5 (7).

446 BFH, Urteil vom 15.4.2010, V R 10/09, DStR 2010, S. 1280 (1284).

Tätigkeitsbeschreibung „eigentümlich und vorbehalten" zu definieren.[447] Unbekannt ist dem deutschen Steuerrecht trotzdem die selbstständige Tatbestandsvoraussetzung der größeren Wettbewerbsverzerrung. So entschied das Finanzgericht Münster noch im Jahr 2008, im Gesetz fänden sich keine Anhaltspunkte, welche eine solch weitgehende Abweichung vom Wortlaut des § 2 Abs. 3 UStG a. F. in Verbindung mit § 1 Abs. 1 Nr. 6, § 4 Abs. 1 KStG rechtfertigen könnten.[448]

Der Bundesfinanzhof geht jedoch davon aus, dass die Grenzen der richtlinienkonformen Auslegung weit zu fassen sind.[449] Das Ergebnis der Auslegung dürfe lediglich nicht zu nach deutschem Recht unzulässigen Ergebnissen führen. Im deutschen Recht sei nur der systematische Ansatz ein anderer, wodurch das Hineinlesen der Wettbewerbsverzerrung in das deutsche Umsatzsteuerrecht nicht zu unzulässigen Ergebnissen führe.[450]

bb) Kritik an der Rechtsprechung des Bundesfinanzhofes

Die geänderte Rechtsprechung stieß teilweise auf Ablehnung. Durch eine solche Rechtsauslegung seitens des Bundesfinanzhofes würde eine Entwicklung in Gang gesetzt, welche geeignet ist, jedwede staatliche Tätigkeit in den Bereich der umsatzsteuerbaren Leistung zu ziehen.[451] *Widmann* erwägt, dass dann auch das Aufstellen und Betreiben von Parkuhren sowie die staatliche Müllverbrennung umsatzsteuerbare Leistungen seien könnten, welche zum Vorsteuerabzug berechtigen würden.[452] Ähnliche Bedenken äußert *Beer* mit der Frage, „Ist das Ordnungsamt ein Betrieb gewerblicher Art?"[453] *Küffner* und *Zugmaier* wollen hingegen eine Umsatzsteuerbarkeit für die Erteilung von verbindlichen Auskünften nach § 89 AO annehmen.[454]

---

447 BFH, Urteil vom 8.1.1998, V R 32/97, DStR 1998, S. 850 (851); BFH, Urteil vom 30.6.1988, V R 79/84, BStBl. 1988 II, S. 910 (913).

448 FG Münster, Urteil vom 11.12.2008, 5 K 6658/03 U, EFG 2009, S. 1060 (1065).

449 BFH, Urteil vom 10.11.2011, V R 41/10, DStR 2012, S. 348 (349).

450 BFH, Urteil vom 15.4.2010, V R 10/09, BB 2010, S. 2088 (2090); BFH, Urteil vom 10.11.2011, V R 41/10, DStR 2012, S. 348 (349); so auch: *Karla*, UVR 2012, S. 139 (139).

451 *Stadie*, in Stadie, UStG, § 2, Rn. 377; *Reiß*, in Reiß/Kraeusel/Langer, UStG, § 2, Rn. 189.

452 *Widmann*, Anmerkung zu BFH, Urteil vom 3.3.2011, V R 23/10, in BB 2011, S. 2019 (2023).

453 *Beer*, ZRP 2006, S. 265 (266).

454 *Küffner/Zugmaier*, UR 2007, S. 327 (329); a.A. mangels Wettbewerb *Becker/Kretzschmann*, UR 2007, S. 492 (494).

Darüber hinaus wird der geänderten Rechtsprechung entgegengehalten, bei dem Hineinlesen der europarechtlichen Tatbestandsvoraussetzungen in das deutsche Recht handle es sich um eine unzulässige richterliche Rechtsfortbildung, denn mit seiner Auslegung überschreite der Bundesfinanzhof die Wortlautgrenze des § 2 Abs. 3 UStG a. F. Es sei dem Staat verwehrt, ein Gesetz contra legem auszulegen.[455]

cc) Rechtliche Würdigung

Die neuere Rechtsprechung des Bundesfinanzhofes leidet insbesondere unter der Tatsache, dass sie in der Vergangenheit stets von einem nicht steuerbaren Hoheitsbetrieb ausgegangen ist, sofern der Staat aufgrund von Sonderrecht gehandelt hatte. Wie oben gezeigt, wäre ein einheitliches Verständnis des Merkmals der eigentümlichen und dem Staat vorbehaltenen Tätigkeit im Körperschaftsteuer- und Umsatzsteuerrecht denkbar gewesen. Denn sowohl Mehrwertsteuersystemrichtlinie, Körperschaftsteuer- und Umsatzsteuergesetz sehen im Wettbewerb das entscheidende Korrektiv zur Umsatzbesteuerung der öffentlichen Hand. Doch dieser Wettbewerb ist nach der hier vertretenen Auffassung zwingend anhand einer Prüfung des Einzelfalls festzustellen und kann nicht wie bisher an einer Handlungsform, wie etwa öffentlich-rechtlichem Sonderrecht, abgelesen werden.

Da die Gelegenheit vertan wurde, die Reichweite der dem Staat eigentümlich und vorbehaltenen Tätigkeit neu zu ordnen und anzupassen,[456] wirkte die Entscheidung des Europäischen Gerichtshofes zur Rechtssache Isle of Wight als im Widerspruch zur nationalen Gesetzeslage. Als Reaktion musste der Begriff des Betriebs gewerblicher Art europarechtkonform ausgelegt werden.

Dabei ist das Echo,[457] *Strahl* schreibt beispielsweise von einer „radikalen Umkehr der Sichtweise zur Besteuerung der öffentlichen Hand",[458] welches das Urteil des Bundesfinanzhofes zur Parkraumbewirtschaftung in der Fachliteratur auslöste, nur bedingt nachzuvollziehen. Richtig ist zwar, dass die Rechtssache Isle of Wight zu einem notwendigen Umdenken in der deutschen Umsatzsteuerrechtsprechung geführt hat. Jedoch haben die obigen Untersuchungen auch

---

455 So jedenfalls *Stadie,* in Rau/Dürrwächter, UStG, § 2 Rn. 1152 bis 1154; *Reiß,* in Reiß/Kraeusel/Langer, UStG, § 2, Rn. 189.

456 Etwa durch die Bildung eines Großen Senats gemäß § 11 FGO bestehend aus einem Umsatzsteuer- und dem Körperschaftsteuersenat.

457 Schmitz/*Erdbrügger/Liegmann*, DStR 2011, S. 1157 f.; *Widmann*, BB 2011, S. 2020 f.; *Küffner/Zugmaier*, UR 2007, S. 327 f.; *Sterzinger*, DStR 2010, S. 2217 f.

458 *Strahl,* BeSt 2012, S. 15 (16).

gezeigt, dass sowohl der Europäische Gerichtshof als auch der Bundesfinanzhof die Besteuerung der öffentlichen Hand eng an Wettbewerbsgesichtspunkten orientieren. Insofern ist der systematische Ansatz bei beiden Gerichten der gleiche. Lediglich die Reichweite der Besteuerung hat sich in Deutschland durch die Rechtsprechung des Europäischen Gerichtshofes verändert, genauer gesagt, ist erweitert worden.

Den Bedenken[459] gegen die Annahme einer Wettbewerbsrelevanz zahlreicher Tätigkeiten der öffentlichen Hand ist entgegenzuhalten, dass die Rechtsprechung mit ihrer Auslegung lediglich versucht, europarechtskonforme Zustände herzustellen, was aufgrund des Anwendungsvorrangs des europäischen Rechts geboten ist. Wenn dadurch vermehrt juristische Personen des öffentlichen Rechts der Umsatzbesteuerung unterliegen sollten, ist das womöglich aus deutscher Perspektive ein überraschendes, aber deswegen keinesfalls unrechtmäßiges Ergebnis.

Nach der hier vertretenen Ansicht würde die Rechtsprechung zu einem überzeugenderen Ergebnis kommen, wenn sie die Wettbewerbsrelevanz als Teil des Betriebs gewerblicher Art ansähe, spiegelbildlich zu den obigen Ausführungen zur wirtschaftlichen Tätigkeit gemäß Art. 9 MwStSystRL.[460]

Definierte man den Betrieb gewerblicher Art anhand des Wettbewerbskriteriums der Mehrwertsteuersystemrichtlinie, könnte man hiermit, dem Sinn und Zweck der Umsatzbesteuerung öffentlicher Einrichtungen folgend, alle besteuerungswürdigen Sachverhalte erfassen.[461] Maßnahmen der Hoheitsbetriebe wären nicht mehr von vornherein nicht wettbewerbsrelevante Tätigkeiten. Vielmehr würde sich durch die fehlende Wettbewerbsrelevanz ergeben, dass eine staatliche Einrichtung nicht der Besteuerung unterliegt. Folglich bestünde eine klare Trennung zwischen wettbewerbsrelevanten Tätigkeiten im Rahmen von wirtschaftlichen Tätigkeiten auf der einen Seite und nicht wettbewerbsrelevanten Tätigkeiten wie hoheitlichen Tätigkeiten ohne Wettbewerb auf der anderen Seite.

b) Rechtssache Salix

Verkompliziert wird die Sache indes, wenn neben der Mehrwertsteuersystemrichtlinie weitere Regelungskomplexe, namentlich das Körperschaftsteuerrecht, auf die Umsatzsteuer einwirken. So geschehen in der Rechtssache Salix.

---

459 Siehe *Lange*, UR 1999, S. 385 (389).

460 Siehe oben 2. Kapitel, A., II.

461 In diese Richtung bereits: *Selmer/Schulze-Osterloh*, in DÖV 1978, S. 381 (391).

Der Rechtssache Salix[462] lag der Sachverhalt zu Grunde, dass ein privater Unternehmer (Salix) ein Gebäude errichtete und Büroflächen sowie Stellplätze an eine juristische Person öffentlichen Rechts (IHK) vermietete. Die juristische Person öffentlichen Rechts vermietete diese Gebäudeteile unter an umsatzsteuerpflichtige Unternehmer. Der Hersteller des Gebäudes wollte für die Errichtungskosten insoweit Vorsteuer geltend machen, als er für die Vermietung an die juristische Person öffentlichen Rechts zur Umsatzsteuer optierte (§ 9 Abs. 1 UStG). Der Vorsteuerabzug des Herstellers wurde von der Finanzverwaltung mit dem Argument versagt, dass die juristische Person öffentlichen Rechts lediglich Vermögensverwaltung betreibe und ihrerseits das Gebäude damit nicht umsatzsteuerpflichtig (das heißt optionsschädlich) nutze.

Der Europäische Gerichtshof entschied jedoch, dass es sich bei der Vermietungstätigkeit der juristischen Person öffentlichen Rechts um eine wirtschaftliche Tätigkeit nach Art. 9 Abs. 1 MwStSystRL handele. Eine Option durch die Salix zur Umsatzsteuer sei dadurch möglich.[463]

Insbesondere greife nicht das Argument der Finanzverwaltung, die Ausgangsumsätze der juristischen Person öffentlichen Rechts seien nicht umsatzsteuerbar aufgrund der vermögensverwaltenden Tätigkeit.[464] Denn die Mehrwertsteuersystemrichtlinie kenne den „Befreiungstatbestand" der Vermögensverwaltung nicht. Zwar könnten die Mitgliedsstaaten Tätigkeiten wie Vermietung und Verpachtung durch juristischen Person öffentlichen Rechts von der Umsatzsteuer befreien gemäß Art. 13 Abs. 2 in Verbindung mit Art. 135 Abs. 1 l) MwStSystRL, jedoch habe die Bundesrepublik Deutschland hiervon keinen Gebrauch gemacht. Ferner handele es sich bei der Vermietung durch die juristische Person öffentlichen Rechts um eine steuerpflichtige Tätigkeit, da eine Nichtbesteuerung zur größeren Wettbewerbsverzerrung zu ihren Lasten führen würde. Denn auch die öffentliche Hand muss, in den Fällen des § 9 UStG, unter den Voraussetzungen einer gegebenen wirtschaftlichen Tätigkeit, zur Umsatzsteuer optieren können, um nicht schlechter gestellt zu werden als private Unternehmer. Schließlich ergäbe sich aus dem Verbot der Wettbewerbsverzerrungen und den Formulierungen der Mehrwertsteuersystemrichtlinie nicht, dass Wettbewerbsnachteile nur zu Lasten für private Unternehmer gehen könnten.[465]

---

462 BFH, Beschluss vom 20.12.2007 - V R 70/05, DStR 2008, S. 672 f.

463 EuGH, Urteil vom 4.6.2009, Rs. C-102/08 (Salix), DStR 2009, S. 1196.

464 EuGH, Urteil vom 4.6.2009, Rs. C-102/08 (Salix), DStR 2009, S. 1196 (1200).

465 EuGH, Urteil vom 4.6.2009, Rs. C-102/08 (Salix), DStR 2009, S. 1196 (1200).

aa) Auswirkung auf die nationale Finanzgerichtsrechtsprechung

Der Bundesfinanzhof selbst hatte die Frage an den Europäischen Gerichtshof gestellt, ob es sich bei der Vermögensverwaltung um einen tauglichen Befreiungstatbestand von der Umsatzsteuer handelt und ferner, ob eine Wettbewerbsverzerrung im Sinne von Art. 13 Abs. 1 Unterabs. 1 MwStSystRL auch zu Lasten einer juristischen Person öffentlichen Rechts gehen könnte.

Der europäische Gerichtshof urteilte, die Vermögensverwaltung sei kein tauglicher Befreiungstatbestand im Sinne der Mehrwertsteuersystemrichtlinie und auch eine juristische Person öffentlichen Rechts solle mit Art. 13 Abs. 1 Unterabs. 1 MwStSystRL vor Wettbewerbsverzerrungen geschützt werden.[466] Unter Berücksichtigung dieser Antworten entschied der Bundesfinanzhof, eine juristische Person öffentlichen Rechts unterliege mit Vermietungstätigkeiten der Umsatzsteuer, wenn sie damit in Konkurrenz zu privaten Vermietern träte.[467]

Zudem müsse dem öffentlich-rechtlichen Vermieter die Möglichkeit gegeben werden, gemäß § 9 UStG zur Umsatzsteuer zu optieren. Diese Möglichkeit wäre verwehrt, wenn es sich um einen nicht steuerbaren Umsatz handeln würde.

Der Bundesfinanzhof urteilte außerdem, dem körperschaftsteuerlichen Begriff der Vermögensverwaltung komme aus umsatzsteuerlicher Sicht keine Bedeutung mehr zu, da auch in diesem Fall der § 2 Abs. 3 UStG a. F. richtlinienkonform auszulegen sei, was eine umsatzsteuerliche Berücksichtigung des ertragsteuerlich geprägten Begriffes der Vermögensverwaltung unmöglich mache.[468] Das Unionsrecht kenne die Rechtsfigur der Vermögensverwaltung nicht.[469] Vielmehr hätten die Mitgliedsstaaten die Möglichkeit, entsprechende Umsätze von juristischen Personen öffentlichen Rechts von der Umsatzsteuer zu befreien, was jedoch in Deutschland nicht der Fall sei.[470]

Diese Rechtsprechung wurde im Jahr 2010 erneut bestätigt. Die Verpachtung von Räumlichkeiten durch eine Universität zwecks Automatenaufstellung sei eine wirtschaftliche Tätigkeit und unterliege trotz der ertragsteuerlichen Ausnahme für Vermögensverwaltung der Umsatzbesteuerung.[471]

466 EuGH, Urteil vom 4.6.2009, Rs. C-102/08 (Salix), DStR 2009, S. 1196.

467 BFH, Urteil vom 20.8.2009, V R 70/05, DStR 2009, S. 2308 (2310).

468 BFH, Urteil vom 20.8.2009, V R 70/05, DStR 2009, S. 2308 (2310).

469 *Korn*, Anmerkung zu EuGH, Urteil vom 4.6.2009, Rs. C-102/08 (Salix), DStR 2009, S. 1196 (1201).

470 BFH, Urteil vom 20.8.2009, V R 70/05, DStR 2009, S. 2308 (2310).

471 BFH, Urteil vom 15.4.2010, V R 10/09, BB 2010, S. 2088 (2090 f.)

bb) Kritik an der Rechtsprechung des Bundesfinanzhofes

Die Rechtsprechung wird im Schrifttum unterschiedlich gewürdigt. Weit verbreitet ist die dem Bundesfinanzhof folgende Ansicht, dass ertragsteuerlichen Begrifflichkeiten durch die richtlinienkonforme Auslegung des § 2 UStG keine Bedeutung mehr zukomme.[472] Das heißt, obwohl die Vermögensverwaltung nicht der Ertragsbesteuerung unterliegt, können hierdurch keine Rückschlüsse auf die umsatzsteuerliche Behandlung gezogen werden.[473]

Vereinzelt wird jedoch auch die Meinung vertreten, diese Auslegung gehe zu weit, weil sie den eindeutigen Wortlaut in § 2 Abs. 3 UStG a. F. mit dem Verweis auf das Körperschaftsteuerrecht verkenne.[474]

cc) Rechtliche Würdigung der Rechtsprechung des Bundesfinanzhofes

Die Vermögensverwaltung ist im Umsatzsteuergesetz nicht geregelt. Ihren gedanklichen Ursprung findet sie in § 5 Abs. 1 Nr. 9 KStG.[475] Aufgrund der Verweisung in § 2 Abs. 3 UStG a. F. auf die Vorschriften des KStG erlangt dieser Begriff grundsätzlich auch Bedeutung bei der Rechtsanwendung des Umsatzsteuergesetzes.[476] Gedacht ist § 5 Abs. 1 Nr. 9 KStG als eine Regelung zur Körperschaftsteuerbefreiung für gemeinnützige, mildtätige oder kirchliche Zwecke.[477] Hierunter wird auch die Vermögensverwaltung subsumiert.[478] Diese wird verstanden als die Nutzung von Wirtschaftsgütern durch Fruchtziehung ohne Einsatz substanzieller Vermögenswerte.[479] Als Vermögensverwaltung gilt insbesondere das verzinsliche Anlegen von Kapitalvermögen oder die Vermietung und Verpachtung unbeweglichen Vermögens (Grundstücken) im Sinne von § 14 S. 3 AO.[480]

Nach der im Körperschaftsteuerrecht herrschenden Auffassung stellt die bloße Verwaltung eigenen Vermögens durch juristische Personen öffentlichen

---

472 *Klöttschen*, Anmerkung zu BFH, Urteil vom 20.8.2009, V R 70/05, BB 2010, S. 35 (38); *Dziadkowski*, in BB 2011, S. 3031 (3032); *Scharpenberg*, in Hartmann/Metzenmacher, UStG, § 2, Rn. 570; *Lange*, UR 2000, S. 1 (12); *Beinert/Kostic*, in Handbuch Kommunale Unternehmen, § 11, Rn. 296.

473 *Karla*, UVR 2012, S. 139 (145); *Korn*, in Bunjes, UStG, § 2, Rn. 192.

474 *Küffner*, in UR 2010, S. 646 (653); *Stadie*, in Rau/Dürrwächter, UStG, § 2 Rn. 1225.

475 *Bott*, in Ernst & Young, KStG, § 5, Rn. 363.

476 *Kraeusel*, in UR 2010, S. 480 (482).

477 *Bott*, in Ernst & Young, KStG, § 5, Rn. 364.

478 von Twickel, in Blümich, KStG, § 5, Rn. 186.

479 BFH, Urteil vom 26.2.1996, I R 149/90, BStBl. II. S. 693 (694).

480 BFH, Urteil vom 7.11.2007, I R 42/06, DStR 2008, S. 505 (505).

Rechts keinen Betrieb gewerblicher Art dar, weil die Tätigkeit im Sinne von § 14 Abs. 3 AO nicht wettbewerbsrelevant sei.[481] Wenn eine solche Vermögensverwaltung nach der Körperschaftsteuer keinen Betrieb gewerblicher Art darstellt, ist auch eine Besteuerung einer solchen Tätigkeit ausgeschlossen.

Überträgt man diese Wertungen auf das Umsatzsteuerrecht, könnte Vermögensverwaltung durch juristische Personen öffentlichen Rechts mangels Wettbewerbsrelevanz keinen Betrieb gewerblicher Art begründen und damit keine Umsatzsteuerpflicht auslösen. Dies widerspricht jedoch den Wertungen nach der Mehrwertsteuersystemrichtlinie, welche lediglich auf eine wirtschaftliche Tätigkeit abstellt und den Befreiungstatbestand der Vermögensverwaltung nicht kennt.

Daher ist in diesem Zusammenhang zu konstatieren, dass es sich bei der Vermögensverwaltung im Umsatzsteuerrecht und ihren Rechtsfolgen nicht um ein Problem der Besteuerung der öffentlichen Hand im engeren Sinne handelt. Es wird jedoch zu einem Auslegungsproblem durch die Verweisungstechnik in § 2 Abs. 3 UStG a. F.

Dabei wird nach der hier vertretenen Rechtsansicht derselbe Fehler wiederholt, wie bei der Definition des Hoheitsbetriebes im Kontrast zum Betrieb gewerblicher Art. Wie beim Hoheitsbetrieb wird auch bei der Vermögensverwaltung pauschal festgestellt, dass eine solche Tätigkeit keine Wettbewerbsrelevanz haben kann und folglich auch nicht einer Besteuerung zu unterwerfen ist. Systematisch sinnvoller wäre es, die Prüfung der Wettbewerbsrelevanz an den Anfang der Untersuchungen zu stellen und abhängig von diesem Ergebnis die Rechtsfolgen auszulösen. Durch die Postulation der Wettbewerbslosigkeit für bestimmte Tätigkeiten wird dem Recht jegliche Flexibilität genommen, sich auf neue Lebenssachverhalte einstellen zu können.

Dies bedeutet im Fall der Vermögensverwaltung, dass die grundsätzliche Nichtbesteuerung zwar uneingeschränkt für das Körperschaftsteuerrecht gilt, jedoch nicht mehr für das Umsatzsteuerrecht, nachdem der Europäische Gerichtshof die Wettbewerbsrelevanz einer Vermietungstätigkeit durch die öffentliche Hand positiv festgestellt hat. Ob ein Auseinanderfallen dieses Begriffes je nach Steuerrechtsgebiet zu rechtfertigen ist, erscheint sehr fraglich. Es wird daher zu untersuchen sein, ob die Grenzen einer richtlinienkonformen Auslegung eingehalten sind.

---

481 *Erhard*, Blümich, KStG, § 4, Rn 33; systematisch andere Herleitung durch BFH, Urteil vom 13.3.1974, I R 7/71, BStBl. II 1974, S. 391.

c) *Zwischenergebnis*

Der Bundesfinanzhof war in den vergangenen Jahren bestrebt, durch seine Auslegung des § 2 Abs. 3 UStG a. F. europarechtskonforme Verhältnisse in Deutschland herzustellen beziehungsweise diese zu wahren. Dabei liest er die Tatbestandsmerkmale der Mehrwertsteuersystemrichtlinie in das deutsche Recht hinein. Die bisherige Abgrenzung durch die Rechtsprechung, ob eine Tätigkeit dem Staat eigentümlich und vorbehalten ist, wird damit obsolet, die Begrifflichkeiten des Hoheitsbetriebs und der Vermögensverwaltung im Sinne des Körperschaftsteuerrechts verlieren ihre Bedeutung. Da die Auslegung des Bundesfinanzhofes praktisch den Wortlaut des Art. 9 Abs. 1 beziehungsweise Art 13 Abs. 1 MwStSystRL wiedergibt, spricht dies für eine richtlinienkonforme Auslegung.

Fraglich ist indes, ob nicht durch die Verweisung auf das Körperschaftsteuerrecht trotzdem die Grenzen einer richtlinienkonformen Auslegung überschritten sind.[482] Denn der Gesetzgeber wollte durch die Verweisung bewusst die Besteuerung der öffentlichen Hand im Körperschaftsteuer- und Umsatzsteuerrecht aus Vereinfachungsgründen spiegelbildlich regeln.

III. Vereinbarkeit des deutschen Umsatzsteuerrechts mit den Vorgaben der Mehrwertsteuersystemrichtlinie

Die bisherigen Untersuchungen haben gezeigt, dass das europäische und das deutsche Umsatzsteuerrecht zahlreiche Unterschiede aufweisen.

Beispielsweise sind die verwendeten Begrifflichkeiten nicht harmonisiert; das europäische Recht geht von einer wirtschaftlichen Tätigkeit als Grundmodell einer Umsatzsteuerbarkeit juristischer Personen des öffentlichen Rechts aus, das deutsche Recht spricht vom Betrieb gewerblicher Art.

Der systematische Ansatz ist ein anderer, da das europäische Recht gemäß Art. 9 Abs. 1 und Art. 13 Abs. 1 MwStSystRL von einer dreistufigen Prüfung hinsichtlich der Steuerbarkeit ausgeht,[483] das deutsche Recht bisher aufgrund der Verweisung ins Körperschaftsteuerrecht in erster Linie auf die Unterscheidung von Betrieb gewerblicher Art und Hoheitsbetrieb abstellt.

Darüber hinaus gibt es auch Unterschiede im Hinblick auf den Rechtsgrund der Umsatzbesteuerung. Denn während das Europarecht die Wettbewerbsverzerrung als schlussendlich maßgebliches Kriterium für eine Umsatzsteuerbarkeit

---

482 Vgl. *Ismer/Keyser*, UR 2011, S. 81 (84).

483 1. Wirtschaftliche Tätigkeit, 2. Ausnahme für hoheitliche Tätigkeiten, 3. Rückausnahme für wettbewerbsrelevante Tätigkeiten, vgl. z. B. *Sterzinger*, UR 2009, S. 37 (39).

juristischer Personen des öffentlichen Rechts ansieht, spielen im deutschen Recht auch die Wertungen des Ertragssteuerrechts in die Umsatzbesteuerung mit hinein. Deutlich wird dies insbesondere am Beispiel der Vermögensverwaltung.

Grundsätzlich geht man mit dem Bundesfinanzhof davon aus, dass die Regelungen der § 2 Abs. 3 UStG a. F. in Verbindung mit § 1 Abs. 1 Nr. 6, § 4 KStG für unvereinbar mit den für Deutschland verbindlichen Vorgaben der Mehrwertsteuersystemrichtlinie sind.[484] Uneinigkeit besteht jedoch darin, wie dieser Konflikt rechtlich gelöst werden soll. Dabei ist der Meinungsstand hinsichtlich der Möglichkeit einer europarechtskonformen Auslegung höchst differenziert. Auf der einen Seite werden unüberbrückbare Differenzen gesehen,[485] auf der anderen Seite die Position des Bundesfinanzhofes gestärkt.[486] Vor diesem Hintergrund sind die Voraussetzungen und Grenzen einer richtlinienkonformen Auslegung zu untersuchen.

1. *Richtlinienkonforme Auslegung des § 2 Absatz 3 Umsatzsteuergesetz in Verbindung mit § 1 Absatz 1 Nummer 6, § 4 Körperschaftsteuergesetz*

Gemäß Art. 288 Abs. 3 AEUV sind Richtlinien grundsätzlich nur gegenüber den Mitgliedsstaaten verbindlich, die deren Inhalt in nationale Gesetze transferieren müssen und für die Durchsetzung des europäischen Rechts Sorge zu tragen haben.[487] Sofern es an einer Umsetzung fehlt, kann die richtlinienkonforme Auslegung einer nationalen Norm oder die direkte Anwendung der Richtlinie der Weg sein, um dem Europarecht entsprechende Geltung zu verschaffen.[488]

a) Formelle Voraussetzungen der richtlinienkonformen Auslegung

Die richtlinienkonforme Auslegung ist ein allgemein anerkannter Rechtsgrundsatz, der gewährleisten soll, dass Formulierungen in nationalen Gesetzen die Regelungen der vorrangigen Richtlinie widerspiegeln.[489] Dazu sei das nationale Gesetz im Lichte des Wortlauts und des Zwecks der Richtlinie auszulegen.[490] Auf

---

484 *Erhard,* Blümich, KStG, § 4, Rn. 16.

485 *Stadie,* in Stadie, UStG, § 2, Rn. 377; *Reiß,* in Reiß/Kraeusel/Langer, UStG, § 2, Rn. 189.

486 BFH, Urteil vom 10.11.2011, V R 41/10, DStR 2012, S. 348 (350); *Korn,* in Bunjes, UStG, § 2, Rn. 192; Seer/Wendt, DStR 2001, S. 825 (837).

487 Vgl. *Schmidt,* in FS für Vogel, Öffentliches Wirtschaftsrecht in einer offenen Staatlichkeit, S. 21 (29).

488 *Kraeusel,* UR 2010, S. 480, (481).

489 *Ruffert,* in Calliess/Ruffert, EUV/AEUV, Art. 288 AEUV, Rn. 77; *Kotzur,* in Geiger/Khan/Kotzur, EUV/AEUV, Art. 288 AEUV, Rn. 16.

490 EuGH, Urteil vom 27.6.2000, Rs. C-240/98 bis C-244/98, NJW, 2000, S. 2571 (2572).

diese Weise wird der sogenannte Anwendungsvorrang der Richtlinie sichergestellt. Sofern eine Norm richtlinienkonform ausgelegt werden kann, ist ein unmittelbares Berufen auf die Richtlinie nicht mehr möglich, da bereits die nationale Norm – wenn auch erst nach entsprechender Auslegung – den Vorgaben des Unionsrechtes entspricht.[491] Die richtlinienkonforme Auslegung kann sowohl zugunsten als auch zulasten der Steuerpflichtigen wirken.[492]

Die formalen Voraussetzungen für eine richtlinienkonforme Auslegung des § 2 Abs. 3 UStG a. F. in Verbindung mit § 1 Abs. 1 Nr. 6, § 4 KStG sind gegeben, da die nationalen Regelungen in den Anwendungsbereich der Art. 9 und 13 MwStSystRL fallen und die Umsetzungsfrist dieser Regelungen abgelaufen ist.[493]

b) Gegenstand der richtlinienkonformen Auslegung

Bevor jedoch materiell bestimmt werden kann, ob der Wortlaut der deutschen Vorschrift einer richtlinienkonformen Auslegung zugänglich ist, muss geprüft werden, worauf sich die richtlinienkonforme Auslegung überhaupt bezieht.

aa) Die Verweisung auf das Körperschaftsteuerrecht

Um den Gegenstand der richtlinienkonformen Auslegung bestimmen zu können, bedarf es einer genaueren Untersuchung der Rechtsnatur der Verweisung in § 2 Abs. 3 UStG a. F. und der dort verwendeten Verweisungstechnik.

Grundsätzlich sind zwei unterschiedliche Auslegungsmöglichkeiten denkbar. Entweder die europarechtskonforme Auslegung beschränkt sich auf das Umsatzsteuerrecht, oder durch die Verweisung in § 2 Abs. 3 UStG a. F. wird der Rechtsanwender gezwungen, auch das Körperschaftsteuerrecht korrespondierend auszulegen. Beide Varianten bergen rechtliche Probleme in sich.

(1) Beschränkung der Auslegung auf das Umsatzsteuerrecht

Der Verweis könnte die Wirkung haben, dass der Wortlaut des § 4 KStG in das Umsatzsteuergesetz hineingelesen wird.[494] Auf diese Weise würde der Wortlaut der ertragsteuerlichen Norm Teil des Umsatzsteuergesetzes. Er würde sozusagen nur extern im Körperschaftsteuergesetz niedergeschrieben stehen, jedoch bildlich und wahrhaftig auch Teil des Umsatzsteuergesetzes sein. Insofern würden

---

491 *Kraeusel*, UR 2010, S. 480 (486).

492 *Nettesheim*, in Grabitz/Hilf/Nettesheim, EUV/AEUV, Art. 288 AEUV, Rn. 135.

493 Die Mehrwertsteuersystemrichtlinie (RL 2006/112/EG) trat zum 1. Januar 2007 in Kraft, die vergleichbaren Regelungen der vorherigen 6. EG-Richtlinie (RL 77/388/EWG) bereits zum 1. Januar 1979.

494 BFH, Urteil vom 15.4.2010, V R 10/09, DStR 2010, S. 1280 (1282).

sich die Formulierungen des § 4 KStG im Ertragssteuerrecht als auch wortgleich im Umsatzsteuerrecht wiederfinden.

Gegen die erste Variante könnte sprechen, dass bei einer isolierten Auslegung des Umsatzsteuerrechts die dortigen, mit dem Körperschaftsteuerrecht wortgleichen Begrifflichkeiten dann anders zu verstehen und auszulegen sind als in § 4 KStG.[495] Zum anderen lasst sich der ertragsteuerliche Wortlaut der Norm im Umsatzsteuergesetz möglicherweise nicht ohne Weiteres nach mehrwertsteuerlichen Gesichtspunkten auslegen, da das Wesen von indirekten Steuern und Ertragsteuern verschieden ist.

Insofern erscheint es fraglich, ob man körperschaftsteuerliche Begrifflichkeiten innerhalb einer Auslegung im Umsatzsteuergesetz überhaupt von ihrer ertragsteuerlichen Bedeutung entkoppeln kann.[496] Der Bundesfinanzhof deutete bereits an, dass die umsatzsteuerliche Auslegung des § 4 KStG im Rahmen der Verweisung des § 2 Abs. 3 UStG a. F. dann ein anderes Ergebnis hervorbringt als die rein körperschaftssteuerliche Auslegung.[497] In diesem Zusammenhang ist jedoch zweifelhaft, inwieweit solche Rechtsunsicherheiten für die Rechtsanwender und den Normenadressaten hinnehmbar sind.

(2) Erstreckung der Auslegung auf das Körperschaftsteuerrecht

Der Verweis könnte auch dergestalt wirken, dass sich der Umsatzsteuergesetzgeber konkret auf eine bestimmte Stelle im Körperschaftsteuerrecht bezieht, ohne den Wortlaut im Umsatzsteuergesetz selbst zu wiederholen.[498] Nach *Hüttemann* könnten aufgrund der Verweisungstechnik im Umsatzsteuergesetz die europarechtlichen Einflüsse bis in das Körperschaftsteuerrecht ausstrahlen.[499] Im Gegensatz zu der ersten Variante[500] wäre hier der Wortlaut des § 4 exklusiv nur im Ertragssteuerrecht niedergelegt, das heißt, nur die ertragssteuerlich Norm würde ausgelegt. Die sich daraus ergebenden Wertungen wären dann auf das Umsatzsteuerrecht zu übertragen.

---

495 So jedoch BFH, Urteil vom 10.11.2011, V R 41/10, DStR 2012, S. 348 (349).

496 *Stadie,* in Stadie, UStG, § 2, Rn. 378.

497 BFH, Urteil vom 15.4.2010, V R 10/09, DStR 2010, S. 1280 (1282) „…die von § 4 KStG verwendeten Begriffe für die Bestimmung der Unternehmereigenschaft juristischer Personen des öffentlichen Rechts umsatzsteuerrechtlich und damit ggf. anders als bei einer aus-schließlich körperschaftsteuerrechtlichen Anwendung dieser Vorschrift auszulegen sind."

498 *Reiß,* in Reiß/Kraeusel/Langer, UStG, § 2, Rn. 189.

499 *Hüttemann,* Die Besteuerung der öffentlichen Hand, S. 178.

500 Siehe oben.

Hierbei ist problematisch, dass dann das nicht harmonisierte Körperschaftsteuerrecht Gegenstand einer europarechtskonformen Auslegung gemäß der Mehrwertsteuersystemrichtlinie wäre.[501] *Reiß* führt aus, dass es nicht erlaubt sei, die nicht harmonisierte Körperschaftsteuer gemäß der Mehrwertsteuersystemrichtlinie auszulegen.[502] Jedoch sind grundsätzlich sämtliche Normen des nationalen Rechts – sogar das Verfassungsrecht – im Lichte des Europarechtes auszulegen, selbst wenn sie vom Anwendungsbereich der Richtlinie gar nicht erfasst werden, um Einheit, Funktionsfähigkeit und Wirksamkeit des Unionsrechts zu sichern.[503]

Die alleinige Auslegung der körperschaftsteuerrechtlichen Norm würde zwar ein Auseinanderfallen der Begrifflichkeiten je nach Steuerart vermeiden, hätte jedoch erhebliche Auswirkungen auf die Körperschaftsteuer, wenn das Recht der Mehrwertsteuersystemrichtlinie auch auf die Ertragsteuern durchschlägt.[504]

(3) Das Verständnis des Bundesfinanzhofes

Der Bundesfinanzhof beschränkte sich in den vergangenen Jahren darauf, zu postulieren, dass § 2 Abs. 3 UStG a. F. in Verbindung mit § 4 KStG einer europarechtskonformen Auslegung zugänglich sei und der Wortlaut der deutschen Norm hiermit nicht überdehnt werde.[505] Lediglich in seiner Entscheidung zur Automatenaufstellung durch eine juristische Person öffentlichen Rechts befasste sich der Bundesfinanzhof am Rande mit dem rechtlichen Wesen der in § 2 Abs. 3 UStG a. F. verwendeten Verweisung. Die Frage, wie sich die Verweisung auf das Körperschaftsteuerrecht rechtsdogmatisch vollzieht und welche Auswirkungen diese Verweisung auf die europarechtskonforme Auslegung des § 2 Abs. 3 UStG a. F. in Verbindung mit § 4 KStG hat, lässt das Gericht unbeantwortet.[506] Lediglich der fünfte Senat des Bundesfinanzhofes geht einmal beiläufig auf die Problematik ein und tendiert dazu, die Rechtsfolgen der richtlinienkonformen Auslegung auf das Umsatzsteuerrecht zu beschränken:

---

501 Siehe Art. 113 AEUV, ehemals Art. 93 EGV.

502 *Reiß*, in Reiß/Kraeusel/Langer, UStG, § 2, Rn. 187.

503 *Ruffert*, in Calliess/Ruffert, EUV/AEUV, Art. 1 AEUV, Rn. 19; *Schroeder*, in Streinz, EUV/AEUV, Art. 288 AEUV, Rn. 131.

504 Vgl. Zur Reichweite europäischen Rechts *Ruffert*, in Calliess/Ruffert, EUV/AEUV, Art. 288 AEUV, Rn. 77.

505 BFH, Urteil vom 10.11.2011, V R 41/10, DStR 2012, 348 (349); BFH, Urteil vom 1.12.2011, V R 1/11, DStR 2012, 348 (356).

506 BFH, Urteil vom 15.4.2010, V R 10/09, BB 2010, 2088 (2089).

> „Aufgrund der Verweisung in § 2 Abs. 3 Satz 1 UStG a. F. gilt der Grundsatz umsatzsteuerrechtlicher und damit richtlinienkonformer Auslegung auch für § 4 KStG. Daher wird § 4 KStG im Rahmen der durch § 2 Abs. 3 Satz 1 UStG a. F. angeordneten Verweisung, die aus Vereinfachungsgründen nur dazu dient, den Wortlaut dieser Vorschrift nicht im Rahmen des UStG zu wiederholen, zum Bestandteil des Umsatzsteuerrechts, so dass die von § 4 KStG verwendeten Begriffe für die Bestimmung der Unternehmereigenschaft juristischer Personen des öffentlichen Rechts umsatzsteuerrechtlich und damit ggf. anders als bei einer ausschließlich körperschaftsteuerrechtlichen Anwendung dieser Vorschrift auszulegen sind.“[507]

Dieser oberflächliche Umgang mit der Verweisung erscheint unangemessen.[508] Der Bundesfinanzhof verzichtet auf eine Prüfung der Verweisung und stellt lediglich ohne Begründung fest, dass die Begrifflichkeiten des Körperschaftsteuergesetzes einer richtlinienkonformen Auslegung anhand der Mehrwertsteuersystemrichtlinie zugänglich seien. Inwieweit der Wortlaut einer Norm des Körperschaftsteuerrechts nach den unionsrechtlichen Vorgaben der Mehrwertsteuersystemrichtlinie ausgelegt werden kann, bleibt aber fraglich.[509]

Aufgrund dieser ungeklärten Rechtsfragen ist es notwendig, sich in einem Exkurs mit der eigentlichen rechtlichen Gestalt der Verweisung in § 2 Abs. 3 UStG a. F. zu beschäftigen, bevor man die Frage beantworten kann, wie sich eine europarechtskonforme Auslegung oder direkte Richtlinienanwendung tatsächlich vollzieht. Die schlichte Feststellung der Möglichkeit einer europarechtskonformen Auslegung durch den Bundesfinanzhof und Teilen der Literatur erscheint vor dem Hintergrund der oben skizzierten Fragen unangemessen.

bb) Exkurs: Grundsätze der Verweisungstechnik

Unter einer Verweisung versteht man die Bezugnahme in einer Rechtsnorm (Verweisungsnorm) auf eine andere bestehende gesetzgeberische Regelung (Verweisungsobjekt).[510] Die Nennung des Verweisungsobjektes in der Verweisungsnorm wird als Verweisungsformel bezeichnet.[511] Kennzeichnend für eine Verweisung ist, dass die Verweisungsnorm ohne das Verweisungsobjekt unvollständig wirkt und erst durch das Hinzufügen des Verweisungsobjektes vervollständigt wird.[512]

---

507 BFH, Urteil vom 15.4.2010, V R 10/09, BB 2010, 2088 (2089).

508 Vgl. *Englisch*, UR 2013, S. 570 (572), der von „Ausführungen zum rechtsmethodisch zweifelhaften Vorgehen des Bundesfinanzhofes“ absieht; *Wagner*, in ifo 2017, S. 3 (6).

509 *Reiß*, in Reiß/Kraeusel/Langer, UStG, § 2, Rn. 189; *Stadie*, in Stadie, UStG, § 2, Rn. 354; Seer/*Wendt*, DStR 2001, S. 825 (832).

510 *Debus*, Verweisungen in deutschen Rechtsnormen, S. 35.

511 *Debus*, Verweisungen in deutschen Rechtsnormen, S. 35.

512 *Karpen*, Die Verweisung als Mittel der Gesetzgebungstechnik, S. 21.

Bei der Ausgestaltung der Verweisungsformel ist der Gesetzgeber grundsätzlich frei. Die Verweisungsformel kann zum Beispiel zusammengesetzt sein aus einer Beschreibung des Verweisungsobjektes und der Paragraphenangabe (in Klammern).[513] Üblich sind jedoch Formulierungen, nach denen andere Normen „anzuwenden sind" oder sich die Rechtsfolgen „nach diesen richten". Ferner wird es als ausreichend angesehen, wenn das Verweisungsobjekt in der Verweisungsformel lediglich benannt wird und dessen Fundstelle in Klammern angegeben wird.[514]

Die Verknüpfung in § 2 Abs. 3 UStG a. F. beschränkt die gewerbliche oder berufliche Tätigkeit von juristischen Person öffentlichen Rechts – und damit ihre Unternehmereigenschaft – auf Betriebe gewerblicher Art. Der Betrieb gewerblicher Art ist im Umsatzsteuergesetz jedoch nicht weiter definiert, so dass die Regelung erst durch die Hinzunahme der Normen des Körperschaftsteuerrechtes einen vollständigen Steuertatbestand ergeben. Vom Grunde her handelt es sich daher in der Formulierung in § 2 Abs. 3 UStG a. F. um eine Verweisung, wobei deren genaue Ausprägung fraglich ist.

(1) Unterschiedliche Formen von Verweisungen

In der juristischen Methodenlehre wird zwischen verschiedenen Begriffspaaren im Bereich der Verweisung unterschieden.[515]

(aa) Deklaratorische und konstitutive Verweisungen

Bei der deklaratorischen Verweisung erschöpft sich der Zweck einer Bezugnahme darin, auf eine bereits geltende Regelung aufmerksam zu machen.[516] Eine gesetzgeberische Regelung oder Aussage wird mit dieser Verweisung nicht getroffen. Vielmehr handelt es sich um einen Hinweis an den Leser zum schnelleren Auffinden der Passagen oder Normen, auf die in der Verweisungsnorm Bezug genommen wird.[517]

Die konstitutive Verweisung hingegen vervollständigt die Regelung der Verweisungsnorm.[518] Das Verweisungsobjekt ist demzufolge als Hilfsmittel zu sehen, welches die Regelungen der Verweisungsnorm ergänzt, umschreibt oder

513 *Debus,* Verweisungen in deutschen Rechtsnormen, S. 38.

514 *Debus,* Verweisungen in deutschen Rechtsnormen, S. 38.

515 *Guckelberg,* ZG 2004, S. 62 f.

516 *Debus,* Verweisungen in deutschen Rechtsnormen, S. 39.

517 Ein Beispiel für eine deklaratorische Verweisung ist § 5 Abs. 3 S. 2 FGO, der im Hinblick auf Gerichtsbescheide auf § 90a FGO verweist.

518 *Karpen,* Die Verweisung als Mittel der Gesetzgebungstechnik, S. 21; *Fuss,* in FS für Paulick, S. 293 (294, 295).

verständlich macht. Durch die Verweisung wird der Inhalt des Verweisungsobjektes zur Vervollständigung der Verweisungsnorm in diese inkorporiert.[519]

Der Bundesfinanzhof erkannte in diesem Zusammenhang, es handele sich um eine Verweisung aus „Vereinfachungsgründen",[520] weshalb man annehmen könnte, es handele sich bei der Verweisung in § 2 Abs. 3 UStG a. F. um eine deklaratorische Verweisung.

Eine solche Interpretation ist jedoch abzulehnen. Der unbestimmte Rechtsbegriff des Betriebs gewerblicher Art in § 2 Abs. 3 UStG a. F. bedarf der Auslegung, um einen Regelungsgehalt zu entwickeln. Ohne ergänzende Auslegung wäre der steuerliche Tatbestand nicht administrierbar. Insofern entfaltet die Verweisung in § 2 Abs. 3 UStG a. F. eine konstitutive Wirkung, da die Voraussetzungen für den Steuertatbestand an die Regelungen in § 4 KStG geknüpft sind. Folglich handelt es sich um eine konstitutive Verweisung, welche die Regelung des § 2 Abs. 3 UStG a. F. erst vervollständigt.

(bb) Statische und dynamische Verweisungen

Weiterhin kennt die juristische Methodenlehre die statische und die dynamische Verweisung.[521]

Für die statische Verweisung ist kennzeichnend, dass sie sich auf eine zeitlich genau fixierte Regelung bezieht. Zu diesem Zweck wird der Verweisungsformel der Zusatz *„in der Fassung vom …"* beigefügt. Auf diese Weise wird erreicht, dass das Verweisungsobjekt stets genau identifiziert werden kann, da die Verknüpfung sicherstellt, dass lediglich die Regelung in der bezeichneten Gesetzesfassung Anwendung findet.[522]

Demgegenüber ist für die dynamische Verweisung kennzeichnend, dass sie entweder auf keine bestimmte Gesetzesfassung Bezug nimmt oder aber mit dem Zusatz *„in der jeweiligen Fassung"* gekennzeichnet ist.[523]

Insofern besteht bei dynamischen Verweisungen die Gefahr, dass die Verweisungsnorm und das Verweisungsobjekt nach einer Gesetzesänderung nicht

---

519 *Guckelberg,* ZG 2004, S. 62 (64); *Karpen,* Die Verweisung als Mittel der Gesetzgebungstechnik, S. 76.

520 BFH, Urteil vom 15.4.2010, V R 10/09, BB 2010, 2088 (2089).

521 *Hofmann,* in Schmidt-Bleibtreu/Hofmann/Henneke, GG, Art. 20, Rn. 87; *Schulze-Fielitz,* in Dreier, GG, Art 20, Rn. 144.

522 *Sommermann,* in v.Mangoldt/Klein/Strack, GG, Art. 20, Rn. 290; *Neumann/Lübbehüsen*, DB 2013, S. 2053 (2053); *Kunig,* in Jura 1990, S. 495 (497).

523 Stumpf, NVwZ 2003, S. 1198 (1198).

mehr harmonieren und die Verweisung dadurch unklar wird.[524] Sofern die Verweisungsnorm keine Aussage über die Art der Verweisung trifft, ist im Zweifel von einer dynamischen Verweisung auszugehen, da es an einem konkreten Bezug auf ein zeitlich bestimmbares Verweisungsobjekt fehlt.[525]

In § 2 Abs. 3 UStG a. F. finden sich weder Hinweise auf eine statische noch auf eine dynamische Verweisung. Insofern ist hier von der Zweifelsregelung auszugehen, nach der es sich bei fehlender Bezeichnung um eine dynamische Verweisung handelt. Dies ist auch die einzig logische Schlussfolgerung, da ohne konkrete Bezugnahme auf eine bestimmte Gesetzesfassung davon ausgegangen werden muss, dass es sich um die derzeit aktuelle Fassung handelt. Diese Auslegung der Verweisung deckt sich zudem mit der Auffassung der Finanzverwaltung, die im Umsatzsteueranwendungserlass für die Frage, ob ein Betrieb gewerblicher Art vorliegt, ausdrücklich formuliert, dass auf „§ 1 Abs. 1 Nr. 6 und § 4 KStG in der *jeweils geltenden Fassung* abzustellen" ist.[526]

Folglich sind die Regelungen des Körperschaftsteuergesetzes stets in ihrer jeweils geltenden Fassung auch für das Umsatzsteuerrecht gültig. Dies hat zur Folge, dass Änderungen im Körperschaftsteuerrecht grundsätzlich auch unmittelbar auf die Umsatzsteuer durchschlagen müssen.[527]

(cc) Binnen- und Außen-, Eigen- und Fremdverweisungen

Weiterhin ist zwischen sogenannten Binnen- und Außenverweisungen zu unterscheiden. Diese beiden Begriffspaare werden in der Literatur nicht immer einheitlich verwendet.[528] Regelmäßig wird von einer Binnenverweisung gesprochen, wenn diese auf Regelungen innerhalb desselben Gesetzes hinlenkt.[529] Demgegenüber kann unter einer Außenverweisung eine Verweisungsnorm verstanden

---

524 BVerfG, Urteil vom 1.3.1978, 1 BvR 786/70, 1 BvR 793/70, 1 BvR 168/71, 1 BvR 95/73, NJW 1978, 1475 (1476); *Ossenbühl*, Die Zulässigkeit der Verweisung als Mittel der Gesetzgebungstechnik, S. 401 f.; *Schachtschneider*, Prinzipien des Rechtsstaates, S. 293; *Schenke*, in FS für Fröhler, S. 87 (96); *Grauer*, Die Verweisung im Bundesrecht S. 15 (36); *Papier*, Bedeutung der Verwaltungsvorschriften im Recht der Technik, in FS für Lukes, S. 164; *Geitmann*, Bundesverfassungsgericht und „offene" Normen, S. 59.

525 *Milej*, EuR 2009, S. 577 (578); *Debus*, Verweisungen in deutschen Rechtsnormen, S. 68; *Hotz*, in FS für Hangartner, S. 195 (200); *Müller*, Handbuch der Gesetzgebungstechnik S. 174.

526 Abschnitt 2.11 Abs. 4 UStAE.

527 A.a. *Wagner*, in ifo 2017, S. 3 (6), der aber auch eine dynamische Verweisung für vom Gesetzgeber „gewollt" hält.

528 *Debus*, Verweisungen in deutschen Rechtsnormen, S. 58.

529 *Guckelberg*, ZG 2004, S. 62 (65).

werden, die auf Vorschriften außerhalb des Gesetzes der Verweisungsnorm verweist,[530] oder aber die Situation kennzeichnet, dass die Gesetzgeber von Verweisungsformel und Verweisungsobjekt personenverschieden sind[531]. Insofern haben sich zudem die Begriffspaare Eigen- und Fremdverweisung etabliert, wobei die Eigenverweisung für die Verweisung auf ein Gesetz desselben Gesetzgebers hindeutet, während die Fremdverweisung eine Verweisung auf das Gesetz eines anderen Legislativorgans kennzeichnet.[532]

Im Fall des Umsatzsteuer- und Körperschaftsteuergesetzes ist der Bund gesetzgebungsbefugt gemäß Art. 105 Abs. 2 GG, was auf eine Eigenverweisung hindeutet.

(dd) Zwischenergebnis

Gemäß den vorstehenden Ausführungen handelt es sich bei der Verweisung des § 2 Abs. 3 UStG a. F. auf §§ 1 und 4 KStG um eine konstitutive, dynamische Eigenverweisung.

(2) Gesetzgeberische Gründe für eine Verweisung

Die gesetzgeberischen Gründe für die Verwendung einer Verweisung auf ein anderes Gesetz können vielfältig sein. In der Literatur und Rechtsprechung werden allen voran drei Gründe genannt, die für die Verwendung der Verweisungstechnik sprechen. In erster Linie dient die Verweisung der Systembildung innerhalb der Gesetzesordnung, indem sie die Gemeinsamkeiten und Zusammenhänge zwischen verschiedenen Regelungssystemen offenlegt, wodurch die Anwendbarkeit des Rechts erleichtert werden soll.[533] Diese Bezugnahme auf andere Regelungsvorschriften dient sodann der Auslegbarkeit des Rechts, da die synonyme und wiederholte Verwendung von Begrifflichkeiten aus anderen Rechtsgebieten die Rechtsklarheit erhöht.[534]

Neben der Schaffung von Rechtsklarheit und Rechtseinheit wird ferner die Reduzierung des Gesetzestextes durch die Verwendung einer Verweisung als Vorteil angesehen, da somit die wortgleiche Wiederholung des Verweisungsobjektes in der Verweisungsnorm vermieden und dadurch die Übersichtlichkeit der Gesetze erhöht wird.[535] In diesem Zusammenhang wird auch von

---

530 *Hotz,* in FS für Hangartner, S. 195 (198); *Fuss,* in FS für Paulick, S. 293 (295).

531 *Ebsen,* in DöV 1984, S. 654 (654); *Clemens,* AöR 1986, S. 63 (92).

532 *Guckelberg,* ZG 2004, S. 62 (65); *Debus,* Verweisungen in deutschen Rechtsnormen, S. 57.

533 *Guckelberg,* ZG 2004, S. 62 (66); *Fuss,* in FS Paulick, S. 293 (295).

534 *Guckelberg,* ZG 2004, S. 62, (66); *Fuss,* in FS Paulick, S. 293 (294).

535 *Karpen,* Die Verweisung als Mittel der Gesetzgebungstechnik, S. 11; *Fuss,* in FS Paulick, S. 293 (294).

Gesetzesökonomie gesprochen, aus dem Grund etwa, um eine Norm kürzer, übersichtlicher und anschaulicher zu gestalten.[536]

Des Weiteren wird als Sinn und Zweck der Verweisungstechnik die Möglichkeit genannt, Vorschriften an andere Vorschriften anzupassen. Dies kann der Entlastung des Gesetzgebers dienen, der auf bestehende und sich bewährte Regelungen zurückgreifen möchte, als auch in der Notwendigkeit der Vereinheitlichung von verschiedenen Normkreisen begründet sein.[537] Ferner können Verweisungen dabei helfen, allgemeine Gesetze auf dem jeweils bestehenden Stand der Technik zu halten.[538]

cc) Rechtliche Würdigung

Der Bundesfinanzhof macht zur Art der Verweisung keine Ausführungen. Ausgehend vom Sinn und Zweck der Verweisung in § 2 Abs. 3 UStG a. F. weist er darauf hin, der Umsatzsteuergesetzgeber habe im Jahr 1967 die Verweisung aus Vereinfachungsgründen in das Umsatzsteuergesetz aufgenommen.[539] Der Finanzausschuss berichtete zur damaligen Gesetzesbegründung, dass die Neuregelung der Umsatzbesteuerung der öffentlichen Hand im Interesse einer besseren Trennung des Hoheitsbereiches vom unternehmerischen Bereich einer öffentlich-rechtlichen Körperschaft notwendig gewesen sei.[540] Die Anknüpfung an die Begrifflichkeiten des Körperschaftsteuerrechts im Hinblick auf die Betriebe gewerblicher Art sollte dabei vor allem der Erfassung der abzugsfähigen Vorsteuern dienen.[541]

Der Bundesfinanzhof zieht aus dem Bericht des Finanzausschusses zur Gesetzesbegründung zu § 2 Abs. 3 UStG a. F. den Schluss, bei der Verweisung handele es sich um eine Wiederholung des Wortlauts des § 4 KStG innerhalb des Umsatzsteuergesetzes. Damit verneint der Bundesfinanzhof eine Auswirkung der richtlinienkonformen Auslegung über das Umsatzsteuerrecht hinaus mit dem Argument, der Gesetzgeber habe lediglich aus Vereinfachungsgründen auf

---

536 *Karpen,* Die Verweisung als Mittel der Gesetzgebungstechnik S. 11; *Guckelberg,* ZG 2004, S. 62, (66).

537 *Karpen,* Die Verweisung als Mittel der Gesetzgebungstechnik S. 14.

538 *Fuss,* Zur Verweisung des deutschen Umsatzsteuergesetzes auf den Gemeinsamen Zolltarif der Europäischen Gemeinschaft, in FS Paulick, S. 293 (295).

539 BFH, Urteil vom 15.4.2010, V R 10/09, BB 2010, 2088 (2089).

540 Schriftlicher Bericht des Finanzausschusses zu BT Drucks. 5/1581, Begründung zu § 2 UStG, Absatz 3, S. 11.

541 Schriftlicher Bericht des Finanzausschusses zu BT Drucks. 5/1581, Begründung zu § 2 UStG, Absatz 3, S. 11.

die Vorschriften des Körperschaftsteuerrechts verwiesen, um den Wortlaut des § 4 KStG nicht im Rahmen des Umsatzsteuerrechts wiederholen zu müssen.[542]

Insofern könne der Wortlaut des § 4 KStG in § 2 Abs. 3 UStG a. F. europarechtskonform ausgelegt werden, ohne einen Einfluss auf das Körperschaftsteuerrecht zu haben.

Hinsichtlich des Auslegungsgegenstands ist dem Bundesfinanzhof Recht zu geben. Durch die konstitutive, dynamische Verweisung wird der Wortlaut des § 1 Abs. 1 Nr. 6 und des § 4 KStG in der jeweils gültigen Fassung in das Umsatzsteuergesetz transportiert. *Guckelberg* prägte den plastischen Satz, dass der Text der in Bezug genommenen Vorschrift zu fotografieren sei und im Rahmen der verweisenden Vorschrift gedanklich mitzulesen sei.[543] Folgt man diesem Ansatz, so ist davon auszugehen, dass die Wirkung der Verweisung auf das Umsatzsteuergesetz beschränkt bleibt.

Eine solche, dem Bundesfinanzhof folgende, Auslegung ist zielführend. Zwar ist alles nationale Recht am europäischen Recht zu messen, so auch das Körperschaftsteuerrecht, jedoch wirkt eine Verweisung in der Tat mehr wie eine Wiederholung eines bestehenden Gesetzestextes an anderer Stelle.

Ferner entspricht es dem Sinn und Zweck einer konstitutiven Verweisung, dass gleichlautende Formulierungen in verschiedenen Gesetzen zur Einheit der Rechtsordnung beitragen, so wie es nachweislich dem Willen des Gesetzgebers entspricht.[544] Dem Rechtsanwender werden hierdurch wertvolle Hilfestellungen geben, wenn er Begriffe in unterschiedlichen Rechtsgebieten synonym verstehen kann.[545]

Danach gelten zwar die Grundsätze des Körperschaftsteuerrechts durch die Verweisung auch im Umsatzsteuerrecht, aber die Auslegung hat im Rahmen der umsatzsteuerlichen Norm zu erfolgen und nicht im Körperschaftsteuerrecht selber.

dd) Zwischenergebnis

Die Verweisung in § 2 Abs. 3 UStG a. F. ist so zu verstehen, dass sie den Text des § 4 Abs. 5 KStG wiederholt und damit originärer Teil des Umsatzsteuerrechts ist. Eine etwaige richtlinienkonforme Auslegung des § 2 Abs. 3 UStG

---

542 BFH, Urteil vom 15.4.2010, V R 10/09, DStR 2010, S. 1280 (1282).

543 *Guckelberg*, ZG 2004, S. 62, (63).

544 Schriftlicher Bericht des Finanzausschusses zu BT Drucks. 5/1581, Begründung zu § 2 UStG, Absatz 3, S. 11.

545 *Müller*, Handbuch der Gesetzgebungstechnik, S. 173.

a. F. beschränkt sich damit in ihrer Wirkungsweise auf das Umsatzsteuergesetz. Die anzuwendenden Grundsätze des Europarechts würden nichts an der Systematik, die der § 4 Abs. 5 KStG im Körperschaftsteuerrecht entfaltet, ändern. Das Körperschaftsteuerrecht wäre autark von jedweden Änderungen durch eine richtlinienkonforme Auslegung des Umsatzsteuerrechts.

Welche rechtlichen Implikationen damit verbunden sind, wird zu untersuchen sein. Denn es besteht die vom Bundesfinanzhof angedeutete Gefahr, dass einheitliche Begrifflichkeiten je nach Steuerart unterschiedlich zu verstehen wären.

c) Materielle Voraussetzungen der richtlinienkonformen Auslegung

Ob die deutsche Norm einer richtlinienkonformen Auslegung zugänglich ist, hängt entscheidend davon ab, inwieweit der Wortlaut des § 2 Abs. 3 UStG a. F. mit gedanklicher Hinzuziehung des Wortlauts der § 1 Abs. 1 Nr. 6, § 4 KStG den europäischen Regelungen entgegensteht oder zu vereinbaren ist. Denn aufgrund des Anwendungsvorrangs der Richtlinie bildet lediglich der eindeutige Wortlaut, mit einer Auslegung *contra legem,* einer nationalen Regelung die Grenze einer richtlinienkonformen Auslegung.[546]

Der eindeutige Wortlaut des § 2 Abs. 3 UStG a. F. besagt zunächst, dass juristische Personen des öffentlichen Rechts *nur* im Rahmen ihrer Betriebe gewerblicher Art beruflich oder gewerblich tätig sind und damit in den Anwendungsbereich der Umsatzbesteuerung fallen. Was Betriebe gewerblicher Art sind, bedarf als unbestimmter Rechtsbegriff der Auslegung. Anhand der Verweisung auf das Körperschaftsteuerrecht erhält der Rechtsanwender zunächst den Hinweis, dass dieser Begriff – scheinbar – so zu verstehen sei wie im Ertragssteuerrecht. *Lang* führt aus, der zutreffende Besteuerungsrahmen sei damit nur noch Fachleuten erkennbar.[547]

Der fünfte und elfte Senat des Bundesfinanzhofes gehen gleichwohl davon aus, dass die sprachlich anderslautenden Regelungen der Mehrwertsteuersystemrichtlinie auf die Begrifflichkeiten des Betriebs gewerblicher Art und des Hoheitsbetriebs übertragen werden können.[548] „Denn eine juristische Person

546 *Mellinghoff,* UR 2013, S. 5 (8); *Nettesheim,* in Grabitz/Hilf/Nettesheim, EUV/AEUV, Art. 288 AEUV, Rn. 134.

547 *Lange,* UR 2000, S. 1 (2).

548 BFH, Urteil vom 15.4.2010, V R 10/09, DStR 2010, S. 1280 (1282); BFH, Urteil vom 10.11.2011, V R 41/10, DStR 2012, S. 348 (349); BFH, Urteil vom 17.3.2010, XI R 17/08, KommJur 2011, S. 59 (60).

des öffentlichen Rechts sei bei richtlinienkonformer Auslegung von § 2 Abs. 3 S. 1 UStG a. F. in Verbindung mit § 4 KStG entsprechend Art. 9 MwStSystRL Unternehmer, wenn sie eine wirtschaftliche und damit eine nachhaltige Tätigkeit zur Erbringung entgeltlicher Leistungen (wirtschaftliche Tätigkeit) ausübt, die sich innerhalb ihrer Gesamtbetätigung heraushebt."[549] Insofern wiederholt der Bundesfinanzhof den Wortlaut der Richtlinie und leitet sämtliche Besteuerungsmerkmale aus dem Text der Mehrwertsteuersystemrichtlinie her.

Dabei überschreite die umsatzsteuerrechtliche Auslegung des Betriebs gewerblicher Art insbesondere im Hinblick auf den Begriff der „wirtschaftlichen Tätigkeit" (§ 4 Abs. 1 Satz 1 KStG) nicht die bei der Auslegung dieser Vorschriften zu beachtende Wortlautgrenze.[550]

Stadie merkt in diesem Zusammenhang an, eine europarechtskonforme Auslegung verbiete sich, weil eine unterschiedliche Behandlung derselben Begrifflichkeiten zu unterschiedlichen Ergebnissen bei der Besteuerung in den verschiedenen Steuergebieten führen würde.[551] Dies wäre jedoch vom Gesetzgeber ausdrücklich nicht gewollt gewesen, der einen Gleichlauf zwischen Umsatzsteuer und Körperschaftsteuer vorsah.[552] Insofern ist zu prüfen, ob der richtlinienkonformen Auslegung der eindeutige Wortlaut des deutschen Gesetzes entgegensteht.

aa) Auslegung contra legem

Zwar wird dem Bundesfinanzhof zugestanden, dass die Grenze der richtlinienkonformen Auslegung nicht zwingend der Wortlaut der nationalen Norm sein muss.[553] Eine europarechtskonforme Auslegung könne auch eine den Wortlaut übersteigende Rechtsfortbildung beinhalten.[554] Diese weite Grenze soll den Interpreten damit nicht auf die Wortlautgrenze im engeren Sinne beschränken, sondern lediglich ein nach nationalen Auslegungsregeln unzulässiges Ergebnis verhindern.[555]

Jedoch sind die Grenzen einer richtlinienkonformen Auslegung dann erreicht, wenn diese dem ausdrücklichen Willen des Gesetzgebers widerspricht.[556] Eine

549 BFH, Urteil vom 10.11.2011, V R 41/10, DStR 2012, S. 348 (349).

550 BFH, Urteil vom 10.11.2011, V R 41/10, DStR 2012, S. 348 (349).

551 *Stadie,* in Stadie, UStG, § 2, Rn. 360.

552 *Stadie,* in Stadie, UStG, § 2, Rn. 354.

553 Vgl. *Ruffert,* in Calliess/Ruffert, EUV/AEUV, Art. 288 AEUV, Rn. 77.

554 *Nettesheim,* in Grabitz/Hilf/Nettesheim, EUV/AEUV, Art. 288 AEUV, Rn. 134; *Schenke,* DStR 2011, S. 54 (58)

555 *Nettesheim,* in Grabitz/Hilf/Nettesheim, EUV/AEUV, Art. 288 AEUV, Rn. 134.

556 BFH, Urteil vom 9.8.2007, V R 27/04, DStR 2007, S. 1719 (1721).

Auslegung *contra legem,*[557] die also im Gegensatz zu dem eigentlichen Wortlaut der nationalen Norm steht und damit den Willen des Gesetzgebers missachtet, würde auch nach der Rechtsprechung des Europäischen Gerichtshofes die Grenzen einer richtlinienkonformen Auslegung überschreiten.[558]

Der eigentliche Wortlaut des § 2 Abs. 3 UStG a. F., mit dem Tatbestandsmerkmal des Betriebs gewerblicher Art, ist grundsätzlich sehr offen formuliert, so dass es an dieser Stelle keine Konflikte mit den Vorgaben der Mehrwertsteuersystemrichtlinie und dem Wortlaut des Gesetzestextes geben kann. Es bedarf lediglich einer Auskleidung dieses unbestimmten Rechtsbegriffes.

Ausgelöst werden die Probleme durch die Übertragung der Regelungen des Körperschaftsteuerrechts und den dort herrschenden Grundsätzen.[559] Da der Wortlaut der nationalen Norm die Steuerpflicht für juristische Personen öffentlichen Rechts auf deren Betriebe gewerblicher Art begrenzt, ist ein Abweichen von dieser Voraussetzung, unter Annahme der wirtschaftlichen Tätigkeit als entscheidende Steuertatbestandsvoraussetzung, zwangsläufig eine Überschreitung des Wortlauts des § 2 Abs. 3 UStG a. F, da das Körperschaftsteuerrecht diese Voraussetzung nicht kennt.[560]

Die Kritiker der Rechtsprechung des Bundesfinanzhofes wenden ein, Wortlaut, Entstehungsgeschichte und systematischer Zusammenhang mit § 1 Abs. 1 Nr. 6 KStG, § 4 Abs. 1 bis 5 KStG und § 14 AO ließen eine richtlinienkonforme Auslegung dahingehend, dass die Begrenzung auf den Betrieb gewerblicher Art in § 2 Abs. 3 UStG a. F. quasi für leerlaufend erklärt würde, nicht zu.[561] *Reiß* verweist darauf, dass der Gesetzgeber ausdrücklich die Begrifflichkeiten der Umsatzsteuer und Körperschaftsteuer in diesem Zusammenhang gleich behandelt wissen wollte.[562] Zudem verbiete es sich auch, die nicht harmonisierten

557 *Haratsch/Koenig/Pechstein*, Europarecht, Rn. 400; EuGH, Urteil vom 4.7.2006, Rs. C-212/04, NJW 2006, S. 2465 (2468).

558 EuGH, Urteil vom 4.7.2006, Rs. C-212/04, NJW 2006, S. 2465 (2467); EuGH, Urteil vom 16.6.2005, Rs. C-105/03, NJW 2005, S. 2839 (2841); *Auer*, NJW 2007, S. 1106 (1107).

559 *Reiß*, UR 1994, S. 390; *Stadie*, in Rau/Dürrwächter, UStG, § 2, Rn. 1153; *Seer/Klemke*, BB 2010, S. 2015 (2024); *Heintzen*, DStR 1999, S. 1799 (1803); *Sterzinger*, UR 2009, S. 37 (44); *Karla*, UVR 2012, S. 139 (152); *Sorgenfrei*, DStR 1993, S. 1893 (1900).

560 *Sterzinger*, UR 2009, S. 37 (43), *Küffner*, Umsatzsteuerliche Behandlung von juristischen Personen öffentlichen Rechts, 2001, S. 188; *Stadie*, in Rau/Dürrwächter, UStG, § 2, Rn. 1153.

561 *Reiß*, in Reiß/Kraeusel/Langer, UStG, § 2, Rn. 189; *Stadie*, in Rau/Dürrwächter, UStG, § 2, Rn. 1227.

562 *Reiß*, in Reiß/Kraeusel/Langer, UStG, § 2, Rn. 131.

Begrifflichkeiten des Körperschaftsteuerrechts in Abhängigkeit von Art. 13 MwStSystRL „richtlinienkonform“ auszulegen.[563] Es widerspräche der Rechtssicherheit, das heißt der Klarheit, Bestimmtheit und Beständigkeit staatlichen Handelns, den Begriff des Betriebs gewerblicher Art im Umsatzsteuerrecht anders auszulegen als in der Norm des Körperschaftsteuerrechts, auf welche im Umsatzsteuergesetz verwiesen wird.[564] Dies wäre ein Verstoß gegen den Willen des Gesetzgebers und gesetzessystematisch nicht vertretbar.[565]

bb) Direkte Anwendung der Mehrwertsteuersystemrichtlinie

Folgte man den berechtigten Einwendungen der Kritiker, verstieße die richtlinienkonforme Auslegung gegen den eindeutigen Wortlaut des § 2 Abs. 3 UStG a. F. in Verbindung mit § 4 KStG und wäre damit unzulässig. Die einzige Möglichkeit, um dann europarechtskonforme Verhältnisse herzustellen, wäre die direkte Anwendung der Mehrwertsteuersystemrichtlinie.

Ausgehend von der Rechtsprechung des Europäischen Gerichtshofes kann sich der Steuerpflichtige auf eine ihm günstige, hinreichend klare und unbedingte Richtlinienregelung berufen, wenn der Mitgliedsstaat seiner Umsetzungspflicht nicht nachgekommen ist.[566] Der Steuerpflichtige kann sich die Versäumnisse des Staates zu Nutze und seine Rechte unmittelbar aus der Richtlinie gerichtlich geltend machen.[567] Eine solche Wirkung ist jedoch auf die jeweiligen Beteiligten beschränkt (inter partes), das heißt, die nicht ordnungsgemäß umgesetzte Norm besitzt weiterhin Geltung für alle übrigen Fälle, da nur die Gerichte, nicht aber die Verwaltung, zur Nichtanwendung des nationalen Rechts berufen sind.[568]

---

563 *Reiß*, in Reiß/Kraeusel/Langer, UStG, § 2, Rn. 187.

564 *Hüttemann*, Die Besteuerung der öffentlichen Hand, S. 178; *Stadie*, in Rau/Dürrwächter, UStG, § 2, Rn. 1156.

565 Vgl. *Seer*, DStR 1992, Teil 2, S. 1790 (1794): „Die Regelungen in den Einzelsteuergesetzen sind nicht aufeinander abgestimmt, dabei widersprüchlich und vermögen den Zweck der Herstellung der Wettbewerbsneutralität der Besteuerung nur in unzureichender Weise umzusetzen.“

566 EuGH, Urteil vom 19.1.1982, Rs. 8/81, Slg 1982, S. 53 (71); *Reiß*, in StuW 1994, S. 323 (325).

567 *Reiß*, in StuW 1994, S. 323 (327).

568 BFH, Urteil vom 17. 7.2008, X R 64/04, EuR 2010, S. 378 (384); BFH, Urteil vom 24.10.2013, V R 17/13, MwStR 2014, S. 166 (167); *Reiß*, in StuW 1994, S. 323 (327); a.A. *Ruffert*, in Calliess/Ruffert, EUV/AEUV, Art. 1 AEUV, Rn. 32, der auch die Verwaltung zur Nichtanwendung des nationalen Rechts verpflichtet sieht.

(1) Problematisches Wahlrecht bezüglich der Steuerbarkeit

Gemäß Art. 288 Abs. 3 AEUV sind Richtlinien grundsätzlich nur für die Mitgliedsstaaten rechtsverbindlich. Allerdings können sich auch Private direkt auf die Regelungen einer Richtlinie berufen, wenn die unionsrechtlichen Vorgaben in ihrem Mitgliedsstaat nicht fristgerecht umgesetzt wurden, die Richtlinie hinreichend genau formuliert und darüber hinaus unbedingt ist.[569]

Die direkte Anwendung einer nicht richtig oder rechtzeitig umgesetzten Richtlinie wirkt nur zugunsten des Einzelnen, der sich auf eine für ihn vorteilhafte Richtlinienregelung berufen darf. Umgekehrt darf sich der Mitgliedsstaat nicht unmittelbar auf eine solche Richtlinie berufen, da ihm die nicht richtlinienkonforme Umsetzung nicht zum Vorteil gereichen soll.[570] Die Mehrwertsteuersystemrichtlinie (2006/112/EG) ging aus verschiedenen Richtlinien hervor und ersetzte gemäß Art. 411 Abs. 1 MwStSystRL zum 1. Januar 2007 die bis dahin geltende 6. EG-Richtlinie (77/388/EWG). Die Regelungen der 6. EG-Richtlinie in Art. 4 Abs. 1 und 5 sind identisch mit denen der MwStSystRL in Art. 9 und 13. Gemäß Anhang XI, Teil B MwStSystRL war die Umsetzungsfrist für die 6. EG-Richtlinie der 1. Januar 1978. Damit ist die Umsetzungsfrist hinsichtlich der Umsatzbesteuerung juristischer Personen öffentlichen Rechts abgelaufen.

Ferner ergeben sich aus dem Wortlaut der Art. 9 und 13 MwStSystRL keine Unklarheiten und die Vorschriften sind unbedingt formuliert, so dass dem Einzelnen (hier der juristischen Person öffentlichen Rechts) ein direktes Berufen auf die Mehrwertsteuersystemrichtlinie möglich ist, soweit deren Regelung nicht richtlinienkonform in das deutsche Recht übertragen wurde.

Im Endeffekt bedeutet also eine Ablehnung der europarechtskonformen Auslegung, welche man mit guten Argumenten vertreten kann,[571] zugleich eine direkte Anwendung der Mehrwertsteuersystemrichtlinie im Bereich des § 2 Abs. 3 UStG a. F.

Der Staat ist zwar verpflichtet, die Richtlinie unmittelbar anzuwenden, muss aber gegen sich gelten lassen, dass er die Richtlinie nicht richtig umgesetzt hat

569 *Haratsch/Koenig/Pechstein*, Europarecht, Rn. 388 und 390.

570 *Kotzur*, in Geiger/Khan/Kotzur, EUV/AEUV, Art. 288 AEUV, Rn. 17.

571 *Reiß*, in Reiß/Kraeusel/Langer, UStG, § 2, Rn. 190; *Stadie*, in Rau/Dürrwächter, UStG, § 2, Rn. 1156; *Reimer*, DStJG 32 (2009), S. 325 (346); *Gröpl/Zukiwski*, MwStR 2014, S. 77 (83); so auch noch FG Münster, Urteil vom 11.12.2008, 5 K 6658/03 U, EFG 2009, S. 1060 (1062), welches zu Recht darauf hinweist, dass die Unterscheidung zwischen einem Betrieb gewerblicher Art und einem Hoheitsbetrieb wesentlich sei und im deutschen Gesetz von größeren Wettbewerbsverzerrungen im Sinne der Mehrwertsteuersystemrichtlinie keine Rede sein könne.

und ist daher zugunsten des Steuerpflichtigen weiter an das nationale Gesetz gebunden.[572] Dies ist weniger aufgrund der in der Mehrwertsteuersystemrichtlinie kodifizierten Regelungen problematisch, sondern vielmehr aufgrund der damit einhergehenden Rechtsunsicherheiten und Steuergestaltungsmöglichkeiten.

Die rechtliche Konstruktion der unmittelbaren Anwendung einer Richtlinie würde den juristischen Personen öffentlichen Rechts hier tatsächlich ein Wahlrecht dahingehend ermöglichen, ob sie sich auf die für sie günstigere Richtlinie (z. B. zugunsten des Vorsteuerabzugs) oder das für sie günstigere nationale Recht (z. B. zur Vermeidung der Umsatzsteuerpflicht) berufen.[573] Faktisch haben die juristischen Personen des öffentlichen Rechts für alle Tätigkeitsbereiche gemäß § 2 Abs. 3 UStG a. F. ein Wahlrecht,[574] da die Finanzverwaltung die europarechtlichen Einflüsse bisher ignoriert hat.[575] Somit können sich die juristischen Personen des öffentlichen Rechts weiterhin nach deutschem Recht behandeln lassen oder aber sich im Wege des Einspruchs- oder Klageverfahrens auf eine richtlinienkonforme Auslegung der deutschen Normen berufen.[576] Ein solcher Zustand ist grundsätzlich mit dem allgemeinen Gleichheitsgebot aus Art. 3 Abs. 1 GG, dem Prinzip der Wettbewerbsneutralität und dem Anwendungsvorrang des Europarechts nicht zu vereinbaren.[577]

(2) Rechtliche Würdigung

Tatsächlich besteht durch die Abweichung der nationalen Regelungen vom Europarecht in Verbindung mit der fehlenden Berücksichtigung europäischer Vorgaben durch die Finanzverwaltung für juristische Personen öffentlichen Rechts im Rahmen des § 2 Abs. 3 UStG a. F. tatsächlich ein faktisches Wahlrecht hinsichtlich ihrer Besteuerung. Ein solcher Umstand ist aus rechtsstaatlichen Gesichtspunkten nicht tragbar. Jedoch kann er nicht gegen eine, sofern erforderlich, direkte Anwendung des Europarechts sprechen. Denn diesem ist in jedem

---

572 *Sterzinger*, UR 2009, S. 37 (43).

573 BFH, Urteil vom 9.8.2007, V R 27/04, UR 2007, S. 811 (811); *Sterzinger*, UR 2009, S. 37 (43).

574 *Ringwald*, UR 2015, S. 1 (1).

575 *OFD Nordrhein-Westfalen*, Besteuerung der juristischen Personen des öffentlichen Rechts, S. 24 ff.

576 *Ringwald*, UR 2015, S. 1 (1).

577 *Widmann*, UR 2015, S. 6 (11); *Sterzinger*, UR 2009, S. 37 (44); *Ruffert*, in Calliess/Ruffert, EUV/AEUV, Art. 288 AEUV, Rn. 77; *Gröpl*, in Dauses, EU-Wirtschaftsrecht, J, Rn. 427.

Fall Geltung zu verschaffen, sei es durch eine richtlinienkonforme Auslegung oder aber durch eine direkte Anwendung des Richtlinienwortlauts.

cc) Wertungswidersprüche

Besonders deutlich wird die Diskrepanz bei der Auslegung der Begrifflichkeiten je nach Steuerart hinsichtlich der unterschiedlichen Behandlung der Vermögensverwaltung.

Das Körperschaftsteuerrecht, auf welches sich das Umsatzsteuerrecht bezieht, versteht unter Vermögensverwaltung einhellig keinen Betrieb gewerblicher Art.[578] Nach dem Wortlaut des § 2 Abs. 3 UStG a. F. ist der Betrieb gewerblicher Art jedoch die entscheidende Voraussetzung für eine Umsatzsteuerpflicht einer juristischen Person öffentlichen Rechts. Insofern weist *Reiß* zutreffend darauf hin, dass es im Bereich der Vermögensverwaltung zu gegensätzlichen Ergebnissen hinsichtlich der Besteuerung kommt.[579] Denn nach den Grundsätzen der Mehrwertsteuersystemrichtlinie handelt es sich auch bei einer Tätigkeit wie Vermietung und Verpachtung um eine wirtschaftliche Tätigkeit,[580] welche jedoch nach den Grundsätzen des Körperschaftsteuerrechts nicht der Besteuerung unterliegt.[581] *Stadie* formuliert in diesem Zusammenhang schlüssig, dass im § 4 Abs. 4 KStG notwendigerweise nicht hervorgehoben würde, dass die Verpachtung eines Betriebes gewerblicher Art nicht steuerbar sei. Denn grundsätzlich sei eine solche Vermögensverwaltung eben nicht gewerblich und damit auch nicht steuerbar.[582] Darüber hinaus kommt im Fall der Vermögensverwaltung noch entscheidend hinzu, dass der Gesetzgeber diese nachweislich keiner Besteuerung unterwerfen wollte.[583]

Den in der Literatur vorgetragenen Bedenken ist Rechnung zu tragen. Das Beispiel der Vermögensverwaltung zeigt besonders deutlich, zu welch unterschiedlichen Ergebnissen es kommen kann, wenn man die Paragraphen der Körperschaftsteuer in das Umsatzsteuergesetz hineinliest, ohne eine identische Interpretation der Begriffe im Körperschaftsteuerrecht vorzunehmen. Eine

---

578 *Erhard,* in Blümich, KStG, § 4, Rn. 33; *Meier/Semelka,* in Herrmann/Heuer/Raupach, KStG, § 4, Rn. 28.

579 *Reiß*, in Reiß/Kraeusel/Langer, UStG, § 2, Rn. 188.

580 EuGH, Urteil vom 4.6.2009, Rs. C-102/08 (Salix), DStR 2009, S. 1196 f.

581 *Reiß*, in Reiß/Kraeusel/Langer, UStG, § 2, Rn. 188; *Seer/Klemke*, BB 2010, S. 2015 (2024).

582 *Stadie,* in Rau/Dürrwächter, UStG, § 2, Rn. 1208.

583 *Stadie,* in Rau/Dürrwächter, UStG, § 2, Rn. 1223; *Reimer,* DStJG 32 (2009), S. 325 (346).

solche rechtliche Konstruktion erscheint vor dem Hintergrund rechtsstaatlicher Erwägungen nicht hinnehmbar.

2. *Vermittelnde Ansicht*

Nach der hier vertretenen Ansicht ist § 2 Abs. 3 UStG a. F. grundsätzlich einer europarechtskonformen Auslegung zugänglich. Jedoch ist die Verweisung auf das Körperschaftsteuerrecht aufgrund des Vorrangs des Europarechts unanwendbar.

a) § 2 Absatz 3 Umsatzsteuergesetz alter Fassung ist einer richtlinienkonformen Auslegung zugänglich

Der Wortlaut der Normen spricht zunächst gegen die Möglichkeit einer richtlinienkonformen Auslegung. Nach der Sichtweise des Bundesfinanzhofes handelt es sich bei der Auslegung des Betriebs gewerblicher Art im Sinne von § 2 Abs. 3 UStG a. F. jedoch um kein unzulässiges Ergebnis, weil die in § 4 Abs. 1 KStG definierten Maßstäbe dem allgemeinen Unternehmerbegriff im Sinne von § 2 Abs. 1 UStG entsprechen würden. Dieser sei wiederum identisch mit den verbindlichen Vorgaben der europäischen Mehrwertsteuersystemrichtlinie.[584]

Der Bundesfinanzhof wertet in diesem Zusammenhang zutreffend, dass der Sinn und Zweck einer Besteuerung der öffentlichen Hand im nationalen wie europäischen Recht ähnlich ist und deshalb auch das Verständnis der nationalen Regelung gemäß den Vorgaben der Mehrwertsteuersystemrichtlinie nicht zu Ergebnissen contra legem führt.[585] Zwar sind die Begrifflichkeiten der nationalen (Betrieb gewerblicher Art) und europäischen (wirtschaftliche Tätigkeit) Regelungssysteme unterschiedlich, vom Sinn und Zweck der Besteuerung sind sie sich jedoch sehr ähnlich. Beide Regelungssysteme sehen letztlich als entscheidendes Korrektiv für eine Umsatzbesteuerung juristischer Personen öffentlichen Rechts ein Wettbewerbsverhältnis zwischen Staat und privatem Unternehmer vor.[586] Lediglich die Frage, was tatsächlich hoheitliches Handeln bedeutet, ist in beiden Systemen bisher nicht ganz eindeutig zu beantworten gewesen.

Mithin gehen beide Regelungssysteme von vergleichbaren Voraussetzungen aus, was eine europarechtskonforme Auslegung trotz anderslautendem Wortlaut ermöglicht.[587] Vor diesem Hintergrund kann man nicht davon sprechen, dass

---

584 BFH, Urteil vom 15.4.2010, V R 10/09, DStR 2010, S. 1280 (1282).

585 So auch *Hüttemann*, Die Besteuerung der öffentlichen Hand, S. 173.

586 *Hüttemann*, in FS für Franz Wassermeyer, Der Beginn der subjektiven Körperschaftsteuerpflicht S. 27 (47).

587 *Kraeusel*, UR 2010, S. 480 (486).

mit der europarechtskonformen Auslegung der Wortlaut der deutschen Normen in sein Gegenteil verkehrt wird.[588]

Die Umsatzsteuersenate des Bundesfinanzhofs gehen davon aus, dass die Richtlinie keinen Einfluss auf das Körperschaftsteuerrecht hat. Korrespondierend dazu entschied der für Körperschaftsteuer zuständige erste Senat des Bundesfinanzhofes, indem er bei der körperschaftsteuerlichen Bewertung des Betriebs gewerblicher Art allein auf die im Körperschaftsteuerrecht entwickelten – und im Umsatzsteuerrecht mittlerweile überholten – Rechtsgrundsätze zurückgriff.[589] Trotz einer denkbaren Erstreckung auf den Wortlaut des Körperschaftsteuerrechts grenzte der erste Senat, wie in der Vergangenheit üblich und auch heute noch von der Finanzverwaltung im Umsatzsteuerrecht praktiziert, die unternehmerische von der nichtunternehmerischen Tätigkeit anhand der Merkmale „eigentümlich und vorbehalten" ab.[590] Insofern kann man sagen, dass der Bundesfinanzhof die Vorgaben der Mehrwertsteuersystemrichtlinie konsequent nur auf das Umsatzsteuerrecht angewendet hat. Ein einheitliches, steuerrechtliches Verständnis der Begrifflichkeiten Betrieb gewerblicher Art und Hoheitsbetrieb findet damit jedoch nicht mehr statt.[591]

Im Ergebnis bedeutet dies, dass der in § 2 Abs. 3 UStG a. F. genannte Betrieb gewerblicher Art nicht mehr über das Körperschaftsteuerrecht definiert werden kann. Vielmehr ergeben sich im Wege der europarechtskonformen Auslegung alle Besteuerungsmerkmale aus der Mehrwertsteuersystemrichtlinie.

Ausgehend von dieser dogmatisch richtigen Einordnung durch den Bundesfinanzhof verbietet sich eine direkte Anwendung der Mehrwertsteuersystemrichtlinie in diesem Zusammenhang, weil diese subsidiär zur europarechtskonformen Auslegung einer Norm ist. Darüber hinaus kann es kein rechtmäßiges Ergebnis sein, wenn dem Steuerpflichtigen ein Wahlrecht hinsichtlich seiner Steuerpflicht zukommen kann. Denn auch dies wäre ein nicht zu rechtfertigender Steuervorteil einer juristischen Person öffentlichen Rechts gegenüber einem privaten Marktteilnehmer.[592] Dies wäre der Fall gewesen, wenn die öffentliche Hand zwischen der ihr günstigeren Variante, das heißt nationales oder europäisches

---

588 A. A. *Stadie,* in Rau/Dürrwächter, UStG, § 2, Rn. 1217.

589 BFH, Urteil vom 12.7.2012, – I R 106/10, DStR 2012, S. 1912 (1913); BFH, Urteil vom 3.4.2012, I R 22/11, BFH/NV 2012, S. 1334 (1335).

590 BFH, Urteil vom 12.7.2012, I R 106/10, DStR 2012, S. 1912 (1913); BFH, Urteil vom 3.4.2012, I R 22/11, BFH/NV 2012, S. 1334 (1335).

591 *Küffner,* DStR 2003, S. 1606, (1608).

592 *Hüttemann,* Die Besteuerung der öffentlichen Hand, S. 148 ff.

Recht, hätte wählen können (aufgrund der Tatsache, dass eine nicht ordnungsgemäß umgesetzte Richtlinie nicht zu Lasten des Steuerpflichtigen wirken kann).

b) Die Verweisung auf das Körperschaftsteuerrecht ist unanwendbar

Entgegen der Ansicht des Bundesfinanzhofes besteht jedoch kein Grund, den Verweis auf das Körperschaftsteuerrecht noch aufrechtzuerhalten. Dieser hatte entschieden, dass

> „*erst* die Anwendung von § 2 Abs. 3 S. 1 UStG a. F. in Verbindung mit § 4 Abs. 5 KStG dazu führt, dass umsatzsteuerrechtlich die hoheitlichen und damit die auf öffentlichrechtlicher Grundlage ausgeübten Tätigkeiten der juristischen Personen des öffentlichen Rechts nicht als unternehmerisch anzusehen sind.“[593]

Diese Aussage ist unrichtig. Das europäische Recht regelt ebenfalls die Ausnahme der öffentlichen Hand von der Umsatzbesteuerung. Der Bundesfinanzhof verschafft diesen europäischen Regelungen durch seine richtlinienkonforme Auslegung selbst Geltung im nationalen Recht. Das Festhalten an der Verweisung konterkariert vielmehr die umfassende Geltung des europäischen Rechts.

Um dem europäischen Recht umfassende Geltung zu verschaffen, ist eine nationale Norm *soweit* unanwendbar, wie sie gegen europäisches Recht verstößt.[594] Das Bundesverfassungsgericht führt in diesem Zusammenhang aus, die europarechtskonforme Auslegung „beachtet den Grundsatz, dass das supranationale Recht der Europäischen Union keine rechtsvernichtende, derogierende Wirkung gegenüber dem mitgliedsstaatlichen Recht entfaltet, sondern nur dessen Anwendung soweit zurückdrängt, wie es die Verträge erfordern und es die durch das Zustimmungsgesetz erteilten Rechtsanwendungsbefehle erlauben.“ Mitgliedsstaatliches Recht wird insoweit lediglich unanwendbar.[595] Für diese volle Wirksamkeit des Europarechts sei im Rahmen der Auslegung Sorge zu tragen, indem erforderlichenfalls jede – auch spätere – entgegenstehende Bestimmung des nationalen Rechts aus eigener Entscheidungsbefugnis unangewendet bleibt, ohne dass es der vorherigen Beseitigung dieser Bestimmung auf gesetzgeberischem Wege oder durch ein sonstiges verfassungsrechtliches Verfahren bedarf.[596] Darüber hinaus sei alles Erforderliche zu tun, um diejenigen

---

593 BFH, Urteil vom 10.11.2011, V R 41/10, DStR 2012, S. 348 (349).

594 *Purnhagen*, Europarecht, S. 18.

595 BVerfG, Beschluss vom 19.7.2011, 1 BvR 1916/09, NJW 2011, S. 3428 (3431).

596 EuGH, Urteil vom 26.2.2013, Rs. C-617/10 (Aklagare/Hans Akerberg Fransson), NJW 2013, 1415 (1418).

innerstaatlichen Rechtsvorschriften „auszuschalten", die unter Umständen ein Hindernis für die volle Wirksamkeit der Unionsnorm bilden.[597]

Da die grundsätzlichen Prinzipien der Umsatzbesteuerung der öffentlichen Hand im Einklang mit dem Europarecht stehen, darf sich die Unanwendbarkeit auch nur auf die irreführende Verweisung beziehen, welche die nicht im Einklang stehenden Wertungen des Körperschaftsteuerrechts mit der Mehrwertsteuersystemrichtlinie in das Umsatzsteuerrecht transportiert. Insofern können eurorechtskonforme Verhältnisse in Deutschland geschaffen werden, soweit der Verweis auf das Körperschaftsteuerrecht für unanwendbar erklärt wird.

Durch die gewollte Aufrechterhaltung der Verweisung auf das Körperschaftsteuerrecht überschreitet der Bundesfinanzhof seine Kompetenz in zweierlei Hinsicht. Zum einen existiert in diesem Zusammenhang kein Gebot zum Normenerhalt, da ein solcher der umfassenden Geltung des Europarechts entgegenstehen könnte, zum anderen entstehen hierdurch Rechtsunsicherheiten für den Rechtsanwender.

aa) Kein Gebot zum Normerhalt

Alle Träger öffentlicher Gewalt in den Mitgliedstaaten haben geeignete Maßnahmen im Rahmen ihrer Zuständigkeiten zu treffen, um ihrer Verpflichtung, den Vorgaben europäischen Rechts Geltung zu verschaffen, nachzukommen.[598] Dabei dient die richtlinienkonforme Auslegung nicht, wie die verfassungskonforme Auslegung des deutschen Rechts, dem Normerhalt.[599]

Der Versuch des Bundesfinanzhofes, die Verweisung auf das Körperschaftsteuerrecht erhalten zu wollen, ist daher nicht zielführend. Faktisch orientiert sich die Rechtsprechung seit Jahren ausschließlich am Europarecht und den Vorgaben der Mehrwertsteuersystemrichtlinie. Der Bundesfinanzhof zitiert in all seinen einschlägigen Entscheidungen[600] die Mehrwertsteuersystemrichtlinie, nach der Staaten, Länder, Gemeinden und sonstige Einrichtungen des öffentlichen Rechts nicht als Steuerpflichtige gelten, soweit sie die Tätigkeiten ausüben oder Leistungen erbringen, die ihnen im Rahmen der öffentlichen Gewalt

---

597 BFH, Urteil vom 24.10.2013, V R 17/13, MwStR 2014, S. 166 (Rn. 167); EuGH, Urteil vom 26.2.2013, Rs. C-617/10 (Aklagare/Hans Akerberg Fransson), NJW 2013, 1415 (1418); EuGH, Urteil vom 9.3.1978, Rs. C-106/77, NJW 1978, S. 1741 (1742).

598 *Ruffert,* in Calliess/Ruffert, EUV/AEUV, Art. 2881 AEUV, Rn. 77.

599 *Ruffert,* in Calliess/Ruffert, EUV/AEUV, Art. 2881 AEUV, Rn. 82.

600 BFH, Urteil vom 15.4.2010, V R 10/09, DStR 2010, S. 1280 (1282); BFH, Urteil vom 10.11.2011, V R 41/10, DStR 2012, S. 348 (349); BFH, Urteil vom 17.3.2010, XI R 17/08, KommJur 2011, S. 59 (60).

obliegen.[601] Sofern man von einer richtlinienkonformen Auslegung ausgeht, lassen sich auch diese Grundsätze der Mehrwertsteuersystemrichtlinie auf das deutsche Recht übertragen, ohne dass es der „Hilfe“ aus dem Ertragsteuerrecht noch bedarf.

Ein klares Bekenntnis zur europarechtskonformen Auslegung unter Aufgabe der körperschaftsteuerlichen Grundsätze würde dem Europarecht ausreichende Geltung verschaffen und die Rechtsunsicherheiten der Steuerpflichtigen minimieren.

bb) Rechtssicherheit

Entgegen der Ansicht des Bundesfinanzhofes trägt die Aufrechterhaltung der Verweisung erheblich zur Rechtsunsicherheit bei. Wenn schon das Europarecht die Nichtanwendung der Verweisung verlangt, dann kann es auch nach rechtsstaatlichen Maßstäben nicht rechtmäßig sein, eine solche irreführende Rechtslage durch die Rechtsprechung zu befördern beziehungsweise zu verstärken.

Die Rechtssicherheit ist ein Ausfluss der in Art. 20 Abs. 3 GG kodifizierten Rechtsstaatlichkeit.[602] Zwar ist die Rechtssicherheit kein ausdrückliches Prinzip von Verfassungsrang, jedoch ist diese als wesentlicher Bestandteil der Rechtsstaatlichkeit anerkannt.[603] Durch die Gewährleistung von Rechtssicherheit sollen staatliche Hoheitsakte einerseits so klar[604] und bestimmt[605] und andererseits so beständig sein, dass sich der Bürger auf sie in einem hinreichenden Maße verlassen kann.[606] Insbesondere die Rechtsklarheit wird vom Bundesfinanzhof durch die Aufrechterhaltung der Verweisung in § 2 Abs. 3 UStG a. F. beeinträchtigt.

601 Art. 13 Abs. 1 MwStSystRL.

602 *Grzeszick*, in Maunz/Dürig, GG, Art. 20 VII, Rn. 50; *Huster/Rux*, in Epping/Hillgruber, GG, Art. 20, Rn. 181; *Heußner*, NJW 1982, S. 257 (258); BVerfG, Beschluss vom 24.7.1957, 1 BvL 23/52, BVerfGE 7, S. 89 (92); BVerfG, Urteil vom 19.12.1961, 2 BvL 6/59, BVerfGE 13, 261 (271); a.A. *Schnapp*, in v.Münch/Kunig, GG, Art. 20, Rn. 32.

603 *von Arnauld*, Rechtssicherheit, S. 665; BVerfG, Urteil vom 18.12.1953, 1 BvL 106/53, NJW 1954, S. 65 (68); *Grzeszick*, in Maunz/Dürig, GG, Art. 20 VII, Rn. 50.

604 *Grzeszick*, in Maunz/Dürig, GG, Art. 20 VII, Rn. 50; *Sachs*, in Sachs, GG, Art. 20, Rn. 122.

605 *Burghart*, in Leibholz/Rinck, Grundgesetz, Art. 20, Rn. 681; *Waldhoff*, in FS für Wolfgang Spindler, Struktur und Funktion des Steuertatbestands S. 874; *Spindler*, Stbg, 2006, S. 1 (2); *Papier*, DStJG 12, S. 61 (61).

606 *Ruppe*, DStR 2008, S. 20 (20); *Waldhoff/Grefrath*, IStR 2013, S. 477 (478); *Jehke*, Bestimmtheit und Klarheit im Steuerrecht, S. 126; *Hey*, Steuerplanungssicherheit, S. 69; *Debus*, Verweisungen in deutschen Rechtsnormen, S. 137; *Luttermann*, FR 2007, S. 18 (21); *Vogel/Waldhoff*, Finanzverfassungsrecht, Rn. 489.

In erster Linie bindet das verfassungsrechtliche Gebot der Rechtsklarheit, insbesondere bei der Verwendung von Verweisungen, den Gesetzgeber.[607] Zur inhaltlichen Klarheit der Staatsakte gehört für Rechtsnormen neben der Bestimmtheit, dass sie in sich widerspruchsfrei sind, ihren Regelungsgehalt nicht verschleiern, für Adressaten und Rechtsanwender auch in ihrem Zusammenwirken, insbesondere bei Verwendung von Verweisungen, verständlich sind und praktikable Merkmale enthalten.[608] Die Klarheit des Rechts erfordert ein ausreichendes Maß an Prägnanz hinsichtlich des Inhalts und des Bestandes staatlicher Rechtsakte.[609]

Die Verweisung auf das Körperschaftsteuerrecht durch den Gesetzgeber ist dabei klar und eindeutig gefasst. Der Wille des Gesetzgebers war es, die Umsatzbesteuerung juristischer Person öffentlichen Rechts an den körperschaftsteuerlichen Maßstäben zu orientieren.[610]

Jedoch stehen die europarechtlichen Vorgaben mittlerweile dem Willen des historischen Gesetzgebers entgegen. Insofern ist es notwendig, die Verweisung auf das Körperschaftsteuerrecht unangewendet zu lassen. Es stellt bereits eine Beeinträchtigung der Rechtsklarheit dar, dass der § 2 Abs. 3 UStG a. F. weiterhin auf das nicht anwendbare Körperschaftsteuerrecht verweist. Nicht hinnehmbar ist aus rechtsstaatlichen Gesichtspunkten jedoch dann der Umstand, dass der Bundesfinanzhof diese Verweisung ausdrücklich weiterhin für gültig erklärt.[611] Dies steht im Widerspruch zu seiner eigenen Rechtsprechung, dem Recht der Mehrwertsteuersystemrichtlinie umfassende Geltung im nationalen Recht zu verschaffen. Denn das Zusammenwirken verschiedener Regelungssysteme verlangt es, dass die Anwendung des Rechts zu widerspruchsfreien Zuständen führt.[612]

607 *Grzeszick*, in Maunz/Dürig, GG, Art. 20 VII, Rn. 52; *Gärditz*, in Berliner Kommentar, GG, Art. 20, Rn. 193; *Schmidt-Aßmann*, in Isensee/Kirchhof, Staatsrecht II, § 26, Rn. 81.

608 *Sachs*, in Sachs, GG, Art. 20, Rn. 125.

609 *Grzeszick*, in Maunz/Dürig, GG, Art. 20, Rn. 51; *Hoffmann*, in Schmidt/Bleibtreu, GG, Art. 20, Rn. 86.

610 Schriftlicher Bericht des Finanzausschusses zu BT Drucks. 5/1581, Begründung zu § 2 UStG, Absatz 3, S. 11.

611 BFH, Urteil vom 10.11.2011, V R 41/10, DStR 2012, S. 348 (349).

612 Vgl. *Drüen*, in FS für Wolfgang Spindler, Systembildung und Systembindung im Steuerrecht, S. 38; vgl. *Wolff*, Studium Generale 1952, S. 205: „Rechtswissenschaft ist systematisch oder sie ist nicht“.

„Die richterliche Auslegung hat transparent, nachvollziehbar und plausibel zu sein."[613]

Die Aufrechterhaltung der Vereisung auf das Körperschaftsteuerrecht durch den Bundesfinanzhof bewirkt jedoch den gegenteiligen Effekt, und dass obwohl die Rechtsprechung jedenfalls mittelbar den Prinzipien der Rechtsklarheit unterworfen ist.[614] *Lohse* kritisiert daher zu Recht im Zusammenhang mit der Rechtsklarheit, dass Steuerverwaltung und Gesetzgebung an der europarechtswidrigen Anknüpfung an das KStG festhalten. „Es ist rechtsstaatlich unverständlich und kann nicht durch die politische Brisanz gerechtfertigt werden, dass der Gesetzgeber in § 2 Abs. 3 UStG a. F. die nicht nur unzutreffende, sondern auch sprachlich verwirrende Verbindung mit dem KStG nicht beseitigt."[615] Ebenso *Seer, der* anführt, „...die Regelungen in den Einzelsteuergesetzen sind nicht aufeinander abgestimmt, dabei widersprüchlich und vermögen den Zweck der Herstellung der Wettbewerbsneutralität der Besteuerung nur in unzureichender Weise umzusetzen."[616]

Nachdem festgestellt wurde, dass für den Bundesfinanzhof die europarechtliche Verpflichtung bestand, die Verweisung auf das Körperschaftsteuerrecht für unanwendbar zu erklären, zeigt das Gebot der Rechtsklarheit ebenfalls auf, dass ein solcher Schritt insbesondere auch aus rechtsstaatlichen Gründen angezeigt gewesen wäre.

IV. Endergebnis

Die Untersuchungen haben Folgendes gezeigt.

- Der § 2 Abs. 3 UStG a. F. ist einer richtlinienkonformen Auslegung zugänglich.
- Insbesondere bedeutet das Hineinlesen der Besteuerungsvoraussetzungen der Mehrwertsteuersystemrichtlinie keine Auslegung contra legem.
- Der Verweis auf das Körperschaftsteuerrecht in § 2 Abs. 3 UStG a. F. ist aufgrund des entgegenstehenden Europarechts unanwendbar. Jedoch lässt sich das verbleibende Gerüst des § 2 Abs. 3 UStG a. F., das heißt der allein umsatzsteuerlich auszulegende Begriff des Betriebs gewerblicher Art, richtlinienkonform auslegen. Aufgrund der Unanwendbarkeit der Verweisung auf das

---

613 *Braun,* in Verw Arch 76, S. 48; *Schnapp,* v.Münch/Kunig, GG, Art. 20, Rn. 39; *Ipsen,* Richterrecht und Verfassung, S. 117.

614 Vgl. *Grzeszick,* in Maunz/Dürig, GG, Art. 20 VII, Rn. 52.

615 *Lohse,* DStR 2013, S. 1105 (1109).

616 *Seer,* DStR 1992, Teil 2, S. 1790 (1794).

Körperschaftsteuerrecht kommt es im Bereich der Vermögensverwaltung nicht mehr zu sich widersprechenden Ergebnissen.

- Der Bundesfinanzhof überschreitet jedoch seine Kompetenz, wenn er § 2 Abs. 3 UStG a. F. richtlinienkonform auslegt und zugleich die weiterhin bestehende Anwendbarkeit der Verweisung auf das Körperschaftsteuerrecht betont. Dies führt zu erheblichen Rechtsunsicherheiten für die Normenadressaten. Diese Rechtsunsicherheiten werden zudem dadurch verstärkt, dass die Finanzverwaltung sich weder nach den Europarechtlichen Grundsätzen richtet noch die Rechtsprechung der Finanzgerichte anwendet.

B. Umsatzbesteuerung juristischer Personen des öffentlichen Rechts gemäß § 2 Absatz 1 und § 2b Umsatzsteuergesetz

Die bisherigen Ausführungen haben gezeigt, welch teilweise erheblichen Unterschiede zwischen den nationalen Regelungen und denen der Mehrwertsteuersystemrichtlinie bestehen. Gleichwohl ist es bei einer entsprechenden Gesetzesauslegung und Rechtsanwendung möglich, eine europarechtskonforme Besteuerung juristischer Personen des öffentlichen Rechts in Deutschland vorzunehmen, wenn auch unter Verlust der unanwendbaren Verweisung in § 2 Abs. 3 UStG a. F.

Durch das Steueränderungsgesetz 2015 wurde der § 2 Abs. 3 UStG a. F. aufgehoben.[617] An seine Stelle tritt der neue § 2b UStG.[618] Die Motivation des Gesetzgebers zur gesetzlichen Neuregelung lag nachweislich in den zahlreichen Entscheidungen des Bundesfinanzhofes zur Umsatzbesteuerung juristischer Personen öffentlichen Rechts.[619] Dabei handelt es sich bei der Reform nicht um eine grundlegende Neuordnung der Umsatzbesteuerung öffentlicher Einrichtungen, wie sie teilweise in der Literatur gefordert wurde,[620] sondern um eine deutliche Annäherung an das Europarecht.[621] Der neue § 2b UStG habe den Zweck, die

617 *Belcke/Westermann*, BB 2016, S. 87 (88).

618 Steueränderungsgesetz 2015, Ratifizierung durch Bundesrat am 16.10.2015, Ratifizierung durch Bundestag am 24.09.2015, Veröffentlicht im Bundesgesetzblatt Nr. 43 am 5.11.2015, BGBl. I 2015, S. 1834.

619 Beschlussempfehlung des Finanzausschusses, BT Drucks. 18/6094, S. 91; *Wagner*, in ifo 2017, S. 3 (3).

620 Vgl. *Kirchhof*, Bundessteuergesetzbuch – Ein Reformentwurf zur Erneuerung des Steuerrechts, S. 883.

621 Beschlussempfehlung des Finanzausschusses, BT Drucks. 18/6094, S. 91; *Widmann*, UR 2015, S. 5 (8); *Belcke/Westermann*, BB 2016, S. 87 (88).

Begrifflichkeiten zu vereinheitlichen, die Auslegung zu erleichtern und insgesamt den Anforderungen des Europarechts stärker Rechnung zu tragen.[622]

Gleichwohl behält der § 2 Abs. 3 UStG a. F. noch bis 31. Dezember 2020 seine Gültigkeit, sofern juristische Personen zur Anwendung des § 2 Abs. 3 UStG a. F. optiert haben sollten.[623] Von dieser Option haben die meisten juristischen Personen des öffentlichen Rechts Gebrauch gemacht.[624] Insofern werden die hier bereits diskutierten Probleme die Finanzgerichtsbarkeit, Steuerverwaltung und Steuerpflichtige noch auf Jahre beschäftigen, insbesondere wenn man sich die Dauer von manchen Finanzgerichtsprozessen bis hin zum Europäischen Gerichtshof vor Augen hält.

Darüber hinaus sollen die zum § 2 Abs. 3 UStG a. F. gewonnenen Erkenntnisse nun zum besseren Verständnis der gesetzlichen Neuregelung herangezogen werden. Insbesondere die erarbeiteten Grundlagen zum europarechtlichen Rahmen und dem Wettbewerbsverständnis im alten § 2 Abs. 3 UStG sollten hier von Wert sein.

I. Unternehmereigenschaft

Anders als beim § 2 Abs. 3 UStG a. F. sind unter dem neuen § 2b UStG die Unternehmervoraussetzungen gemäß § 2 Abs. 1 UStG auch für juristische Personen des öffentlichen Rechts zu prüfen.[625] Nach dem alten Recht waren diese nur mit den Betrieben gewerblicher Art Unternehmer, welche dann der Besteuerung unterlagen. Insofern erfolgt bei der Umstellung auf § 2b UStG eine Übernahme der europarechtlichen Systematik, da auch der Art. 9 MwStSystRL grundsätzlich die Tätigkeiten von juristischen Personen des öffentlichen Rechts zu erfassen vermag.

Folglich können die gewonnenen Erkenntnisse zur wirtschaftlichen Tätigkeit, welche sich in einer Wettbewerbssituation auf einem Markt vollziehen muss,[626] auch auf die Prüfung der Unternehmereigenschaft nach § 2 Abs. 1 in Verbindung mit § 2b UStG angewendet werden. Denn auch hier legt die Mehrwertsteuersystemrichtlinie den rechtlichen Rahmen fest, so dass die Unternehmereigenschaft im Zweifel europarechtskonform anhand einer wirtschaftlichen Tätigkeit im Sinne des Art. 9 MwStSystRL auszulegen ist. Das heißt der Staat ist

---

622 *Belcke/Westermann*, BB 2016, S. 87 (87).

623 Siehe § 27 Abs. 22 UStG.

624 *Belcke/Westermann*, BB 2016, S. 87 (89); *Korn*, in Bunjes, UStG, § 2, Rn. 177.

625 Vgl. *Korn*, in Bunjes, UStG, § 2b, Rn. 5.

626 Siehe 2. Kapitel, B., II.

nur Unternehmer im Sinne des § 2 abs. 1 UStG, wenn er Leistungen gegen Entgelt auf einem Markt unter Wettbewerbsbedingungen erbringt. Insbesondere ist die öffentliche Hand kein Unternehmer, wenn sie qua Gesetz private Dritte von einer Tätigkeit ausgeschlossen hat. Die bisherige Definition der Unternehmereigenschaft - die selbständige Ausübung einer gewerblichen oder beruflichen Tätigkeit - steht dem jedoch nicht entgegen.

Die Notwendigkeit einer Wettbewerbsrelevanz ist in dem Unternehmerbegriff angelegt. Denn für Unternehmen ist kennzeichnend, dass sie selbstständig auf einem Markt für den besten Preis ihrer Produkte streiten. Fehlende Selbstständigkeit wird insbesondere angenommen, wenn ein Rechtssubjekt einem anderen angegliedert und dessen Weisungen unterworfen ist.[627] Jedoch ist Selbstständigkeit im Umsatzsteuergesetz nicht definiert und die Aufzählung in § 2 Abs. 2 UStG nicht abschließend.[628] Daher fehlt es auch an einer unternehmerischen Tätigkeit, wenn ein Wirtschaftsteilnehmer die mit seiner Tätigkeit verbundenen Risiken nicht selbstständig trägt.[629] Ebenso entschied auch der Bundesfinanzhof, nach dessen Rechtsprechung für eine unternehmerische Tätigkeit entscheidend sei, ob sie nach der Verkehrsanschauung einer wirtschaftlichen Tätigkeit dem Bild eines Händlers oder Güterproduzenten entspreche.[630] Insofern unterfallen auch nach dem deutschen Umsatzsteuerrecht Tätigkeiten ohne Wettbewerb nicht einer unternehmerischen Tätigkeit. Doch selbst wenn dem nicht so sein sollte, wäre § 2 Abs. 1 UStG in diesem Sinne europarechtskonform auszulegen.

Der § 2 Abs. 1 UStG findet somit in Art. 9 MwStSystRL seine Entsprechung, während der neue § 2b UStG - jedenfalls von der Systematik her - mit dem Ausnahmetatbestand des Art. 13 MwStSystRL vergleichbar sein könnte.

II. Ausnahme von der Unternehmereigenschaft für juristische Personen des öffentlichen Rechts

Ähnlich wie der § 2 Abs. 3 UStG a. F. in Verbindung mit § 4 Abs. 5 KStG zuvor, schafft auch der neue § 2b UStG einen Befreiungstatbestand für juristische Personen des öffentlichen Rechts bei der Umsatzbesteuerung. Eine Verweisung auf das Körperschaftsteuerrecht fehlt im neuen § 2b UStG jedoch und die Begriffe „Betrieb gewerblicher Art" und „Hoheitsbetrieb" finden keine Anwendung mehr. Insofern entkoppelt der Gesetzgeber damit die Umsatzsteuer von der

627 Vgl. § 2 Abs. 2 UStG etwa im Hinblick auf Organschaftsverhältnisse.

628 *Korn*, in Bunjes, UStG, § 2, Rn. 92.

629 EuGH, Urteil vom 19.9.2014, Rs. C-7/13 (Skandia), DStRE 2015, S. 354, Rn. 26.

630 BFH, Urteil vom 27.1.2011, V R 21/09, DStRE 2011, S. 769, Rn. 28.

Körperschaftsteuer. Die 1967 noch gewollte Vereinheitlichung der Umsatzsteuer und Körperschaftsteuer in diesem Bereich wird damit beendet.[631] Dieser Schritt ist grundsätzlich zu begrüßen, da nach den hier gewonnenen Erkenntnissen die Verweisung auf das Körperschaftsteuerrecht die wesentliche Ursache für die Unterschiede zwischen nationalem und europäischem Recht war.

Da die körperschaftsteuerrechtlichen Maßstäbe zur Bestimmung der Umsatzsteuerbarkeit einer Leistung einer juristischen Person öffentlichen Rechts nun auch von Gesetzes wegen nicht mehr herangezogen werden können, ist fraglich, was an deren Stelle tritt. Insbesondere neue unbestimmte Rechtsbegriffe sind auf ihre Praxistauglichkeit und Rechtmäßigkeit hin zu untersuchen.

Gemäß § 2b UStG Abs. 1 UStG „gelten, vorbehaltlich des Absatzes 4, juristische Personen des öffentlichen Rechts nicht als Unternehmer im Sinne des § 2, soweit sie Tätigkeiten ausüben, die ihnen im Rahmen der öffentlichen Gewalt obliegen, auch wenn sie im Zusammenhang mit diesen Tätigkeiten Zölle, Gebühren, Beiträge oder sonstige Abgaben erheben. Satz 1 gilt nicht, sofern eine Behandlung als Nichtunternehmer zu größeren Wettbewerbsverzerrungen führen würde."

Tatsächlich wird die Formulierung des Art. 13 Abs. 1 MwStSystRL fast wortgleich wiedergegeben. Insofern kommt den an das Europarecht angelehnten neuen Tatbestandsmerkmalen

- juristische Person des öffentlichen Rechts
- Tätigkeiten im Rahmen der öffentlichen Gewalt
- größere Wettbewerbsverzerrungen

des § 2b UStG nun unmittelbare Bedeutung im nationalen Umsatzsteuerrecht zu. Die zu Art. 13 MwStSystRL gemachten Ausführungen sollten daher ebenfalls wertvolle Erkenntnisse zum Verständnis des neuen § 2b UStG liefern.[632]

Der Europäische Gerichtshof stellt in Bezug auf Art. 13 MwStSystRL grundsätzlich fest, dass nach ständiger Rechtsprechung zwei Voraussetzungen kumulativ erfüllt sein müssen, um von der steuerlichen Sonderregel zu profitieren. Nämlich die Ausübung von Tätigkeiten durch eine öffentliche Einrichtung und die Vornahme von Tätigkeiten im Rahmen der öffentlichen Gewalt.[633] Die Begünstigung gelte jedoch nicht, wenn die Nichtbesteuerung zu größeren

631 Schriftlicher Bericht des Finanzausschusses zu BT Drucks. 5/1581, Begründung zu § 2 UStG, Absatz 3, S. 11.

632 Siehe 2. Kapitel, B., II.

633 EuGH, Urteil vom 22.2.2018, Rs. C-182/17, MwStR 2018, S. 348, Rn. 44; EuGH, Urteil vom 29.10.2015, Rs. C-174/14 (Saudaçor), UR 2015, S. 901, Rn. 51.

Wettbewerbsverzerrungen führen würde.[634] Daher sind in einem ersten Schritt das Begriffspaar der juristischen Person des öffentlichen Rechts und die Ausübung öffentlicher Gewalt als positive Voraussetzung der Steuerbegünstigung zu prüfen; alsdann das Korrektiv der größeren Wettbewerbsverzerrung.

1. *Juristische Personen des öffentlichen Rechts im Sinne von § 2b Umsatzsteuergesetz*

Der Begriff der juristischen Person des öffentlichen Rechts führte in der bisherigen steuerrechtlichen Diskussion zu § 2 Abs. 3 UStG a. F. ein „Schattendasein" aufgrund der Tatsache, dass sich die Prüfung der Steuerbarkeit stets auf die Abgrenzung des Hoheitsbetriebs vom Betrieb gewerblicher Art konzentrierte. Da diese Begriffspaare nun entfallen, könnte dem Begriff eine größere Bedeutung zukommen.

Der Begriff der juristischen Personen des öffentlichen Rechts wird außer in § 2 und 2b UStG an mehreren Stellen im Umsatzsteuergesetz genannt,[635] ist jedoch trotzdem nicht gesetzlich definiert.[636] Unter ihm verstehe man alle rechtsfähigen Körperschaften, Stiftungen und Anstalten des öffentlichen Rechts.[637] Diese Sichtweise ist identisch mit der im Zivilrecht herrschenden Sichtweise.[638]

Trotz dieser scheinbar eindeutigen Definition der juristischen Person des öffentlichen Rechts ergeben sich Auslegungsfragen. Der Begriff der juristischen Person des öffentlichen Rechts aus § 2b Abs. 1 UStG weicht als einzige Tatbestandsvoraussetzung von den ansonsten wortgleich übernommenen Vorgaben der Mehrwertsteuersystemrichtlinie ab.[639] Insofern könnte das nationale Verständnis der juristischen Person des öffentlichen Rechts zu eng gefasst sein. Sollte das Europarecht in diesem Bereich die Grenzen der Steuerbefreiung weiter ziehen als die nationale Definition der juristischen Person des öffentlichen Rechts, müsste auch dieser Begriff europarechtskonform ausgelegt werden, um eine richtliniengetreue Umsetzung zu gewährleisten.

---

634 EuGH, Urteil vom 16.9.2008, Rs. C-288/07 (Isle of Wight) DStRE 2008, S. 1455 (1458).

635 Zum Beispiel § 1 Abs. 3; § 3a Abs. 6 Nr. 2; § 4 Nr. 26 Buchst. a); § 13b Abs. 5 S. 10 UStG.

636 *Korn*, in Bunjes, UStG, § 2b, Rn. 16.

637 *Stadie*, in Rau/Dürrwächter, UStG, § 2, Rn. 1173; *Korn*, in Bunjes, UStG, § 2b, Rn. 16.

638 Vgl. *Ellenberger*, in Palandt, BGB, § 88, Untertitel 3, Rn. 1.

639 Art. 13 Abs. 1 MwStSystRL sieht eine Steuerbefreiung für „Staaten, Länder, Gemeinden und sonstige Einrichtungen des öffentlichen Rechts" vor.

a) Auslegung des Begriffs der juristischen Person öffentlichen Rechts

Um die Grenzen des unbestimmten Rechtsbegriffs der juristischen Person des öffentlichen Rechts zu erfassen, muss dieser anhand der juristischen Auslegungsmethoden ergründet werden.

aa) Wortlautauslegung

Juristische Personen des öffentlichen Rechts sind dem Wortlaut nach zunächst rechtliche Gebilde mit einer eigenen Rechtspersönlichkeit. In Abgrenzung zu den juristischen Personen des Privatrechts muss sich eine juristische Person des öffentlichen Rechts auf staatliches Sonderrecht stützen, das heißt, die Errichtung und die Tätigkeit sind exklusiv dem Staat vorbehalten. Diese Anforderungen erfüllen damit grundsätzlich nur Gebietskörperschaften (Bund, Länder, Gemeinden, Gemeindeverbände, Zweckverbände), die öffentlich-rechtlichen Religionsgemeinschaften, die Innungen, Handwerkskammern, Industrie- und Handelskammern, die staatlichen Hochschulen und sonstige Gebilde, die aufgrund öffentlichen Rechts eine eigene Rechtspersönlichkeit besitzen.[640] Die Formulierung in § 2b Abs. 1 UStG ist folglich im Hinblick auf den Wortlaut abschließend gefasst und jedenfalls dem Wortlaut nach restriktiv zu verstehen, weil andere juristische Personen als die des öffentlichen Rechts ausgeschlossen sind.

Das europäische Recht gibt eine solch strenge Eingrenzung dem Wortlaut nach jedoch nicht her. Zwar entsprechen die (Gebiets-) Körperschaften den Staaten, Ländern und Gemeinden, die Anstalten und Stiftungen den sonstigen öffentlichen Einrichtungen im Sinne von Art. 13 Abs. 1 MwStSystRL, allerdings ist der Wortlaut einer „sonstigen Einrichtung öffentlichen Rechts“ beispielsweise nicht auf öffentliche Anstalten und Stiftungen beschränkt. Vielmehr lässt der Wortlaut den Schluss zu, dass der Anwendungsbereich der sonstigen Einrichtung öffentlichen Rechts weiter zu verstehen ist als der einer juristischen Person öffentlichen Rechts im Sinne von § 2b UStG. Insbesondere verbietet es der Wortlaut nicht, eine privatrechtliche Organisationsform als Einrichtung öffentlichen Rechts zu behandeln.[641] Der Wortlaut gibt lediglich her, dass eine Einrichtung

---

640 *Musil*, in WiVerw, S. 45 (46); BMF-Schreiben vom 16.12.2016, III C 2 - S 7107/16/10001, DStR 2017, S. 40 (40).

641 A.A. *Stadie*, in Rau/Dürrwächter, UStG, § 2b, Rn. 62; Korn, in Bunjes, UStG, § 2b, Rn. 17; BMF-Schreiben vom 16.12.2016, III C 2 - S 7107/16/10001, DStR 2017, S. 40 (41); BFH, Urteil vom 28.6.2017, XI R 12/15, DStR 2017, S. 1873 (1875); möglicherweise zustimmend: *Treiber*, Sölch/Ringleb, UStG, § 2b, Rn. 33.

dem staatlichen, das heißt öffentlichen Machtbereich, entstammen muss. Ob diese Einrichtung privatrechtlich oder öffentlich-rechtlich organisiert sein muss, lässt sich dem Wortlaut der Richtlinie – entgegen dem § 2b UStG – nicht entnehmen.

Dieses weite Verständnis des Richtlinienwortlautes wird zudem durch die Formulierung als „*sonstige*“ Einrichtung des öffentlichen Rechts unterstrichen. Hier hat der Richtliniengeber bewusst weit formuliert und einen Auffangtatbestand geschaffen, welcher grundsätzlich dazu dient, auch untypische Sachverhalte unter eine Norm subsumieren zu können.[642]

Dies ist auch nur konsequent und folgerichtig, da in den Mitgliedsstaaten durchaus ein unterschiedliches Verständnis davon vorherrschen kann, welche Rechtspersönlichkeiten exklusiv dem Staat zugeordnet werden können und welche nicht.[643]

Im Ergebnis lässt sich beim Wortlaut eine Abweichung zwischen dem nationalen und dem europäischen Recht konstatieren. Insofern ist die juristische Person des öffentlichen Rechts nach § 2b UStG im Zweifel im Sinne der „sonstigen Einrichtung des öffentlichen Rechts“ gemäß Art. 13 Abs. 1 MwStSystRL auszulegen.

bb) Historische Auslegung

Die Quellen für eine historische Auslegung des Begriffs der juristischen Person öffentlichen Rechts sind nicht ergiebig. Der Finanzausschuss des Bundestages äußerte sich in diesem Zusammenhang mit der Neuregelung des § 2b UStG wie folgt:

> „Danach werden Tätigkeiten einer jPöR, die dieser im Rahmen der öffentlichen Gewalt obliegen, nicht unternehmerisch ausgeübt. Als Tätigkeiten, die einer jPöR im Rahmen der öffentlichen Gewalt obliegen, kommen nur solche in Betracht, bei denen die jPöR im Rahmen einer öffentlich-rechtlichen Sonderregelung tätig wird (z. B. aufgrund eines Gesetzes durch Verwaltungsakt, auf Grundlage eines Staatsvertrages oder auf Grundlage besonderer kirchenrechtlicher Regelungen).“[644]

Demnach wurde nicht näher untersucht, was juristische Personen öffentlichen Rechts sind, sondern der zweite Schritt vor dem ersten gemacht und gleich die Tätigkeit im Rahmen der öffentlichen Gewalt definiert.

---

642 So auch: EuGH, Urteil vom 29.10.2015, Rs. C-174/14 (Saudaçor), UR 2015, S. 901, Rn. 55.

643 Henkow, The VAT/GST Treatment of Public Bodies, S. 18.

644 Beschlussempfehlung und Bericht des Finanzausschusses, BT Drucks. 18/6094, S. 91.

Auch in älteren Dokumenten lassen sich keine Ausführungen finden, welche geeignet wären, die Rechtsformen im Sinne von § 2b UStG näher zu bestimmen. Vielmehr lag in der Vergangenheit der gedankliche Schwerpunkt – getrieben vom Europarecht – stets darauf, juristische Personen öffentlichen Rechts wie Private zu behandeln.[645] An den umgekehrten (Ausnahme-) Fall, das heißt, eine GmbH oder AG wie einen Hoheitsträger zu behandeln, war noch nicht zu denken. Gleichwohl ist der Gedanke, Private in engen Grenzen wie Hoheitsträger zu behandeln, nicht neu. So wurde bereits 1932 die Auffassung vertreten, dass „die Ausübung der öffentlicher Gewalt nicht vom Staat unmittelbar auszugehen braucht".[646] Dieser Aspekt könnte, unter engen Voraussetzungen, in die Einbeziehung privater Dritter in den Regelungsbereich der juristischen Person öffentlichen Rechts im Sinne des § 2b UStG sprechen.

cc) Systematische Auslegung

Wie bereits häufig gesehen, kann das europäische Wettbewerbsrecht eine ergiebige Quelle zum besseren Verständnis umsatzsteuerlicher Begriffe sein.[647]

In diesem Zusammenhang gibt es eine Definition der öffentlichen Einrichtung in der Richtlinie RL 2004/18 EG. Darin heißt es in Artikel 1 Abs. 9:[648]

> „Als Einrichtung des öffentlichen Rechts gilt jede Einrichtung, die
>
> a) zu dem besonderen Zweck gegründet wurde, im Allgemeininteresse liegende Aufgaben nicht gewerblicher Art zu erfüllen,
> b) Rechtspersönlichkeit besitzt und
> c) überwiegend vom Staat, von Gebietskörperschaften oder von anderen Einrichtungen des öffentlichen Rechts finanziert wird, hinsichtlich ihrer Leitung der Aufsicht durch Letztere unterliegt oder deren Verwaltungs-, Leitungs- oder Aufsichtsorgan mehrheitlich aus Mitgliedern besteht, die vom Staat, von den Gebietskörperschaften oder von anderen Einrichtungen des öffentlichen Rechts ernannt worden sind."

Auch die Richtlinie 2004/18 EG zur Koordinierung der Verfahren zur Vergabe öffentlicher Bauaufträge, Lieferaufträge und Dienstleistungsaufträge ist

---

645 Vgl. BT Drucks. 7/913 zur Umsetzung der Mehrwertsteuersystemrichtlinie in Deutschland, S. 37.

646 Heiss/Kammel/Heiss/Heiss, Bau, Einrichtung und Betrieb öffentlicher Schlacht- und Viehhöfe, S. 534.

647 BFH, Beschluss vom 31.7.2007, V B 44/06, UR 2007, 936 (936); FG München, Urteil vom 25.1.2006, 3 K 1335/02, BeckRS 2006, 26021749; a.A. *Stadie*, in Rau/Dürrwächter, UStG, § 2b, Rn. 63.

648 Identisch mit RL 2014/24 EU.

hinsichtlich der öffentlichen Einrichtung weit formuliert. Erforderlich ist lediglich die nicht gewerbliche Erfüllung eines im Allgemeininteresse liegenden Zwecks. Wobei „gewerblich", aus einer steuerlichen Perspektive, im Sinne von „unternehmerisch" beziehungsweise „wirtschaftlich" verstanden werden muss. Es werden keine Vorgaben hinsichtlich der Rechtsform gemacht, wodurch auch eine juristische Person des Privatrechts als öffentliche Einrichtung fungieren könnte.

Gegen eine Heranziehung dieser Definition aus der Richtlinie RL 2004/18 EG könnte sprechen, dass Art. 13 MwStSystRL als Befreiungsnorm grundsätzlich restriktiv auszulegen ist und die genannte Richtlinie einen anderen Regelungszweck hat als die Harmonisierung des europäischen Mehrwertsteuerrechts.[649] Zwar ist eine Steuerbefreiungsvorschrift wie die des Art. 13 Abs. 1 MwStSystRL restriktiv auszulegen,[650] jedoch wird der Anwendungsbereich der Steuerbefreiung gar nicht erweitert, wenn man die Abgrenzung zwischen wirtschaftlicher und hoheitlicher Tätigkeit streng nach den hier geforderten Voraussetzungen Wettbewerb und Markt vornimmt. Ein solch weites Verständnis der öffentlichen Einrichtung entspricht, wie der Europäische Gerichtshof zutreffend entschieden hat, dem Sinn und Zweck der Umsatzbesteuerung juristischer Personen öffentlichen Rechts sowie dem Verständnis der Einrichtung öffentlichen Rechts als Auffangtatbestand.[651] Als vorrangiges Recht sind diese Wertungen der RL 2004/18 EG auch auf die juristische Person des öffentlichen Rechts im Sinne des § 2 b Abs. 1 UStG übertragbar.

Ferner werden im Anhang III zur RL 2004/18 EG, welcher die Einrichtungen des öffentlichen Rechts definiert, für Deutschland ausdrücklich juristische Personen des Privatrechts genannt, über die der Staat regelmäßig seine Kontrolle ausübt.[652]

Auch anhand der systematischen Auslegung können private Dritte unter eine juristische Person öffentlichen Rechts subsumiert werden.

---

649 So jedenfalls: EuGH, Urteil vom 29.10.2015, Rs. C-174/14 (Saudaçor), UR 2015, S. 901, Rn. 45 f.

650 EuGH, Urteil vom 29.10.2015, Rs. C-174/14 (Saudaçor), UR 2015, S. 901, Rn. 55.

651 EuGH, Urteil vom 29.10.2015, Rs. C-174/14 (Saudaçor), UR 2015, S. 901, Rn. 55, 68; in diese Richtung ebenfalls: *Treiber*, Sölch/Ringleb, UStG, § 2b, Rn. 33.

652 Beispielsweise im Bereich des Gesundheitswesen, der Wissenschaft oder der Abfallentsorgung, vgl. RL 2004/18 EG, 2. Kategorie.

dd) Teleologische Auslegung

Sinn und Zweck der Umsatzbesteuerung der öffentlichen Hand ist es, Wettbewerbsverzerrungen gegenüber privaten Wirtschaftsteilnehmern zu vermeiden. An diesem Grundsatz haben sich alle Erwägungen in diesem Bereich zu orientieren. Wenn es in Ausnahmefällen so sein sollte, dass der Staat marktwirtschaftlichen Wettbewerb ausgeschlossen hat, bedarf es in diesem Zusammenhang, unabhängig von der Rechtsform der handelenden Person, keiner Besteuerung mehr, weil die Voraussetzung einer Besteuerung, nämlich eine wirtschaftliche und damit wettbewerbsrelevante Tätigkeit, nicht mehr gegeben ist.

So urteilte auch der Europäische Gerichtshof, dass eine Aktiengesellschaft, welche sich zu 100 % in Staatsbesitz befindet und allein und exklusiv Dienstleistungen an eine Bezirksverwaltung erbringt, als sonstige Einrichtung öffentlichen Rechts behandelt werden könne.[653] Nicht maßgeblich sei, dass eine öffentliche Einrichtung Tätigkeiten ausübt, die der öffentlichen Gewalt vorbehalten sind.[654] Entscheidend sei vielmehr der Umstand, dass die Tätigkeit sich außerhalb eines Marktes vollziehe, weshalb in solch einem Ausnahmefall auch eine juristische Person des Zivilrechts den Anforderungen an eine sonstige Einrichtung öffentlichen Rechts im Sinne von Art. 13 MwStSystRL genügt.[655] Das weite Verständnis einer sonstigen Einrichtung öffentlichen Rechts, wie vom Europäischen Gerichtshof in der Rechtssache Saudaçor entschieden, deckt sich nicht mit dem nationalen Verständnis einer juristischen Person öffentlichen Rechts, obwohl im nationalen Recht ebenfalls der Wettbewerb als entscheidendes Korrektiv für eine umsatzsteuerbare Tätigkeit im Sinne von § 2b Abs. 1 UStG gilt.

b) Europarechtskonforme Auslegung notwendig

Die nationale Definition des Begriffs der juristischen Person des öffentlichen Rechts deckt sich nicht mit dem in der Mehrwertsteuersystemrichtlinie verwendeten Begriff der sonstigen öffentlichen Einrichtung. Die Auslegung nach dem Wortlaut, die systematische Auslegung und die Auslegung nach dem Sinn und Zweck haben ergeben, dass der Anwendungsbereich der europäischen Norm weiter ist als der im § 2b Abs. 1 UStG.

„Das Umsatzsteuergesetz (wie auch die Mehrwertsteuersystemrichtlinie) kennt keine Unternehmereigenschaft kraft Rechtsform. Auch Kapitalgesellschaften können nur deshalb Unternehmer sein, weil sie Umsätze gemäß § 1 Abs. 1

653 EuGH, Urteil vom 29.10.2015, Rs. C-174/14 (Saudaçor), UR 2015, S. 901, Rn. 76.
654 EuGH, Urteil vom 29.10.2015, Rs. C-174/14 (Saudaçor), UR 2015, S. 901, Rn. 57.
655 EuGH, Urteil vom 29.10.2015, Rs. C-174/14 (Saudaçor), UR 2015, S. 901, Rn. 66.

Nr. 1 UStG erbringen."[656] Diesen Grundsatz sollte man auch auf § 2b Abs. 1 UStG übertragen. Alleine und nur aufgrund der Rechtsform lässt sich keine Aussage über die Steuerbarkeit einer Handlung treffen.

Daher ist der weit gefassten Regelung in Art. 13 Abs. 1 MwStSystRL Geltung zu verschaffen und der Begriff der juristischen Person öffentlichen Rechts europarechtskonform im Sinne der Richtlinie auszulegen. Wie der Europäische Gerichtshof aufgezeigt hat, kann daher unter einer juristischen Person des öffentlichen Rechts unter Umständen auch eine privatrechtlich organisierte Körperschaft verstanden werden.[657]

Fraglich ist, welche Auswirkungen eine solche europarechtskonforme Auslegung haben könnte. Nach der hier vertretenen Auffassung ist davon auszugehen, dass dies insbesondere Auswirkungen auf die Besorgung hoheitlicher Aufgaben durch private Dritte haben wird.

aa) These

Unter den Begriff der juristischen Person des öffentlichen Rechts können (im Fall der Erledigung öffentlicher Aufgaben durch Dritte) auch privatrechtlich organisierte Einrichtungen fallen, wenn diese vom Staat beherrscht werden und Tätigkeiten ausüben von denen private Unternehmer durch Gesetz oder sonstigen Hoheitsakt ausgeschlossen sind; das heißt wenn sie nicht unter Wettbewerbsbedingungen auf einem Markt handeln.

(1) Besorgung hoheitlicher Aufgaben durch Private

Die Untersuchungen zur wirtschaftlichen Tätigkeit im Sinne von Art. 9 MwStSystRL haben gezeigt, dass nur der marktwirtschaftliche Wettbewerb eine steuerbare (wirtschaftliche) Tätigkeit sinnvoll von einer nicht steuerbaren (hoheitlichen) Tätigkeit abgrenzen kann.

Wenn dem so ist, dann ist es nur konsequent, entgegen der allgemeinen Auffassung,[658] aufgrund einer privatrechtlichen Gestalt oder privatrechtlichen Handlungsform nicht per se von einer steuerbaren Tätigkeit auszugehen. Freilich impliziert das Handeln einer GmbH durch Vertrag in den allermeisten

---

656 *Stadie*, in Rau/Dürrwächter, UStG, § 2, Rn. 195.

657 A.A. *Stadie*, in Rau/Dürrwächter, UStG, § 2b, Rn. 62; Korn, in Bunjes, UStG, § 2b, Rn. 17; BMF-Schreiben vom 16.12.2016, III C 2 - S 7107/16/10001, DStR 2017, S. 40 (41); BFH, Urteil vom 28.6.2017, XI R 12/15, DStR 2017, S. 1873 (1875).

658 BMF-Schreiben vom 16.12.2016, III C 2 - S 7107/16/10001, DStR 2017, S. 40 (41); BFH, Urteil vom 28.6.2017, XI R 12/15, DStR 2017, S. 1873 (1875); *Korn*, in Bunjes, UStG, § 2b, Rn. 25.

Fällen das Vorliegen eines marktwirtschaftlichen Wettbewerbs als entscheidende Voraussetzung für die Steuerbarkeit. Man sollte jedoch nicht dem vorschnellen Schluss erliegen, aus einer privatrechtlichen Gestalt oder Handlungsform sofort auf die Steuerbarkeit zu schließen.[659] Denn diese sind nicht das entscheidende Kriterium für die Umsatzsteuerbarkeit; sondern es ist der Wettbewerb.

Daher kann die privatrechtliche Handlungsform einer GmbH ein starkes Indiz für die Steuerbarkeit sein, nicht jedoch die unwiderlegbare Vermutung der Steuerbarkeit.[660] Vielmehr wird hier der gleiche Fehler gemacht wie in der Vergangenheit, als man das Handeln aufgrund staatlichen Sonderrechts unwiderlegbar als eine wettbewerbsferne, das heißt dem Staat eigentümlich und vorbehaltene Tätigkeit, verstand.[661] Die Definition des Wettbewerbs jedoch an bestimmten Handlungsformen festzumachen, wird auch in Zukunft nicht gelingen, da eine Wettbewerbsrelevanz stets am konkreten Einzelfall zu prüfen ist.

Deutlich wird dies insbesondere bei der Besorgung hoheitlicher Aufgaben durch private Dritte:

(aa) Beispiel: Staat und Unternehmer begegnen sich auf dem freien Markt

Gemeinde „G“ betreibt wie der ortsansässige Unternehmer „U“ ein Hallenbad im Ort X. Egal ob G den Betrieb des Hallenbades durch eine Anstalt öffentlichen Rechts organisiert, die Benutzung durch eine öffentliche Satzung regelt, Nutzungsgebühren statt Eintritt verlangt usw., die Tätigkeit wird stets wirtschaftlicher Art sein, weil sie sich in direkter Konkurrenz zu Unternehmer U vollzieht. Insofern ist der Betrieb des Hallenbades unabhängig von jeder Rechtsform stets der Umsatzbesteuerung zu unterwerfen, denn es wäre nicht mit dem Grundsatz der Gleichmäßigkeit der Besteuerung und der Neutralität der Umsatzsteuer zu vereinbaren, wenn G mit ihrer Leistung nicht der Umsatzsteuer unterliegen würde und U diese zahlen müsste, nur weil er ein privater Unternehmer ist. Ein

659 So noch vor der Rechtsprechungsänderung des Bundesfinanzhofes: FG Niedersachsen, Urteil vom 13.11.2008, 5 K 407/05, vgl. BFH, Beschluss vom 19.3.2014, XI B 126/13 (NV), BeckRS 2014, 95592, Rn. 19.

660 So jedoch: BMF-Schreiben vom 16.12.2016, III C 2 - S 7107/16/10001, DStR 2017, S. 40 (41); BFH, Urteil vom 28.6.2017, XI R 12/15, DStR 2017, S. 1873 (1875); *Korn*, in Bunjes, UStG, § 2b, Rn. 25.

661 Vgl. BFH, Urteil vom 8.1.1998, V R 32/97, DStR 1998, S. 850 (851); BFH, Urteil vom 23.10.1996, I R 1-2/94, DStR 1997, S. 19 (20); BFH, Urteil vom 21.9.1989, V R 89/85, BStBl. 1990 II, S. 95 (95); BFH, Urteil vom 30.6.1988, V R 79/84, BStBl. 1988 II, S. 910 (910).

solch gelagerter Fall wird heute grundsätzlich als steuerbarer Vorgang angesehen werden.[662]

Zur Prüfung einer hoheitlichen Tätigkeit kommt man nach der hier vertretenen Auffassung nicht mehr, da die Tätigkeit von G eindeutig wirtschaftlicher Natur ist und sich daher denklogisch von einer hoheitlichen Tätigkeit abgrenzt.

Etwas anderes ergibt sich jedoch, wenn der Staat eine Tätigkeit durch einen Normsetzungsakt an sich zieht und damit sämtliche Wettbewerber ausschließt.

(bb) Beispiel: Staat schließt alle Wettbewerber aus

Gemeinde „G" ist aufgrund Landesrecht in Verbindung mit § 17 KrWG dazu verpflichtet, den privaten Hausmüll auf dem Gemeindegebiet zu entsorgen. Einen privaten Mitbewerber hinsichtlich der Entsorgung des Hausmülls gibt es nicht, da diese Aufgabe qua Gesetz der öffentlichen Hand vorbehalten ist. Gemeinde G entschließt sich dazu, die Abfallentsorgung durch die ihr zu 100 % gehörende Stadtwerke GmbH „S GmbH" durchführen zu lassen.

Fraglich ist, ob in einem solchen Fall die Tätigkeit der GmbH allein durch die Rechtsform eine Umsatzsteuerpflicht auslösen kann.

Bei der Abfallentsorgung von Hausmüll geht die herrschende Meinung davon aus, dass diese im Rahmen einer öffentlich-rechtlichen Ausgestaltung mangels Wettbewerb zu privaten Dritten nicht der Umsatzbesteuerung unterliegt.[663] Sollte die verpflichtete Person öffentlichen Rechts die Ausführung der Abfallentsorgung nun auf eine GmbH auslagern, wären die Leistungen der GmbH gegenüber den Leistungsempfängern zwangsläufig umsatzsteuerbar, da die GmbH auf privatrechtlicher Grundlage handelt und damit theoretisch auch in Wettbewerb zu privaten Dritten tritt.[664]

Eine solche umsatzsteuerliche Würdigung, wie sie die Rechtsprechung derzeit vornehmen würde, verkennt jedoch zweierlei.

Zum einen besteht für die GmbH gar kein Wettbewerb, da die hoheitliche Aufgabe der Abfallentsorgung ausschließlich auf diese GmbH übertragen

---

662 Vgl. BFH Urteil vom 13.2.2014, V R 5/13, DStRE 2014, S. 806 (806); FG Sachsen Urteil vom 16.10.2013, 2 K 1183/13, EFG 2014, S. 391 f.; BFH, Beschluss vom 19.3.2014, XI B 126/13 (NV) BeckRS 2014, 95592; BFH, Urteil vom 3.3.2011, V R 23/10, DStR 2011, S. 1077 (1080); BFH, Urteil vom 5.12.2007, V R 63/05, BFH/NV 2008, S. 996 (996).

663 Exemplarisch: *Reiß*, in Reiß/Kraeusel/Langer, UStG, § 2, Rn. 177; *Stadie*, in Rau/Dürrwächter, UStG, § 2b, Rn. 62.

664 BFH, Beschluss vom 19.3.2014, XI B 126/13 (NV) BeckRS 2014, 95592; BFH Urteil vom 3.3.2011, V R 23/10, DStR 2011, S. 1077 (1080); BFH Urteil vom 5.12.2007, V R 63/05, BFH/NV 2008, S. 996 (996); ebenso: *Scharpenberg*, in Hartmann/Metzenmacher, UStG, § 2, Rn. 732 am Beispiel der Flugsicherung.

wurde. Zwar handelt sie gegenüber ihren Kunden privatrechtlich, jedoch übt sie nach der hier vertretenen Ansicht mangels Wettbewerbsrelevanz ausnahmsweise keine wirtschaftliche Tätigkeit aus. Die gesetzliche Regelung hinsichtlich der Abfallentsorgung privaten Hausmülls schließt jeden auch nur potentiellen Konkurrenten aus.

Zum anderen darf der öffentlichen Hand kein Wahlrecht erwachsen, ob eine hoheitliche Aufgabe der Umsatzbesteuerung unterliegt oder nicht. Dies wäre aber der Fall, wenn die gewählte Rechtsform ausschlaggebend für die Besteuerung wäre. Dieses ungewollte Ergebnis wird vermieden, wenn man die GmbH im zweiten Beispiel nicht der Umsatzbesteuerung unterwirft.[665] Entscheidend kann somit nur sein, ob ein Wettbewerb zu privaten Dritten möglich ist. Ist dieser Wettbewerb durch Gesetz ausgeschlossen, besteht kein Bedarf, eine vom Staat beherrschte juristische Person des Privatrechts der Umsatzbesteuerung zu unterwerfen.[666]

(cc) Beispiel: Monopolstellungen

Nach der hier vertretenen Ansicht können auch Leistungen, welche die öffentliche Hand im Rahmen von sogenannten Monopolstellungen erbringt, einwandfrei einem steuerbaren oder nicht steuerbaren Bereich zugeordnet werden.

Hierbei ist maßgeblich danach zu unterscheiden, ob es sich um ein gesetzliches Monopol handelt oder lediglich um ein rein tatsächliches Monopol, bei dem der Staat beispielsweise aufgrund fehlender Rentabilität der einzige Anbieter ist.[667]

Im Fall der Personenbeförderung durch die Deutsche Bahn AG handelt es sich beispielsweise um ein faktisches Monopol des Staates. Dem Staat gehören 100 % der Anteile an der Deutschen Bahn AG und die Deutsche Bahn AG wird bis auf wenige Ausnahmen praktisch ohne Konkurrenz im Bereich der Personenbeförderung tätig. Fehlender Wettbewerb könnte in dem Fall also für eine hoheitliche Ausführung der Tätigkeit sprechen. Dies ist jedoch nicht der Fall, da kein gesetzliches Verbot für Mitbewerber besteht, im Bereich der Personenbeförderung tätig zu werden. Es ist jedoch aufgrund der Kosten eines Streckennetzes für Mitbewerber wirtschaftlich nicht sinnvoll, so dass die Deutsche Bahn AG über ein faktisches Monopol verfügt. Da der Wettbewerb jedoch nicht gänzlich von Gesetzes wegen ausgeschlossen ist, unterliegen die Leistungen der Deutschen Bahn AG freilich der Umsatzbesteuerung.

665 Und damit auch den Weg zu dem oftmals begehrten Vorsteuerabzug verwehrt.
666 Vgl. EuGH, Urteil vom 29.10.2015, Rs. C-174/14 (Saudaçor), UR 2015, S. 901.
667 Vgl. oben 2. Kapitel, B., II., 1., d), aa), (2).

Am Beispiel der Abfallentsorgung von privatem Hausmüll (oben Beispiel 2) wurde deutlich, dass es sich hierbei um eine gesetzliche Monopolstellung handelt. Konkurrenz gibt es von Gesetzes wegen nicht und die GmbH führt originär die Aufgaben aus, die qua Gesetz dem Staat vorbehalten sind. Im Fall solch einer gesetzlichen Monopolstellung und Beherrschung des ausführenden Unternehmens durch den Staat macht eine Umsatzbesteuerung keinen Sinn, weil sich die Tätigkeit nicht im marktwirtschaftlichen Wettbewerb vollzieht.

Schwieriger wird die Abgrenzung, wenn einem Dritten der Marktzutritt durch Gesetz nicht völlig versperrt ist, der Staat den Marktzutritt dennoch so steuern kann, dass es keine Wettbewerber für eine gleichartige Tätigkeit gibt.

Untersucht werden kann diese Konstellation am Beispiel der Flugsicherung. Die Flugsicherung ist ein bundesweites Anliegen im allgemeinen öffentlichen Interesse und damit dem Staat vorbehalten.[668] Der Staat hat dafür Sorge zu tragen, dass die Flugsicherheit im deutschen Luftraum gewährleistet wird. So war auch die Bundesanstalt für Flugsicherung zwischen 1953 und 1992 mit dieser bundesweit einheitlich auszuführenden und strengen Kontrollen unterliegenden Aufgabe betraut. Im Jahr 1992 erfolgte die Privatisierung der Bundesanstalt und aus ihr ging die Deutsche Flugsicherung GmbH hervor, welche sich zu 100 % in Bundesbesitz befindet und seitdem die Arbeit der Bundesanstalt fortführt. Der Staat kontrolliert gemäß § 27c Abs. 1, § 32 Abs. 4 Luftverkehrsgesetz den Marktzutritt von Unternehmen, das heißt, theoretisch wäre es möglich für private Dritte auf diesem Markt tätig zu werden.

Wenn jedoch der Staat eine eigentlich hoheitlich zu erbringende Aufgabe auf einen Privaten überträgt und nur vordergründig den Eindruck erweckt, private Dritte könnten ebenfalls in dem Bereich tätig werden, dann wirkt diese gesetzliche Marktzutrittskontrolle wie ein gesetzliches Verbot für Mitbewerber.

Es kann an dieser Stelle dahinstehen, ob § 27c Abs. 1, § 32 Abs. 4 Luftverkehrsgesetz tatsächlich private Mitbewerber ausschließt, oder ob die Zutrittskriterien einfach so hoch sind, dass es sich für Mitbewerber nicht lohnt, tätig zu werden. Die Formulierung in § 27c Abs. 2 S. 2 Luftverkehrsgesetz, wonach die Flugsicherung keine hoheitliche Aufgabe des Bundes sei und zu Marktbedingungen als privatwirtschaftliche Dienstleistung erbracht werde, ist nach der hier vertretenen Auffassung eine umsatzsteuerliche Leerformel, da das entscheidende Kriterium für die Besteuerung der öffentlichen Hand, das Tätigwerden unter Wettbewerbsbedingungen auf einem Markt (wirtschaftliche Tätigkeit),

---

668 So auch *Scharpenberg*, in Hartmann/Metzenmacher, UStG, § 2, Rn. 732 Stichwort: Flugsicherung.

nicht erfüllt ist.[669] Für umsatzsteuerliche Zwecke muss nur nach der Frage abgegrenzt werden, ob es sich um ein gesetzliches Monopol oder lediglich ein faktisches Monopol handelt.

Am Beispiel der Flugsicherung wird jedoch besonders deutlich, wie sinnvoll es ist, eine Besteuerung allein am Wettbewerbskriterium fest zu machen. Denn die Flugsicherung wurde einmal durch eine Anstalt öffentlichen Rechts durchgeführt und wird seit 1992 durch eine GmbH (100 % in Bundesbesitz) übernommen. Teilweise wird argumentiert, Luftsicherheitsmaßnahmen seien zwar eine hoheitliche Pflichtaufgabe, jedoch sei danach zu unterscheiden, ob eine Luftfahrtbehörde handelt (dann keine unternehmerische Tätigkeit) oder ob die Tätigkeit durch einen Privaten ausgeführt werde (dann unternehmerische Tätigkeit).[670] An diesem Beispiel wird exemplarisch deutlich, dass eine Besteuerung aufgrund der Rechts- oder Handlungsform keinen Sinn ergibt. Wenn eine identische Tätigkeit unterschiedlich besteuert wird, in Abhängigkeit davon, welche Rechtsform der Ausführende besitzt, dann verstößt diese Sichtweise gegen den Grundsatz der Gleichmäßigkeit der Besteuerung.[671]

(2) Rechtliche Würdigung

Die Einbeziehung juristischer Personen des Privatrechts in den Anwendungsbereich des § 2b Abs. 1 UStG unter engen Voraussetzungen und im Wege einer europarechtskonformen Auslegung ist juristisches Neuland.[672] Gleichwohl wird der Anwendungsbereich der Norm nicht erweitert, sondern die Ergebnisse werden dogmatisch besser hergeleitet.

In diesem Zusammenhang hatten bereits *Meyer* und *Westermann* die Umsatzbesteuerung kommunaler Versorgungsunternehmen untersucht.[673] Sie

---

669 In diese Richtung auch EuGH, Urteil vom 19.1.1994, Rs. C-364/92, Slg. 1994 I, S. 43, Rn. 31, der eine wirtschaftliche Tätigkeit für die Sicherung der Luftfahrt durch die europäisch handelnde EuroControl im Bereich des Wettbewerbsrechts verneinte: „In ihrer Gesamtheit hängen die Tätigkeiten von Eurocontrol ihrer Art, ihrem Gegenstand und den für sie geltenden Regeln nach mit der Ausübung von Vorrechten zusammen, die die Kontrolle und die Überwachung des Luftraums betreffen; dies sind typischerweise hoheitliche Vorrechte. Sie weisen keinen wirtschaftlichen Charakter auf, der die Anwendung der Wettbewerbsregeln des EWG-Vertrags rechtfertigen würde."

670 *Scharpenberg*, in Hartmann/Metzenmacher, UStG, § 2, Rn. 732 Stichwort: Flugsicherung.

671 A.A. *Scharpenberg*, in Hartmann/Metzenmacher, UStG, § 2, Rn. 732 Stichwort: Flugsicherung.

672 Dagegen: *Stadie*, in Stadie, UStG, § 2b, Rn. 62; Korn, in Bunjes, UStG, § 2b, Rn. 17; BMF-Schreiben vom 16.12.2016, III C 2 - S 7107/16/10001, DStR 2017, S. 40 (41); BFH, Urteil vom 28.6.2017, XI R 12/15, DStR 2017, S. 1873 (1875).

673 *Meyer/Westermann*, in BB 2013, S. 1629 (1629).

kritisieren die schrankenlose Ausweitung der Steuerpflicht staatlicher Leistungen. Werde eine Kommune auf Grundlage eines Regelungsregimes tätig, das es ausschließt, dass auch private Wettbewerber gleiche Leistungen unter Ausübung hoheitlicher Befugnisse erbringen, komme es nicht darauf an, welcher nationalen Rechtsnormen sich die Kommune hinsichtlich der Erbringung und Abrechnung ihrer Tätigkeit bediene.[674] Dem ist uneingeschränkt zuzustimmen. *Meyer* und *Westermann* hatten hier insbesondere das Tätigwerden der Gemeinde durch Vertrag im Blick. Jedoch sollte man sogar noch einen Schritt weiter gehen und auch anhand der rechtlichen Gestalt des Handelnden keine Rückschlüsse auf die Steuerbarkeit zulassen.

Noack differenziert in diesem Zusammenhang noch, dass grundsätzlich nicht die gesetzliche Aufgabe durch den Staat auf eine ihm gehörende juristische Person des Privatrechts übertragen wird, sondern lediglich die Aufgabenerfüllung auf den Privaten ausgelagert wird.[675] Nur im Fall der Aufgabenübertragung könnten die ausgeführten Leistungen der Umsatzsteuer unterliegen.[676] Daraus könnte man jedenfalls für den Fall der Übertragung der Aufgabenerfüllung folgern, dass weiterhin der Staat die handelnde Person im Hintergrund ist. Dieser handelt nur durch ein Substitut wie etwa die juristische Person des privaten Rechts. Da aber der Markt für private Wettbewerber verschlossen ist, entfällt auch die Notwendigkeit der Umsatzbesteuerung.

Das weite Verständnis einer sonstigen Einrichtung des öffentlichen Rechts wurde jüngst auch im Urteil des Europäischen Gerichtshofes in der Rechtssache Saudaçor bestätigt.[677] Der Europäische Gerichtshof führt aus, dass man dem Auffangtatbestand der sonstigen Einrichtung öffentlichen Rechts nur gerecht werde, wenn man bei der Handlung nicht auf die Ausübung staatlichen Sonderrechts abstelle und wenn auch 100 % dem Staat gehörende juristische Personen des Privatrechts mit in den Anwendungsbereich fallen können. Wichtig sei dabei, dass die Autonomie der juristischen Person des Privatrechts eingeschränkt sei, damit man diese noch dem Staat und seinen Einrichtungen zuordnen könne.

Diese Sperre des Europäischen Gerichtshofes gegen die uferlose Annahme sonstiger Einrichtungen des öffentlichen Rechts in Form von privaten Kapitalgesellschaften ist richtig und geboten. Es muss für die Qualifikation als sonstige Einrichtung öffentlichen Rechts sichergestellt sein, dass die juristische Person

---

674 *Meyer/Westermann*, in BB 2013, S. 1629 (1633).

675 *Noack*, DStR 2011, S. 2027 (2030); a.A. *Fest*, DStR 2011, S. 1293 (1298).

676 *Tehler*, UR 2006, S. 193 (199).

677 EuGH, Urteil vom 29.10.2015, Rs. C-174/14 (Saudaçor), UR 2015, S. 901, Rn. 55.

des Privatrechts genauso „funktioniert“ wie eine Behörde. Allerdings sollte die staatliche Kontrolle nicht allein auf eine Alleingesellschafterstellung begrenzt sein. Denkbar ist beispielsweise, dass sich eine GmbH, welche nicht zu 100 % dem Staat gehört, soweit sie eine ihr übertragene öffentlichen Aufgabe für den Staat wahrnimmt, sich einem Beherrschungsvertrag unterwirft. Dieser stellt sicher, dass die juristische Person des Privatrechts nur wie der verlängerte Arm des Staates funktioniert. Solange der Staat eine solche Kontrolle über die juristische Person des Privatrechts ausüben kann und sich die Tätigkeit in einem wettbewerbsfreien Raum bewegt, ist eine Umsatzbesteuerung nicht geboten.

Konsequenterweise hatte der Europäische Gerichtshof daher auch bereits im Fall eines Gerichtsvollziehers die Annahme einer sonstigen öffentlichen Einrichtung verneint.[678] Zwar wurde der Gerichtsvollzieher bei der Wahrnehmung öffentlicher Aufgaben tätig, jedoch tat er dies als Freiberufler. Eine staatliche Kontrolle war daher nicht oder nur eingeschränkt möglich. Das gilt jedoch nicht für Kapitalgesellschaften, bei denen der Staat die Mehrheit der Anteile hält oder sonst durch Weisungen maßgeblichen Einfluss auf die Tätigkeit der Gesellschaft nehmen kann.[679] Daher darf, entgegen der allgemeinen Auffassung[680] nicht automatisch von einer Umsatzbesteuerung der öffentlichen Hand ausgegangen werden, wenn diese zum Beispiel durch privatrechtlichen Vertrag oder in Form einer GmbH handelt. *Henkow* weist in diesem Zusammenhang darauf hin, dass der einzige Unterschied zwischen einem staatlichen Organ und einer im Mehrheitsbesitz des Staates befindlichen Kapitalgesellschaft die rechtliche Bezeichnung ist, da Funktionsweise und Kontrolle ansonsten identisch sein könnten.[681]

Diese Auffassung spiegelt sich auch im Vergaberecht wider, wo zugestanden wird, dass „der missverständlichen Formulierung zum Trotz, auch Rechtsträger des privaten Rechts zu öffentlichen Einrichtungen gehören können“.[682] Der Europäische Gerichtshof entschied, dass „eine Einrichtung, deren Zusammensetzung und Aufgaben gesetzlich geregelt sind und die insoweit von der öffentlichen Hand abhängig ist, …als dem Staat zugehörig anzusehen ist.“[683] Diese

678 EuGH, Beschluss vom 21.5.2008, Rs. C-456/07 (Mihal), ECLI: EU: C:2008:293.

679 Siehe auch Anhang III zur RL 2004/18 EG, der für Deutschland explizit juristische Personen des Privatrechts als Einrichtungen öffentlichen Rechts aufführt.

680 *Stadie*, in Rau/Dürrwächter, UStG, § 2b, Rn. 62; BMF-Schreiben vom 16.12.2016, Az. III C 2 - S 7107/16/10001, in DStR 2017, S. 85, Rn. 6; BFH, Urteil vom 28.6.2017, XI R 12/15, DStR 2017, S. 1873, Rn. 30.

681 *Henkow*, The VAT/GST Treatment of Public Bodies, S. 39 bis 40.

682 Vgl. *Pünder*, in Ehlers/Fehling/Pünder, Bes. Verwaltungsrecht, S. 501.

683 EuGH, Urteil vom 20.9.1988, Rs. 31/87, NJW 1990, S. 1414 (1414).

Sichtweise ist deckungsgleich mit den Anforderungen der EU-Vergaberichtlinie in Art. 2 Abs. 1 Nr. 4 RL 2014/24EU, wonach

Einrichtungen des öffentlichen Rechts Gebilde sind, die:

- zu dem besonderen Zweck gegründet wurden, im Allgemeininteresse liegende Aufgaben nicht gewerblicher Art zu erfüllen,
- eine Rechtspersönlichkeit besitzen und
- überwiegend vom Staat finanziert werden oder der Aufsicht und Kontrolle durch den Staat unterstehen.

Mithin zeigen diese vergaberechtlichen Anforderungen, dass die Einrichtungen öffentlichen Rechts eben nicht bloß an ihrer rechtlichen Gestalt festgemacht werden können, wie es im Umsatzsteuerrecht versucht wird.[684]

Zudem ist dieser Gedanke dem Steuerrecht auch nicht völlig fernliegend, da das Umsatzsteuerrecht in den fünfziger Jahren bereits auf derartige Sachverhalte einging:

> „Werden Schlachthöfe oder Anstalten … in der Form privatrechtlicher Gesellschaften betrieben, so werden sie wie Betriebe und Verwaltungen der öffentlichen Körperschaften behandelt, wenn die Anteile an Ihnen ausschließlich dem Bunde oder anderen Körperschaften des öffentlichen Rechts gehören und die Erträge ausschließlich diesen Körperschaften zufließen."[685]

Handelt der Staat daher in einem wettbewerbsfreien Raum, den er durch gesetzliche Vorgaben selbst geschaffen hat, ist eine Umsatzbesteuerung der Leistung in diesem Raum nicht geboten, da eine Besteuerung des Staates nur in Wettbewerbssituationen überhaupt Sinn macht.[686] Sofern der Staat durch Hoheitsakt eine Tätigkeit von einem Markt ausschließt und sich sodann als einziger Anbieter dieser Tätigkeit auftritt, greift die Steuerbefreiung des § 2b UStG unabhängig von der hoheitlichen oder privatrechtlichen Organisationsform des Anbieters. Dies ergibt sich auch aus dem Rechtsgedanken der Gleichmäßigkeit der Besteuerung und dem Neutralitätsgebot der Umsatzsteuer. Insbesondere vor diesem Hintergrund erscheint es notwendig, der öffentlichen Hand kein Wahlrecht hinsichtlich ihrer Besteuerung aufgrund ihrer rechtlichen Gestalt oder

---

684 Vgl. *Frenz*, in Willenbruch/Wieddekind, Vergaberecht, Abschnitt 19, Rn. 79; a.A. Stadie, in Rau/Dürrwächter, UStG, § 2b, Rn. 346.

685 Bekanntmachung der Neufassung der Durchführungsbestimmungen zum Umsatzsteuergesetz vom 11.9.1951, BGBl I., Nr. 45, S. 799.

686 Vgl. *Schmidt*, in FS für Vogel, Öffentliches Wirtschaftsrecht in einer offenen Staatlichkeit, S. 21 (33).

Handlungsform einzuräumen. Keine staatliche Stelle soll durch die Wahl der Handlungsform oder rechtlichen Gestalt Einfluss auf ihre Besteuerung nehmen können. Entscheidend ist lediglich, ob ein Wettbewerbsverhältnis zu privaten Dritten grundsätzlich möglich ist oder nicht.[687]

c) Ergebnis zum Begriff der juristischen Person des öffentlichen Rechts

Die Formulierung der juristischen Person des öffentlichen Rechts in § 2b Abs. 1 UStG ist zu eng gefasst. Sie ist europarechtskonform auszulegen gemäß Art. 13 Abs. 1 MwStSystRL. Entscheidend ist somit, ob es sich um eine sonstige Einrichtung öffentlichen Rechts handelt. Unter eine solchen kann man nach der neuesten Rechtsprechung des Europäischen Gerichtshofes eine juristische Person des Privatrechts subsumieren, wenn die staatliche Kontrolle über sie sichergestellt ist.

Insofern erweist sich auch die oben aufgestellte These, nach der auch juristische Personen des Privatrechts ausnahmsweise eine sonstige Einrichtung öffentlichen Rechts sein können, als wahr.

2. Ausübung öffentlicher Gewalt im Sinne von § 2b Umsatzsteuergesetz

Für die Steuerbefreiung gemäß § 2b UStG ist ferner entscheidend, dass es sich um Tätigkeiten handelt, die der juristischen Person öffentlichen Rechts im Rahmen der öffentlichen Gewalt obliegen.

Unter Tätigkeiten im Rahmen der öffentlichen Gewalt werden regelmäßig nur Tätigkeiten verstanden, die der juristischen Person öffentlichen Rechts auf Grundlage einer öffentlich-rechtlichen Sonderregelung obliegen.[688] Grundsätzlich wollte der Gesetzgeber auch nur Tätigkeiten von § 2b Abs. 1 UStG erfasst wissen, die zum Beispiel aufgrund eines Gesetzes durch Verwaltungsakt, auf Grundlage eines Staatsvertrages oder auf Grundlage besonderer kirchenrechtlicher Regelungen erfolgen.[689]

Vor dem Hintergrund der neuesten Rechtsprechung des Europäischen Gerichtshofes erscheint es jedoch fraglich, ob eine enge Auslegung dieser Begrifflichkeit weiterhin geboten ist.[690] Die Überlegungen zur juristischen Person des öffentlichen Rechts haben gezeigt, dass darunter in bestimmten Fällen auch

687 Vgl. *Seer/Wendt*, DStR 2001, S. 825 (829).

688 BMF-Schreiben vom 16.12.2016, Az. III C 2 - S 7107/16/10001, in DStR 2017, S. 85, Rn. 6.

689 Beschlussempfehlung des Finanzausschusses, BT Drucks. 18/6094, S. 91.

690 EuGH, Urteil vom 29.10.2015, Rs. C-174/14 (Saudaçor), UR 2015, S. 901, Rn. 55.

juristische Personen des Privatrechts verstanden werden müssen. Diese zwingend gebotene europarechtskonforme Auslegung könnte jedoch konterkariert werden, wenn man den Regelungsbereich hinsichtlich der Tätigkeit im Rahmen der öffentlichen Gewalt gemäß § 2b Abs. 1 UStG zu eng fasst. Dem Europarecht ist in jedem Fall Geltung zu verschaffen und es ist daher auch zwingend geboten zu überprüfen, ob sich der Gesetzgeber bei der Schaffung des § 2b UStG ausreichend über die europarechtlichen Vorgaben Gedanken gemacht hat.

Der Europäische Gerichtshof hat in dieser Hinsicht bereits entschieden, dass Tätigkeiten im Rahmen der öffentlichen Gewalt nicht bejaht werden können, wenn die öffentliche Einrichtung unter den gleichen rechtlichen Bedingungen tätig wird wie ein privater Wirtschaftsteilnehmer.[691] Damit scheiden privatrechtliche Handlungsformen wie der Vertrag oder privatrechtliche juristische Personen grundsätzlich aus.

In dem Zusammenhang darf jedoch nicht vergessen werden, dass juristische Personen des Privatrechts nur unter engen Voraussetzungen als sonstige Einrichtung öffentlichen Rechts verstanden werden dürfen. Nämlich nur dann, wenn der Gesetzgeber zuvor legislativ tätig war und jeglichen Wettbewerb gegenüber seiner juristischen Person des Privatrechts ausgeschlossen hat. Insofern mag der Staat in solchen Fällen durch eine juristische Person des Zivilrechts handeln, jedoch wird er damit nicht unter gleichen Bedingungen tätig wie der private Unternehmer. Er hat nämlich bereits zuvor von seinem staatlichen Sonderrecht Gebrauch gemacht und erst so eine Sonderstellung seiner juristischen Person des privaten Rechts ermöglicht. Insofern bleibt zu konstatieren, dass im Einklang mit der Rechtsprechung des Europäischen Gerichtshofes nicht von gleichen Bedingungen gesprochen werden kann, wenn der Staat durch eine juristische Person des Privatrechts handelt, zuvor aber den Markt geschlossen hat und nun Leistungen anbietet, die nicht im Wettbewerb zu privaten Dritten stehen können.

Neben dieser europarechtlichen Perspektive gibt es auch im nationalen Recht Anhaltspunkte, welche eine Tätigkeit im Rahmen der öffentlichen Gewalt nicht nur auf staatliches Sonderrecht erstrecken. Art. 19 Abs. 4 GG eröffnet dem Bürger eine Rechtsweggarantie, sofern er durch die öffentliche Gewalt in seinen Rechten verletzt wurde. Der Wortlaut der Norm impliziert, dass darunter nur Akte des Staates verstanden werden können, die auf Verwaltungsakt, Gesetz oder Verordnung beruhen. Im Verfassungsrecht ist jedoch anerkannt, dass der

---

691 EuGH Urteil vom 29.10.2015, Rs. C-174/14 (Saudaçor), UR 2015, S. 901, Rn. 68; EuGH, Urteil vom 14.12.2000, Rs. C-446/98 (Fazenda Pública), DStRE 2001, S. 260, (261).

Schutz der Vorschrift weit zu verstehen ist. Daher können juristische Personen des Privatrechts Träger öffentlicher Gewalt sein, wenn sie sich in der Hand eines öffentlich-rechtlichen Verwaltungsträgers befinden (Beherrschung) und direkt der Erfüllung öffentlicher Aufgaben dienen.[692] Diese verfassungsrechtliche Sichtweise deckt sich eins zu eins mit den Voraussetzungen, die an eine sonstige Einrichtung öffentlichen Rechts gestellt werden.[693] Die Einbeziehung dieser privatrechtlich, das heißt regelmäßig in den Formen des Kapitalgesellschaftsrechts verfassten, organisierten Verwaltungsträger in den Schutzbereich des Art. 19 Abs. 4 GG sei geboten, weil auch hier die rechtsschutztypische Gefährdungssituation für die Empfänger der dargebotenen Verwaltungsleistungen besteht.[694] Auch lassen sich diese Wertungen vor dem Hintergrund auf das Steuerrecht übertragen, dass der Bürger vor einer ungleichen oder ungerechten Besteuerung geschützt werden soll.

Die Überlegungen des Europäischen Gerichtshofes und die dargelegten Verfassungsrechtlichen Grundsätze vermögen zu überzeugen. Weder kann die rechtliche Gestalt der handelnden Person Aufschluss über die Steuerbarkeit einer Handlung geben, noch kann die Form der Handlung eine unwiderlegbare Vermutung schaffen. Rechtliche Gestalt und Form können starke Indizien für die Abgrenzung sein, entscheidend ist jedoch nur der tatsächliche Charakter der Handlung in Bezug auf einen Dritten und damit der Wettbewerb. Sofern der Staat seinem privatrechtlichen Handeln die Ausübung von Hoheitsgewalt „vorgeschaltet" hat, kann das privatrechtliche Handeln trotzdem als Handeln im Rahmen der öffentlichen Gewalt verstanden werden.[695]

Dies wird auch vor dem Hintergrund deutlich, dass der Staat sehr wohl in einem „Über- Unterordnungsverhältnis", welches grundsätzlich als hoheitlich angesehen wird,[696] gegenüber dem Bürger agieren kann, wenn er den Marktzugang öffentlich-rechtlich beschränkt und sodann den so geregelten Markt als alleiniger Anbieter in Form einer GmbH bedient.[697] Auch ist an die

692 *Schmidt-Assmann,* in Maunz/Dürig, GG, Art. 19, Rn. 58; *Sachs,* in Sachs, GG, Art. 19, Rn. 117; *Jarass,* in Jarass/Pieroth, GG, Art. 19, Rn. 42; *Huber,* in v.Mangoldt/Klein/Strack, GG, Art. 19, Rn. 429.

693 A.A. *Stadie,* in Stadie, UStG, § 2, Rn. 369.

694 *Schmidt-Assmann,* in Maunz/Dürig, GG, Art. 19, Rn. 58.

695 A.A. *Stadie,* in Rau/Dürrwächter, UStG, § 2b, Rn. 130; Korn, in Bunjes, UStG, § 2b, Rn. 17; BMF-Schreiben vom 16.12.2016, III C 2 - S 7107/16/10001, DStR 2017, S. 40 (41); BFH, Urteil vom 28.6.2017, XI R 12/15, DStR 2017, S. 1873 (1875).

696 *Seer,* in Tipke/Kruse, AO/FGO, § 33 FGO, Rn. 5 m.w.N.

697 Wie am Beispiel der Flugsicherung gemäß § 27c LuftVG gesehen.

Benutzungsgebühren zu denken, die heute fast nur noch auf privatrechtlicher Basis erhoben werden,[698] wobei diese trotzdem oft auf ein öffentlich-rechtliches Benutzungsverhältnis zurückgehen.

Nach alledem ist festzuhalten, dass auch nach einer europäisch motivierten Auslegung, der Begriff der „Tätigkeit im Rahmen der öffentlichen Gewalt" in engen Grenzen auch das Handeln von juristischen Personen des Privatrechts umfassen kann. Diese Sichtweise findet sich beispielsweise auch in anderen Rechtsordnungen wieder, in denen eine staatliche Einrichtung auch ein Unternehmen oder sonstiges rechtliches Gebilde sein kann.[699]

3. *Größere Wettbewerbsverzerrungen im Sinne von § 2b Umsatzsteuergesetz*

Voraussetzung für die Steuerbefreiung gemäß § 2b Abs. 1 UStG ist das Handeln einer juristischen Person des öffentlichen Rechts im Rahmen der ihr obliegenden öffentlichen Gewalt. Von dieser Ausnahme für die öffentliche Hand wird – wie in Art. 13 Abs. 1 MwStSystRL – eine „Rückausnahme" gemacht, wenn eine Nichtbesteuerung zu größeren Wettbewerbsverzerrungen führen würde. Aufgrund derselben Regelungssystematik und des identischen Wortlautes ist § 2b Abs. 1 UStG grundsätzlich im Einklang mit der europarechtlichen Vorgabe.

Da weder die Mehrwertsteuersystemrichtlinie noch das deutsche Umsatzsteuerrecht Aufschluss über die Qualität einer solchen Wettbewerbsverzerrung geben, ist der unbestimmte Rechtsbegriff juristisch auszulegen.

Dem Wortlaut nach beschreibt wirtschaftlicher Wettbewerb das Aufeinandertreffen von Angebot und Nachfrage auf einem Markt zur Bildung des Preises für eine Ware.[700]

Gesetzessystematisch kann man den Vergleich mit dem § 1 UWG oder Art. 3 Abs. 1 b) AEUV suchen. § 1 UWG soll vor verfälschtem Wettbewerb schützen, wobei „verfälscht" als Synonym für nicht funktionierenden Wettbewerb steht.[701]

---

698 *Drüen*, in Tipke/Kruse, AO/FGO, § 3 AO, Rn. 23.

699 Siehe section 2 (1) New Zealand Global Sales Tax Act; *Henkow*, The VAT/GST Treatment of Public Bodies, S. 147: "Public authority is defined as … state enterprises, or other instruments."

700 *Musil*, Wettbewerb in der staatlichen Verwaltung, S. 13; *Gabler*, Wirtschaftslexikon Ko - Pe, Stichwort „Markt", S. 2106; *Rittershofer*, Wirtschaftslexikon, Stichwort „Markt" S. 630.

701 *Schünemann*, in Harte-Bavendamm/Henning-Bodewig, UWG, § 1, Rn 94.

Ebenso soll die Europäische Union Regelungen für einen funktionierenden Wettbewerb gemäß Art. 3 Abs. 1 b) AEUV schaffen.

Dem Sinn und Zweck nach ist auf die Wettbewerbsneutralität als tragendes Prinzip der Umsatzsteuer abzustellen. Dieses allgemein anerkannte Prinzip besagt zum einen, dass mit Umsatzsteuer belastete Unternehmer vollständig im Wege des Vorsteuerabzugs wieder zu entlasten sind und zum anderen, dass der europäische Binnenmarkt durch die Umsatzsteuer keinen Wettbewerbsverzerrungen unterliegen darf.[702] Wettbewerbsneutral ist die Umsatzsteuer mithin, wenn sie keinen Einfluss auf die Marktaktivitäten der Unternehmer hat.

Insofern lässt sich bezogen auf die Umsatzbesteuerung der öffentlichen Hand festhalten, dass eine Nichtbesteuerung von juristischen Personen öffentlichen Rechts eine ungewollte Einflussnahme (Verzerrung) auf eine Konkurrenzsituation ist, in welche sich die juristische Person öffentlichen Rechts begibt, wenn sie Leistungen auf einem Markt anbietet, die ebenfalls von einer Privatperson erbracht werden können. Dabei ist die Wettbewerbsbeeinträchtigung nicht auf einen lokalen Markt beschränkt, sondern soll auch den Marktzutritt privater Unternehmen schützen, das heißt auch den potentiellen Wettbewerb.[703]

Fraglich ist indes, was unter einer „größeren" Wettbewerbsverzerrung zu verstehen ist.

a) Grenze der größeren Wettbewerbsverzerrung

Erheblich schwieriger ist die Auslegung des quantifizierenden Elements der „größeren" Wettbewerbsverzerrung. Unglücklicherweise lassen sich weder der Rechtsprechung des Europäischen Gerichtshofes, noch der des Bundesfinanzhofes genaue Angaben entnehmen, wann die Grenze für eine größere Wettbewerbsverzerrung im Sinne des Art. 13 Abs. 1 Unterabs. 1 MwStSystRL beziehungsweise § 2b Abs. 1 UStG überschritten ist.

Der Europäische Gerichtshof erklärt in diesem Zusammenhang lediglich, dass es grundsätzlich Sache der Mitgliedsstaaten sei, Regelungen zu treffen, welche den Gehalt der Wettbewerbsverzerrung im Sinne des Art. 13 Abs. 1 Unterabs. 1 MwStSystRL zutreffend wiedergeben.[704] Gleichwohl gibt er in diesem Zusammenhang zu bedenken, dass der Begriff „größere" dahin zu verstehen sei,

---

702 *Robisch*, in Bunjes, UStG, Vor § 1, Rn. 15; *Gröpl*, in Dauses, EU-Wirtschaftsrecht, J, Rn. 427.

703 EuGH, Urteil vom 16.9.2008, Rs. C-288/07 (Isle of Wight), DStRE 2008, S. 1455 (1458); BFH Urteil, vom 1.12.2011, V R 1/11, DStR 2012, S. 352 (354).

704 EuGH, Urteil vom 16.9.2008, Rs. C-288/07 (Isle of Wight) DStRE 2008, S. 1455, 1458.

dass er keine Einschränkung für den Wettbewerb bedeuten dürfe.[705] Solche Einschränkungen seien jedoch zu erwarten, wenn die Nichtbesteuerung der staatlichen Einrichtung zu mehr als „geringst möglichen Einschränkungen" privater Dritter führen würde. „Daher sei der Begriff „größere" dahin auszulegen, dass die Behandlung öffentlicher Einrichtungen als Nichtsteuerpflichtige nur zugelassen werden kann, wenn sie lediglich zu unbedeutenden Wettbewerbsverzerrungen führen würde."[706]

Ähnlich unkonkret äußert sich der Bundesfinanzhof, der eine größere Wettbewerbsverzerrung als „nicht lediglich unbedeutende" Wettbewerbsverzerrung beschreibt.[707] Es sei insbesondere nicht notwendig, dass eine „erhebliche oder außergewöhnliche" Wettbewerbsverzerrung vorliege.[708] Bedingt durch so eine inhaltsarme Definition entstehen beim Steuerpflichtigen zwangsläufig Rechtsunsicherheiten.[709] Aus rechtsstaatlichen Gesichtspunkten stellt dies einen unbefriedigenden Zustand dar, zumal in jüngster Vergangenheit die Voraussetzungen einer Steuerhinterziehung durch den Gesetzgeber immer weiter verschärft wurden.[710] Verschärfungen des Steuerstrafrechts bei gleichzeitig vage formulierten Steuergesetzen reduzieren ebenfalls die Rechtssicherheit der Betroffenen. Insofern konnten bisher weder die Rechtsprechung noch die Finanzverwaltung diese Rechtsunsicherheiten aufklären.[711]

In der Literatur wurde zuweilen versucht, sich diesem unbestimmten Rechtsbegriff anzunähern.

Eine Annäherung über Art. 13 Abs. 1 Unterabs. 2 MwStSystRL, wonach Tätigkeiten im Sinne von Anhang I zur MwStSystRL von juristischen Personen öffentlichen Rechts stets steuerpflichtig seien, sofern der Umfang dieser Tätigkeiten nicht unbedeutend sei, erscheint nicht tauglich.[712] Zwar ordnet Art. 13 Abs. 1 Unterabs. 2 MwStSystRL die Steuerpflicht juristischer Personen öffentlichen

---

705 EuGH, Urteil vom 16.9.2008, Rs. C-288/07 (Isle of Wight) DStRE 2008, S. 1455 (1461); *Henkow,* The VAT/GST Treatment of Public Bodies, S. 44.

706 EuGH, Urteil vom 16.9.2008, Rs. C-288/07 (Isle of Wight) DStRE 2008, S. 1455 (1461).

707 BFH, Urteil vom 1.12.2011, V R 1/11, SteuK 2012, S. 146 (146).

708 BFH, Urteil vom 10.11.2011, V R 41/10, DStR 2012, S. 348 (350).

709 *Küffner,* in DStR 2003, S. 1606 (1606).

710 Vgl. Gesetz zur Änderung der Abgabenordnung und des Einführungsgesetzes zu Abgabenordnung vom 22.12.2014, BGBl. I 2014, S. 2415.

711 Vgl. BMF-Schreiben vom 16.12.2016, III C 2 - S 7107/16/10001, DStR 2017, S. 40, Rn. 31.

712 In diese Richtung aber: *Canz,* Die Umsatzbesteuerung der öffentlichen Hand im Wandel, S. 81.

Recht für die genannten Katalogtätigkeiten wörtlich an, wenn diese nicht unbedeutend seien, jedoch ist die bloße Nennung und Verbindung des Begriffs „unbedeutend" mit den in Anlage I MwStSystRL genannten Tätigkeiten nicht geeignet, den Begriff als solchen näher zu definieren. Denn die tatsächliche Aussagekraft geht nicht über die gemachten Ausführungen des Europäischen Gerichtshofes und des Bundesfinanzhofes hinaus.

Ebenfalls dem Europäischen Gerichtshof und dem Bundesfinanzhof folgend wollen *Korn*[713] und *Scharpenberg*[714] größere Wettbewerbsverzerrungen annehmen, wenn diese nicht „unbedeutend" seien. Obwohl man in der Literatur häufig diese Abgrenzung vertritt, bleibt sie trotzdem für den Rechtsanwender nicht praktikabel, da die Begrifflichkeiten von Sinn und Wortlaut völlig austauschbar sind.

Einen Ansatz, der sich an einem Mindestumsatz orientiert, verfolgt *Wagner*. Dieser schlägt vor, eine größere Wettbewerbsverzerrung im Sinne von Art. 13 Abs. 1 Unterabs. 1 MwStSystRL anzunehmen, wenn der Umsatz der staatlichen Einrichtung die Grenze der Kleinunternehmerregelung aus § 19 UStG übersteigt.[715] Dieser Vorschlag ist praktikabel, obgleich ein Beharren auf Grenzwerten zur Bestimmung eines Betriebs gewerblicher Art bei der Rechtsanwendung, jedenfalls im Fall der Finanzverwaltung, scharf verurteilt wurde.[716] *Wagner* darf sich jedoch insofern bestätigt sehen, als dass das Regelbeispiel in § 2b Abs. 2 Nr. 1 UStG seinen Vorschlag aufgreift und beispielhaft dann nicht von einer Wettbewerbsverzerrung ausgeht, wenn der erzielte Umsatz gleichartiger Tätigkeiten im Kalenderjahr 17.500 Euro nicht übersteigt. Gleichwohl zeigt die Formulierung[717] des § 2b Abs. 2 Nr. 1 UStG auch, dass die Kleinunternehmerregelung nicht das ausschließliche und einzige Kriterium zur Definition einer Wettbewerbsverzerrung sein kann.

b) Abstrakte Regelung unmöglich

Wie bereits gesehen konnten weder Rechtsprechung noch Literatur in diesem Zusammenhang abschließende Ergebnisse liefern.

---

713 *Korn*, in Bunjes, UStG, § 2, Rn. 187.

714 *Scharpenberg*, in Hartmann/Metzenmacher, UStG, § 2, Rn. 562; in diese Richtung auch *Stadie*, in Rau/Dürrwächter, UStG, § 2, Rn. 1146.

715 *Wagner*, in UR 1993, S. 301 (304).

716 *Stadie*, in Rau/Dürrwächter, UStG, § 2, Rn. 1213; *Reiß*, in Reiß/Kraeusel/Langer, UStG, § 2, Rn. 166; BFH, Urteil vom 25.10.1989, V R 111/85, BStBl. II 1990, S. 868 (871).

717 Größere Wettbewerbsverzerrungen liegen „*insbesondere*" nicht vor wenn…

Dem Wortlaut nach ist der Definition der herrschenden Meinung zuzustimmen, dass eine größere Wettbewerbsverzerrung eine Erheblichkeitsschwelle überschreiten muss, das heißt nicht unbedeutend sein darf. Wann diese Erheblichkeitsschwelle allerdings erreicht ist, lässt sich weder aus systematischen, historischen noch teleologischen Gesichtspunkten erfassen.

Vielmehr liegt es in der Natur der Sache, dass quantifizierende Beschreibungen in gesetzlichen Tatbeständen grundsätzlich nicht anhand anderer quantifizierender Umschreibungen konkretisiert werden können.

Insofern entschied der Bundesfinanzhof im Rahmen des § 11 Abs. 1 S. 2 EStG, dass das Tatbestandsmerkmal „kurze Zeit" maximal einen Zeitraum von 10 Tagen umfasse.[718] Im Zusammenhang mit einer Steuerhinterziehung großen Ausmaßes entschied der Bundesgerichtshof, dass ein „großes" Ausmaß bei Erstattungen durch das Finanzamt ab 50.000 Euro erreicht sei, bei nicht abgeführten Steuern bei 100.000 Euro.[719]

Die Konkretisierung solch quantifizierender Steuertatbestandsmerkmale durch die Rechtsprechung ist wünschenswert. Nur durch die Schaffung solcher Grenzwerte sind die Rechtsfolgen solcher Normen für den Steuerpflichtigen vorhersehbar. Zwar scheut die Rechtsprechung zuweilen vor der Etablierung solch fester Grenzen zurück, da sie die Rechtsanwendung unflexibler machen und im Einzelfall gegebenenfalls zu unbilligen Ergebnissen führen könnten.[720] Jedoch sind Gesetzestexte regelmäßig allgemein gefasst und damit ungenau im Gegensatz zu Zahlen.[721] Diesem Umstand sollte jedoch im Bereich solch quantifizierender Steuertatbestandsbeschreibungen durch die Einführung fester Grenzwerte durch die Rechtsprechung entgegengewirkt werden.

Dabei unterscheiden sich diese Grenzwerte vom Wesen her von den Grenzwerten, welche die Finanzverwaltung für die Bestimmung eines Betriebs gewerblicher Art verwendet.[722] Denn bei Merkmalen wie einer Einrichtung oder nachhaltigen wirtschaftlichen Tätigkeit handelt es sich nicht um quantifizierende

---

718 BFH, Beschluss vom 6.11.2002, X B 30/02, BFH/NV 2003, S. 169 (169); BFH, Urteil vom 10.12.1985, VIII R 15/83, BStBl. II 1986, S. 342 (344).

719 BGH, Beschluss vom 15.12.2011, 1 StR 579/11, BFH/NV 2012, S. 910 (910); BGH, Beschluss vom 25.09.2012, 1 StR 407/12, DStR 2013, S. 268 (269).

720 Vgl. BFH, Urteil vom 26.11.2003, VI R 152/99, DStR 2004, S. 219 (220) zum Begriff der „nur gelegentlichen Fahrt zur Lebensmittelpunktswohnung" im Sinne von § 9 Abs. § 9 Absatz 1 Satz 3 Nr. 4 Satz 3 EStG 1996.

721 *Geserich*, DStR-Beih 2011, S. 59 (59).

722 Etwa *OFD Nordrhein-Westfalen*, Besteuerung juristischer Personen öffentlichen Rechts, S. 25.

Merkmale, welche auch durchaus durch abstrakte Umschreibungen weiter konkretisiert werden können.

c) Notwendigkeit konkreter Zahlen

Nach der hier vertretenen Auffassung ist eine abstrakte Definition der größeren Wettbewerbsverzerrung im Sinne von Art. 13 Abs. 1 Unterabs. 2 MwStSystRL beziehungsweise § 2b Abs. 1 UStG wenigstens aus zwei Gründen unmöglich.

Dies ergibt sich zum einen daraus, dass man eine quantifizierende Beschreibung wie „größer" nicht durch eine weitere oder andere quantifizierende Beschreibung wie „bedeutend" oder „gewichtig" konkretisieren kann.

Neben dieser Tatsache ist vor allem entscheidend, dass sowohl der Europäische Gerichtshof, der Bundesfinanzhof und der überwiegende Teil der Literatur das Merkmal der Wettbewerbsverzerrung nicht auf einen konkreten oder bestehenden Markt beschränken will.[723] Vielmehr soll das Regulativ der „größeren Wettbewerbsverzerrung" auch den Markteintritt zukünftiger Marktteilnehmer schützen und bereits potentielle Wettbewerbsverzerrungen verhindern.[724] Insofern kann man in der Gegenwart womöglich noch überhaupt nicht feststellen, ob sich die Betätigung der öffentlichen Hand in einem bestimmten Bereich in der Zukunft irgendwann einmal als größere Beeinträchtigung für einen Marktteilnehmer erweisen wird. Daher ist es unmöglich, die quantifizierende Bestimmung der größeren Wettbewerbsverzerrung auf Einzelsachverhalte in der Zukunft zu projizieren, in denen zum Zeitpunkt der Beurteilung in der Gegenwart noch gar nicht genau feststeht, ob eine nicht nur unwesentliche Beeinträchtigung des privaten Unternehmers vorliegen wird.

Aus diesem Grund sind zur Bestimmung der größeren Wettbewerbsverzerrung im Sinne von Art. 13 Abs. 1 MwStSystRL beziehungsweise § 2b Abs. 1 UStG von der Rechtsprechung oder Finanzverwaltung zu entwickelnde

---

723 An Stelle vieler: EuGH, Urteil vom 16.9.2008, Rs. C-288/07 (Isle of Wight) DStRE 2008, S. 1455 (1460); Korn, in Bunjes, UStG, § 2, Rn. 187.

724 *Korn*, in Bunjes, UStG, § 2, Rn 188; Insofern ist die von *Damas*, in UR 2005, S. 303 (306) vertretene Ansicht, eine größere Wettbewerbsverzerrung läge vor, wenn die öffentliche Hand in der Lage ist, eine Leistung aufgrund der fehlenden Besteuerung günstiger anzubieten als private Unternehmen, nach der hier vertretenen Ansicht nicht zielführend. Denn aufgrund der fehlenden Besteuerung wird die öffentliche Hand zumindest potentiell immer in der Lage sein, einen günstigeren Preis anzubieten. Da aber auch bereits dieser potentielle Wettbewerb geschützt ist, kann hierdurch nicht das quantifizierende Merkmal der größeren Wettbewerbsverzerrung eingegrenzt werden.

Bagatellgrenzen der einzig gangbare Weg, um die Regelung für Rechtsanwender handhabbar zu machen. Die Chance, hier Klarheit zu schaffen, wurde mit dem Schreiben des Bundesministeriums der Finanzen vom 16. Dezember 2016 zur Anwendbarkeit des neuen § 2b UStG leider vertan.[725]

4. *Ausschluss größerer Wettbewerbsverzerrungen gemäß § 2b Absatz 2 Umsatzsteuergesetz*

Der Gesetzgeber hat bei der Schaffung des neuen § 2b Abs. 2 UStG zwei Regelbeispiele geschaffen, welche qua Gesetz größere Wettbewerbsverzerrungen ausschließen. Das erste schafft eine Bagatellgrenze für Wettbewerbsverzerrungen, das zweite schließt Wettbewerbsverzerrungen aus, wenn private Unternehmen in dem Tätigkeitsbereich von einer Steuerbefreiung profitieren.

a) Gleichartige Tätigkeiten bis zu 17.500 Euro Jahresumsatz

Das erste Regelbeispiel betrifft gleichartige Tätigkeiten juristischer Personen des öffentlichen Rechts, welche im Kalenderjahr einen voraussichtlichen Umsatz von 17.500 Euro jeweils nicht übersteigen werden. Jedoch sind die Regelungen des § 2b Abs. 2 Nr. 1 UStG kritisch zu hinterfragen, da der Gesetzgeber hier von den Vorgaben der Mehrwertsteuersystemrichtlinie abweicht.

aa) Umsatzgrenze

Zunächst ist festzuhalten, dass weder der Europäische Gerichtshof noch der Bundesfinanzhof in der Vergangenheit Wertgrenzen aufgestellt haben, um eine größere Wettbewerbsverzerrung zu definieren.[726] Vielmehr sprach sich der Bundesfinanzhof dagegen aus, den Betrieb gewerblicher Art anhand der in den Körperschaftsteuerrichtlinien geltenden Umsatzgrenzen zu definieren.[727] Daher könnte die Einführung einer Bagatellgrenze von 17.500 Euro gegen das Europarecht verstoßen.

Grundsätzlich sind Umsatzgrenzen jedoch geeignet, um einen solch unbestimmten Rechtsbegriff wie den der größeren Wettbewerbsverzerrung für Steuerpflichtige und Finanzverwaltung handhabbar zu machen. Insofern waren

---

725 BMF-Schreiben vom 16.12.2016, III C 2 - S 7107/16/10001, DStR 2017, S. 40, Rn. 31.

726 EuGH, Urteil vom 16.9.2008, Rs. C-288/07 (Isle of Wight), DStRE 2008, S. 1455 f.; BFH, Urteil vom 15.4.2010, – V R 10/09, BB 2010, 2088 f.

727 BFH, Urteil vom 17.3.2010, XI R 17/08, KommJur 2011, S. 59 (61).

bereits die Bestrebungen der Finanzverwaltung in Bezug auf § 2 Abs. 3 UStG a. F. nachvollziehbar.[728]

Der neue § 2b Abs. 2 Nr. 1 UStG orientiert sich zudem an der gesetzlich bereits kodifizierten Kleinunternehmerregelung im Sinne des § 19 UStG. Eine solche Bagatellgrenze hilft dabei, die Vorgaben des Gesetzgebers administrierbar zu machen, ohne dabei gegen den grundsätzlichen Willen des Gesetzgebers zu verstoßen. Zum Teil wird diese Grenze als zu niedrig eingestuft und vorgeschlagen, sich an der bisherigen Regelung im Körperschaftsteuerrecht zu orientieren.[729] Eine solche Auffassung ist jedoch abzulehnen. Zum einen besteht zwischen dem Umsatzsteuerrecht und dem Körperschaftsteuerrecht kein unmittelbarer Zusammenhang mehr, der eine Verwendung der dortigen Aufgriffsgrenzen nahelegen könnte. Zum anderen wird hier von Seiten des Gesetzgebers versucht, den europarechtlich vorgegebenen Begriff der größeren Wettbewerbsverzerrung einzuschränken. Dies sollte zum einen nur restriktiv erfolgen und zum anderen erscheint es folgerichtig, von einer nicht unwesentlichen Wettbewerbsverzerrung auszugehen, wenn der Gesetzgeber Umsätze von Unternehmen oberhalb von 17.500 Euro als so wesentlich erachtet, sie einer Besteuerung zu unterwerfen. Insofern ist der Anknüpfungspunkt an die Kleinunternehmerregelung sachgerecht und keinesfalls zu niedrig angesetzt. Aus Gründen einer ordnungsgemäßen Administrierbarkeit ist das Abstellen auf die Aufgriffsgrenze in Höhe von 17.500 Euro somit nicht zu beanstanden.

Daher kann der Betrag der Kleinunternehmerregelung grundsätzlich als obere Grenze verstanden werden, bis zu der keine Wettbewerbsverzerrungen anzunehmen sind. Trotz der eindeutigen Formulierung in Absatz zwei muss trotzdem jeder Umsatz unter 17.500 Euro in Zweifelsfällen einer Einzelfallprüfung vorbehalten bleiben, um eine richtlinienkonforme Umsetzung des Paragraphen zu gewährleisten. Gleichzeitig können auch Beträge oberhalb von 17.500 Euro keine Wettbewerbsverzerrung auslösen, jedoch wäre dieser Umstand, entgegen der gesetzlichen Vermutung, stets positiv festzustellen.

bb) Gleichartige Tätigkeit

Weitere Voraussetzung für die Anwendung des gesetzlichen Regelbeispiels ist die Gleichartigkeit der Tätigkeiten, welche zusammen einen Umsatz von 17.500 Euro nicht übersteigen dürfen.

---

728 *OFD Nordrhein-Westfalen*, Besteuerung juristischer Personen öffentlichen Rechts, S. 25.

729 *Maier/Übleiß*, KommJur 2015, S. 206 (208).

Daher bedarf der unbestimmte Rechtsbegriff der gleichartigen Tätigkeit der Auslegung. Grundsätzlich ist allen privaten Unternehmen gemein, dass die Summe aller ihrer Tätigkeiten Gegenstand des Unternehmens sind und auch alle in vollem Umfang der Umsatzbesteuerung unterliegen. Mit dieser Sonderregelung könnten also juristische Personen besser gestellt werden als private Wirtschaftsteilnehmer.

Bedenklich erscheint aus europarechtlicher Perspektive die in diesem Zusammenhang verwendete Formulierung der „gleichartigen" und 17.500 Euro „jeweils" nicht übersteigenden Tätigkeit. Diese Formulierung könnte einer missbräuchlichen Steuergestaltung im Sinne von § 42 Abs. 1 S. 1 AO Vorschub leisten.

Zudem könnte § 2b Abs. 2 UStG für eine Körperschaft öffentlichen Rechts mehrfach anwendbar sein.[730] *Ringwald* sieht die Gefahr, dass beispielsweise die „Kopierumsätze" oder „Verkäufe" einer öffentlich-rechtlichen Körperschaft einzeln zu sehen sind und daher für jeden dieser Umsätze die 17.500 Euro Grenze erneut gilt.[731] *Widmann* diskutiert das Beispiel eines Bauhofes, der für 10.000 Euro Gartenabfälle entsorgt und zudem für 15.000 Euro den Maschinenpark des Bauhofes vermietet. Da die jeweiligen Tätigkeiten nicht gleichartig seien, käme für jede Tätigkeit die 17.500 Euro Grenze in Betracht.[732]

Die Finanzverwaltung hat es bisher versäumt, durch eine restriktive Auslegung der gleichartigen Tätigkeit für Klarheit zu sorgen. Dem Schreiben des Bundesministeriums der Finanzen zur Anwendbarkeit des neuen § 2b UStG lässt sich nur entnehmen, dass Tätigkeiten gleichartig seien, wenn sie aus der Sicht eines Durchschnittsverbrauchers dieselben Bedürfnisse befriedigen würden.[733] Besonders bedenklich ist in diesem Zusammenhang das dort genannte Beispiel[734], wonach die Überlassung von Parkplätzen und die Überlassung von Parkbuchten (zur Ordnung des ruhenden Verkehrs) keine gleichartigen Tätigkeiten seien und die Umsätze der beiden Tätigkeiten nicht zusammenzurechnen seien.

Insbesondere vor dem Hintergrund der einschlägigen Rechtsprechung des Europäischen Gerichtshofes und des Bundesfinanzhofes zur Parkraumüberlassung,[735] bei der für die Frage des Wettbewerbs gerade nicht zwischen

---

730 *Ringwald,* UR 2015, S. 1 (3).

731 *Ringwald,* UR 2015, S. 1 (3).

732 *Widmann,* UR 2015, S. 5 (8).

733 BMF-Schreiben vom 16.12.2016, III C 2 - S 7107/16/10001, DStR 2017, S. 40, Rn. 36.

734 BMF-Schreiben vom 16.12.2016, III C 2 - S 7107/16/10001, DStR 2017, S. 40, Rn. 37.

735 EuGH, Urteil vom 16.09.2008, Rs. C-288/07 (Isle of Wight), DStRE 2008, S. 1455 (1461); BFH, Urteil vom 1.12.2011, V R 1/11, DStR 2012, S. 352 (354).

Parkraumbewirtschaftung und Ordnung des Verkehrs unterschieden wurde, lässt diese Einschätzung der Finanzverwaltung den juristischen Personen öffentlichen Rechts einen großzügigen Handlungsspielraum zur Gestaltung ihrer steuerlichen Angelegenheiten.

In diesem Zusammenhang ist festzuhalten, dass Voraussetzung für den § 2b UStG eine Tätigkeit im Rahmen der öffentlichen Gewalt ist. Kopierumsätze oder Vermietungstätigkeiten auf zivilrechtlicher Grundlage würden also bereits durch den § 2 Abs. 1 UStG erfasst und wären gar nicht erst von der Ausnahmevorschrift des § 2b Abs. 1 UStG betroffen. Trotzdem erscheint es auch möglich eine Vielzahl gleichartiger öffentlich-rechtlicher Tätigkeiten zu konstruieren, die jeweils für sich genommen die Grenze des § 2b Abs. 2 Nr. 1 UStG dann unterschreiten und zu privaten Dritten in einem Wettbewerbsverhältnis stehen. Dies würde eine Wettbewerbsverzerrung zu Lasten der privaten Dritten darstellen und dem Sinn und Zweck des Art. 13 Abs. 1 MwStSystRL zuwider laufen.

Fraglich ist also was unter „Gleichartigkeit“ zu verstehen ist. Denn die „Atomisierung“ eigentlich einheitlicher Tätigkeiten, könnte dazu führen, Steuerentlastungen für die öffentliche Hand zu schaffen, welche von der Mehrwertsteuersystemrichtlinie nicht vorgesehen sind.

Gegen eine „Atomisierung“ von Leistungen spricht zunächst das systematische Argument der Einheitlichkeit der Leistung. Denn ein einheitlicher wirtschaftlicher Vorgang darf umsatzsteuerrechtlich nicht in mehrere Leistungen aufgeteilt werden.[736] Wobei hier eher verschiedene Leistungen an unterschiedliche Leistungsempfänger in Rede stehen werden. Der Grundsatz, wonach eine Leistung nicht künstlich aufgespalten werden darf, passt also nicht richtig.

Trotzdem kann man den Grundgedanken auch auf die Vorschrift des § 2b Abs. 2 Nr. 1 UStG anwenden, da der Befreiungstatbestand aufgrund der damit verbundenen Gestaltungsmöglichkeiten restriktiv anzuwenden sein muss. Das heißt, sofern ein Bauhof neben Gartenabfällen auch Sperrmüll, Schadstoffe und sonstigen Müll entsorgt, müssten diese Tätigkeiten insgesamt als Entsorgungstätigkeit zu verstehen sein und dürften nicht in vier Einzeltätigkeiten aufgegliedert werden, für die jeweils die 17.500 Euro Grenze gilt.

Die Wortlautauslegung eröffnet wenige Anknüpfungspunkte. Das heißt, die Wortlautauslegung würde auch eine „Atomisierung“ in viele Einzeltätigkeiten zulassen.[737]

---

736 *Robisch*, in Bunjes, UStG, § 1, Rn. 59a; EuGH, Urteil vom 18.1.2018, Rs. C-463/16 (Stadion Amsterdam), DStR 2018, S. 246 (249); Abschnitt 3.10, Abs. 3, S. 1 UStAE.

737 BMF-Schreiben vom 16.12.2016, III C 2 - S 7107/16/10001, DStR 2017, S. 40, Rn 37.

Eine solche weitgehende Auslegung würde jedoch dem Sinn und Zweck der Vorschrift widersprechen. Denn wenn der Hintergrund der Regelung tatsächlich eine Bagatellgrenze sein soll, so wie es bei der Kleinunternehmerregelung der Fall ist, dann widerspricht es dem Sinn und Zweck, dem Staat hier die Möglichkeit zu eröffnen, unrechtmäßige Steuergestaltung zu betreiben. Dies gilt umso mehr, als es für den privaten Unternehmer in keiner Weise von außen nachvollziehbar sein dürfte, ob er mit seinen eignen Tätigkeiten mit der öffentlichen Hand im Wettbewerb steht und ob diese die eigentlich einheitliche Tätigkeit in eine Vielzahl von Einzeltätigkeiten in ihrer Steuererklärung zerlegt hat.

Überhaupt dürfte die Vorschrift mit dem Wettbewerbsgedanken des Art. 13 Abs. 1 MwStSystRL nur zu vereinbaren sein, wenn die Finanzverwaltung einer Aufgliederung in viele Einzeltätigkeiten aktiv entgegenwirkt. Dies ergibt sich aus dem Gebot der Neutralität der Umsatzsteuer sowie dem allgemeinen Gleichheitsgrundsatz. Denn allein aufgrund der Tatsache, dass es privaten Unternehmern verwehrt ist, ihre Umsätze derart zu gestalten, sind erhebliche Bedenken gegenüber der Regelung angebracht. Die Zeichen aus dem Finanzministerium deuten jedoch in die genau entgegengesetzte Richtung.[738] Die Möglichkeit, dass § 2b Abs. 2 Nr. 1 UStG in naher Zukunft auf den finanzgerichtlichen Prüfstand gelangt, ist daher sehr real.

(1) Konkurrentenklage

Gerade weil es für private Unternehmer kaum abzusehen sein dürfte, ob die juristische Person öffentlichen Rechts möglicherweise – aus Gründen der Steueroptimierung – einzelne wirtschaftliche Vorgänge „atomisiert“ hat, wie großzügig die Finanzverwaltung tatsächlich das Zusammenfassen „gleichartiger Tätigkeiten“ verstehen wird oder in welchen sonstigen Fällen eine ungleiche Besteuerung vorliegen könnte, ist zu untersuchen, wie Wettbewerbsverzerrungen zu verhindern beziehungsweise überhaupt erst aufgedeckt werden können.

Im Rahmen der neueren Rechtsprechung zur Besteuerung der öffentlichen Hand sind auch Entscheidungen zur prozessualen Durchsetzung von Rechten privater Unternehmen ergangen, die sich nun unter Umständen auch auf Sachverhalte im Sinne von § 2b UStG im Allgemeinen und im Besonderen auf eine fehlende Wettbewerbsrelevanz aufgrund einer „gleichartigen Tätigkeit“ im Sinne von § 2b Abs. 2 Nr. 1 UStG richten könnten. Ein hilfreiches prozessuales

738 BMF-Schreiben vom 16.12.2016, III C 2 - S 7107/16/10001, DStR 2017, S. 40, Rn. 37.

Mittel könnte hierbei die drittschützende Konkurrentenklage[739] auf steuerliche Gleichbehandlung sein.[740]

(aa) Herleitung des Drittschutzes

Grundsätzlich können die im Verwaltungsprozessrecht entwickelten Grundsätze zur drittschützenden Konkurrentenklage nicht ohne Weiteres auf das Steuerrecht übertragen werden, da die gesetzlichen Regelungen zur Besteuerung nur in den seltensten Fällen die Rechte des Einzelnen schützen.[741] Ein solcher Drittschutz ist auch im Wortlaut des § 2b UStG nicht angelegt. Gleichwohl könnte eine solche Auslegung aufgrund des Regelungsrahmens der Mehrwertsteuersystemrichtlinie geboten sein.

Insofern legte der Bundesfinanzhof zum alten § 2 Abs. 3 UStG a. F. dem Europäischen Gerichtshof auch die Frage vor, inwieweit sich ein privatrechtlich organisierter Feuerbestattungsverein vor Wettbewerbsverzerrungen durch die unzutreffende Besteuerung eines öffentlich-rechtlichen Krematoriums prozessual zur Wehr setzten könnte.[742] Der Europäische Gerichtshof entschied zur Vorgängervorschrift[743] des Art. 13 Abs. 1 MwStSystRL, dieser habe in seiner Ausprägung drittschützenden Charakter, weshalb sich ein privater Dritter zum prozessualen Schutz vor Wettbewerbsverzerrungen auch auf die Vorschrift berufen könne.[744] Der Bundesfinanzhof merkte in seiner Folgeentscheidung an:

> „obgleich dem Wortlaut des § 2 Abs. 3 UStG a. F. nicht zu entnehmen ist, dass die Vorschrift … eine wettbewerbsrechtliche Tendenz verfolgt und die wirtschaftliche Entfaltungsmöglichkeit Dritter schützen will, wird von namhaften Stimmen im Schrifttum eine solche Drittschutzwirkung der Vorschrift bejaht.
> Angesichts dessen, aber auch angesichts der in Rechnung zu stellenden Möglichkeit einer am dargelegten gemeinschaftsrechtlichen Schutz des Konkurrenten vor sog. Hoheitsbetrieben orientierten Auslegung der Vorschrift kommt ernstlich in Betracht, dass auch § 2 Abs. 3 UStG a. F. … ein subjektives öffentliches, mithin gegebenenfalls klagefähiges Recht auf richtige Anwendung dieser Vorschrift … gibt."[745]

---

739 EuGH, Urteil vom 8.6.2006, Rs. C-430/04, DStR 2006, S. 1082; Stadie, in Rau/Dürrwächter, UStG, § 2b, Rn. 225; *Rittner/Meinrad*, Europäisches und deutsches Wirtschaftsrecht S. 745; *Schenke*, Neuere Rechtsprechung zum Verwaltungsprozessrecht, S. 94; zur statthaften Klageart siehe *Seer*, in Tipke/Kruse, AO/FGO, § 40 FGO, Rn. 85.

740 Wobei Gleichbehandlung hier die Besteuerung der öffentlichen Hand bei auftretenden Wettbewerbsverzerrungen gegenüber privaten Dritten bedeutet.

741 *Braun*, in Hübschmann/Hepp/Spitaler, AO/FGO, § 40 FGO, Rn. 220.

742 BFH, Beschluss vom 8.7.2004, VII R 24/03, DStR 2004, S. 1829 f.

743 Art. 4 Abs. 5 Unterabs. 2 6. EG-Richtlinie (RL 77/388/EWG).

744 EuGH, Urteil vom 8.6.2006, Rs. C-430/04 (Feuerbestattungsverein Halle e. V.), DStR 2006, S. 1082 (1084).

745 BFH, Urteil vom 5.10.2006, VII R 24/03, DStR 2006, S. 2310 (2313).

Aus dieser Urteilsbegründung geht hervor, dass sich der Bundesfinanzhof zur Begründung des Drittschutzes in erster Linie auf Literaturmeinungen beruft. Diese leiten die Rechte Dritter in diesem Zusammenhang primär unmittelbar aus der Verfassung ab.[746] Hingegen spricht das Gericht lediglich von der Möglichkeit einer drittschützenden Wirkung des Art. 13 Abs. 1 MwStSystRL und hält sich auch sonst betont zurück in dieser Hinsicht, obwohl sich der Europäische Gerichtshof auf die Vorlagefrage des Bundesfinanzhofes eindeutig geäußert hat.[747]

Auch wenn der Bundesfinanzhof die genaue Herleitung des Drittschutzes für seine Entscheidung dahinstehen lassen konnte, ist eine genaue Zuordnung rechtlich angezeigt. Denn sofern sich dieser Drittschutz aus den Vorgaben der Mehrwertsteuersystemrichtlinie ergibt, wäre der § 2 Abs. 3 UStG a. F. auch in diesem Zusammenhang europarechtskonform auszulegen. Da es dem § 2b UStG, wie dem § 2 Abs. 3 UStG a. F., an ausdrücklichem Drittschutz mangelt, wäre eine europarechtskonforme Auslegung in diesem Zusammenhang auch auf die gesetzliche Neuregelung zu übertragen.

Eine europarechtskonforme Auslegung des § 2 Abs. 3 UStG a. F. und des § 2b UStG ist rechtlich geboten.

Der Art. 13 MwStSystRL[748] verlangt eine steuerliche Gleichbehandlung[749] von privaten Unternehmen und der öffentlichen Hand, wenn sich beide in einem Wettbewerbsverhältnis gegenüberstehen. Dieses für den privaten Unternehmer jedenfalls mittelbar wirkende Recht liefe ins Leere, wenn es gegenüber der öffentlichen Hand nicht auch prozessual geltend gemacht werden könnte. Ohne eine Rechtsnorm, welche die tatsächliche Durchsetzung des materiellen Rechts ermöglicht, kann der Steuerpflichtige von seinen Rechten keinen effektiven Gebrauch machen. Eine solche Situation verstieße gegen das Grundrecht auf Rechtsweggarantie gemäß Art. 19 Abs. 4 GG, welches zwar kein Recht auf maximalen Gerichtsschutz gewähre, wohl aber ein Recht auf wirksamen Rechtsschutz.[750] Daher ist für einen wirksamen Rechtsschutz dem europäischen Recht

---

746 *Seer,* Verständigungen in Steuerverfahren, S. 264; *Seer*, in Tipke/Kruse, AO/FGO, § 40 FGO Rn. 86; ebenfalls *Stadie,* in Rau/Dürrwächter, UStG, § 2, Rn. 1268, der zu diesem Zweck § 2 Abs. 3 UStG verfassungskonform auslegen will.

747 EuGH, Urteil vom 8.6.2006, Rs. C-430/04 (Feuerbestattungsverein Halle e. V.), DStR 2006, S. 1082 (1084).

748 Sowie der alte Art. 4 Abs. 5 Unterabs. 2 6. EG-Richtlinie (RL 77/388/EWG).

749 Gleichbehandlung i.S.d. Besteuerung der öffentlichen Hand bei auftretenden Wettbewerbsverzerrungen gegenüber privaten Dritten.

750 *Schmidt-Aßmann*, in Maunz/Dürig, GG, Art. 19, Rn. 229.

Geltung zu verschaffen, sofern dieser nicht unmittelbar aus der deutschen Norm abzulesen ist. Zu diesem Zweck ist es notwendig den § 2 Abs. 3 UStG a. F. europarechtskonform im Sinne des Art. 13 Abs. 1 MwStSystRL auszulegen und damit der Norm drittschützenden Charakter zuzusprechen. Das heißt in Fällen der unrichtigen Besteuerung der öffentlichen Hand können betroffene private Unternehmen auch heute noch, im Rahmen des neuen Regelungsregimes des § 2b UStG, eine drittschützende Konkurrentenklage anstreben.

(bb) Klagebefugnis

Für den Erfolg einer Konkurrentenklage im Steuerrecht ist insbesondere die Klagebefugnis eine entscheidende Hürde.[751] Nur wenn der Kläger hinreichend darlegen kann, dass sein Schutzbedürfnis über bloße wirtschaftliche Interessen hinausgeht und er die Verletzung von eigenen Rechten geltend machen kann, bestehen Aussichten auf einen zulässigen Klageantrag.[752] Der private Unternehmer ist jedoch nicht gezwungen, auf Grundlage bloßer Verdachtsmomente eine völlig unkalkulierbare Konkurrentenklage anzustreben. Vielmehr kann der eigentlichen Klage auf steuerliche Gleichbehandlung ein Auskunftsanspruch an die Finanzverwaltung vorausgeschickt werden, mit dem Ersuchen, über die Umsatzbesteuerung des öffentlichen Konkurrenten zu informieren.[753] Dieser verfassungsunmittelbare Anspruch leitet sich aus Art. 12 Abs. 1 und Art. 19 Abs. 4 GG ab.[754]

Die vom Bundesfinanzhof festgestellte drittschützende Wirkung des § 2 Abs. 3 UStG a. F. in Kombination mit der Zulässigkeit eines Auskunftsersuchen bei den Finanzämtern zur Vorbereitung der Konkurrentenklage haben teilweise den Eindruck erweckt, das Europarecht eröffne nunmehr einer Klagewelle privater Unternehmen gegen die öffentliche Hand Tür und Tor.[755] *Kronthaler* sah in dem Urteil des Bundesfinanzhofes nur „die Spitze des Eisberges“ neben zahlreichen anderen Tätigkeiten der öffentlichen Hand, welche in Konkurrenz zu privaten Dritten ausgeübt würden und nun einer gerichtlichen Kontrolle zugeführt würden.[756] *Küffner* spricht von einem „Dammbruch“ durch die Rechtsprechung

751 *Steinhauff*, in Hübschmann/Hepp/Spitaler, AO/FGO, § 41 FGO, Rn. 77; *Schenke*, Neuere Rechtsprechung zum Verwaltungsprozessrecht, S. 94.

752 *Braun*, in Hübschmann/Hepp/Spitaler, AO/FGO, § 40 FGO, Rn. 221.

753 *Seer*, in Tipke/Kruse, AO/FGO, § 40 FGO, Rn. 85.

754 BFH, Urteil vom 5.10.2006, VII R 24/03, DStR 2006, S. 2310 (2311); *Seer*, in Tipke/Kruse, § 40 FGO, Rn. 85.

755 *Reiß*, IStR 2005, S. 53 (55).

756 *Kronthaler*, DStR 2007, S. 227 (229).

des Europäischen Gerichtshofes zum Feuerbestattungsverein Halle e.V., weshalb die Umsatzbesteuerung öffentlicher Einrichtungen nun in einem neuen Lichte zu sehen sei.[757] Hinsichtlich des tatsächlich drittschützenden Charakters des § 2 Abs. 3 UStG a. F. bestand hingegen große Einigkeit.[758]

Anders als von Stimmen in der Literatur erwartet,[759] hat die Möglichkeit der Konkurrentenklage nach den hier angestellten Recherchen zu keinen signifikanten Rechtsschutzersuchen in diesem Bereich geführt. Nach Auskunft verschiedener Finanzministerien und Oberfinanzdirektionen sind in den vergangenen Jahren keine oder kaum Meldungen der Finanzämter über Auskunftsersuchen von Steuerpflichtigen in diesem Zusammenhang gestellt worden. *Droege* weist in diesem Zusammenhang auf die hohe Darlegungs- und Substantiierungslast des Auskunftsersuchenden hin.[760] Insofern könnte die Einlegung einer drittschützenden Konkurrentenklage mit unverhältnismäßigen vorinstanzlichen Hürden behaftet sein.

(cc) Voraussetzungen an ein Auskunftsersuchen an das Finanzamt

Tatsächlich verlangt der Bundesfinanzhof zur Begründung eines Auskunftsanspruches gegenüber der Finanzverwaltung, dass der Steuerpflichtige:

> „substantiiert und glaubhaft darlegt, durch eine aufgrund von Tatsachen zu vermutende oder zumindest nicht mit hinreichender Wahrscheinlichkeit auszuschließende unzutreffende Besteuerung eines Konkurrenten konkret feststellbare, ebenfalls durch Tatsachen belegte Wettbewerbsnachteile zu erleiden und gegen die betreffende Steuerbehörde mit Aussicht auf Erfolg ein subjektives öffentliches Recht auf steuerlichen Drittschutz geltend machen zu können."[761]

Aufgrund dieser hohen Voraussetzungen ist erklärlich, warum private Unternehmen bisher nicht von ihrer Möglichkeit Gebrauch gemacht haben, die

---

757 *Küffner*, DStR 2006, S. 1120 (1123).

758 *Steinhauff*, in Hübschmann/Hepp/Spitaler, AO/FGO, § 41 FGO, Rn. 77; *Meier/Semelka*, in Herrmann/Heuer/Raupach, KStG, § 4 Rn. 4; *Stadie*, in Rau/Dürrwächter, UStG, § 2, Rn. 1268; *Kohlhepp*, DStR 2011, S. 145 (147); *Lohse/Zanziger*, DStR 2013, S. 1105 (1109); a.A. wohl: *Scharpenberg*, in Hartmann/Metzenmacher, UStG, § 2, Rn. 732, Stichwort: „Friedhof")

759 Vgl. *Küffner*, DStR 2006, S. 1120 (1123), der einen „Dammbruch" durch die Möglichkeit der Konkurrentenklage und des Wettbewerbs als entscheidendes Abgrenzungskriterium für die Besteuerung der öffentlichen Hand vorausgesagt hat.

760 *Droege*, Zur Besteuerung der öffentlichen Hand: die Emanzipation des Steuerrechts und das öffentliche Wirtschaftsrecht, S. 156; BFH, Urteil vom 15.10.1997, I R 10/92, DStR 1998, S. 110 (112).

761 BFH, Urteil vom 5.10.2006, VII R 24/03, NVwZ, 2007, S. 854 (855).

ordnungsgemäße Besteuerung von öffentlichen Wettbewerbern zu hinterfragen. Es ist ihnen schlicht nicht möglich die verlangten Informationen unter verhältnismäßigem Aufwand zu erlangen und zum Gegenstand einer Klage vor dem Finanzgericht zu machen, welche mit weiteren prozessualen Unwägbarkeiten einhergeht.

Fraglich ist, worauf der Bundesfinanzhof seine hohen Hürden hinsichtlich eines Auskunftsersuchens stützt. Grundsätzlich stehe dem Interesse des privaten Unternehmers an einer nicht wettbewerbsverzerrenden Besteuerung der öffentlichen Hand das Steuergeheimnis der juristischen Person öffentlichen Rechts gegenüber.[762] Das Steuergeheimnis hat dabei einen weiten Anwendungsbereich und erfasst grundsätzlich alle Verhältnisse einer Person, das heißt Merkmale, die sie von ihrer Umwelt abheben und zum Individuum machen.[763] Dazu gehöre auch, ob und bei welcher Finanzbehörde ein Steuerpflichtiger geführt werde.[764] Demgemäß unterfiele auch die Frage, ob die Tätigkeit einer juristischen Person des öffentlichen Rechts der Umsatzbesteuerung unterliegt oder nicht, dem Steuergeheimnis.

Allerdings werde das Steuergeheimnis rechtmäßig durchbrochen, wenn die Tatsachen Gegenstand eines gerichtlichen Verfahrens in Steuersachen werden sollen, gemäß § 30 Abs. 4 Nr. 1, Abs. 2 Nr. 1 Buchst. a) AO.[765] Möglicherweise sind die vom Bundesfinanzhof aufgestellten hohen Hürden hinsichtlich eines Auskunftsersuchen durch die damals gehegten Befürchtungen begründet, jedes staatliche Handeln würde künftig von den Steuerpflichtigen hinterfragt.[766]

Dem Wortlaut des § 30 Abs. 4 Nr. 1, Abs. 2 Nr. 1 Buchst. a) AO sind die vom Bundesfinanzhof aufgestellten Voraussetzungen jedenfalls nicht zu entnehmen. Die Formulierung „soweit" weist lediglich darauf hin, dass das Steuergeheimnis nur im Rahmen des zur Prozessführung Notwendigen offenbart werden darf und nicht weiter.[767] Eine substantiierte Darlegungslast ist nicht kodifiziert.

Der Sinn und Zweck des Steuergeheimnisses rechtfertigt die hohen Anforderungen an eine Auskunft ebenfalls nicht. Denn anders als das Brief-, Post- und Fernmeldegeheimnis ist das Steuergeheimnis kein Grundrecht.[768] Vielmehr

762 BFH, Urteil vom 5.10.2006, VII R 24/03, NVwZ, 2007, S. 854 (855).
763 *Drüen*, Tipke/Kruse, AO/FGO, § 30 AO, Rn. 12.
764 *Drüen*, Tipke/Kruse, AO/FGO, § 30 AO, Rn. 12.
765 BFH, Urteil vom 26.1.2012, VII R 4/11, DStR 2012, S. 1029 (1031).
766 *Küffner*, DStR 2006, S. 1120 (1123); *Kronthaler*, DStR 2007, S. 227 (229).
767 *Drüen*, Tipke/Kruse, AO/FGO, § 30 AO, Rn. 64.
768 BVerfG, Urteil vom 17.7.1984, 2 BvE 11, 15/83, BVerfGE 67, S. 100 (142); *Rüsken*, in Klein, AO, § 30, Rn. 5.

trägt es verfassungsrechtlichen Vorgaben Rechnung und gewährt dem Recht auf informationelle Selbstbestimmung einfachgesetzlichen Schutz.[769]

Der Einzelne soll grundsätzlich selbst entscheiden können, wann und innerhalb welcher Grenzen er persönliche, teilweise sensible, Lebenssachverhalte offenbart.[770] Wenn sich das Steuergeheimnis jedoch aus dem allgemeinen Persönlichkeitsrecht aus Art. 2 GG ableitet, dann erscheint es zweifelhaft, inwieweit sich der Staat auf ein solches Recht berufen kann.[771] So entschied auch das Finanzgericht Sachsen-Anhalt zutreffend,

> „eine Gebietskörperschaft des öffentlichen Rechts dürfte hinsichtlich ihrer Betriebe und Einrichtungen eher auf Transparenz angelegt sein als auf Geheimhaltung."[772]

Nicht gerechtfertigt ist es jedenfalls, im Kontext mit der öffentlichen Hand, höhere Anforderungen an die Offenbarung eines Steuergeheimnisses zu stellen, als der Wortlaut des § 30 Abs. 4 Nr. 1, Abs. 2 Nr. 1 Buchst. a) AO vorgibt.[773]

Dies gilt umso mehr, als dass der Eingriff in das Steuergeheimnis vergleichsweise gering ist. Letztlich geht es nur um die Frage, „*ob*" der Staat mit einer bestimmten Tätigkeit ebenfalls der Umsatzbesteuerung unterliegt. Betrachtet man demgegenüber die umfangreichen steuer- und bilanzrechtlichen Berichtspflichten, die privaten Unternehmern auferlegt werden,[774] ist ein Auskunftsersuchen nach 30 Abs. 4 Nr. 1, Abs. 2 Nr. 1 Buchst. a) AO keineswegs unverhältnismäßig oder von besonders strengen Auflagen abhängig zu machen.

In diesem Zusammenhang muss es für ein Auskunftsersuchen eines privaten Unternehmers genügen, wenn er dem Finanzamt darlegt, er arbeite in derselben Branche wie eine juristische Person öffentlichen Rechts und er habe die begründete Annahme, dass es in diesem Bereich, aufgrund der etwaigen Nichtbesteuerung der öffentlichen Hand, zu Wettbewerbsverzerrungen zu seinen Ungunsten komme. Nur so kann man der Rechtsweggarantie aus Art. 19 Abs. 4

---

769 BVerfG, Urteil vom 6.5.2008, 2 BvR 336/07, NJW 2008, S. 3489 (3489); *Rüsken*, in Klein, AO, § 30, Rn. 5.

770 *Rüsken*, in Klein, AO, § 30, Rn. 5; *Drüen*, Tipke/Kruse, AO/FGO, § 30 AO, Rn. 6.

771 Vgl. Ausführungen zum Recht auf informationelle Selbstbestimmung, *di Fabio*, in Maunz/Dürig, GG, Art. 2 I., Rn. 173 f.

772 FG Sachsen-Anhalt, Urteil vom 10.2.2003, 1 K 30456/99, EFG 2003, S. 910 (913).

773 A.A. BFH, Urteil vom 26.1.2012, VII R 4/11, DStR 2012, S. 1029 (1031); BFH, Urteil vom 5.10.2006, VII R 24/03, NVwZ, 2007, S. 854 (855).

774 In jüngster Vergangenheit beispielsweise: Gesetz zur Umsetzung der Änderung der EU-Amtshilferichtlinie und von weiteren Maßnahmen gegen Gewinnkürzungen und -verlagerungen, BGBl. I 2016, S. 3000; vgl. Berichtspflichten gemäß „Anti Base Erosion and Profit Shifting" (BEPS), *Ditz/Quilitzsch*, in DStR 2017, S. 282.

GG[775] gerecht werden und nur so können betroffene Unternehmen ihr Recht auf steuerliche Gleichbehandlung wirksam wahrnehmen. Die Interessen der privaten Unternehmen sind somit in diesem Zusammenhang besonders schützenswert, zumal sie im Zweifel nicht mal von ihrer Ungleichbehandlung erfahren. Deshalb dürfen die Vorbereitungshandlungen einer drittschützenden Konkurrentenklage nicht zusätzlich erschwert werden.

(2) Zwischenergebnis

Die drittschützende Konkurrentenklage ist, durch europarechtskonforme Auslegung des § 2b UStG, weiterhin ein Mittel, um sich gegen ungleiche Wettbewerbsbedingungen gegenüber der öffentlichen Hand zu wehren. Dabei darf das Auskunftsersuchen des Unternehmers beim Finanzamt zur Vorbereitung der Klage, entgegen der Rechtsprechung des Bundesfinanzhofes, nicht durch substantiierte Darlegungs- und Beweisregeln erschwert werden. Dies würde der Rechtsweggarantie widersprechen und für die öffentliche Hand ein nicht im Wortlaut des § 30 AO angelegtes Schutzniveau gewähren.

b) Steuerbefreiung für private Unternehmer

Der § 2b Abs. 2 Nr. 2 UStG regelt die Nichtsteuerbarkeit für Tätigkeiten der öffentlichen Hand, wenn für vergleichbare privatrechtliche Tätigkeiten eine Umsatzsteuerbefreiung, ohne Recht auf Verzicht, nach § 4 UStG existiert.

Diese Gesetzespassage geht erkennbar auf die Rechtsprechung des Europäischen Gerichtshofes in der Rechtssache Salix zurück.[776] Da Wettbewerbsverzerrungen nach der Rechtsprechung des Europäischen Gerichtshofes auch nicht zu Lasten der öffentlichen Hand wirken dürfen, ist eine solche Regelung geboten. Denn sofern private Unternehmen im Bereich der Vermietung und Verpachtung gemäß § 9 UStG zur Umsatzsteuer optieren können, stellt es für die öffentliche Hand einen Nachteil dar, wenn ihre Tätigkeit nicht umsatzsteuerbar ist und sie deshalb nicht die Möglichkeit hat, zur Umsatzbesteuerung zu optieren. Insofern werden durch die Neuregelung Private und der Staat in diesem Zusammenhang gleich behandelt, da keiner der beiden in dem geregelten Szenario zur Umsatzsteuer optieren und damit Vorsteuerabzug geltend machen kann.

An der Vorschrift wird kritisiert, dass die Regelung „leerlaufen" würde.[777] Die Vorschrift könne sich nicht auf Wettbewerbssituationen zwischen juristischen Personen öffentlichen Rechts und privatrechtlich organisierten Unternehmen

775 *Schmidt-Aßmann*, Maunz/Dürig, GG, Art. 19 IV., Rn. 14.

776 EuGH, Urteil vom 4.6.2009, Rs. C-102/08 (Salix), DStR 2009, S. 1196 f.

777 *Stadie*, in Rau/Dürrwächter, UStG, § 2b, Rn. 219.

beziehen.[778] Zudem könne die öffentliche Hand keinen Wettbewerbsnachteil erleiden, wie in der Rechtssache Salix, wenn für die fraglichen Fälle eine Umsatzsteuerbefreiung nach § 4 UStG greife.[779]

Dem ist jedoch zu entgegnen, dass § 2b Abs. 2 Nr. 1 und 2 UStG Regelbeispiele darstellen, deren Bejahung Wettbewerbsverzerrungen „insbesondere" entfallen lassen. Der § 2b Abs. 2 Nr. 1 UStG stipuliert durch die harte Umsatzgrenze einen Präzedenzfall, der grundsätzlich geeignet ist, eine positiv festgestellte Wettbewerbssituation nicht der Umsatzbesteuerung zu unterwerfen (nämlich bei Unterschreiten der Umsatzgrenze).[780]

Der Regelungsgehalt der Nummer 2 ist so gesehen geringer. Hier wird festgelegt, dass keine Wettbewerbsverzerrung vorliegen soll, wenn private Unternehmen von einer Umsatzsteuerbefreiung profitieren. Den Kritikern der Vorschrift ist insofern zuzustimmen, als dass der Regelungsgehalt der Vorschrift wesentlich geringer ist als der von § 2b Abs. 2 Nr. 1 UStG. Gleichwohl kann die Regelung durch die Formulierung „insbesondere" immer noch klarstellende Funktion haben und läuft daher nicht zwangsläufig leer.[781]

Beispielsweise könnte eine juristische Person öffentlichen Rechts aufgrund staatlichen Sonderrechts steuerbegünstigte (i. w. S. Bildungs-) Leistungen im Sinne von § 4 Nr. 23 UStG anbieten. Nach der hier vertretenen Ansicht handelt es sich um eine unternehmerische Tätigkeit, da die Leistung auch von privaten Unternehmern angeboten werden kann. § 2b Abs. 2 Nr. 2 UStG stellt klar, dass trotz Handlung aufgrund staatlichen Sonderrechts keine Wettbewerbsverzerrung gegeben ist, weil weder für die öffentliche Hand noch für den privaten Unternehmer in diesem Zusammenhang Umsatzsteuer entsteht. Ohne die Klarstellung in § 2b Abs. 2 Nr. 2 UStG müsste die fehlende Wettbewerbsrelevanz zunächst positiv festgestellt werden.

Damit entspricht diese Regelung den von der Rechtsprechung im Zusammenhang mit benachteiligten juristischen Personen öffentlichen Rechts aufgestellten Grundsätzen.[782]

---

778 *Stadie*, in Rau/Dürrwächter, UStG, § 2b, Rn. 216.

779 *Stadie*, in Rau/Dürrwächter, UStG, § 2b, Rn. 215.

780 Sofern dies unter den rechtlichen Vorgaben der Mehrwertsteuersystemrichtlinie überhaupt möglich ist.

781 So auch *Korn*, in Bunjes, UStG, § 2b, Rn. 39, im Hinblick auf die klarstellende Funktion.

782 BFH, Urteil vom 20.8.2009, V R 70/05, DStR 2009, S. 2308 (2311); *Widmann*, UR 2015, S. 5 (8).

c) Ergebnis zu § 2b Absatz 2 Umsatzsteuergesetz

Wie bereits vor der Neuregelung ist die Grenze der größeren Wettbewerbsverzerrung kaum greifbar. Ohne eine zahlenmäßige Festlegung wird die Regelung kaum handhabbar sein. Der von *Wagner* vorgeschlagene Weg der Kleinunternehmerregelung[783], wie er dann auch Eingang in das Regelbeispiel des § 2b Abs. 2 Nr. 1 UStG gefunden hat, oder eine Umsatzgrenze von 5.000 Euro im Sinne von Art. 284 MwStSystRL können hier als Grundlage dienen. Fest steht gleichwohl auch, dass von solchen Grenzen, sei es oberhalb oder unterhalb der kodifizierten 17.500 Euro, im Einzelfall auch abzuweichen ist, wenn anhand der tatsächlichen Verhältnisse eine größere Wettbewerbsverzerrung positiv festgestellt oder widerlegt werden kann.

Sehr problematisch ist das Regelbeispiel der „gleichartigen Tätigkeit", welches der öffentlichen Hand unzulässige Steuergestaltungsmöglichkeiten gewährt. Der steuerpflichtige private Unternehmer wird regelmäßig nicht abschätzen können, ob die öffentliche Hand unzulässiger Weise gleichartige Tätigkeiten aus steuerlichen Gründen „atomisiert" hat, um unter die 17.500 Euro Grenze zu gelangen, beziehungsweise wie großzügig die Auslegung der Finanzverwaltung beim Merkmal der gleichartigen Tätigkeit sein wird. Der neue § 2b UStG ist in diesem Zusammenhang europarechtskonform auszulegen mit der Folge, dass Wettbewerbsverzerrungen weiterhin positiv festgestellt werden müssen und sich nicht anhand des § 2b Abs. 2 Nr. 1 UStG ausschließen lassen.

Private Unternehmer sind beim Verdacht von Wettbewerbsverzerrungen durch staatliche Einrichtungen auf die Möglichkeit einer drittschützenden Konkurrentenklage hinzuweisen. Dabei sind jedoch die Anforderungen des Bundesfinanzhofes an ein vorbereitendes Auskunftsersuchen an das Finanzamt zu hoch und nicht mit dem Wortlaut und Sinn und Zweck des § 30 Abs. 4 Nr. 1 AO in Verbindung mit § 30 Abs. 2 Nr. 1 Buchst. a) AO vereinbar, da der Eingriff in das Steuergeheimnis vergleichsweise gering ist.

Die Gleichstellung der öffentlichen Hand bei entsprechenden Steuerbefreiungen für private Unternehmer ist in § 2b Abs. 2 Nr. 2 UStG zutreffend geregelt worden.

783 *Wagner*, in UR 1993, S. 301 (304).

5. *Ausschluss größerer Wettbewerbsverzerrungen gemäß § 2b Absatz 3 Umsatzsteuergesetz*

Neben dem Absatz 2 des § 2b UStG enthält auch der Absatz 3 Ausführungen, die eine größere Wettbewerbsverzerrung ausschließen sollen. Anders als der Absatz 2, welcher an objektive Kriterien wie Umsatzgrenzen und Steuerbefreiungen anknüpft, bezieht sich Absatz 3 der Vorschrift in erster Linie auf die unterschiedlichen Facetten der Leistungserbringung zwischen juristischen Personen öffentlichen Rechts.

Ausnahmen von der Besteuerung sollen für Leistungen gemacht werden, die untereinander nur von juristischen Personen des öffentlichen Rechts erbracht werden dürfen (§ 2b Abs. 3 Nr. 1 UStG) und für Leistungen, die durch ein gemeinsames spezifisches öffentliches Interesse bestimmt werden.

a) *Leistungen die nur von juristischen Personen des öffentlichen Rechts erbracht werden dürfen*

Im Rahmen der Voraussetzungen des § 2b Abs. 3 Nr. 1 UStG ist zwischen der Tätigkeit und der rechtlichen Gestalt der handelnden Personen zu unterscheiden.

aa) Tätigkeitsvorbehalt

Gemäß § 2b Abs. 3 Nr. 1 UStG unterliegen Tätigkeiten von juristischen Personen untereinander nicht der Umsatzbesteuerung, wenn diese Tätigkeiten aufgrund gesetzlicher Vorgabe nur von staatlichen Einrichtungen erbracht werden dürfen.

Der Beschlussempfehlung des Finanzausschusses lässt sich hierzu Folgendes entnehmen:

> „Bezieht sich die Zusammenarbeit von juristischen Personen öffentlichen Rechts auf Leistungen, die aufgrund gesetzlicher Bestimmungen nur von juristischen Personen öffentlichen Rechts erbracht werden dürfen, liegen nach der Regelung in Absatz 3 Nummer 1 keine wettbewerbsrelevanten und damit keine unternehmerischen Tätigkeiten vor.[784] Dies sei zum Beispiel dann der Fall, wenn zwei Kommunen gemeinsame Standes- und Ordnungsamtsbezirke bilden oder die Tätigkeiten der Einwohnermeldeämter zentralisieren. Solche – schon gegenständlich marktfernen – Tätigkeiten sind aufgrund der gesetzlichen Bestimmungen den juristischen Personen öffentlichen Rechts vorbehalten.“[785]

---

784 Beschlussempfehlung und Bericht des Finanzausschusses, BT Drucks. 18/6094, S. 92.

785 Stellungnahme Deutscher Städte Tag, Deutscher Landkreistag, Deutscher Städte und Gemeindebund, Kultusministerkonferenz, Verband der Universitätsklinika Deutschlands, Verband Kommunaler Unternehmen e.V., Deutscher

Die Ausführungen des Finanzausschusses sind in diesem Zusammenhang nur zu unterstreichen. Denn wenn eine Tätigkeit per Gesetz dem Staat vorbehalten ist (z. B. einer bestimmten juristischen Person öffentlichen Rechts) und die gesetzliche Regelung ein Tätigwerden privater Dritter in diesem Bereich wirksam ausschließt, besteht für die Tätigkeit kein Markt auf dem überhaupt Wettbewerb zu privaten Dritten stattfinden könnte. Insofern kann auch keine Steuerbarkeit im Hinblick auf die Kerntätigkeit zweier Standesämter entstehen, da zum Beispiel ausschließlich staatliche Standesämter für Eheschließungen gemäß § 11 Abs. 1 PStG zuständig sind.

In diesem Zusammenhang hat § 2b Abs. 3 Nr. 1 UStG klarstellende Wirkung, da die durch Gesetz dem Staat vorbehaltene Kerntätigkeit eines Standesamtes auch nach den Maßstäben von § 2 Abs. 1 UStG keine wirtschaftliche Tätigkeit darstellt. Etwas anderes gilt nur, wenn darüber hinaus weitere Leistungen angeboten werden würden, zum Beispiel die Vermietung von Räumlichkeiten für die Hochzeitsfeier, Catering oder Ähnliches.

bb) Rechtliche Gestalt der handelnden Personen

Die Regelung betrifft dem Wortlaut nach nur juristische Personen des öffentlichen Rechts, also insbesondere die rechtsfähigen Körperschaften, Stiftungen und Anstalten des öffentlichen Rechts.

Gleichwohl ist auch an dieser Stelle darauf hinzuweisen, den Anwendungsbereich aus Gründen des Europarechts nicht nur auf juristische Personen des öffentlichen Rechts im engeren Sinne zu beschränken.[786] Die Finanzverwaltung hat sich ausdrücklich gegen einen solch weiten Anwendungsbereich ausgesprochen.[787] Dabei geht sie grundsätzlich von den richtigen Annahmen aus:

> „Leistungen, die eine jPöR mangels einer entgegenstehenden gesetzlichen Bestimmung auf dem freien Markt beschaffen kann und darf (z. B. Gehaltsabrechnungen, Fuhrparkmanagement), werden von § 2b Abs. 3 Nr. 1 UStG nicht erfasst."[788]

Es ist nach der hier vertretenen Auffassung gänzlich richtig, an den Begriff des „freien Marktes" anzuknüpfen. Wenn der freie Markt das entscheidende

---

Sparkassen und Giroverband 07.06.2016: https://www.bundestag.de/blob/380188/2f0b48b1a8699879f24a72e3d592b3c6/06---dt--staedtetag-data.pdf, abgerufen am 4.3.2019.

786 Art. 13 Abs. 1 MwStSystRL spricht bewusst als Auffangtatbestand von „… und sonstige Einrichtungen des öffentlichen Rechts", vgl. oben S. 165 f.

787 BMF-Schreiben vom 16.12.2016, III C 2 - S 7107/16/10001, DStR 2017, S. 40, Rn. 41.

788 BMF-Schreiben vom 16.12.2016, III C 2 - S 7107/16/10001, DStR 2017, S. 40, Rn. 44.

Kriterium ist, dann sind „Leistungen aufgrund gesetzlicher Bestimmungen, die nur von juristischen Personen des öffentlichen Rechts erbracht werden dürfen", auch solche, bei denen der Staat einen freien Markt ausgeschlossen hat und alsdann als alleiniger (z. B. privatrechtlich organisierter) Anbieter fungiert.

Die Rechtsprechung des Europäischen Gerichtshofes[789] und der Sinn und Zweck der Umsatzbesteuerung der öffentlichen Hand haben bereits gezeigt, dass unter Umständen auch vom Staat kontrollierte private Unternehmen ohne Wettbewerb und ohne Markt tätig werden können. Das ist der Fall, wenn der Gesetzgeber ein Tätigwerden privater Dritter qua Gesetz ausgeschlossen hat und alsdann dem Staat selbst die Aufgaben in diesem Bereich überträgt. Welcher rechtlichen Gestalt sich die öffentliche Hand dann bei dieser Tätigkeit bedient, ist zweitrangig, da es keinen Wettbewerb und keinen Markt gibt.

In der Konsequenz bedeutet dies, den § 2b Abs. 3 Nr. 1 UStG europarechtskonform auszulegen. Das heißt, der Anwendungsbereich von „juristische Personen des öffentlichen Rechts" muss weit verstanden werden im Sinne von „sonstigen Einrichtungen des öffentlichen Rechts" gemäß Art. 13 Abs. 1 MwStSystRL.[790] Sollte sich der Staat in einem hypothetischen Beispiel entschließen, die Tätigkeiten der Standesämter auf ihm gehörende Unternehmen auszulagern, jedoch weiterhin sonstige Unternehmen von derartigen Aufgaben auszuschließen, könnte auch eine staatliche „Standesamt GmbH" nicht steuerbare Leistungen im Sinne von § 2b Abs. 3 Nr. 1 UStG an eine andere juristische Person öffentlichen Rechts erbringen.

cc) Zwischenergebnis

Leistungen die aufgrund gesetzlicher Bestimmungen allein dem Staat vorbehalten sind, erfüllen nach der hier vertretenen Auffassung – mangels Wettbewerbs – gar nicht die Voraussetzungen einer unternehmerischen Tätigkeit. Insofern hat die Formulierung in § 2b Abs. 3 Nr. 1 UStG lediglich klarstellende Wirkung.

Hinsichtlich der juristischen Personen öffentlichen Rechts ist § 2b Abs. 3 Nr. 1 UStG wie auch § 2b Abs. 1 UStG zu eng gefasst und im Zweifel europarechtskonform auszulegen.

---

789 EuGH, Urteil vom 29.10.2015, Rs. C-174/14 (Saudaçor), UR 2015, S. 901, Rn. 55.

790 Vgl. oben 3. Kapitel, B., II., 1.

b) *Zusammenarbeit aufgrund gemeinsamer spezifischer öffentlicher Interessen*

Eine wesentliche Neuerung ist verbunden mit den Regelungen zur interkommunalen Zusammenarbeit gemäß § 2b Abs. 3 Nr. 2 UStG. Der rechtliche Hintergrund ist das politische Anliegen, die interkommunale Zusammenarbeit steuerrechtlich nicht zu behindern.[791] Kommunen und Gemeinden dürften mit der Besteuerung bei ohnehin knappen Kassen nicht zusätzlich belastet werden, um damit nicht die Leistungen an die Bürger in Höhe der Umsatzsteuer zu verteuern.[792]

Zu diesem Zweck werden in § 2b Abs. 3 Nr. 2 UStG verschiedene Voraussetzungen formuliert, die zusammen ein gemeinsames spezifisches öffentliches Interesse ergeben. Bei Vorliegen dieses gemeinsamen spezifischen öffentlichen Interesses lägen keine größeren Wettbewerbsverzerrungen von Gesetzes wegen vor.[793]

Fraglich ist jedoch zunächst, was unter diesem gemeinsamen spezifischen öffentlichen Interesse zu verstehen ist.

aa) Gemeinsames spezifisches öffentliches Interesse

Zunächst ist festzuhalten, dass die Mehrwertsteuersystemrichtlinie den Begriff des gemeinsamen spezifischen öffentlichen Interesses nicht kennt. Wie bisher ist ein solcher unbestimmter Rechtsbegriff an den Vorgaben des europäischen Rechts zu messen.

Der Gesetzgeber weist darauf hin, dass sich die gesetzliche Neuregelung des § 2b Abs. 3 UStG an den im europäischen Vergaberecht[794] und den im Urteil des

---

791 Vgl. Koalitionsvertrag CDU/CSU und SPD vom 16. Dezember 2013 (abgerufen am4.3.2019): https://www.cdu.de/sites/default/files/media/dokumente/koalitionsvertrag.pdf, S. 64; *Küffner/Rust,* in DStR 2017, S. 40 (47); *Widmann,* in ifo 2017, S. 13 (14). *Stadie,* in Rau/Dürrwächter, UStG, § 2b, Rn. 30 und 338.

792 Beschlussempfehlung des Finanzausschusses, BT Drucks. 18/6094, S. 91; *Schäfer,* in ifo 2017, S. 20 (20).

793 Andere Herleitung: *Stadie,* in Rau/Dürrwächter, UStG, § 2b, Rn. 390: § 2b Abs. 3, Nr. 2 könne nur vorliegen, wenn größere Wettbewerbsverzerrungen i.S.d. § 2b Abs. 1, S. 2 bestünden; „Absatz 3 enthält Fiktionen, die bewirken sollen, dass die tatsächlich gegebenen Wettbewerbsverzerrungen als nicht vorliegend angesehen werden sollen." Nach Auffassung des Verfassers formulieren die Absätze 2 und 3 des § 2b UStG Regelbeispiele, welche Wettbewerbsverzerrungen von Gesetzes wegen ausschließen sollen.

794 Richtlinie 2014/24/EU des Europäischen Parlaments und des Rates vom 26. Februar 2014, vormals Richtlinie 2004/18/EG vom 31.3.2004.

Europäischen Gerichtshofes in der Rechtssache Piepenbrock[795] zum Ausdruck gebrachten Grundsätzen orientiere.[796]

(1) Europäisches Vergaberecht

Die vergaberechtliche Vorschrift zur Eingrenzung der größeren Wettbewerbsverzerrung, auf die sich der Gesetzgeber bezieht, ist namentlich Art. 12 Abs. 4 Buchst. b) der Richtlinie 2014/24/EU über die ordnungsgemäße Vergabe von öffentlichen Aufträgen. Gemäß Art. 12 Abs. 4 RL 2014/24/EU *„fällt ein ausschließlich zwischen zwei oder mehr öffentlichen Auftraggebern geschlossener Vertrag nicht in den Anwendungsbereich dieser Richtlinie, wenn alle nachfolgend genannten Bedingungen erfüllt sind:*

> *a) Der Vertrag begründet oder erfüllt eine Zusammenarbeit zwischen den beteiligten öffentlichen Auftraggebern mit dem Ziel sicherzustellen, dass von ihnen zu erbringende öffentliche Dienstleistungen im Hinblick auf die Erreichung gemeinsamer Ziele ausgeführt werden,*
> *b) die Durchführung dieser Zusammenarbeit wird ausschließlich durch Überlegungen im Zusammenhang mit dem öffentlichen Interesse bestimmt und*
> *c) die beteiligten öffentlichen Auftraggeber erbringen auf dem offenen Markt weniger als 20 % der durch die Zusammenarbeit erfassten Tätigkeiten."*

Das heißt, der Gesetzgeber greift sich namentlich das Merkmal „Durchführung der Zusammenarbeit im Zusammenhang mit öffentlichen Interessen" heraus (Buchstabe b) der RL 2014/24/EU), um hieran die Rechtsfolgen des § 2b Abs. 3 Nr. 2 UStG zu knüpfen. Liegen gemeinsame spezifische öffentliche Interessen vor, versteht der Gesetzgeber darunter grundsätzlich das Fehlen von Wettbewerb und rechtfertigt die Steuerbefreiung für die juristische Person des öffentlichen Rechts:

> *„Größere Wettbewerbsverzerrungen würden verneint, wenn die Zusammenarbeit der öffentlichen Einrichtungen durch gemeinsame spezifische öffentliche Interessen bestimmt werde. Dieses Kriterium, welches aus Artikel 12 Absatz 4 Buchstabe b der EU-Vergaberichtlinie abgeleitet worden sei, könne sowohl bei Fallgestaltungen, bei denen die leistende jPöR vom öffentlichen Auftraggeber kontrolliert werde, als auch bei der gleichberechtigten Zusammenarbeit von jPöR erfüllt sein. Werde die Zusammenarbeit durch gemeinsame spezifisch öffentliche Interessen bestimmt, würden die entsprechenden Tätigkeiten der leistenden jPöR nicht der Umsatzbesteuerung unterliegen. Die Zusammenarbeit werde regelmäßig nur dann durch spezifisch öffentliche Interessen bestimmt, wenn die in den Buchstaben a bis d (§ 2b Abs. 3 Nr. 2 UStG) aufgestellten Kriterien erfüllt seien."*[797]

---

795 EuGH, Urteil vom 13.6.2013, Rs. C-386/11 (Piepenbrock), EuZW 2013, S. 591 f.

796 Beschlussempfehlung des Finanzausschusses, BT Drucks. 18/6094, S. 75.

797 Beschlussempfehlung des Finanzausschusses, BT Drucks. 18/6094, S. 75.

Zwar wird in der Gesetzesbegründung an anderer Stelle auch auf das übrige Vergaberecht verwiesen,[798] jedoch fand nur das gemeinsame, spezifische öffentliche Interesse Eingang in den § 2b Abs. 3 Nr. 2 UStG. Zur steuerlichen Auskleidung, wann gemeinsame spezifische öffentliche Interessen gegeben sind, hat der Gesetzgeber die Buchstaben a) bis d) des § 2b Abs. 3 Nr. 2 UStG eingeführt.

Rein systematisch wäre es zunächst geboten, wenn auf die Rechtsgedanken des Vergaberechts verwiesen wird, sämtliche der dort kodifizierten Voraussetzungen für eine vergabefreie In-House-Vergabe in den Blick zu nehmen und nicht allein auf den unbestimmten Rechtsbegriff der gemeinsamen spezifischen Interessen abzustellen. Zumal der Gesetzgeber grundsätzlich eine eins zu eins Umsetzung des Richtlinientexts bevorzugt, um weitgehende Europarechtskonformität zu garantieren. Gleichwohl ist der Gesetzgeber frei in der Umsetzung von Richtlinienvorgaben und im Fall des Umsatzsteuerrechts auch nicht gezwungen, die Vorgaben der europäischen Vergaberichtlinie umzusetzen.[799] Insofern ist es nicht zu beanstanden, wenn sich der Gesetzgeber aus Klarstellungsgründen nur punktuell auf das europäische Vergaberecht beruft.

In diesem Zusammenhang wählte der Gesetzesgeber die folgende Begründung:

> *„sofern mit den verbindlichen Vorgaben der Mehrwertsteuersystemrichtlinie vereinbar, orientiert sich die Anwendung von Absatz 3 Nummer 2 an vergaberechtlichen Regelungen“*[800].

Demnach hat der Gesetzgeber die Vereinbarkeit mit dem Europarecht in dem Gesetzgebungsverfahren nicht abschließend geprüft. Nur so lässt sich die offene Formulierung „sofern mit der Mehrwertsteuersystemrichtlinie vereinbar“ interpretieren.

Teilweise wird vertreten, eine solche Anlehnung sei nicht statthaft. *Widmann* hält es für fragwürdig, Grundsätze des Vergaberechts auf das Umsatzsteuerrecht zu übertragen, da beide Regelungssysteme jeweils andere Zielsetzungen hätten.[801] Dem kann nicht gefolgt werden, da, wie gezeigt, sowohl das harmonisierte europäische Wettbewerbsrecht als auch das harmonisierte Umsatzsteuerrecht dem Zweck eines gemeinsamen Binnenmarktes dienen. Auch das Vergaberecht soll fairen Wettbewerb fördern, indem öffentliche Aufträge ausgeschrieben werden und der Unternehmer mit dem besten Angebot auf dem Markt den Zuschlag

---

798 Beschlussempfehlung des Finanzausschusses, BT Drucks. 18/6094, S. 92.

799 RL 2014/24/EU.

800 Beschlussempfehlung des Finanzausschusses, BT Drucks. 18/6094, S. 92.

801 *Widmann*, UR 2015, S. 5 (10).

erhält. Hierdurch trägt auch die öffentliche Auftragsvergabe zu der Verwirklichung eines europäischen Binnenmarktes bei. Da für einen harmonisierten Binnenmarkt ein harmonisiertes Umsatzsteuerrecht ein notwendiger Zwischenschritt ist, lassen sich sowohl vergaberechtliche als auch wettbewerbsrechtliche Erwägungen auf das Umsatzsteuerrecht übertragen.

Darüber hinaus ist es erstrebenswert, dass sich europäische Regelungssysteme im Sinne einer einheitlichen Rechtsordnung ergänzen. Dies geben auch die grundsätzlichen Erwägungen des Gesetzgebers zu § 2b Abs. 3 Nr. 2 UStG wieder.[802]

Bei der vom Gesetzgeber zitierten Richtlinie sollte man jedoch genau den Sinn und Zweck der Richtlinie in den Blick nehmen. Diese dient insbesondere dem Schutz privater Unternehmer vor nicht ordnungsgemäßen Auftragsvergaben, sei es durch Korruption, Wettbewerbsmanipulation oder Ähnlichem.

Der vom deutschen Gesetzgeber zitierte Art. 12 der Richtlinie 2014/24/EU ist ein Ausnahmetatbestand von der allgemeinen Ausschreibungspflicht öffentlicher Aufträge und ist daher eng auszulegen.[803] So hat auch der Europäische Gerichtshof entschieden, dass die Ausnahme der vergabefreien interkommunalen Kooperation von der öffentlichen Hand nicht dazu missbraucht werden darf, eine Abschottung gegenüber Privaten vorzunehmen und eigene Märkte zu schaffen.[804] Diese Einschätzung ist zutreffend. Würde man den Anwendungsbereich des Ausnahmetatbestands für die öffentliche Hand im Vergaberecht zu weit ziehen, würde dies den Wettbewerb gefährden, welcher das eigentliche Schutzgut der Richtlinie 2014/24/EU ist.

Gemünzt auf das Umsatzsteuerrecht bedeutet dies umgekehrt, dass eine Ausnahme von der Umsatzbesteuerung bei interkommunaler Zusammenarbeit ebenfalls nur sehr restriktiv verstanden werden darf. Andernfalls könnte eine zu weit gehende Umsatzsteuerbefreiung dazu führen, eine Abschottung gegenüber Privaten zu begünstigen und eigene Märkte zu schaffen.[805] Da es jedoch die Intention des Gesetzgebers war, durch den neuen § 2b UStG zahlreiche Tätigkeiten der öffentlichen Hand, insbesondere bei der interkommunalen Zusammenarbeit, von der Umsatzbesteuerung auszunehmen,[806] ist zu bezweifeln, dass

---

802 Beschlussempfehlung des Finanzausschusses, BT Drucks. 18/6094, S. 92.

803 *de Bronett*, in Schulte/Just, Kartellrecht, Art. 101 AEUV, Rn. 27 und 28.

804 EuGH, Urteil vom 13.6.2013. Rs. C-386/11 (Piepenbrock), in EuZW 2013, S. 591 (592); *Brakalova*, in EuZW, 2013, S. 593 (594).

805 Vgl. Ausführungen in EuGH, Urteil vom 13.6.2013. Rs. C-386/11 (Piepenbrock), in EuZW 2013, S. 591 (592); *Brakalova*, in EuZW, 2013, S. 593 (594).

806 Beschlussempfehlung des Finanzausschusses, BT Drucks. 18/6094, S. 75; *Widmann*, in ifo 2017, S. 13 (14); *Stadie*, in Rau/Dürrwächter, UStG, § 2b, Rn. 30 und 338.

der Verweis auf das europäische Vergaberecht und Art. 12 Abs. 4 RL 2014/24EU hierbei zielführend ist.

Unabhängig von der Sinnhaftigkeit, größere Wettbewerbsverzerrung anhand des europäischen Vergaberechts ausschließen zu wollen, wird zu prüfen sein, ob die einzelnen Voraussetzungen des § 2b Abs. 3 UStG, welche das spezifische öffentliche Interesse konkretisieren sollen, auch tatsächlich im Einklang zur Mehrwertsteuersystemrichtlinie stehen.

(2) Rechtssache Piepenbrock

Neben dem europäischen Vergaberecht nimmt der Bericht des Finanzausschusses zu § 2b Abs. 3 Nr. 2 UStG ausdrücklich auf die Rechtssache Piepenbrock[807] Bezug.[808]

In der Rechtssache Piepenbrock wollte ein Gemeindeverband die Reinigungsarbeiten seiner Gebäude auf eine juristische Person öffentlichen Rechts übertragen. Hiergegen wendete sich der bisher beauftragte Unternehmer Piepenbrock, da die Übertragung ohne öffentliche Ausschreibung erfolgen sollte. Im Ergebnis stellte der Europäische Gerichtshof fest, dass eine vergaberechtsfreie Übertragung der Aufgabe auf eine (andere) juristische Person öffentlichen Rechts nur möglich sei, wenn

- eine Zusammenarbeit von öffentlichen Einrichtungen eine ihnen allen obliegende Gemeinwohlaufgabe zum Gegenstand habe,
- solche Verträge ausschließlich zwischen öffentlichen Einrichtungen ohne Beteiligung Privater geschlossen werden,
- kein privater Dienstleistungserbringer besser gestellt wird als seine Wettbewerber,
- die vereinbarte Zusammenarbeit nur durch Überlegungen und Erfordernisse bestimmt wird, die mit der Verfolgung öffentlicher Interessen zusammenhängen.[809]

Zunächst ist festzuhalten, dass auch die Rechtssache Piepenbrock keine ausdrücklichen Ausführungen zum Begriff eines spezifischen öffentlichen Interesses macht. Die vom Europäischen Gerichtshof aufgestellten Grundsätze für eine vergabefreie öffentliche Auftragsvergabe entsprechen zudem nicht den kumulativen

807 EuGH, Urteil vom 13.6.2013, Rs. C-386/11 (Piepenbrock), EuZW 2013, S. 591 f.

808 Beschlussempfehlung des Finanzausschusses, BT Drucks. 18/6094, S. 75.

809 EuGH, Urteil vom 13.6.2013. Rs. C-386/11 (Piepenbrock), in EuZW 2013, S. 591 (592).

Anforderungen, die § 2b Abs. 3 Nr. 2 UStG an ein spezifisches öffentliches Interesse stellt:[810]

- Die Leistungen beruhen auf langfristigen öffentlich-rechtlichen Vereinbarungen,
- die Leistungen dienen dem Erhalt der öffentlichen Infrastruktur und der Wahrnehmung einer allen Beteiligten obliegenden öffentlichen Aufgabe,
- die Leistungen werden ausschließlich gegen Kostenerstattung erbracht,
- der Leistende erbringt gleichartige Leistungen im Wesentlichen an andere juristische Personen des öffentlichen Rechts.

Insofern kann nur überprüft werden, ob sich die allgemeinen Urteilsgrundsätze auf die jeweiligen Voraussetzungen des § 2b Abs. 3 Nr. 2 UStG übertragen lassen. Dies erscheint jedenfalls vor dem Hintergrund fraglich, als dass § 2b Abs. 3 Nr. 2 UStG eine Besteuerung der öffentlichen Hand grundsätzlich ausschließen soll[811] und die enge Ausnahme der vergaberechtsfreien interkommunalen Kooperation von der öffentlichen Hand nicht dazu missbraucht werden darf, eine Abschottung gegenüber Privaten vorzunehmen und eigene Märkte zu schaffen.[812] Folglich wohnt auch dem Verweis des Gesetzgebers auf die Rechtssache Piepenbrock ein gewisser Wertungswiderspruch inne.

(3) Zwischenergebnis

Der Verweis des Gesetzgebers auf das europäische Vergaberecht und die Rechtssache Piepenbrock ist systematisch geboten.

Dieser Verweis vermag jedoch nicht, den Regelungsgehalt des spezifischen öffentlichen Interesses klar zu umschreiben. Insbesondere finden sich nicht die in § 2b Abs. 3 Nr. 2 UStG aufgestellten Kriterien für den Ausschluss einer größeren Wettbewerbsverzerrung wieder.

Grundsätzlich sind die in § 2b Abs. 3 Nr. 2 UStG formulierten Voraussetzungen für den Ausschluss einer größeren Wettbewerbsverzerrung eng auszulegen. Ob das Merkmal der gemeinsamen spezifischen öffentlichen Interessen steuerlich eng ausgelegt werden kann, richtet sich insbesondere nach dem Wortlaut der einzelnen Voraussetzungen in § 2b Abs. 3 Nr. 2 UStG. Um größere Wettbewerbsverzerrungen in diesem Bereich von Gesetzes wegen auszuschließen,

---

810 BMF-Schreiben vom 16.12.2016, III C 2 - S 7107/16/10001, DStR 2017, S. 40, Rn. 46 f.; *Ringwald*, UR 2015, S. 1 (4).

811 Stadie, in Rau/Dürrwächter, UStG, § 2b, Rn. 338.

812 EuGH, Urteil vom 13.6.2013. Rs. C-386/11 (Piepenbrock), in EuZW 2013, S. 591 (592); *Brakalova*, in EuZW, 2013, S. 593 (594).

bedient sich der Gesetzgeber einer Reihe unbestimmter Rechtsbegriffe, die am rechtlichen Rahmen der Mehrwertsteuersystemrichtlinie zu messen sein werden. Hierbei können die gewonnenen Erkenntnisse zum Vergaberecht, auf welches der Gesetzgeber bei der Gesetzesbegründung Bezug nimmt, hilfreich sein.

bb) Langfristige öffentlich-rechtliche Vereinbarungen

Der § 2b Abs. 3 Nr. 2 Buchst. a) UStG sieht vor, dass ein spezifisch öffentlich-rechtliches Interesse nur vorliegt, wenn die Leistung auf einer langfristigen öffentlich-rechtlichen Vereinbarung beruht. Fraglich ist, was die Rechtsnatur einer langfristigen öffentlich-rechtlichen Vereinbarung ist.

Widmann stellt zunächst fest, dass damit zivilrechtliche Verträge ausgeschlossen seien, auf deren Grundlage sich juristische Personen öffentlichen Rechts zur Leistungserbringung untereinander verpflichtet haben.[813] Wann aber eine Vereinbarung langfristig sei, ist anhand des Umsatzsteuerrechts nicht erkennbar.[814]

Ringwald sieht in langfristig geschlossenen öffentlich-rechtlichen Vereinbarungen all jene nach § 54 VwVfG geschlossenen öffentlich-rechtlichen Verträge.[815] Kurzfristige Vereinbarungen seien hiervon nicht erfasst, weil sie nicht die Nachhaltigkeitsschwelle im Sinne des Art. 9 MwStSystRL überschreiten würden.[816]

Sterzinger definiert eine langfristig geschlossene öffentlich-rechtliche Vereinbarung als eine Abrede zwischen zwei verschiedenen juristischen Personen des öffentlichen Rechts, die auf einer Vorgabe in einem Gesetz, einer Verordnung oder einer Satzung beruht.[817]

Blickt man auf die Beweggründe des Gesetzgebers, fällt auf, dass dieser sich nicht dezidiert mit der Rechtsnatur der öffentlich-rechtlichen Vereinbarung auseinander gesetzt hat.[818] Aus dem erläuternden Schreiben des Bundesministeriums der Finanzen vom 16. Dezember 2016 geht hervor, öffentlich-rechtliche Vereinbarungen seien insbesondere der öffentlich-rechtliche Vertrag, Verwaltungsabkommen und -vereinbarungen sowie Staatsverträge.[819]

Kritisch zu werten ist in diesem Zusammenhang, dass der Gesetzgeber der öffentlichen Hand hier scheinbar Einfluss auf ihre Besteuerung je nach Handlungsform

813 *Widmann,* UR 2015, S. 5 (10).
814 *Widmann,* UR 2015, S. 5 (10).
815 *Ringwald,* UR 2015, S. 1 (4).
816 *Ringwald,* UR 2015, S. 1 (4).
817 *Sterzinger*, in DStR 2017, S. 233 (236).
818 Beschlussempfehlung des Finanzausschusses, BT Drucks. 18/6094, S. 75 und 91 f.
819 BMF-Schreiben vom 16.12.2016, III C 2 - S 7107/16/10001, DStR 2017, S. 40, Rn. 46.

gewähren will. Wählt die öffentliche Hand eine öffentlich-rechtliche Vereinbarung, spricht dies gegen eine Steuerbarkeit. Darüber hinaus existiert im Anwendungsschreiben des Bundesministeriums der Finanzen eine Zweifelsregelung, wonach:

> *„nach dem Grundsatz der Rechtmäßigkeit des Verwaltungshandelns davon ausgegangen werden kann, dass die von der jPöR gewählte Handlungsform auch die rechtlich zulässige ist.“*[820]

Dieser „Freibrief“[821] für die öffentliche Hand stößt auf erheblichen Widerstand. „Diese unhaltbare Aussage ist eine Einladung an die juristischen Personen öffentlichen Rechts, künftig alle Verträge und sonstigen Vereinbarungen mit anderen juristischen Personen öffentlichen Rechts, auch wenn sie dem Zivilrecht zuzurechnen sind, als öffentlich-rechtlich zu bezeichnen, wenn eine Umsatzbesteuerung vermieden werden soll.“[822] Es handelt sich praktisch um einen Freibrief des Bundesministeriums der Finanzen für die juristischen Personen öffentlichen Rechts, da das jeweils zuständige Finanzamt angesichts dieser von höchster Stelle ausgesprochenen Vermutung kaum die Rechtmäßigkeit eines als öffentlich-rechtlich überschriebenen Vertrages in Frage stellen wird.[823] *Küffner* attestiert der Finanzverwaltung, sie wolle mit dieser Formulierung nur noch das retten, was noch zu retten sei.[824]

Die erhebliche Kritik an dieser Konstruktion ist gerechtfertigt. Entscheidend ist nicht, dass der unbestimmte Rechtsbegriff der öffentlich-rechtlichen Vereinbarung schwer ausgelegt werden kann oder die Bestimmung längerfristig zu unbestimmt ist.[825] Kritisch ist, dass den juristischen Personen öffentlichen Rechts durch diese Regelung ein steuerliches Gestaltungsinstrument an die Hand gegeben wird, welches geeignet ist, die eigene Steuerpflicht zu bestimmen.[826] Dies kann zu erheblichen Wettbewerbsverzerrungen führen. Eine solche Umsetzung der Mehrwertsteuersystemrichtlinie rechtfertigt auch nicht das europäische Vergaberecht oder die Rechtssache Piepenbrock, auf welche sich der Bericht des Finanzausschusses zum neuen § 2b UStG noch beruft, da sich hier

---

820 BMF-Schreiben vom 16.12.2016, III C 2 - S 7107/16/10001, DStR 2017, S. 40, Rn. 17.

821 Stadie, in Rau/Dürrwächter, UStG, § 2b, Rn. 391.

822 Hüttemann, UR 2017, S. 129 (131); Stadie, in Rau/Dürrwächter, UStG, § 2b, Rn. 391.

823 *Stadie*, in Rau/Dürrwächter, UStG, § 2b, Rn. 391.

824 *Küffner/Rust*, in DStR 2017, S. 40 (49).

825 Vgl. zum Merkmal der Langfristigkeit: *Liebgott*, in Birkenfeld/Wäger, UStG, § 2b, Rn. 173.

826 Vgl. *Stadie*, in Rau/Dürrwächter, UStG, § 2b, Rn. 184.

keine Anhaltspunkte für eine solche „langfristige öffentlich-rechtliche" Vereinbarung finden.[827]

Vor diesem Hintergrund ist auf den hier vertretenen Lösungsansatz zu verweisen, wonach sich eine juristische Person öffentlichen Rechts nicht durch die Wahl der rechtlichen Gestalt oder die Wahl der rechtlichen Handlungsform, hier der öffentlich-rechtlichen Vereinbarung, einer Umsatzbesteuerung entziehen kann. Entscheidend ist nur, ob die Tätigkeit in Wettbewerb zu privaten Dritten tritt oder nicht.[828]

Abgesehen von der Untauglichkeit des Merkmals der öffentlich-rechtlichen Vereinbarung ist die Definition der Langfristigkeit nur durch eine Quantifizierung durch die Finanzrechtsprechung oder die Finanzverwaltung zu erreichen. Betroffen dürften grundsätzlich dauerhafte, wiederkehrende Leistungsbeziehungen über einen gewissen Zeitraum sein.[829] Ein Zeitraum von sechs Monaten erscheint hier die denkbare Untergrenze zu sein, ähnlich wie bei der Begründung einer Betriebsstätte gemäß § 12 Nr. 8 AO. Als tauglicher Anknüpfungspunkt könnte zudem ein Zeitraum von 12 Monaten dienen, wie im Fall der „langfristigen Vermietung" im Sinne von § 24 UStG.[830] *Küffner* und *Rust* wollen bereits einen Zeitraum von vier Monaten genügen lassen in Anlehnung an § 29 UStG.[831]

(1) Exkurs: Vorsteuerabzug der öffentlichen Hand

Besonders bedenklich erscheinen die Gestaltungsmöglichkeiten der öffentlichen Hand, sofern diese gemäß § 2b Abs. 3 Nr. 2 Buchst. a) UStG Einfluss auf ihre Besteuerung durch Wahl der entsprechenden Handlungsform nehmen können, vor dem Hintergrund des zielgerichteten und gegebenenfalls asymmetrischen Vorsteuerabzugs.

Zuweilen ist es für die öffentliche Hand gar nicht interessant, als Nicht-Unternehmerin zu gelten. Nämlich dann, wenn in manchen Teilbereichen des staatlichen Handelns große Vorsteuerbeträge nicht abziehbar sind. Insofern könnte hier die Gefahr einer weiteren Wettbewerbsverzerrung lauern, in diesem Fall nicht in der Form der Befreiung von der Umsatzsteuer, sondern in Form der bewussten Inkaufnahme der Besteuerung zugunsten des Vorsteuerabzugs.

827 Beschlussempfehlung des Finanzausschusses, BT Drucks. 18/6094, S. 75; EuGH, Urteil vom 13.6.2013, Rs. C-386/11 (Piepenbrock), in EuZW 2013, S. 591 f.

828 Siehe oben 2. Kapitel, B., II, 1.

829 Vgl. *Liebgott*, in Birkenfeld/Wäger, UStG, § 2b, Rn. 173 m.w.N.; *Küffner/Rust*, in DStR 2016, S. 1633 (1643).

830 Vgl. Abschnitt 24.3 Abs. 6 S. 2 UStAE.

831 *Küffner/Rust*, in DStR 2016, S. 1633 (1643).

Allein ein solches Wahlrecht verschafft der öffentlichen Hand Wettbewerbsvorteile. Rechtsstaatlich bedenklich wird es allerdings, wenn die öffentliche Hand auf zivilrechtlicher Grundlage nur „symbolische Entgelte" verlangt, umgekehrt aber den vollen Vorsteuerabzug für ihre Eingangsleistungen geltend macht.

In dem vom Europäischen Gerichtshof zu entscheidenden Fall „Gemeente Borsele"[832] begehrte eine Gemeinde den vollen Vorsteuerabzug, obwohl die erzielten Einnahmen gerade mal 3 % der Selbstkosten ausmachten.

Die Gemeinde hatte zur Schülerbeförderung Transportkapazitäten bei lokalen Busunternehmern eingekauft. 3 % der hierdurch entstandenen Kosten berechnete die Gemeinde weiter an die Eltern der Schulkinder. Sie begehrte alsdann den Vorsteuerabzug in Höhe von 100 % der bei den Transportunternehmen eingekauften Leistungen, da sie diese für steuerpflichtige Ausgangsleistungen verwende (Schülertransport).

Der Europäische Gerichtshof entschied, dass für eine wirtschaftliche Tätigkeit (und damit den Vorsteuerabzug) zweierlei entscheidend sei. Zum einen fehle es an einer wirtschaftlichen Tätigkeit der Gemeinde, wenn diese lediglich 3 % der Selbstkosten erwirtschaften würde. Denn dies seien keine Umstände, unter denen derartige Dienstleistungen für gewöhnlich von privaten Unternehmern erbracht würden.[833] Zur Marktüblichkeit der Entgelte müsse außerdem ein unmittelbarer Zusammenhang zwischen dem (sehr geringen) Entgelt und der eigentlichen Leistung hinzukommen. Durch die Ausgestaltung der vertraglichen Beziehungen war die Kostenbeteiligung der Eltern für den Schülertransport eher eine Gebühr als eine Gegenleistung, weshalb es an einem unmittelbaren Zusammenhang zwischen Leistung und Entgelt fehlte; eine wirtschaftliche Tätigkeit und der Vorsteuerabzug wurden verneint.[834]

Durch diese Entscheidung des Europäischen Gerichtshofes gerieten die sogenannten symbolischen oder asymmetrischen Entgelte der öffentlichen Hand in den Fokus des rechtlichen Interesses.[835] Eng damit verknüpft sind die seit Jahren bestehenden Probleme des anteiligen Vorsteuerabzugs der öffentlichen Hand.[836] Auf Basis des oben genannten Urteils des Europäischen Gerichtshofes ergingen

---

832 EuGH, Urteil vom 12.5.2016, Rs. C-520/14 (Gemeente Borsele), DStRE 2016, S. 798 f.

833 EuGH, Urteil vom 12.5.2016, Rs. C-520/14 (Gemeente Borsele), DStRE 2016, S. 798, Rn. 30.

834 EuGH, Urteil vom 12.5.2016, Rs. C-520/14 (Gemeente Borsele), DStRE 2016, S. 798, Rn. 34.

835 Vgl. *Belcke/Westermann*, in BB, 2018, S. 1431 (1433).

836 Vgl. *Küffner/von Streit*, DStR 2012, S. 636 f.; Widmann, Anmerkung zu BFH, Urteil vom 3.3.2011, V R 23/10, in BB 2011, S. 2020 f.

zudem zwei aktuelle Entscheidungen des Bundesfinanzhofes[837], die im Folgenden untersucht werden sollen.

(aa) Symbolische Entgelte

In dem ersten Fall errichtete eine Gemeinde ein Sportzentrum und verpachtete es an eine ihr mittelbar zu 100 % gehörende GmbH.[838] Den Vorsteuerabzug aus den Errichtungskosten in Höhe von 1.800.000 Euro machte die Gemeinde in voller Höhe geltend. Demgegenüber standen jährliche Pachteinnahmen von circa 70.000 Euro. Jedoch war der Betrieb des Sportzentrums von Beginn an dauerdefizitär und die Gemeinde verpflichtete sich zum Verlustausgleich gegenüber der Pächterin. So flossen jährlich bis zu 640.000 Euro zurück an die Pächterin.

Der 5. Senat des Bundesfinanzhofs entschied, die Gemeinde handele nicht unternehmerisch.[839] Die Kosten des Bäderbetriebs wären nicht durch die Eintrittsgelder gedeckt, so könne ein wirtschaftlich unabhängiger Pächter auf Dauer am Markt nicht überleben. Eine solche Asymmetrie deute auf ein fehlendes Leistungsentgelt und damit eine fehlende unternehmerische Tätigkeit hin.[840]

Die Entscheidung des 5. Senats ist folgerichtig und orientiert sich an den europarechtlichen Vorgaben. Zwar vermietete die Gemeinde die Halle zivilrechtlich an eine GmbH, was zunächst für eine Steuerbarkeit und Steuerpflicht der Umsätze spricht.[841] Jedoch ist hier ausschlaggebend, dass die Gemeinde mittelbar zu 100 % an der Pächterin beteiligt war und sich ihr gegenüber zudem zum Verlustausgleich verpflichtete. Daher kann man gerade nicht von einer Leistung gegen Entgelt bei der Überlassung der Halle an die Pächterin ausgehen, wenn diese, dank der Gemeinde, doch kein wirtschaftliches Risiko[842] trägt.[843]

---

837 BFH, Urteil vom 15.12.2016, V R 44/15, BB 2017, S. 1507 f.; BFH, Urteil vom 28.6.2017, XI R 12/15, DStR 2017, 1873 f.

838 BFH, Urteil vom 15.12.2016, V R 44/15, BB 2017, S. 1507 (1507).

839 BFH, Urteil vom 15.12.2016, V R 44/15, BB 2017, S. 1507 (1507).

840 BFH, Urteil vom 15.12.2016, V R 44/15, BB 2017, S. 1507, Rn. 11; siehe auch oben 2. Kapitel, B., II., 2., e), bb) zur Gewinnerzielungsabsicht bei staatlichen Einrichtungen.

841 Zur fehlenden Steuerfreiheit bei der Überlassung von Sportanlagen gemäß § 4 Nr. 12 Buchst. a) UStG siehe BFH, Urteil vom 31.5.2001, V R 97/98, DStR 2001, S. 1345 (1347); BFH, Urteil vom 10.11.2011, V R 41/10, DStR 2012, S. 348, Rn. 28.

842 Zum Unterschied zwischen dem Risiko einer privaten und einer staatlichen Einrichtung vgl. *Mankiw/Taylor*, Economics, S. 281.

843 Monatlichen Mieteinnahmen der Pächterin von – symbolischen – 900 Euro standen jährliche Ausgleichszahlungen durch die Gemeinde zwischen 350.000 Euro und 640.000 Euro gegenüber.

Diese Sichtweise folgt auch den ertragsteuerlichen Gesichtspunkten zu dauerdefizitären kommunalen Eigenbetrieben. Der Gesetzgeber wollte mit der Schaffung des § 8 Abs. 7 KStG gerade Einrichtungen wie Schwimmbäder oder Sporthallen begünstigen, wenn diese von der Gemeinde selbst oder einer ihr mehrheitlich gehörenden Kapitalgesellschaft betrieben werden.[844] Solche Begünstigungen machen jedoch deutlich, dass es sich gerade nicht um wirtschaftliche Tätigkeiten im umsatzsteuerlichen Sinne handeln kann, die sich im Wettbewerb zu privaten Dritten vollziehen. Vielmehr sind die Tätigkeiten, trotz Errichtung einer GmbH, stark der staatlichen Sphäre zuzuordnen und können nicht eins zu eins mit denen der restlichen Wirtschaftsteilnehmer verglichen werden.

Somit ist diese rechtliche Konstruktion lediglich ein Mantel, um den Vorsteuerabzug für die Herstellungskosten geltend machen zu können. Hätte die Gemeinde die Halle selbst betrieben, stünde ihr nur der anteilige Vorsteuerabzug in Abhängigkeit von der unternehmerischen Nutzung zu.

Daher könnte es von Beginn an die gestalterische Intention gewesen sein, das Sportzentrum zwar zivilrechtlich zu betreiben, jedoch bewusst zu niedrig kalkulierte Eintrittsgelder zu verlangen und zugleich den vollen Vorsteuerabzug aus den Errichtungskosten geltend zu machen. Eine solche Planung würde an eine unzulässige steuerliche Gestaltung im Sinne von § 42 AO grenzen.[845]

Ismer führt in dem Zusammenhang aus, im Rahmen wirtschaftlicher Tätigkeiten müssten die öffentliche Hand und der private Unternehmer gleich behandelt werden. Würde man den Vorsteuerabzug bei ganz geringen Entgelten voll zulassen, so würde die Umsatzsteuer die Wettbewerbsbedingungen stärker verzerren, als dies bei einer unechten Steuerbefreiung der Fall wäre.[846] Da eine Teilentgeltlichkeit verbunden mit nur anteiligem Vorsteuerabzug nach ständiger Rechtsprechung ausscheide, lasse sich durch eine Verneinung der wirtschaftlichen Tätigkeit und die damit einhergehende vollständige Versagung des Vorsteuerabzugs ein besseres Ergebnis erreichen, als wenn man den Vorsteuerabzug unreflektiert gewährte.[847]

Dieser Würdigung symbolischer Entgelte ist im konkreten Fall zuzustimmen. Entscheidend ist hier, dass die Gemeinde für die Verluste der Pächterin

844 Vgl. BT Drucks. 16/10189, S. 69–70; BFH, Urteil vom 9.11.2016, I R 56/15, DStR 2017, S. 447, Rn. 25.

845 Vgl. aber zu dauerdefizitären kommunalen Eigenbetrieben: BFH, Urteil vom 22.8.2007, I R 32/06, DStR 2007, S. 1954 (1954).

846 *Ismer*, in MwStR 2016, S. 654 (660).

847 *Ismer*, in MwStR 2016, S. 654 (660).

aufkommen muss. Wäre die Pächterin auch mit den nur symbolisch geleisteten Pachtzahlungen im Wirtschaftlichen Verkehr überlebensfähig (das heißt ohne Verlustübernahme durch die Gemeinde), spräche nichts dagegen, der Gemeinde für die Herstellungskosten auch den vollen Vorsteuerabzug zu gewähren.

Daneben sind auch Fälle des anteiligen Vorsteuerabzugs für Herstellungskosten in den Blick zu nehmen. Das zweite aktuelle Urteil des Bundesfinanzhofes (11. Senat) zum Vorsteuerabzug von Gemeinden befasst sich in diesem Zusammenhang mit der anteiligen unternehmerischen Nutzung einer Sache.[848]

(bb) Vorsteueraufteilung

In dem zweiten Fall begehrte eine Gemeinde ebenfalls Vorsteuer aus den Herstellungskosten für eine Sporthalle.[849] Anders als im ersten Fall nutzte die Gemeinde die Halle selbst und vermietete sie nicht an einen Dritten. Die Nutzung bestand zum einen für Zwecke des Schulsports, zum anderen vermietete sie die Halle stundenweise an private Sportvereine gegen Entgelt. Das Finanzamt beanstandete, die Kostendeckung beim Betrieb der Halle betrage gerade einmal 2,07 %,[850] verneinte eine unternehmerische Tätigkeit und versagte, scheinbar korrespondierend mit der Rechtsprechung des 5. Senats des Bundesfinanzhofs[851], den Vorsteuerabzug.

Anders als im ersten Fall ließ der 11. Senat des Bundesfinanzhofs jedoch den anteiligen Vorsteuerabzug für die Herstellungskosten zu.[852] In seiner Begründung betont der 11. Senat, ein asymmetrisches Entgelt alleine schließe nach der Rechtsprechung des Europäischen Gerichtshofes und auch des 5. Senats eine unternehmerische Tätigkeit nicht aus. Entscheidend sei die unmittelbare Verknüpfung zwischen Leistung und Gegenleistung.[853] Auch wenn die Kostendeckungsquote gering sei, wären die Mietpreise für die Vereine marktüblich, so dass von einer unternehmerischen Tätigkeit auszugehen sei.[854]

Teilweise wird in diesen Urteilen des Bundesfinanzhofes eine „Sprengkraft" gesehen, weil der 5. Senat bei asymmetrischen Entgelten eine Unternehmereigenschaft verneint, der 11. Senat hingegen auch bei geringer Kostendeckung

848 BFH, Urteil vom 28.6.2017, XI R 12/15, DStR 2017, S. 1873 f.

849 BFH, Urteil vom 28.6.2017, XI R 12/15, DStR 2017, S. 1873, Rn. 6.

850 Nach Berechnung der Klägerin lag der Kostendeckungsgrad bei 12,03 %.

851 BFH, Urteil vom 15.12.2016, V R 44/15, BB 2017, S. 1507 (1507).

852 BFH, Urteil vom 28.6.2017, XI R 12/15, DStR 2017, S. 1873 Ls. (1877); zustimmend *Küffner/Rust*, in DStR 2018, S. 1321 (1325).

853 BFH, Urteil vom 28.6.2017, XI R 12/15, DStR 2017, S. 1873, Rn. 53.

854 BFH, Urteil vom 28.6.2017, XI R 12/15, DStR 2017, S. 1873, Rn. 53.

eine Unternehmereigenschaft bejaht.[855] *Ismer* weist zu Recht darauf hin, dass asymmetrische Entgelte trotzdem zu Wettbewerbsverzerrungen im Zusammenhang mit dem Vorsteuerabzug führen können.[856]

Die beiden Entscheidungen des Bundesfinanzhofes widersprechen sich hingegen nur auf den ersten Blick. Die Besonderheit der Entscheidung des 5. Senats war, dass die Pächterin ohne die finanzielle Hilfe durch die Gemeinde nicht überlebensfähig und auch gar nicht darauf ausgerichtet war.[857] Folglich kann auch die Vermietung an solch eine Pächterin keine wirtschaftliche Tätigkeit sein, weil es bereits am Leistungsentgelt fehlt.[858] Bei der Entscheidung des 11. Senats waren die privaten Mieter der Halle unabhängig von der Gemeinde, zudem waren die verlangten Mieten marktüblich. Die Bedenken von *Ismer* sind zwar grundsätzlich berechtigt, jedoch ist es bei der Umsatzsteuer systemimmanent, dass es zuweilen zu sogenannten Vorsteuerüberhängen kommen kann.[859] Entscheidend ist, dass die Mietpreise für die Halle marktüblich waren und die öffentliche Hand sich keiner privaten Gesellschaft bedient hat, um den vollen Vorsteuerabzug für die Herstellungskosten geltend zu machen.[860] Eine solche vergleichende Würdigung wird sowohl der Rechtsprechung des Bundesfinanzhofes als auch der des Europäischen Gerichtshofes gerecht. Letzterer führte hierzu aus:

> „… das Vorliegen einer gegen Entgelt erbrachten Dienstleistung reicht für die Feststellung einer wirtschaftlichen Tätigkeit im Sinne von Art. 9 Abs. 1 MwStSystRL nicht aus. Es sind alle Umstände zu prüfen, unter denen die Tätigkeit erfolgt ist. Der Vergleich zwischen den Umständen, unter denen der Betreffende die fragliche Dienstleistung erbringt, und den Umständen, unter denen eine derartige Dienstleistung gewöhnlich erbracht wird, kann somit eine der Methoden darstellen, mit denen geprüft werden kann, ob die betreffende Tätigkeit eine wirtschaftliche Tätigkeit darstellt."[861]

855 *Belcke/Westermann*, in BB, 2018, S. 1431 (1433).

856 *Ismer*, in MwStR 2016, S. 654 (660).

857 Monatlichen Mieteinnahmen der Pächterin von – symbolischen – 900 Euro standen jährliche Ausgleichszahlungen durch die Gemeinde zwischen 350.000 Euro und 640.000 Euro gegenüber.

858 Die Pächterin zahlt nur ein symbolisches Entgelt an die Gemeinde, nur um im nächsten Schritt all ihre Verluste von dieser erstattet zu bekommen. Das Entgelt war nie dazu gedacht, um selbstständig und nachhaltig am Markt bestehen zu können.

859 Beispielsweise im Rahmen der ermäßigten Steuersätze, bei Unternehmen in der Gründungsphase oder auch bei Konzerntöchtern, die finanziell auf die Konzernmutter angewiesen sind.

860 Vgl. dazu im Unterschied BFH, Urteil vom 15.12.2016, V R 44/15, BB 2017, S. 1507 (1507).

861 EuGH, Urteil vom 12.5.2016, Rs. C-520/14 (Gemeente Borsele), DStRE 2016, S. 798, Rn. 29 und 30.

Insofern spricht nichts gegen die Annahme einer unternehmerischen Tätigkeit der Gemeinde, wenn die steuerpflichtigen Ausgangsumsätze im unmittelbaren Zusammenhang mit den erzielten Entgelten stehen.[862] Die Tatsache, dass diese nicht kostendeckend sind, spricht grundsätzlich nicht gegen eine nachhaltige Tätigkeit zur Erzielung von Einnahmen.

Insofern ist auch das Urteil des 11. Senats folgerichtig. Entscheidend ist zudem, dass in dieser Entscheidung nicht der volle Vorsteuerabzug für die Herstellungskosten der Halle geltend gemacht wurde, sondern nur in dem Verhältnis, in dem die Halle unternehmerisch genutzt wird. Solange der Vorsteuerabzug nur in Höhe der tatsächlichen unternehmerischen Nutzung einer Sache gewährt wird, ergeben sich auch keine Wettbewerbsverzerrungen zu privaten Dritten.

Gleichwohl kann die Ermittlung der unternehmerischen Nutzung einer Sache durch die öffentliche Hand problematisch sein, wie eine Entscheidung zur Marktplatznutzung durch eine Gemeinde zeigt.

(cc) Unternehmerische Nutzung durch die öffentliche Hand

In seinem Urteil vom 3. März 2011 entschied der Bundesfinanzhof, dass eine Gemeinde, die für eine Marktplatzsanierung anfallende Umsatzsteuer anteilig als Vorsteuer geltend machen könne, da der Marktplatz jedenfalls zeitweise umsatzsteuerpflichtig an private Marktteilnehmer vermietet wurde.[863] Zwar sei die Ordnung des Verkehrs und der Unterhalt einer öffentlichen Straße eine öffentliche Aufgabe, die grundsätzlich nicht in Wettbewerb zu privaten Dritten erfolgt.[864] Jedoch habe die Gemeinde bei der Vermietung an Marktteilnehmer auf privatrechtlicher Grundlage gehandelt. Daher komme es auf weitere Voraussetzungen zur Bestimmung der Steuerpflicht der juristischen Person öffentlichen Rechts nicht mehr an.[865] Insofern sei sie in diesem Zusammenhang als Unternehmerin zu betrachten und damit auch für steuerpflichtige Ausgangsumsätze zum Vorsteuerabzug berechtigt.[866]

Diese Entscheidung steht im Einklang mit den Vorgaben der Mehrwertsteuersystemrichtlinie, auch wenn nach der hier vertretenen Auffassung keine voreiligen Rückschlüsse anhand der Handlungsform auf die Abgrenzung zwischen zivilrechtlichem und öffentlich-rechtlichem Handeln gezogen werden

862 BFH, Urteil vom 28.6.2017, XI R 12/15, DStR 2017, S. 1873 Rn 53.

863 BFH, Urteil vom 3.3.2011, V R 23/10, DStR 2011, S. 1077, Rn. 27; kritisch hierzu *Widmann*, Anmerkung zu BFH, Urteil vom 3.3.2011, V R 23/10, in BB 2011, S. 2019.

864 BFH, Urteil vom 3.3.2011, V R 23/10, DStR 2011, S. 1077, Rn. 23.

865 BFH, Urteil vom 3.3.2011, V R 23/10, DStR 2011, S. 1077, Rn. 21.

866 BFH, Urteil vom 3.3.2011, V R 23/10, DStR 2011, S. 1077, Rn. 22.

sollten. Im Ergebnis ist es folgerichtig, die kurzfristige Standplatzvermietung auf einen Wochenmarkt als unternehmerisch zu behandeln, da die Gemeinde mit ihrer Vermietungstätigkeit eindeutig im Wettbewerb zu privaten Unternehmern steht.[867] Doch auch wenn die Tätigkeit hoheitlich ausgekleidet gewesen wäre, hätte sie aufgrund des Wettbewerbs besteuert werden müssen.[868] Leider kommen die Gerichte aufgrund der Zweifelsregel erst gar nicht zu dieser Abgrenzung.[869]

Insofern ist die Beurteilung der Steuerbarkeit aus einer heutigen Perspektive weitgehend geklärt. Weiterhin zweifelhaft ist jedoch, in welcher Höhe die Gemeinde Vorsteuern für die Marktplatzsanierung geltend machen kann.

Widmann beklagt in diesem Zusammenhang, die Gemeinde saniere den Marktplatz nicht, weil dort zuweilen ein Markt stattfinde, sondern weil sie Trägerin der Straßenbaulast sei.[870] Die dem öffentlichen Verkehr gewidmete Straße sei nicht Teil eines Unternehmens und könne demnach auch nicht für eine umsatzsteuerrelevante Nutzung in Betracht kommen.[871] Daher scheide auch ein Recht auf Vorsteuerabzug grundsätzlich aus.[872] Falls ein solches angenommen werden sollte, so sei kein vernünftiger Aufteilungsmaßstab in einen unternehmerischen und einen nichtunternehmerischen Bereich möglich.[873] Die vom Bundesfinanzhof vorgeschlagene Regelung, anhand von Markttagen im Jahr abzugrenzen, sei verfehlt, da auch an Markttagen nicht den ganzen Tag über Markt herrschen würde und auch nicht jeder Passant die Straße an solchen Tagen zum Zwecke des Marktbesuches nutzen würde.[874]

Die Argumentation von *Widmann* ist grundsätzlich stichhaltig. Tatsächlich dürfte es nahezu unmöglich sein, eine hundertprozentig genaue Quote zu

---

867 Vgl. FG Sachsen, Urteil vom 16.10.2013, 2 K 1183/13, EFG 2014, S. 391 f.; BFH, Beschluss vom 19.3.2014, XI B 126/13 (NV) BeckRS 2014, 95592; BFH Urteil vom 3.3.2011, V R 23/10, DStR 2011, S. 1077 (1080).

868 So bereits FG München, Urteil vom 24.07.2013, 3 K 3274/10, DStRE 2014, S. 1065 (1066).

869 Vgl. Sächsisches FG, Urteil vom 2.6.2010, 6 K 519/06, DStRE 2011, S. 448 (449), bestätigt durch BFH, Urteil 3.3.2011, V R 23/10, DStR 2011, S. 1077 (1078).

870 *Widmann,* Anmerkung zu BFH, Urteil vom 3.3.2011, V R 23/10, in BB 2011, S. 2019 (2023).

871 *Widmann,* Anmerkung zu BFH, Urteil vom 3.3.2011, V R 23/10, in BB 2011, S. 2019 (2023).

872 So wohl auch *Ismer,* in MwStR 2016, S. 654 (660).

873 *Widmann,* Anmerkung zu BFH, Urteil vom 3.3.2011, V R 23/10, in BB 2011, S. 2019 (2023).

874 *Widmann,* Anmerkung zu BFH, Urteil vom 3.3.2011, V R 23/10, in BB 2011, S. 2019 (2023).

ermitteln, die die wirtschaftliche und nicht wirtschaftliche Nutzung des Marktplatzes durch die Gemeinde darstellt.

Trotzdem ist es geboten, hier einen zumindest näherungsweise korrekten Wert zu ermitteln. Denn eine solche Quote zur Ermittlung des abziehbaren Vorsteuerbetrages ist ein allgemeines Problem im Umsatzsteuerrecht und kein Phänomen bei der Besteuerung der öffentlichen Hand. Zu denken ist beispielsweise an die Aufteilung von Vorsteuern aus Herstellungskosten für ein gemischt genutztes Gebäude gemäß § 15a UStG.[875] Auch hier wird versucht, über Flächen- oder Umsatzschlüssel eine möglichst genaue Aufteilung vorzunehmen, welche alsdann in den komplizierten Beobachtungszeiträumen nach § 15a UStG gipfelt.[876] Verwendet daher die öffentliche Hand einen Gegenstand sowohl für Umsätze, die zum Vorsteuerabzug berechtigen, als auch für Tätigkeiten, die den Vorsteuerabzug ausschließen, sind die angefallenen Vorsteuerbeträge in einen abziehbaren und einen nicht abziehbaren Teil aufzuteilen.[877] Dies kann gemäß § 15 Abs. 4 S. 2 auch im Wege einer sachgerechten Schätzung erfolgen.[878]

In dem konkreten Beispiel können die Markttage eine hilfreiches Indiz zur Bestimmung der unternehmerischen Nutzung des Marktplatzes sein. In jedem Fall sind bei gemischt genutzten Gegenständen durch die öffentliche Hand die Umstände des Einzelfalls zu beachten. Vermietet daher eine Gemeinde beispielsweise eine Sporthalle, neben der Nutzung für den Schulsport, auch an Dritte und erzielt damit nur Einnahmen die 2,07 %[879] der monatlichen Selbstkosten ausmachen, ist dies auch ein Indiz für eine entsprechend geringe unternehmerische Nutzung der Halle. Denklogisch kann der öffentlichen Hand auch nur in diesem Umfang ein Vorsteuerabzug bezüglich Herstellungskosten der Halle gewährt werden.[880] Ein Vorsteuerabzug in vollem Umfang ist in jedem Fall

---

875 Vgl. *Kastl*, in DStR 2018, S. 1145 (1147).

876 Vgl. Abschnitt 15.2c Abs. 8 UStAE.

877 Abschnitt 15.16 Abs. 1, S. 1 UStAE; BFH, Urteil vom 3.8.2017, V R 62/16, DStR 2017. S. 2661, Rn. 27; BFH, Urteil vom 3.3.2011, V R 23/10, in DStR 2011, S. 1077 (1078); *Keyser*, UVR 2011, S. 269 (274).

878 BFH, Urteil vom 12.3.1998, V R 50/97, DStR 1998, S. 1212 (1213); BFH, Beschluss vom 3.5.2005, V B 200/04; BFH/NV 2005, S. 1641 (1641).

879 Wie im obigen Beispiel.

880 Vgl. BFH, Urteil vom 12.3.1998, V R 50/97, DStR 1998, S. 1212 (1213); BFH, Beschluss vom 03.05.2005, V B 200/04; BFH/NV 2005, S. 1641 (1641); Abschnitt 15.16 Abs. 1 S. 1 UStAE; *Heidner*, in Bunjes, UStG, § 15, Rn. 390; *Oelmaier*, in Sölch/Ringleb, UStG, § 15, Rn. 678.

ausgeschlossen, weil er die Gleichmäßigkeit der Besteuerung und das Verbot der Wettbewerbsverzerrungen erheblich missachten würde.

(2) Zwischenergebnis zum Vorsteuerabzug der öffentlichen Hand

Das Vorsteuerabzugsrecht der öffentlichen Hand ist geeignet, erhebliche Wettbewerbsverzerrungen gegenüber privaten Unternehmern herbeizuführen. Dies gilt umso mehr, sofern die öffentliche Hand durch steuerliche Gestaltungen versucht, große Vorsteuersummen geltend zu machen und gleichzeitig für ihre Ausgangsumsätze keine marktüblichen Entgelte verlangt (symbolische oder asymmetrische Entgelte).

Daher ist ihr der Vorsteuerabzug restriktiv nur in Bezug auf die (anteilige) tatsächliche unternehmerische Nutzung einer Sache zu gewähren. Bei der Ermittlung der unternehmerischen Nutzung kann das Verhältnis von erzielten Entgelten und Selbstkosten der Tätigkeit ein wesentliches Indiz sein.

cc) Leistungen zum Erhalt der öffentlichen Infrastruktur

Ein gemeinsames spezifisches öffentliches Interesse soll nach dem Willen des Gesetzgebers unter anderem auch daran erkennbar sein, dass gemäß § 2b Abs. 3 Nr. 2 Buchst. b) UStG die Leistungen dem Erhalt der öffentlichen Infrastruktur dienen und deren Wahrnehmung einer öffentlichen Aufgabe zu Grunde liegt.

Gemäß Anwendungsschreiben des Bundesministeriums der Finanzen vom 16. Dezember 2016 sei unter den Begriff „Erhalt der öffentlichen Infrastruktur" deren Förderung, Ausbau und Errichtung zu verstehen.[881] Die öffentliche Infrastruktur umfasse alle Einrichtungen materieller und institutioneller Art, die für die Ausübung öffentlicher Gewalt notwendig seien. Hierzu gehörten die materielle beziehungsweise technische und digitale Infrastruktur (z. B. Verkehrswegenetz, Entsorgung von Wasser), die immaterielle beziehungsweise soziale Infrastruktur (z. B. Bildungswesen, innere Sicherheit, öffentlich-rechtlicher Rundfunk) und die institutionelle Infrastruktur (z. B. Rechtsordnung, Wirtschaftsordnung, Sozialordnung).[882]

Die Mehrwertsteuersystemrichtlinie sieht weder ausdrückliche Ausnahmen von der Besteuerung für die öffentliche Hand beim Erhalt ihrer Infrastruktur vor, noch macht sie Ausnahmen hinsichtlich der Wettbewerbsrelevanz einer Tätigkeit im Zusammenhang mit staatlicher Infrastruktur. In dem Erhalt der öffentlichen Infrastruktur kann eine dem Staat obliegende Gemeinwohlaufgabe gesehen werden, im Sinne der Rechtssache Piepenbrock, auf die der Bericht des

---

881 BMF-Schreiben vom 16.12.2016, III C 2 - S 7107/16/10001, DStR 2017, S. 40, Rn. 48.
882 BMF-Schreiben vom 16.12.2016, III C 2 - S 7107/16/10001, DStR 2017, S. 40, Rn. 48.

Finanzausschusses verweist.[883] Insofern ergibt sich, anders als bei der öffentlich-rechtlichen Vereinbarung, bei dem Erhalt der öffentlichen Infrastruktur ein Anknüpfungspunkt an das europäische Vergaberecht und die dort zum Ausdruck kommenden Grundsätze. Jedoch ist der Erhalt der öffentlichen Infrastruktur für sich allein so weit gefasst, dass er nicht geeignet ist, den Tätigkeitsbereich der öffentlichen Hand sinnvoll zu beschränken.[884] Aus einer vergaberechtlichen Perspektive müssten weitere Einschränkungen hinsichtlich der Tätigkeit hinzutreten, um eine vergabefreie öffentliche Auftragsvergabe zu rechtfertigen. Wie beim § 2b Abs. 3 Nr. 2 Buchst. a) UStG erörtert, sind die Voraussetzungen für ein gemeinsames spezifisches öffentliches Interesse jedoch eher als gering anzusehen, was im Kontrast zu den vergaberechtlichen Grundsätzen steht.

Auch die Formulierungen im § 2b Abs. 3 Nr. 2 Buchst. b) UStG scheinen nicht geeignet, hier ein restriktives Verständnis des Ausnahmetatbestands zu fördern. Vielmehr ist fraglich, welche Leistungen in diesem Zusammenhang nicht unter die weite Definition der öffentlichen Infrastruktur fallen sollen und deren Förderung, Ausbau oder Errichtung dienen.

Beispielsweise ist der Erhalt von öffentlichen Straßen eine öffentliche Aufgabe, die dem Erhalt der Infrastruktur dient. Wenn jedoch juristische Personen des öffentlichen Rechts auf diese Weise ermächtigt werden, diese Aufgabe untereinander ohne Umsatzsteuer gegenüber einander zu erbringen, verdrängt dies sämtliche Straßenbauunternehmen aus dem Markt. Ähnliches gilt für Rechenzentren, Winterdienste, usw. Ein solches Ergebnis kann aus einer vergaberechtlichen Perspektive nicht richtig sein. Hier herrscht der Grundsatz, dass Tätigkeiten über bestimmten Wertgrenzen immer auszuschreiben sind. Daher wäre es nicht systematisch, wenn der Gesetzgeber großzügig den Bereich der kostenintensiven Instandhaltung öffentlicher Infrastruktur von der Umsatzbesteuerung ausnehmen könnte.

Der Wortlaut der Vorschrift des § 2b Abs. 3 Nr. 2 Buchst. b) UStG betrifft grundsätzlich nur den Erhalt der öffentlichen Infrastruktur. Jedoch vertritt die Finanzverwaltung entgegen den gebotenen vergaberechtlichen Grundsätzen auch hier eine weite, statt eine restriktive Auslegung des Gesetzestextes. Dem Wortlaut nach ist jedenfalls der komplette Neubau öffentlicher Infrastruktur nicht von den Voraussetzungen des § 2b Abs. 3 Nr. 2 Buchst. b) UStG umfasst. Gemäß dem erläuternden Schreiben des Bundesministeriums sei unter dem

---

883 Beschlussempfehlung des Finanzausschusses, BT Drucks. 18/6094 S. 75; EuGH, Urteil vom 13.6.2013. Rs. C-386/11 (Piepenbrock), in EuZW 2013, S. 591 f.

884 *Widmann* nennt diese Vorgaben „völlig unkonkret", vgl. *Widmann*, UR 2015, S. 5 (10).

„Erhalt" von öffentlicher Infrastruktur auch deren „Errichtung" zu verstehen.[885] Vor diesem Hintergrund ist diese Regelung dazu geeignet, fast unbegrenzt Tätigkeiten dem Erhalt der Infrastruktur zuzurechnen.

(1) Rekommunalisierung

Doch nicht nur das weite Verständnis von öffentlicher Infrastruktur und deren Erhalt können Wettbewerbsnachteile mit sich bringen.

In jüngster Zeit ist der Trend zu beobachten, Aufgaben wieder verstärkt durch den Staat und seine Einrichtungen ausführen zu lassen. Die größte Rolle spielt dabei die Rückübertragung von bereits privatisierten ehemaligen öffentlichen Leistungen, aber auch die verstärkte interkommunale Zusammenarbeit wird als kosteneffiziente Bündelung von Ressourcen verstanden und rückt immer mehr in das Blickfeld staatlichen Handelns.[886] Besonderes Betätigungsfeld könnte hier der Erhalt der öffentlichen Infrastruktur sein. Der ohnehin bestehende Trend zur Rekommunalisierung könnte daher durch steuerliche Anreize noch verstärkt werden. Dies gilt umso mehr, wenn die interkommunale Zusammenarbeit steuerlich als „schützenswertes Gut" behandelt wird, wie es die Ausführungen des Bundesministeriums der Finanzen erwarten lassen.[887]

Denkbar sind Szenarien, in denen Gemeinden öffentlich-rechtlich organisierte Zweckverbände gründen oder Aufgaben einer zentral zuständigen Gemeinde übertragen, um beispielsweise die Abfallentsorgung einer Region auf diesen Zweckverband oder diese Gemeinde zu übertragen.[888] Grundsätzlich bestünde die Möglichkeit, die hoheitlich zugewiesene Aufgabe der Hausmüllentsorgung auch auf einen privaten Unternehmer zu übertragen. Dieser müsste jedoch nach herrschender Auffassung 19 % Umsatzsteuer auf seine Leistungen berechnen, weshalb die Ausnutzung des Ausnahmetatbestands gemäß § 2b Abs. 3 UStG immer die günstigere Alternative für die Gemeinden sein wird. *Widmann* geht davon aus, dass derartige Konstellationen noch in vielen anderen Bereichen zu erwarten seien.[889]

Um solche Entwicklungen steuerlich aufzufangen und private Dritte vor Wettbewerbsverzerrungen zu schützen, ist an dieser Stelle nochmals zu unterstreichen, dass weder die rechtliche Gestalt des Handelnden noch die gewählte rechtliche Form pauschale Rückschlüsse auf die Wettbewerbsrelevanz der

---

885 BMF-Schreiben vom 16.12.2016, III C 2 - S 7107/16/10001, DStR 2017, S. 40, Rn. 48.

886 Vgl. *Röhl*, in IW 34/2015.

887 BMF-Schreiben vom 16.12.2016, III C 2 - S 7107/16/10001, DStR 2017, S. 40, Rn. 48.

888 Siehe Beispiel von *Widmann*, in ifo 2017, S. 13 (15).

889 *Widmann*, in ifo 2017, S. 13 (15).

Tätigkeit zulassen. In dem obigen Beispiel ergäbe sich die Nichtsteuerbarkeit der Tätigkeit aus dem Umstand, dass andere Unternehmen von dieser Art der Leistungserbringung ausgeschlossen sind. Handelt der Staat in diesem Zusammenhang durch einen öffentlich organisierten Zweckverband oder eine für zentral zuständig erklärte Gemeinde, sind die Anforderungen des § 2b Abs. 1 UStG unproblematisch erfüllt. Doch auch die Übertragung auf eine dem Staat zu 100 % gehörende Kapitalgesellschaft oder auf private Unternehmer, die durch sonstige Mechanismen der Kontrolle des Staates unterliegen, muss in europarechtskonformer Auslegung und zur Vermeidung von Wettbewerbsnachteilen dem Begriff der juristischen Person des öffentlichen Rechts unterfallen. Auch in diesem Fall besteht für eine Umsatzbesteuerung kein Raum, weil der private Unternehmer faktisch nur als verlängerter Arm der öffentlichen Hand tätig wird.

(2) Zwischenergebnis

Festzuhalten ist, dass der Kreis der öffentlichen Infrastruktur sehr weit zu verstehen ist. Sofern die öffentliche Hand durch die Unterstellung des § 2b Abs. 3 Nr. 2 Buchst. b) UStG Leistungen in diesem weiten Bereich, abseits von Wettbewerb erbringen würde und diese Leistungen bei Vorliegen der weiteren Voraussetzungen ohne Umsatzsteuer erbringen könnte, würde dies erhebliche Wettbewerbsnachteile für alle privaten Mitbewerber bedeuten. Erschwerend kommt hinzu, dass die Finanzverwaltung unter den ohnehin weiten Bereich der Erhaltung der öffentlichen Infrastruktur auch deren Errichtung verstehen will.

Die Rekommunalisierung verstärkt die Effekte dieser Wettbewerbsverzerrungen, weil es für die öffentliche Hand vielfach günstiger sein dürfte, Aufgaben im Bereich der Infrastruktur auf andere juristische Personen des öffentlichen Rechts zu übertragen oder sogar selbst neue Kapazitäten in diesem Bereich zu schaffen, welche dann wiederum auch anderen juristischen Personen öffentlichen Rechts kostengünstig angeboten werden könnten.

Vor diesem Hintergrund erscheint es notwendig, die Wettbewerbsrelevanz einer Tätigkeit nicht am Merkmal der Infrastruktur festzumachen, sondern im Wege der richtlinienkonformen Auslegung an der konkreten Wettbewerbssituation gemäß Art. 13 Abs. 1 MwStSystRL.

dd) Ausschließlich gegen Kostenerstattung erbrachte Leistungen

Der § 2b Abs. 3 S. 2 Buchst. c) UStG besagt, die leistungserbringende juristische Person des öffentlichen Rechts dürfe grundsätzlich nur kostendeckend kalkulieren. „Die Gesetzesbegründung enthält keine Erläuterung dazu, was genau unter Kostenerstattung zu verstehen ist und wie die Kosten zu berechnen sind.“[890]

Eine Gewinnerzielungsabsicht führe nach Ansicht der Finanzverwaltung grundsätzlich zu einer unternehmerischen Tätigkeit, weil die öffentliche Hand dann unter vergleichbaren Bedingungen tätig werde, wie ein privater Unternehmer.[891]

Das Ergebnis einer wirtschaftlichen Tätigkeit ist für die Steuerbarkeit grundsätzlich ohne Bedeutung; auf die Gewinnerzielungsabsicht komme es somit nicht an.[892] Fehlende Gewinnerzielungsabsicht kann aber ein Indiz dafür sein, dass es sich nicht um eine klassische wirtschaftliche Tätigkeit handelt, da grundsätzlich die Gewinnerzielungsabsicht notwendige Voraussetzung ist, um am freien Markt agieren zu können.[893]

Gleichwohl haben die bisherigen Untersuchungen gezeigt, dass gerade auch asymmetrische Entgelte dazu geeignet sind, den Wettbewerb zu verzerren und auch als wirtschaftliche Tätigkeit zu behandeln sind.[894] Insofern kann es fehlende Gewinnerzielungsabsicht oder lediglich kostendeckende Kalkulation als Indiz gegen eine wirtschaftliche Tätigkeit einer juristischen Person öffentlichen Rechts sprechen.

Lediglich kostendeckend zu arbeiten kann jedoch nicht grundsätzlich als Ausschlussgrund für eine größere Wettbewerbsverzerrung im Rahmen spezifischer öffentlicher Interessen dienen.[895] Lediglich kostendeckend zu arbeiten, ist zudem kein Merkmal zum Ausschluss von Wettbewerb, welches das europäische Vergaberecht oder die Rechtssache Piepenbrock vorgibt und auf welche bei der Gesetzgebung des neuen § 2b UStG ausdrücklich Bezug genommen wurde.[896]

Insofern handelt es sich hierbei um ein untaugliches Kriterium, um ein spezifisches öffentliches Interesse zu begrenzen[897] und eine größere

890 *Küffner/Rust*, in DStR 2016, S. 1633 (1645).

891 BMF-Schreiben vom 16.12.2016, III C 2 - S 7107/16/10001, DStR 2017, S. 40, Rn. 51.

892 *Korn*, in Bunjes, UStG, § 2, Rn. 185.

893 Vgl. *Lippross*, in UR 2010, S. 214 (216).

894 Vgl. BFH, Urteil vom 28.6.2017, XI R 12/15, DStR 2017, S. 1873 (1877).

895 Vgl. Vgl. EuGH, Urteil vom 16.9.2008, Rs. C-288/07 (Isle of Wight), DStRE 2008, S. 1455 (1458); BFH, Urteil vom 1.12.2011, V R 1/11, DStR 2012, S. 352 (354).

896 Beschlussempfehlung des Finanzausschusses, BT Drucks. 18/6094 S. 75; EuGH, Urteil vom 13.6.2013. Rs. C-386/11 (Piepenbrock), in EuZW 2013, S. 591 f.

897 *Ringwald* sieht vielmehr die Gefahr steuerlicher Gestaltungsmöglichkeiten, weil nicht zwischen einer Teil- und einer Gesamtkostendeckung unterschieden werde, vgl. UR 2015, S. 1 (5).

Wettbewerbsverzerrung bereits von Gesetzes wegen auszuschließen. Als Indiz zur Prüfung einer Wettbewerbsrelevanz im Einzelfall ist es jedoch heranzuziehen.

ee) Leistender erbringt gleichartige Leistungen im Wesentlichen an andere juristische Personen des öffentlichen Rechts

§ 2b Abs. 3 S. 2 Buchst. d) UStG besagt schließlich, dass der Leistende gleichartige Leistungen im Wesentlichen an andere juristische Personen des öffentlichen Rechts erbringen muss.

Der Gesetzgeber verweist in diesem Zusammenhang weiter auf das Vergaberecht.[898] Dort ist eine Leistungsquote von 20 % oder mehr auf einem offenen Markt schädlich, um eine Tätigkeit ohne öffentliche Ausschreibung an eine andere juristische Person des öffentlichen Rechts zu vergeben.[899] Ähnlich wie bei der Bagatellgrenze in § 2b Abs. 2 Nr. 1 UStG ist jedoch nicht klar, was mit einer gleichartigen Tätigkeit gemeint sein soll, da sich hierzu im Vergaberecht keine Anhaltspunkte finden.

(1) Gleichartige Tätigkeiten

Vom Sinn und Zweck her ist die Bedeutung eine andere als im § 2b Abs. 2 Nr. 1 UStG. Eine „Atomisierung in Kleinsttätigkeiten“ kann unter Umständen dazu führen, bestimmte Leistungen unter die Bagatellgrenze „zu zwängen“ und damit, mangels Wettbewerbsrelevanz, von der Umsatzbesteuerung auszunehmen.

Im Hinblick auf § 2b Abs. 3 S. 2 Buchst. d) UStG bewirkt eine Atomisierung der Tätigkeiten den gegenteiligen Effekt. Denn je genauer man die einzelne Leistung aufschlüsselt und von anderen Tätigkeiten abgrenzt, desto höher wird die Wahrscheinlichkeit, dass die Tätigkeit nicht vergleichbar mit anderen an juristische Personen öffentlichen Rechts erbrachten Leistungen ist und nicht den Befreiungstatbestand auslöst.

Erbringt beispielsweise eine Körperschaft öffentlichen Rechts IT-Dienstleistungen an andere juristische Personen öffentlichen Rechts, so lassen sich hierunter eine Vielzahl verschiedener Leistungen subsumieren. Stellt man konkreter auf die einzelne Leistung ab, zum Beispiel Webseiten-Gestaltung, könnte man zu abweichenden Ergebnissen kommen, insbesondere, wenn es sich um einmalige Projektaufträge handeln sollte. Diese wären nicht unbedingt mit anderen Leistungen vergleichbar und würden möglicherweise auch nur einmalig auftreten,

---

898 Beschlussempfehlung des Finanzausschusses, BT Drucks. 18/6094 S. 92.
899 Vgl. Art. 12 Abs. 4 Buchst. c) RL 2014/24/EU.

was grundsätzlich vom Wortlaut des § 2b Abs. 3 S. 2 Buchst. d) UStG nicht erfasst ist.

Die Finanzverwaltung geht gleichwohl davon aus, dass der Begriff der Gleichartigkeit synonym zu dem in § 2b Abs. 2 Nr. 1 UStG zu verstehen ist und stellt dabei auf die Sicht eines Durchschnittsverbrauches ab.[900] Dabei erscheint es jedoch möglich, durch entsprechende rechtliche Gestaltung Aufgaben bei juristischen Personen öffentlichen Rechts zu zentralisieren.[901]

Beispielsweise könnte ein Berliner Bauhof auch für weitere Bundesländer die Straßeninstandhaltung übernehmen. Bei dieser Tätigkeit könnte er vom Land Berlin kontrolliert werden und im Wesentlichen damit nur für andere juristische Körperschaften tätig werden. Dies würde jedoch bedeuten, dass man den gesamten Bereich der Straßensanierung ohne weiteres Gesetz faktisch einem privaten Markt entziehen könnte. Zu beachten wäre lediglich, dass der Bauhof 80 % seiner Bautätigkeit an öffentliche Auftraggeber zu erbringen hat, um dem Wesentlichkeitskriterium Genüge zu tun. Der Bauhof könnte stets ohne Umsatzsteuer seine Leistungen erbringen und hätte damit einen klaren Wettbewerbsvorteil gegenüber privaten Bauunternehmern, welche grundsätzlich auch in der Lage wären, Straßenausbesserungen vorzunehmen.

Insofern schränkt die Anforderung der gleichartigen Tätigkeit ein öffentliches spezifisches Interesse kaum ein. Vielmehr ist es auch hier so, dass die Vorschrift geeignet erscheint, möglichst vielen Tätigkeiten der öffentlichen Hand von Gesetzes wegen die Wettbewerbsrelevanz abzusprechen.

(2) Innenleistungen

Bei der Bestimmung des Wesentlichkeitsmerkmals gemäß § 2b Abs. 3 Nr. 2 Buchst. d) UStG sollen laut Auffassung der Finanzverwaltung sogenannte Innenumsätze außer Ansatz bleiben.[902]

Das bedeutet, dass eine juristische Person öffentlichen Rechts zunächst 80 % ihrer Leistungen an andere juristische Personen des öffentlichen Rechts erbringen kann (Wesentlichkeitskriterium), wobei (Innen-)Leistungen, die „im eigenen Hoheitsbereich erbracht" werden, diese Quote nicht verändern beziehungsweise erhöhen.[903]

Grundsätzlich ist anerkannt, dass Lieferungen und sonstige Leistungen zwischen verschiedenen Betrieben desselben Unternehmers beziehungsweise

900 BMF-Schreiben vom 16.12.2016, III C 2 - S 7107/16/10001, DStR 2017, S. 40, Rn. 53.
901 *Widmann,* in ifo 2017, S. 13 (15).
902 BMF-Schreiben vom 16.12.2016, III C 2 - S 7107/16/10001, DStR 2017, S. 40, Rn. 54.
903 BMF-Schreiben vom 16.12.2016, III C 2 - S 7107/16/10001, DStR 2017, S. 40, Rn. 54.

desselben Steuersubjekts nicht steuerbar sind im Sinne von § 1 Abs. 1 UStG (sog. Innenumsätze).[904] Fraglich könnte sein, ob man diese Sichtweise auch auf juristische Personen des öffentlichen Rechts übertragen kann. Jedoch ist auch der öffentlichen Hand zuzugestehen, dass beispielsweise die Gutachtenfertigung einer behördeninternen Abteilung nicht gleich eine Steuerpflicht auslösen kann, nur weil ein Rechtsanwalt ebenfalls ein solches Gutachten hätte fertigen können.

Problematisch können hingegen Fälle sein, in denen eine als Innenumsatz deklarierte Leistung von sich aus die Umsatzsteuerbarkeit für eine große Anzahl an Fällen bereits im Vorfeld entfallen lassen soll. So steht in einem Erlass des Landes Niedersachsen vom 31. Juli 2017:

> „Der Umsatzsteuer unterliegen nach Abschnitt 2.11 Abs. 7 S. 7 UStAE nur Leistungen an Dritte. Amtshandlungen und Leistungen für andere unselbstständige Einrichtungen des Landes, zum Beispiel für Landesbehörden und Landesbetriebe, stellen sog. Innenumsätze dar und unterliegen als solche mangels zweier Beteiligter nicht der Umsatzsteuer nach § 1 Abs. 1 Nr. 1 UStG.“[905]

Gegen eine solche Befreiung wendet sich beispielsweise *Lambers*. Hiermit würden private Gutachter schlechter gestellt, da diese stets verpflichtet wären, Umsatzsteuer auszuweisen, jedoch dieselben Tätigkeiten ausführen könnten wie ihre staatlichen Kollegen.[906] Darüber hinaus böten in Niedersachsen die staatlichen Gutachterausschüsse Verkehrswertgutachten für Immobilien zu lediglich 77 % der ihnen entstehenden Kosten an.[907] Die Befreiung von der Umsatzsteuer und die Kostenminderdeckung ergäben zusammen ein doppeltes Preisdumping.[908]

Der Kritik von *Lambers* ist berechtigt. Es ist fraglich, wo die Grenzziehung hinsichtlich eines Innenumsatzes erfolgen soll. Grundsätzlich sind Leistungen innerhalb eines Unternehmens nicht steuerbar.[909] Aber die öffentliche Hand ist grundsätzlich gerade kein typisches Steuersubjekt und ihr Einflussgebiet und Tätigkeitsbereich ist so weitreichend, dass innerhalb einer öffentlichen

904 BFH, Urteil vom 28.10.2010, V R 7/10, DStR 2011, S. 308, Rn. 20; *Robisch*, in Bunjes, UStG, § 1, Rn. 43; *Stadie*, in Rau/Dürrwächter, UStG, § 1, Rn. 453; Abschnitt 2.9 Abs. 2 S. 2 UStAE.

905 Erlass des Ministeriums für Inneres und Sport Niedersachsen, vom 31.7.2017, 47–05111/1, Umsatzsteuerliche Behandlung von Amtshandlungen und Leistungen der Vermessungs- und Katasterbehörden in Niedersachsen.

906 *Lambers*, in Forum 2018, S. 50 (50).

907 *Lambers*, in Forum 2018, S. 50 (50).

908 *Lambers*, in Forum 2018, S. 50 (50).

909 Abschnitt 2.9 Abs. 2 S. 2 UStAE.

Gebietskörperschaft fast jede Tätigkeit unter einen Innenumsatz subsumiert werden könnte. Insofern eröffnet sich hier für die öffentliche Hand eine zweite Argumentationslinie, um einer Umsatzbesteuerung gegebenenfalls zu entgehen.

Jedoch kann eine solche Sichtweise nur insoweit verfolgt werden, als dass eine Qualifikation als Innenumsatz nicht zu Wettbewerbsverzerrungen führt. Alles andere wäre mit dem Sinn und Zweck der Besteuerung der öffentlichen Hand und den Vorgaben der Mehrwertsteuersystemrichtlinie nicht zu vereinbaren. Mithin kann der Erlass des niedersächsischen Ministeriums für Inneres und Sport einschränkend nur so verstanden werden, dass die öffentlichen Leistungen der Vermessungsbehörden nur soweit als Innenleistungen qualifiziert werden können, solange die Tätigkeiten keine wesentlichen Wettbewerbsverzerrungen auf einem Markt hervorrufen.

Wann Wettbewerbsverzerrungen in diesem Bereich vorliegen, könnte sich aus § 2b Abs. 4 Nr. 3 UStG ergeben. Die Regelungen der Absätze 2 und 3 sind nicht abschließend. Es heißt, größere Wettbewerbsverzerrungen liegen „insbesondere" nicht vor, wenn... (Absatz 2), beziehungsweise gemeinsame spezifische öffentliche Interessen liegen „regelmäßig" vor bei... (Absatz 3). Somit können neben den bisher kodifizierten Ausnahmen von der Besteuerung der öffentlichen Hand gemäß § 2b Abs. 2 und 3 UStG weitere Ausnahmen existieren. Die Formulierung des § 2b UStG lässt eine solche Auslegung zu.

Insofern enthält § 2b Abs. 4 Nr. 3 UStG auch die Sonderregel für Vermessungsleistungen, welche grundsätzlich steuerbar sind, jedoch mit Ausnahme der Amtshilfe. Insofern trifft der Umsatzsteuergesetzgeber an dieser Stelle die objektive Aussage, dass Amtshilfen juristischer Personen des öffentlichen Rechts im Bereich der Vermessungstätigkeiten nicht der Umsatzbesteuerung unterliegen.

Dies lässt wiederum nur zwei Schlüsse zu. Entweder versteht der Gesetzgeber Amtshilfen als ein spezifisches öffentliches Interesse gemäß § 2b Abs. 3 UStG und leitet daraus die fehlende Wettbewerbsrelevanz[910] und den Ausnahmetatbestand für die Umsatzbesteuerung ab; oder aber Amtshilfen sollen neben den Absätzen zwei und drei des § 2b UStG einen eigenständigen Ausnahmetatbestand begründen.

Der Sinn beider Regelungen wäre jedoch fraglich. Denn weder das Anwendungsschreiben des Bundesministeriums der Finanzen vom 16. Dezember 2016 noch die Beschlussempfehlung des Finanzausschusses zum neuen § 2b UStG[911] treffen eine Aussage zum Begriff der Amtshilfe.[912]

---

910 Jedenfalls im Bereich der Vermessungs- und Katasterbehörden.

911 Beschlussempfehlung des Finanzausschusses, BT Drucks. 18/6094.

912 Vgl. BMF-Schreiben vom 16.12.2016, III C 2 - S 7107/16/10001, DStR 2017, S. 40 f.

Hinsichtlich der Innenumsätze ist abschließend festzuhalten, dass deren steuerliche Grundsätze auch auf die öffentliche Hand Anwendung finden, jedoch auch nur soweit sie nicht zu größeren Wettbewerbsverzerrungen auf einem Markt führen.

(3) Amtshilfe/Beistandsleistungen

Unter § 2b Abs. 3 Nr. 2 Buchst. b) könnte möglicherweise auch die sogenannte Amtshilfe zu subsumieren sein. Zwar wird die Amtshilfe nicht ausdrücklich genannt, jedoch könnte deren rechtliche Gestalt mit Leistungen vergleichbar sein, die „im Wesentlichen an andere juristische Personen des öffentlichen Rechts" erbracht werden. Zudem verbindet der Gesetzgeber mit der Verwendung des Begriffs der „Amtshilfe" in § 2b Abs. 4 Nr. 3 UStG scheinbar eine objektive Wertung, nämlich die der Nichtsteuerbarkeit einer Leistung. Dies tritt durch die Entstehung des § 2b UStG zu Tage.

(aa) Hintergrund

Es gab politische Bestrebungen,[913] eben jene Amtshilfen (oder auch Beistandsleistungen genannt) von einer Umsatzbesteuerung auszunehmen, nachdem diese ursprünglich anerkannte Steuerbegünstigung durch die Rechtsprechung des Europäischen Gerichtshofes „in Gefahr geriet".[914] Im Koalitionsvertrag der Regierungsparteien vom 17. Dezember 2013 wurde hierzu ausdrücklich vereinbart: „wir lehnen eine umsatzsteuerliche Belastung kommunaler Beistandsleistungen ab...".[915] *Stadie* sieht den Gesetzgeber hier von Forderungen kommunaler Spitzenverbände getrieben, welche versuchten, sich durch die Neufassung des § 2b UStG Steuervorteile zu sichern beziehungsweise zu konservieren.[916]

Denn unter § 2 Abs. 3 UStG a. F. wurden Amtshilfe-Tätigkeiten zwischen Behörden lange als öffentliche Gewalt verstanden, welche nicht der

---

913 Stellungnahme der Bundesvereinigung der kommunalen Spitzenverbände vom 24.6.2015 zur Öffentliche Anhörung zum Gesetzentwurf der Bundesregierung „Entwurf eines Gesetzes zur Umsetzung der Protokollerklärung zum Gesetz zur Anpassung der Abgabenordnung an den Zollkodex der Union und zur Änderung weiterer steuerlicher Vorschriften" (später Steueränderungsgesetz 2015), https://www.bundestag.de/blob/380188/2f0b48b1a8699879f24a72e3d592b3c6/06---dt--staedtetag-data.pdf, abgerufen am 26.2.2019.

914 *Küffner/Rust*, in DStR 2017, S. 40 (47); *Stadie*, in Rau/Dürrwächter, UStG, § 2b, Rn. 30.

915 Vgl. Koalitionsvertrag CDU/CSU und SPD vom 16. Dezember 2013 (abgerufen am26.2.2019): https://www.cdu.de/sites/default/files/media/dokumente/koalitionsvertrag.pdf, S. 64.

916 *Stadie*, in Rau/Dürrwächter, UStG, § 2b, Rn. 30.

Umsatzbesteuerung unterlagen, selbst wenn die Behörden auf Grundlage eines zivilrechtlichen Vertrags handelten.[917]

Insofern könnte mit dem neuen § 2b Abs. 3 UStG der Versuch durch den Gesetzgeber unternommen worden sein, die Besteuerung kommunaler Amtshilfe bzw. Beistandsleistungen auszuschließen, jedoch ohne explizite Benennung der Umstände als Amtshilfe oder Beistandsleistungen. *Küffner* und *Rust* gehen jedenfalls davon aus, der Anwendungsbereich des § 2b Abs. 3 UStG beträfe Sachverhalte, welche bisher unter dem Stichwort der Amtshilfe/Beistandsleistungen behandelt wurden.[918]

(bb) Definition der Amtshilfe/Beistandsleistung

In der Literatur zu öffentlich-rechtlichen Regelungen werden Amtshilfe und Beistandsleistungen synonym verwendet.[919] Unter Beistandsleistungen seien grundsätzlich Amts- oder Rechtshilfeleistungen zwischen Bundes-, Landes und Kommunalbehörden im Sinne von Art. 35 Abs. 1 GG zu verstehen.[920] Dies könnten in erster Linie Aufgaben oder Tätigkeiten einer juristischen Person öffentlichen Rechts sein, die von einer anderen juristischen Person des öffentlichen Rechts in deren Hoheitsbereich ausgeführt würden.[921]

Insofern sind Beistandsleistungen grundsätzlich geeignet, den Anwendungsbereich des § 2b Abs. 3 Nr. 1 UStG zu eröffnen, wenn die fraglichen Tätigkeiten aufgrund gesetzlicher Vorgabe nur von juristischen Personen des öffentlichen Rechts untereinander erbracht werden dürfen. Ferner könnten Beistandsleistungen unter § 2b Abs. 3 Nr. 2 UStG fallen, wenn diese von spezifischen, öffentlich-rechtlichen Interessen bestimmt sind.

(cc) Rechtsprechung des Bundesfinanzhofes zu Beistandsleistungen

Auch wenn der Bundesfinanzhof in seinen früheren Entscheidungen den Kreis der nicht steuerbaren Beistandsleistungen sehr weit gezogen hat[922], ist spätestens

---

917 *Stadie*, in Rau/Dürrwächter, UStG, § 2, Rn. 1404; BFH, Urteil vom 12.12.1968, V R 213/65, BStBl. II 1969, S. 280 (280).

918 *Küffner/Rust*, in DStR 2017, S. 40 (49).

919 Im Folgenden werden daher nur noch die Beistandsleistungen genannt, wobei damit auch die Amtshilfe gemeint sein soll.

920 *Maunz*, in Maunz/Dürig, GG, Art. 35, Rn. 1; BVerfG, Beschluss vom 28.11.1957, 2 BvL 11/56, NJW, 1958, S. 97 (98).

921 *Meyer*, KommJur 2012, S. 131 (133); OFD Frankfurt am Main, Merkblatt vom 19.12.2016, UR 2017, S. 313 (316).

922 *Stadie*, in Rau/Dürrwächter, UStG, § 2, Rn. 1404; BFH, Urteil vom 12.12.1968, V R 213/65, BStBl. II 1969, S. 280 (280).

seit der neueren Rechtsprechung des Europäischen Gerichtshofes[923] ein Umdenken eingetreten.

Den Grundsätzen der Rechtsprechung des Europäischen Gerichtshofes folgend entschied der Bundesfinanzhof in diesem Zusammenhang, die Überlassung einer Sporthalle durch eine Gemeinde an eine Nachbargemeinde im Wege einer Beistandsleistung sei als wirtschaftliche und aufgrund der Gefahr größerer Wettbewerbsverzerrungen als umsatzsteuerbare und umsatzsteuerpflichtige Leistung zu beurteilen.[924] Bemerkenswert an der Entscheidung ist vor allem, dass der Bundesfinanzhof von einer Gefährdung des Wettbewerbs ausging, obwohl die Halle für Zwecke des Schulsports überlassen wurde.

(dd) Kritik an Entscheidung des Bundesfinanzhofes

Englisch geht davon aus, dass die Umsatzbesteuerung von Beistandsleistungen keine signifikanten Auswirkungen auf juristische Personen des öffentlichen Rechts mit sich bringen wird, da nur ein geringer Teil der interkommunalen Zusammenarbeit durch eine Gemeinde als umsatzsteuerlicher Unternehmer erbracht würde.[925] Wettbewerbsverzerrungen seien kaum zu erwarten, weil die Leistungen der Kommunen nicht auf einem Markt angeboten werden würden.[926]

Gröpl und *Zukiwski* wenden ein, die Rechtsprechung des Europäischen Gerichtshofes und insbesondere des Bundesfinanzhofes zu Beistandsleistungen gehe zu weit.[927] „Maßgeblich für die Frage der Umsatzsteuerbarkeit von Leistungen juristischer Personen des öffentlichen Rechts muss sein, ob die von ihnen ausgeübte Tätigkeit als solche durch öffentlich-rechtliche Normen dirigiert wird. Ist das der Fall, liege ein Hoheitsbetrieb im Sinne von § 2 Abs. 3 UStG a. F. in Verbindung mit § 4 Abs. 5 KStG vor. Dies sei mit Unionsrecht, namentlich mit Art. 13 Abs. 1 Unterabs. 2 MwStSystRL, vereinbar."[928] Der neue § 2b Abs. 3 Nr. 1 UStG greift diesen gedanklichen Ansatz von *Gröpl* und *Zukiwski* auf. *Gröpl* und *Zukiwski* wollen einen Hoheitsbetrieb im Sinne von § 2 Abs. 3 UStG a. F. annehmen, wenn die Tätigkeit durch öffentlich-rechtliche Normen „dirigiert" wird. Der Gesetzgeber hat nun, in Kenntnis der Untauglichkeit des körperschaftsteuerlichen Begriffs, festgelegt, eine Wettbewerbsverzerrung liege nicht vor,

---

923 Wie etwa: EuGH, Urteil vom 16.9.2008, Rs. C-288/07 (Isle of Wight), DStRE 2008, S. 1455.

924 BFH, Urteil vom 10.11.2011, V R 41/10, DStR 2012, S. 348 f.

925 *Englisch,* UR 2013, S. 570 (578).

926 *Englisch,* UR 2013, S. 570 (578); a.A. *Meyer,* in KommJur 2012, S. 131 (133).

927 *Gröpl/Zukiwski,* MwStR 2014, S. 77 (86).

928 *Gröpl/Zukiwski,* MwStR 2014, S. 77 (86).

wenn die Tätigkeit „aufgrund gesetzlicher Bestimmungen nur von juristischen Personen des öffentlichen Rechts erbracht werden darf". Dies könnte intendiert sein, als dass nun nicht mehr über den Umweg über das Körperschaftsteuerrecht die Befreiung von der Steuer erreicht werden soll, sondern der § 2b Abs. 3 Nr. 1 UStG von vornherein das entscheidende Merkmal für eine Besteuerung, nämlich den Wettbewerb, ausschließen soll.

Ähnliche Überlegungen hatte auch *Suck* angestellt und schlägt zur Vermeidung der Besteuerung von Beistandsleistungen ein Nichtanwendungsgesetz vor,[929] welches Beistandsleistungen auflistet, die nicht der Umsatzbesteuerung unterfallen.[930] Dies ist im Großen und Ganzen das, was der neue § 2b UStG durch abstrakte Formulierungen zu erreichen versucht.

(ee) Rechtliche Würdigung

Die Rechtsprechung des Bundesfinanzhofes zu Beistandsleistungen ist nicht zu beanstanden, da sie richtigerweise erkennt, dass auch ein privater Unternehmer der Nachbargemeinde eine Halle zur Verfügung stellen könnte. Dann wäre dies freilich umsatzsteuerpflichtig.[931]

Grundsätzlich müsste der Gesetzgeber die Aussagen dieser Entscheidung auch bei der Fassung des § 2b Abs. 2 und 3 UStG im Blick gehabt haben, so dass die Wertungen der Richter auf das neue Recht übertragbar sein müssten. Dies soll untersucht werden.

(ff) Beispiel § 2b Absatz 3 Nummer 1 UStG

Der Ausschluss einer Wettbewerbsverzerrung kann, korrespondierend mit der Rechtsprechung des Bundesfinanzhofes zur Schulhallenüberlassung, nicht anhand der Voraussetzungen des § 2b Abs. 3 Nr. 1 UStG angenommen werden.

Die beteiligten Gemeinden sind jeweils juristische Personen des öffentlichen Rechts im Sinne des § 2b Abs. 1 UStG. Eine Wettbewerbsverzerrung kann jedoch nicht durch § 2b Abs. 2 Nr. 1 UStG verneint werden, da die Überlassung einer Sporthalle nicht nur von einer juristischen Person des öffentlichen Rechts an eine Nachbargemeinde ausgeführt werden darf. Eine Steuerbefreiung für die Überlassung ohne Recht auf Verzicht ist gemäß § 9 UStG auch nicht einschlägig. Mithin können Wettbewerbsverzerrungen nicht nach § 2b Abs. 2 Nr. 2 UStG

---

929 *Suck*, UR 2013, S. 205 (209).

930 *Suck*, UR 2013, S. 205 (210).

931 Zur fehlenden Steuerfreiheit bei der Überlassung von Sportanlagen gemäß § 4 Nr. 12 Buchst. a) UStG siehe BFH, Urteil vom 31.5.2001, V R 97/98, DStR 2001, S. 1345 (1347); BFH, Urteil vom 10.11.2011, V R 41/10, DStR 2012, S. 348, Rn. 28.

ausgeschlossen werden. Ferner war die Bagatellgrenze des § 2b Abs. 2 Nr. 1 UStG überschritten.[932]

(gg) Beispiel § 2b Absatz 3 Nummer 2 UStG

Interessanterweise liegen im vorliegenden Fall jedoch die Voraussetzungen des § 2b Abs. 3 Nr. 2 UStG vor.

Die Halle wurde mehrere Jahre überlassen. Das heißt, es liegt eine langfristige Vereinbarung vor. Zudem führte der Bundesfinanzhof aus, dass sich an seiner Rechtsprechung nichts ändern würde, unabhängig von der Tatsache, ob die Halle auf privatrechtlicher Grundlage oder aufgrund öffentlich-rechtlicher Vereinbarung überlassen wurde, da in beiden Fällen eine Wettbewerbsrelevanz gegeben wäre.[933] Mithin würde auch eine öffentlich-rechtliche Vereinbarung nach § 2b Abs. 3 Nr. 2 Buchst. a) UStG an der Bewertung des Bundesfinanzhofes nach neuem Recht nichts ändern.

Unter öffentlicher Infrastruktur versteht man laut dem erklärenden Schreiben des Bundesfinanzministeriums das Bildungswesen, das heißt auch den Schulsport.[934] Dieser ist Teil der öffentlichen Aufgabe im Sinne von § 2b Abs. 3 Nr. 2 Buchst. b) UStG.

Die Vorinstanz führt aus, die Halle sei „in erster Linie für Schulsportzwecke gebaut worden und nicht zur Erzielung gewerblicher Gewinne".[935] Insofern kann an dieser Stelle zumindest unterstellt werden, dass die Halle lediglich kostendeckend an die Nachbargemeinde überlassen wurde, womit auch die Voraussetzungen des § 2b Abs. 3 Nr. 2 Buchst. c) UStG erfüllt sind.

Im Wesentlichen kann die überlassende Gemeinde für Zwecke des Schulsports jedenfalls nur für andere juristische Personen des öffentlichen Rechts tätig sein, weshalb auch an dieser Stelle davon ausgegangen werden kann, dass zudem die Voraussetzungen des § 2b Abs. 3 Nr. 2 Buchst. d) UStG erfüllt sind.

Insofern käme man zu dem Ergebnis, dass die Tätigkeit der Gemeinde nach Maßstäben des neuen § 2b Abs. 3 Nr. 2 UStG keine größeren Wettbewerbsverzerrungen auslösen würde. Legt man jedoch die vom Bundesfinanzhof dargebrachten Grundsätze zugrunde, ist davon auszugehen, dass sich dessen Entscheidung auch unter dem neuen Regelungsregime des § 2b UStG nicht ändern würde, da dieser in dem Tun der Gemeinde eine wirtschaftliche Tätigkeit erkannte und

---

932 Vgl. FG Sachsen, Urteil vom 15.07.2009, 5 K 1593/04, BeckRS 2011, 94436, wonach der Jahresumsatz durch die Überlassung der Halle jedenfalls 40.000 DM betragen habe.

933 Vgl. BFH, Urteil vom 10.11.2011, V R 41/10, DStR 2012, S. 348, Rn. 19 bis 21.

934 BMF-Schreiben vom 16.12.2016, III C 2 - S 7107/16/10001, DStR 2017, Rn. 48.

935 FG Sachsen, Urteil vom 15.07.2009, 5 K 1593/04, BeckRS 2011, 94436.

die Wettbewerbsverzerrung positiv feststellte.[936] Die Voraussetzungen des § 2b Abs. 3 Nr. 2 UStG vermögen diese Feststellung nach der hier vertretenen Ansicht nicht zu erschüttern, da diese das Wettbewerbskriterium der Mehrwertsteuersystemrichtlinie in nicht ausreichender Weise berücksichtigen.

Mithin sind auch weitere Konstellationen denkbar, in denen alle Voraussetzungen des § 2b Abs. 3 Nr. 2 UStG erfüllt sind, jedoch entgegen dem Wortlaut der Norm Wettbewerbsverzerrungen bestehen. Ein solches Ergebnis zeigt, die europarechtskonforme Ausgestaltung des neuen § 2b Abs. 3 UStG ist dem Gesetzgeber „nur unzureichend gelungen".[937] Im Sinne des Europarechts kann § 2b Abs. 3 UStG nur so verstanden werden, dass Wettbewerbsverzerrungen weiterhin stets am jeweiligen Einzelfall zu prüfen sind, weil die Regelungen in § 2b Abs. 3 UStG ansonsten geeignet sind, private Unternehmer zu benachteiligen.

(hh) Ergebnis zur Amtshilfe/Beistandsleistungen

Die Versuche des Gesetzgebers, Beistandsleistungen im Sinne von § 2b Abs. 3 UStG zwischen juristischen Personen des öffentlichen Rechts unabhängig vom Einzelfall, von einer Umsatzbesteuerung auszunehmen, sind nicht zielführend. Denn diese Versuche sind nicht mit dem Europarecht zu vereinbaren. Aus der Perspektive der Mehrwertsteuersystemrichtlinie kann man nicht ableiten, bestimmte Tätigkeiten, etwa für andere juristische Personen des öffentlichen Rechts, schlössen eine Wettbewerbsverzerrung pauschal aus. Maßgeblich ist nach dieser nur, ob die Tätigkeit im Wettbewerb zu privaten Dritten ausgeübt werden kann und das unabhängig von der Frage der Handlungsform. Zwar lässt sich Wettbewerb durch eine gesetzgeberische Gestaltung im jeweiligen Einzelfall ausschließen, indem ein Markt durch Gesetz dem Wettbewerb entzogen wird, jedoch überschreitet der pauschale Ausschluss von Wettbewerbsverzerrungen im neuen § 2b Abs. 3 UStG die Vorgaben der Mehrwertsteuersystemrichtlinie.

Insofern ist dem Bundesfinanzhof beizupflichten, wenn dieser entgegen der bisherigen Finanzverwaltungsauffassung[938] Beistandsleistungen als umsatzsteuerbar einstuft, sofern größere Wettbewerbsverzerrungen drohen.[939] Die

---

936 Zur Steuerbarkeit von Beistandsleistungen gemäß der Rechtsprechung des Bundesfinanzhofes vgl. auch *Meyer*, KommJur 2012, S. 131 (133); *Mellinghoff*, UR 2013, S. 5 (7).

937 Vgl. *Hammerl/Fietz*, MwStR 2017, S. 56 (64).

938 So ausdrücklich OFD Frankfurt am Main, Merkblatt vom 19.12.2016, UR 2017, S. 313 (316); sinngemäß BMF-Schreiben vom 16.12.2016, III C 2 - S 7107/16/10001, DStR 2017, Rn. 54.

939 BFH, Urteil vom 10.11.2011, V R 41/10, DStR 2012, S. 348; *Maier/Übleiß*, KommJur 2015; S. 206 (207).

Tatsache, dass der Gesetzgeber die Zusammenarbeit von juristischen Personen des öffentlichen Rechts von der Besteuerung ausnehmen will, wird an dieser rechtlichen Situation nichts ändern. Der § 2b Abs. 3 UStG ist jedenfalls nicht geeignet, sämtliche Beistandsleistungen der öffentlichen Hand zu erfassen, wie die Rechtsprechung des Bundesfinanzhofes zur Überlassung einer Sporthalle für Zwecke des Schulsports gezeigt hat.[940] Der Versuch Beistandsleistungen so zu definieren, dass von diesen pauschal keine Gefahren für den Wettbewerb ausgehen, ist nicht mit dem europäischen Recht im Einklang.

c) Ergebnis zu § 2b Absatz 3 Umsatzsteuergesetz

Der Gesetzgeber hat versucht, bestimmte Tätigkeiten der öffentlichen Hand durch die Anforderungen des § 2b Abs. 3 UStG von der Umsatzbesteuerung auszunehmen. Dies gelingt jedoch nicht, da der pauschale Ausschluss größerer Wettbewerbsverzerrungen nicht mit den Grundsätzen der Mehrwertsteuersystemrichtlinie vereinbar ist.[941]

Besonders offenkundig wird dies am Beispiel bei der Definition gemeinsamer spezifischer öffentlicher Interessen gemäß § 2b Abs. 3 Nr. 2 UStG und dem Versuch, Beistandsleistungen zwischen juristischen Personen des öffentlichen Rechts von der Umsatzbesteuerung auszunehmen.

Der neue § 2b UStG ist in diesem Zusammenhang europarechtskonform auszulegen mit der Folge, dass Wettbewerbsverzerrungen weiterhin positiv festgestellt werden müssen und sich nicht anhand des § 2b Abs. 3 UStG ausschließen lassen.

Private Unternehmer sollten in diesem Zusammenhang die Überwachung des Staates selbst in die Hand nehmen und im Zweifel von der Möglichkeit der drittschützenden Konkurrentenklage Gebrauch machen. Dabei sind jedoch die Anforderungen des Bundesfinanzhofes an ein vorbereitendes Auskunftsersuchen an das Finanzamt zu hoch und nicht mit dem Wortlaut und Sinn und Zweck des § 30 Abs. 4 Nr. 1 AO in Verbindung mit § 30 Abs. 2 Nr. 1 Buchst. a) AO vereinbar.[942]

III. Ausblick

Nachdem die rechtlichen Vorgaben der Mehrwertsteuersystemrichtlinie und die Umsetzung durch den neuen § 2b UStG analysiert wurden, soll abschließend

940 BFH, Urteil vom 10.11.2011, V R 41/10, DStR 2012, S. 348 (351).
941 Vgl. *Hammerl/Fietz*, MwStR 2017, S. 56 (64).
942 Siehe oben unter Konkurrentenklage 3. Kapitel, B., II., 4., a), bb), (1).

ein Blick in die Zukunft geworfen werden. Zum einen soll an einem letzten prägnanten Beispiel die Reichweite der Umsatzbesteuerung der öffentlichen Hand erörtert werden, zum anderen sollen Ideen durchgespielt werden, welche die Umsatzbesteuerung in diesem Bereich erleichtern könnten.

1. *Reichweite der Umsatzbesteuerung der öffentlichen Hand*

Für die deutsche Steuerfachwelt war es in den vergangenen Jahren eine der größten Neuerungen, dass die im Körperschaftsteuerrecht seit Jahrzehnten funktionierenden Grundsätze plötzlich nicht mehr für die Umsatzbesteuerung juristischer Personen öffentlichen Rechts gelten sollten.

Auch die Neufassung des § 2b UStG zeugt noch von diesen Umstellungsschwierigkeiten des Gesetzgebers, der beispielsweise versucht, interkommunale Zusammenarbeit von der Umsatzbesteuerung auszunehmen. Dies kann bei den gegebenen Rahmenbedingungen nicht gelingen, wie die Analyse des europäischen Rechts sowie des alten und neuen Umsatzsteuerrechts gezeigt hat. Es bleibt abzuwarten, wann das erste Finanzgericht den Europäischen Gerichtshof anrufen muss, um die Vereinbarkeit von § 2b UStG mit der Mehrwertsteuersystemrichtlinie klären zu lassen. Bis dahin wird es weiter ein zähes Ringen um Begrifflichkeiten, Wertgrenzen und Ausnahmetatbestände geben. Es ist davon auszugehen, dass auch künftig Entscheidungen der Finanzgerichtsbarkeit für Aufsehen sorgen werden, wenn diese die Steuerbarkeit von Umsätzen der öffentlichen Hand feststellen werden, bei denen man bisher fest von einer steuerlichen Privilegierung ausgegangen ist.

Ein neues Schlaglicht könnte dabei das Polizei- und Ordnungsrecht sein, welches in der Vergangenheit als stets wettbewerbsfern angesehen wurde. Denn welche Tätigkeit könnte schon „hoheitlicher“ sein, als die der Polizei?! Die jüngste Historie hat jedoch auch gezeigt, dass kein Bereich staatlichen Handelns von der Umsatzbesteuerung ausgenommen werden kann, wenn Wettbewerbsverzerrungen drohen.

a) *Beispiel: Polizeieinsätze bei Fußballspielen*

Das Oberverwaltungsgericht Bremen hat aktuell in einer Entscheidung die Gebührenpflicht des Veranstalters für Polizeieinsätze bei sportlichen Großveranstaltungen gebilligt.[943]

---

943 OVG Bremen, Urteil vom 21.2.2018, 2 LC139/17, NVwZ 2018, S. 913 f.

Die Stadt Bremen hatte anlässlich eines Fußballbundesligaspiels des SV Werder Bremen die Gebührenfestsetzung für die damit einhergehenden Polizeieinsätze gegen die Veranstalterin der Partie, die Deutsche Fußball Liga GmbH (Klägerin), gebilligt. Der Gebührenbescheid (ohne Umsatzsteuer) gründet sich auf § 4 Abs. 4 BremGebBeitrG:

> „Eine Gebühr wird von Veranstaltern oder Veranstalterinnen erhoben, die eine gewinnorientierte Veranstaltung durchführen, an der voraussichtlich mehr als 5.000 Personen zeitgleich teilnehmen werden, wenn wegen erfahrungsgemäß zu erwartender Gewalthandlungen vor, während oder nach der Veranstaltung am Veranstaltungsort, an den Zugangs- oder Abgangswegen oder sonst im räumlichen Umfeld der Einsatz von zusätzlichen Polizeikräften vorhersehbar erforderlich wird. Die Gebühr ist nach dem Mehraufwand zu berechnen, der aufgrund der zusätzlichen Bereitstellung von Polizeikräften entsteht. Der Veranstalter oder die Veranstalterin ist vor der Veranstaltung über die voraussichtliche Gebührenpflicht zu unterrichten. Die Gebühr kann nach den tatsächlichen Mehrkosten oder als Pauschalgebühr berechnet werden."

Hiergegen wandte sich die Veranstalterin unter anderem mit dem Argument, die Gewährleistung der öffentlichen Sicherheit sei eine grundsätzliche Aufgabe des Staates, die im allgemeinen Interesse wahrgenommen werde und daher aus allgemeinen Mitteln der öffentlichen Hand zu finanzieren sei.[944] Das Gericht wies nach Würdigung weiterer verfassungsrechtlicher Argumente die Klage ab. Das heißt die Stadt Bremen darf (vorbehaltlich einer erfolgreichen Revision) den Veranstaltern von Fußballbundesligaspielen Gebühren für Polizeieinsätze in Rechnung stellen.

In der polizeilichen Tätigkeit könnte eine steuerbare und steuerpflichtige Leistung zu sehen sein.

Dazu müsste die Polizei eine Leistung gegen Entgelt an einen Leistungsempfänger erbracht haben, wobei Leistung und Gegenleistung in einem unmittelbaren Zusammenhang stehen.[945]

Die Tätigkeiten der Polizei zur Gefahrenabwehr an Spieltagen könnten eine sonstige Leistung nach § 1 Abs. 1 Nr. 1 UStG sein. Die Tätigkeiten der Polizei umfassen dabei etwa die Überwachung der Zuschauer und sonstigen Verhältnisse, Präsenz zeigen, Deeskalation, Beratung in Sicherheitsfragen, Anwendung unmittelbaren Zwangs, Strafverfolgung und viele weitere. Sonstige Leistungen sind zunächst Leistungen, die keine Lieferungen sind.[946] Als sonstige Leistungen kommen insbesondere Dienstleistungen in Betracht.[947] Mithin sind die

944 OVG Bremen, Urteil vom 21.2.2018, 2 LC139/17, NVwZ 2018, S. 913 (916).
945 Vgl. *Robisch*, in Bunjes, UStG, § 1, Rn. 7.
946 Abschnitt 3.1 Abs. 4 S. 1 UStAE.
947 Abschnitt 3.1 Abs. 4 S. 2 UStAE.

Tätigkeiten der Polizei grundsätzlich zunächst geeignet, als sonstige Leistungen im Sinne des § 1 Abs. 1 Nr. 1 UStG zu gelten.

Fraglich ist indes, ob die Klägerin als Leistungsempfängerin angesehen werden kann. Für die Annahme eines Leistungsaustausches zwischen dem Leistenden und dem Leistungsempfänger ist entscheidend, dass ein Rechtsverhältnis besteht, in dessen Rahmen gegenseitig bestimmbare Leistungen ausgetauscht werden.[948] Ein Rechtsverhältnis zwischen dem Veranstalter einer Sportveranstaltung und der Polizei kann aber nicht darin liegen, dass die Polizei beispielsweise Straftaten verhindert oder Ermittlungen wegen Körperverletzung oder Sachbeschädigung aufnimmt. Hierbei handelt es sich um eine originär und exklusiv der Polizei zugewiesene Aufgabe nach den Polizeigesetzen der Länder.[949] Zum einen gibt es bei solchen Tätigkeiten keinen Leistungsempfänger, da der Schutz der öffentlichen Sicherheit und Ordnung der Allgemeinheit dient; ferner entziehen sich solche Tätigkeiten auch einer Umsatzbesteuerung, da es sich mangels Wettbewerb um eine hoheitliche Aufgabe im Sinne von § 2b Abs. 1 UStG handelt.[950]

Jedoch gilt es zu beachten, dass Polizeikräfte im Zusammenhang solcher Veranstaltungen nicht ausschließlich zur Gefahrenabwehr und Strafverfolgung tätig werden. Vielmehr sind auch ruhige Spieltage denkbar, an denen die Polizei lediglich vor Ort ist, das Geschehen überwacht und maximal im Dialog mit den Fans deeskalierend tätig wird. Eine solche Tätigkeit ist nicht zwingend hoheitlich im Sinne der Landespolizeigesetze.

Vielmehr ist es so, dass der Veranstalter einer Sportveranstaltung dazu verpflichtet ist, dafür zu sorgen, dass von seiner Veranstaltung keine Gefahren für Rechtsgüter Dritter entstehen. Zudem hat der Veranstalter im Stadion das Hausrecht inne und hier präventiv Maßnahmen zur Gefahrenabwehr zu treffen. Diese werden nachweislich, außer von privaten Ordnungsdiensten auch von der Polizei erbracht.

Daher ist es notwendig, zwischen den zwingend hoheitlichen Tätigkeiten der Polizei und den sonstigen, eher präventiven Tätigkeiten der Polizei zu trennen. Letztere können nämlich sehr wohl als sonstige Leistung Gegenstand eines Leistungsaustausches sein. Auch für diese Tätigkeiten verlangt die Stadt Bremen vom Veranstalter eine Gebühr nach § 4 Abs. 4 BremGebBeitrG.

Wenn es aber so ist, dass solche allgemein ordnenden Aufgaben auch von einem privaten Sicherheitsdienst im Stadion erbracht werden könnten und

---

948 *Robisch*, in Bunjes, UStG, § 1, Rn. 8.

949 Etwa § 10 BremPolG oder § 17 ASOG.

950 *Stadie*, in Rau/Dürrwächter, UStG, § 2b, Rn. 290.

wenn die Stadt Bremen für die Tätigkeit der Polizei ein Entgelt in Form der Gebühr erhält, ist diese Tätigkeit geeignet, gegenüber privaten Sicherheitsfirmen einen Wettbewerbsnachteil zu schaffen, sofern die Gebühr keine Umsatzsteuer enthält. Denn der Veranstalter spart sich in diesem Zusammenhang einen privaten Sicherheitsdienst, den er engagieren müsste, sofern die Polizei nicht vor Ort wäre.[951]

Man könnte dagegen argumentieren, dass die allgemein ordnenden und nicht hoheitlichen Aufgaben, die die Polizei an Spieltagen wahrnimmt, lediglich eine nicht teilbare „Nebenleistung" der eigentlichen hoheitlichen Aufgabe in Form der Gefahrenabwehr sind und daher nicht künstlich aufgespalten werden dürfen. Dem ist jedoch entgegenzuhalten, dass es auch Spieltage gibt, an denen die Polizei mangels Notwendigkeit gar nicht hoheitlich tätig werden muss. Folglich kann dann die allgemeine Aufgabe auch nicht einer nicht vorhandenen hoheitlichen Tätigkeit zugeschlagen werden.

b) Zwischenergebnis

Nach den Vorgaben der Mehrwertsteuersystemrichtlinie ergibt sich für Tätigkeiten der Polizei, die nicht zwingend hoheitlich nach den Polizeigesetzen der Länder sind, eine Wettbewerbsrelevanz, welche bei nicht nur potentiellen Mitbewerbern in einer Umsatzsteuerbarkeit der (jedenfalls anteiligen) Gebühren münden muss.

Anhand dieses Beispiels sollte nochmals deutlich gemacht werden, in welche Bereiche staatlichen Handelns die Umsatzsteuer bei konsequenter Anwendung der Grundsätze der Mehrwertsteuersystemrichtlinie dringen kann. Daher ist abschließend zu fragen, ob es Möglichkeiten zur Optimierung der Besteuerung der öffentlichen Hand gibt.

2. Reformmöglichkeiten

Abgesehen von der europarechtskonformen Auslegung des § 2b UStG sind die Reformmöglichkeiten im bestehenden Umsatzsteuersystem begrenzt.

Einer der größten Kritikpunkte aus der privaten Wirtschaft hinsichtlich der Umsatzbesteuerung der öffentlichen Hand ist, dass der Staat durch eigene Akteure verstärkt in das Wirtschaftsleben drängt, jedoch im Hinblick auf die

---

951 Vgl. zum finanziellen Vorteil des Veranstalters eines Bundesligaspiels bei Polizeieinsätzen: *Weill*, NVwZ 12/2018, S. 846 (851).

Umsatzsteuer Wettbewerbsvorteile genießt.[952] Früher war es für den Staat ausreichend, eine Tätigkeit als „hoheitlich" auszukleiden, um einer Besteuerung zu „entgehen". Heute bietet der § 2b UStG immer noch verschiedene Ansätze zur steuerlichen Gestaltung (Stichwort: gleichartige Tätigkeiten, In-House-Vergabe usw.). Die Herstellung tatsächlicher Wettbewerbsgleichheit zwischen Privaten und öffentlicher Hand ist somit weiterhin schwer erreichbar. Auch wenn dem privaten Unternehmer die Möglichkeit der drittschützenden Konkurrentenklage gegeben ist, bleibt dieses Instrument doch zu unbeweglich, um schnell auf veränderte Marktsituationen und öffentliche Konkurrenten zu reagieren.

Konkret wird der Wettbewerbsvorteil der öffentlichen Hand im Bereich der Vergabe öffentlicher Aufträge. Grundsätzlich sind öffentliche Aufträge gemäß § 97 f. GWB und Art. 3 f. Richtlinie 2014/24/EU auszuschreiben. Je höher das Auftragsvolumen ist, desto höher sind die Anforderungen an eine öffentliche Ausschreibung. Sofern es sich um eine sogenannte Inhouse-Vergabe gemäß Art. 12 Richtlinie 2014/24/EU handelt, besteht für den Staat keine Ausschreibungspflicht und gemäß § 2b Abs. 3 Nr. 2 UStG soll eine Befreiung von der Steuer greifen. Bereits diese Inhouse-Vergabe ist grundsätzlich geeignet, Wettbewerbsnachteile für die Privatwirtschaft herbeizuführen.

Doch auch wenn sich ein Projekt im ausschreibungspflichtigen Bereich bewegt, können private Unternehmen aufgrund der Steuer benachteiligt sein. Beispielsweise schreibt eine Straßenbaubehörde ein Projekt zur Instandhaltung einer Straße im sogenannten Niederschwellenbereich aus. An der Vergabe beteiligen sich private Bauunternehmen und ein der Gemeinde X gehörender Bauhof. Solange der Gemeinde durch das Umsatzsteuerrecht die Möglichkeit eingeräumt wird, in bestimmten Fällen eine Leistung ohne Umsatzsteuer anzubieten, wird sie immer einen Wettbewerbsvorteil gegenüber privaten Dritten besitzen.

Gemäß § 43 UVgO ist stets der Preis das zentrale Kriterium für die Auswahl eines Auftragnehmers: Der Zuschlag „erfolgt auf der Grundlage des besten Preis-Leistungs-Verhältnisses. Neben dem Preis oder den Kosten können auch qualitative, umweltbezogene oder soziale Zuschlagskriterien berücksichtigt werden." Insofern wird der Preis stets das erste Auswahlkriterium sein und sonstige Kriterien von nachrangiger Bedeutung bleiben. Von daher ist es ein erheblicher Vorteil zur Erlangung eines öffentlichen Auftrags, wenn das Angebot nicht die 19 % Umsatzsteuer einpreisen muss.

---

952 Beispielhaft: „Daseinsvorsorge: Nutznießer Staat? - Für einen fairen Wettbewerb zwischen Staat und Privatwirtschaft" BDI – Drucksache Nr. 403, Hrsg. Bundesverband der Deutschen Industrie, November 2007, Berlin, S. 3 und 19.

Vor diesem Hintergrund könnte die Einführung der umgekehrten Steuerschuldnerschaft für wirtschaftliche Tätigkeiten der öffentlichen Hand an andere juristische Personen des öffentlichen Rechts „die Symptome mildern", gleichwohl die „Schmerzen nicht beseitigen". Auf diese Weise bleiben zwar die schwierigen Abgrenzungsprobleme weiterhin bestehen, jedoch minimiert eine solche Neuregelung die Möglichkeit, dass öffentliche Anbieter ihre Angebote 19 % günstiger als private Mitbewerber anbieten können. Eine solche Umkehr der Steuerschuldnerschaft für Leistungen an die öffentliche Hand ist jedoch in der Mehrwertsteuersystemrichtline nicht vorgesehen. Daher würde nur eine umfassende Reform der Richtlinie in diesem Zusammenhang weiterhelfen. Diese dann auf die öffentliche Hand zu beschränken, wäre allerdings zu kurz gegriffen. Bei einer generellen und EU-weiten Reform erscheint es vielversprechend, das Umsatzsteuersystem insgesamt auf eine umgekehrte Steuerschuldnerschaft umzustellen. Dies würde nicht nur Probleme bei der Umsatzbesteuerung der öffentlichen Hand lösen, sondern auch die Betrugsanfälligkeit verringern.

Weitreichende Reformen in Bezug auf die öffentliche Hand können nur im Rahmen einer generellen Neuordnung der Besteuerung gelingen.[953] Dabei ist *Henkow* beizupflichten, der die Vorzüge des neuseeländischen Modells bei der Umsatzbesteuerung der öffentlichen Hand beschreibt.[954] Hintergrund ist die generelle Vollbesteuerung der öffentlichen Hand, unabhängig davon, ob es sich um wettbewerbsrelevante Tätigkeiten handelt oder nicht.[955] Die Vollbesteuerung würde sämtliche Wettbewerbsvorteile beseitigen und auch die Abgrenzungsfragen beim Vorsteuerabzug lösen.[956] *Englisch* weist jedoch zu Recht darauf hin, dass eine solche Reform bei allem systematischen Charme angesichts der Verteuerung staatlicher Leistungen erheblichen politischen Widerständen ausgesetzt wäre.[957] Dem müsste freilich durch ein Erstattungsverfahren für die betroffenen juristischen Personen des öffentlichen Rechts entgegengewirkt werden, um eine Verteuerung staatlicher Leistungen zu verhindern. Ein solches Erstattungsverfahren ist in anderen Rechtsordnungen bereits üblich.[958]

---

953 Weshalb eine Initiative in erster Linie auf eine Anpassung der Mehrwertsteuersystemrichtlinie gerichtet sein müsste.

954 *Henkow,* The VAT/GST Treatment of Public Bodies, S. 138.

955 Vgl. Kirchhof, Bundessteuergesetzbuch – Ein Reformentwurf zur Erneuerung des Steuerrechts, S. 850 f.

956 *Henkow,* The VAT/GST Treatment of Public Bodies, S. 185–186.

957 *Englisch,* UR 2013, S. 570 (577).

958 *Henkow,* The VAT/GST Treatment of Public Bodies, S. 83 f. und S. 91 f. zu den Kompensationsmöglichkeiten in Dänemark und Schweden.

An dieser Stelle schließt sich der Kreis, denn es ist wieder zu fragen, weshalb der Staat und seine Einrichtungen überhaupt der Umsatzsteuer unterliegen sollten, wenn am Ende der juristischen Person öffentlichen Rechts sowieso die Steuer wieder erstattet wird, um die Leistung gegenüber dem Bürger nicht verteuern zu müssen. Die einzige Antwort darauf ist und bleibt das Wettbewerbskriterium. Diesem Wettbewerbskriterium wird jeder Umsatzsteuergesetzgeber am ehesten durch eine Vollbesteuerung der öffentlichen Hand gerecht.[959]

959 Wie es heute bereits in Neuseeland der Fall ist; vgl. *Henkow*, The VAT/GST Treatment of Public Bodies, S. 137 f.

Zusammenfassung der Ergebnisse

I. Artikel 9 und 13 Mehrwertsteuersystemrichtlinie

- Der wesentliche Grund für die Umsatzbesteuerung öffentlicher Einrichtungen ist der Wettbewerbsgedanke. Allein dieser gebietet die fiskalisch unnötige Besteuerung juristischer Personen öffentlichen Rechts, um Wettbewerbsnachteile von privaten Unternehmern abzuwenden und um hierdurch die Neutralität der Umsatzsteuer zu wahren.
- Die gängige Definition einer wirtschaftlichen Tätigkeit als Leistung gegen Entgelt ist im Bereich der öffentlichen Hand zu weit gefasst.
- Aus der Rechtsprechung des Europäischen Gerichtshofes geht hervor, dass sich eine wirtschaftliche Tätigkeit auf einem Markt vollziehen muss.
- Die umfangreiche Analyse des Marktbegriffes ergab, dass Wettbewerb die entscheidende Voraussetzung für die Annahme eines Marktes ist.
- Wenn die Voraussetzung für eine wirtschaftliche Tätigkeit das Vorhandensein eines Marktes ist und sich ein Markt insbesondere über das Bestehen von Wettbewerb definiert, dann ist Wettbewerb zugleich eine immanente Voraussetzung für die Annahme einer wirtschaftlichen Tätigkeit nach Art. 9 MwStSystRL.
- Daher ist der Staat – wie ein privater Unternehmer – zu besteuern, wenn er eine wirtschaftliche Tätigkeit wie ein Privater ausübt, das heißt im Wettbewerb zu Dritten handelt.
- Bei dem derzeit vorherrschenden Verständnis von Art. 9 und Art. 13 MwStSystRL verschwimmen die Grenzen zwischen einer wirtschaftlichen Tätigkeit und einer Handlung im Rahmen öffentlicher Gewalt. Weder die rechtliche Gestalt des Handelnden noch die Form der Tätigkeit liefern zuverlässige Ergebnisse. Denn selbst Tätigkeiten, welche aufgrund Sonderrechts allein dem Staat vorbehalten sind, können zu einer Umsatzbesteuerung führen, wenn durch die Tätigkeit der Wettbewerb zu privaten Unternehmen beeinflusst wird.
- Aus Gründen der Rechtsklarheit ist eine klare Trennung wünschenswert. Diese Trennung kann erreicht werden, wenn man wirtschaftliche Tätigkeiten stets als solche auf einem Markt und im Wettbewerb zu Dritten begreift und eine Tätigkeit im Rahmen der öffentlichen Gewalt ausschließlich als solche ohne Wettbewerb zu Dritten versteht.

- Im Zuge dessen schließen sich eine wirtschaftliche Tätigkeit und eine Tätigkeit im Rahmen der öffentlichen Gewalt denklogisch aus (im Falle staatlicher Einrichtungen liest man bei der Prüfung der wirtschaftlichen Tätigkeit bereits das entscheidende Korrektiv der größeren Wettbewerbsverzerrung aus Art. 13 MwStSystRL mit hinein).
  Der Wortlaut des Art. 13 MwStSystRL besagt nicht, dass für seine Anwendung zuvor eine wirtschaftliche Tätigkeit im Sinne des Art. 9 MwStSystRL bejaht werden muss.
- Die Steuerbefreiung in Art. 13 MwStSystRL hat daher lediglich noch deklaratorischen Charakter.
- Für die Tätigkeiten von juristischen Personen des öffentlichen Rechts bedeutet dies, dass jede Tätigkeit, unabhängig von der rechtlichen Gestalt oder der rechtlichen Handlungsform, der Umsatzbesteuerung zu unterwerfen ist, wenn diese in Wettbewerb zu privaten Dritten tritt. Tritt sie in Wettbewerb zu Dritten, ist ihre Tätigkeit nicht mehr als im Rahmen der öffentlichen Gewalt zu verstehen.
- Als nicht steuerbare hoheitliche Tätigkeiten sind nur solche zu verstehen, für die der Gesetzgeber eine Konkurrenzsituation zu privaten Dritten durch Gesetz oder sonstigen Hoheitsakt ausgeschlossen hat.

II. § 2 Absatz 3 Umsatzsteuergesetz (alter Fassung)

- Trotz der gesetzlichen Neuregelung in § 2b UStG behalten die Regelungen in § 2 Abs. 3 UStG a. F. durch die Optionsmöglichkeit des § 27 Abs. 19 UStG und die lange Überprüfbarkeit der steuerlichen Sachverhalte durch die Finanzgerichte ihre steuerliche und prozessuale Relevanz.
- Auch unter dem § 2 Abs. 3 UStG a. F. gab es bereits ein Wettbewerbskriterium zur Abgrenzung der unternehmerischen (Betrieb gewerblicher Art) von der nichtunternehmerischen (Hoheitsbetrieb) Tätigkeit einer juristischen Person des öffentlichen Rechts. Nach der hier vertretenen Ansicht wäre dieses seit Jahren bekannte Abgrenzungskriterium bei richtiger Auslegung im Körperschaftsteuer- und Umsatzsteuergesetz geeignet gewesen, europarechtskonforme Verhältnisse auch unter dem Regelungsregime des alten § 2 Abs. 3 UStG zu schaffen. Verwaltung und Rechtsprechung ordneten eine Tätigkeit richtigerweise dem nicht steuerbaren Hoheitsbetrieb zu, sofern die Tätigkeit der öffentlichen Hand „eigentümlich und vorbehalten“ war. Nach der hier vertretenen Ansicht wurde diese Auslegung jedoch zu eng gefasst.

Eine Tätigkeit sollte nicht als dem Staat eigentümlich und vorbehalten gelten, nur weil die Handlungsform oder die rechtliche Gestalt des Handelnden öffentlich-rechtlich ist. Wettbewerb ist zwingend anhand einer Prüfung des Einzelfalls festzustellen und kann nicht an einer Handlungsform abgelesen werden. Bei einem solch Steuerarten übergreifenden Verständnis hätten auch unter dem § 2 Abs. 3 UStG a. F. europarechtskonforme Verhältnisse durch die Rechtsprechung geschaffen werden können.

- Da die Gelegenheit vertan wurde, die Reichweite der dem Staat eigentümlich und vorbehaltenen Tätigkeit neu zu ordnen und anzupassen, wirkten die Entscheidungen des Europäischen Gerichtshofes zur Wettbewerbsrelevanz von Tätigkeiten der öffentlichen Hand wie ein Widerspruch zur nationalen Gesetzeslage.
- Als Reaktion musste der Begriff des Betriebs gewerblicher Art europarechtskonform ausgelegt werden. Danach ist nunmehr entscheidend, ob die juristische Person des öffentlichen Rechts eine wirtschaftliche Tätigkeit ausübt und, sofern diese aufgrund Sonderrechts handelt, ob dieses Handeln zu größeren Wettbewerbsverzerrungen führt. Da sowohl das nationale wie auch das Europäische Recht grundsätzlich vom Wettbewerbsgedanken als entscheidendem Korrektiv ausgehen, ist eine solche Auslegung im Ergebnis zutreffend und nicht contra legem.
- Korrespondierend zu den Ausführungen zum Europarecht sind der Betrieb gewerblicher Art und der Hoheitsbetrieb anhand des Wettbewerbskriteriums richtlinienkonform abzugrenzen. Bei Wettbewerbsrelevanz ist danach stets von einem Betrieb gewerblicher Art auszugehen. Hat der Staat durch Sonderrecht private Wettbewerber ausgeschlossen, liegt, mangels Wettbewerb, eine nicht steuerbare Handlung im Sinne eines Hoheitsbetriebs vor.
- Bei der Verweisung in § 2 Abs. 3 UStG a. F. handelt es sich um eine konstitutive, dynamische Verweisung.
- Eine europarechtskonforme Auslegung ist nicht unter Aufrechterhaltung der Verweisung in § 2 Abs. 3 UStG a. F. möglich, da das Körperschaftsteuerrecht von anderen Grundsätzen ausgeht (z. B. bei der Vermögensverwaltung). Diese Grundsätze wären aufgrund der Verweisungsform auch konstitutiv für das Umsatzsteuerrecht, was sich im Einzelfall aber nicht mit den Vorgaben der Mehrwertsteuersystemrichtlinie vereinbaren lässt.
- Die Verweisung ist insofern europarechtlich unanwendbar, so dass sich für Fälle des § 2 Abs. 3 UStG a. F. die Voraussetzungen der Besteuerung nur noch allein aus der Mehrwertsteuersystemrichtlinie ergeben. Unter einem Betrieb gewerblicher Art ist somit eine wirtschaftliche Tätigkeit im Sinne von Art. Art. 9 Abs. 1 MwStSystRL zu verstehen.

III. § 2 Absatz 1 in Verbindung mit § 2b Umsatzsteuergesetz

- Die Neuregelung des § 2b UStG schafft insbesondere durch den neuen ersten Absatz europarechtskonforme Verhältnisse im Bereich der Umsatzbesteuerung der öffentlichen Hand und vollzieht die dringend notwendige Trennung vom Körperschaftsteuerrecht.
- Anders als beim § 2 Abs. 3 UStG a. F. sind unter dem neuen § 2b UStG die Unternehmervoraussetzungen gemäß § 2 Abs. 1 UStG auch für juristische Personen des öffentlichen Rechts zu prüfen, wobei das Europarecht stets den rechtlichen Rahmen vorgibt. Der Staat kann damit nur Unternehmer im Sinne des § 2 Abs. 1 UStG sein, wenn er Leistungen gegen Entgelt auf einem Markt unter Wettbewerbsbedingungen erbringt. Insbesondere ist die öffentliche Hand kein Unternehmer, wenn sie qua Gesetz private Dritte von einer Tätigkeit ausgeschlossen hat. Ähnlich wie bei der wirtschaftlichen Tätigkeit nach Art. 9 MwStSystRL ist die Wettbewerbsrelevanz im Unternehmerbegriff angelegt. Selbst wenn das nicht der Fall sein sollte, wäre § 2 Abs. 1 UStG in dem Sinne europarechtskonform auszulegen.
- Der Begriff der „juristischen Person öffentlichen Rechts" ist zu eng gefasst und daher ebenfalls europarechtskonform im Sinne einer sonstigen Einrichtung öffentlichen Rechts nach Art. 13 Abs. 1 MwStSystRL auszulegen.
- Unter Einrichtungen öffentlichen Rechts sind ausnahmsweise auch juristische Personen des Privatrechts zu subsumieren (wie im Vergaberecht), wenn der Staat einen Wettbewerb für diese juristische Person qua Gesetz oder Verordnung ausgeschlossen hat und er die Kontrolle über diese juristische Person ausübt.
- Der Argumentation des Europäischen Gerichtshofes folgend, kann daher auch eine Tätigkeit im Rahmen der öffentlichen Gewalt in bestimmten Fällen von einem Privaten ausgeführt werden.
- Das Merkmal der größeren Wettbewerbsverzerrung ist einer umschreibenden Definition nicht zugänglich und bedarf einer verbindlichen Quantifizierung, um administrierbar zu sein.
- Das gesetzliche Regelbeispiel (§ 2b Abs. 2 Nr. 1 UStG) für die Ausnahme von größeren Wettbewerbsverzerrungen im Sinne von „gleichartigen" Tätigkeiten der öffentlichen Hand wird nach dem Willen der Finanzverwaltung weit ausgelegt und verstößt jedenfalls bei diesem Verständnis gegen die Mehrwertsteuersystemrichtlinie.
- Die spezifischen öffentlichen Interessen im Sinne von § 2b Abs. 3 Nr. 2 UStG sind nicht geeignet, Wettbewerbsverzerrungen von Gesetzes wegen auszuschließen. Der Gesetzgeber bezieht sich hierzu auf einen im europäischen

Vergaberecht äußerst eng auszulegenden Befreiungstatbestand (Art. 12 Abs. 4 RL 2014/24EU), um interkommunale Zusammenarbeit von der Umsatzbesteuerung auszunehmen.
Eine solch enge Auslegung spiegeln die in § 2b Abs. 3 Nr. 2 Buchst. a) bis d) formulierten Voraussetzungen jedoch nicht wider. Das Gegenteil ist der Fall.

- Die vagen Anforderungen an eine öffentlich-rechtlichen Vereinbarung im Sinne von § 2b Abs. 3 Nr. 2 Buchst. a) lassen einen breiten Auslegungsspielraum. Das Bundesministerium der Finanzen nimmt im Zweifel sogar an, die juristische Person öffentlichen Rechts werde schon die zutreffende Handlungsform wählen. Hierdurch wird der öffentlichen Hand ein Gestaltungsrecht hinsichtlich ihrer Steuerbarkeit gewährt, welches in der Form nicht mit einer gleichmäßigen Besteuerung vereinbar ist.
  Besonders wettbewerbsschädlich ist es, wenn die öffentliche Hand versucht, durch ihr von der Finanzverwaltung scheinbar eingeräumtes „Wahlrecht der Handlungsform" zielgerichtet Vorsteuerbeträge geltend zu machen. Insbesondere die Flucht in die Besteuerung bei Vereinnahmung von nur „symbolhaften Entgelten" und gleichzeitiger Geltendmachung des vollen Vorsteuerabzugs grenzt an steuerlichen Gestaltungsmissbrauch und kann zu erheblichen Wettbewerbsverzerrungen führen. Bei solchen Entwicklungen ist stets auf das Recht der Mehrwertsteuersystemrichtlinie und die Rechtsprechung des Bundesfinanzhofes zu rekurrieren; bei nur geringer unternehmerischer Tätigkeit kann folgerichtig auch nur ein anteiliger Vorsteuerabzug für Eingangsleistungen geltend gemacht werden.
- Der Begriff der öffentlichen Infrastruktur im Sinne von § 2b Abs. 3 Nr. 2 Buchst. b) UStG kann sehr weit verstanden werden. Gekoppelt durch die jüngst verstärkt auftretende Rekommunalisierung ist die Privilegierung von Tätigkeiten, die dem Erhalt der öffentlichen Infrastruktur dienen, geeignet, private Unternehmer, welche vergleichbare Leistungen anbieten, zu benachteiligen, oder diese gegebenenfalls sogar aus dem Markt zu drängen.
- Das Erfordernis, lediglich gegen Kostenerstattung zu arbeiten gemäß § 2b Abs. 3 Nr. 2 Buchst. c) UStG, findet keine Anknüpfung im europäischen Vergaberecht. Darüber hinaus ist es kein taugliches Merkmal, um größere Wettbewerbsverzerrungen grundsätzlich auszuschließen. Denn gerade auch symbolische Entgelte sind geeignet, Wettbewerbsverzerrungen herbeizuführen; juristische Personen des öffentlichen Rechts sind in der Lage, Leistungen auch unter dem Marktpreis anzubieten, da sie nicht gezwungen sind, Gewinne zu erwirtschaften. Dieser Umstand kann private Mitbewerber benachteiligen.
- Die Gleichartigkeit von Tätigkeiten im Hinblick auf das Wesentlichkeitsmerkmal gemäß § 2b Abs. 3 Nr. 2 Buchst. d) UStG ist problematisch, da sie

als Gestaltungsinstrument eingesetzt werden könnte und die Überprüfbarkeit ungewiss ist.
Die Nichtsteuerbarkeit von Innenumsätzen betrifft auch die Tätigkeiten der öffentlichen Hand, jedenfalls soweit damit keine größeren Wettbewerbsverzerrungen auf einem Markt einhergehen.

- Der Versuch des Gesetzgebers, Beistandsleistungen durch § 2b Abs. 3 Nr. 2 UStG so zu definieren, dass von diesen pauschal keine Gefahren für den Wettbewerb ausgehen, ist nicht mit dem Europarecht zu vereinbaren.
- Die Ausgestaltung des § 2b Abs. 3 Nr. 2 UStG, welche dem Wortlaut nach grundsätzlich geeignet ist, größere Wettbewerbsverzerrungen von Gesetzes wegen auszuschließen, ist nicht mit den Vorgaben der Mehrwertsteuersystemrichtlinie vereinbar und deshalb europarechtskonform auszulegen. Die Steuerbarkeit einer Tätigkeit der öffentlichen Hand ist dann nicht an den Voraussetzungen des § 2b Abs. 3 Nr. 2 Buchst. a) bis d) UStG zu messen, sondern allein an den Vorgaben der Art. 9 und 13 MwStSystRL und der konkreten Feststellung oder Verneinung eines Wettbewerbsverhältnisses.
- Die drittschützende Konkurrentenklage ist, durch europarechtskonforme Auslegung des § 2b UStG, weiterhin ein Mittel, um sich gegen ungleiche Wettbewerbsbedingungen gegenüber der öffentlichen Hand zu wehren. Dabei darf das Auskunftsersuchen des Unternehmers beim Finanzamt zur Vorbereitung der Klage, entgegen der Rechtsprechung des Bundesfinanzhofes, nicht durch substantiierte Darlegungs- und Beweisregeln erschwert werden. Dies würde der Rechtsweggarantie widersprechen und der öffentlichen Hand ein nicht im Wortlaut des § 30 AO angelegtes Schutzniveau gewähren.
- Als grundlegende Reformmöglichkeit ist das neuseeländische Model zu betrachten, welches durch eine Vollbesteuerung staatlichen Handelns sämtliche Wettbewerbsverzerrungen und Abgrenzungsschwierigkeiten beseitigt.

Literaturverzeichnis

Achatz, Markus, Seminar B: Umsatzbesteuerung der öffentlichen Hand aus gemeinschaftsrechtlicher Sicht. In IStR 2008, S. 542–544. (zitiert als: *Achatz*, IStR 2008)

von Arnauld, Andreas, Rechtssicherheit - Perspektivische Annährung an die idée directrice des Rechts, 2006, Tübingen (zitiert als: *v.Arnauld*, Rechtssicherheit)

Auer Marietta, Neues zu Umfang und Grenzen der richtlinienkonformen Auslegung, NJW 2006, S. 1106–1109 (zitiert als: *Auer*, NJW 2006)

Baßler, Ulrich/Heinrich, Jürgen/Utecht Burkhard, Grundlagen und Probleme der Volkswirtschaft, 19. Aufl., 2010, Stuttgart (zitiert als: *Baßler/Heinrich/Utecht*, Volkswirtschaft)

Becker, Alexander/Kretzschmann, Jens, Führt die Gebührenpflicht für verbindliche Auskünfte zur Umsatzsteuerpflicht des Finanzamtes?, UR 2007, S. 492–494 (zitiert als *Becker/Kretzschmann*, UR 2007)

Becker, Stefanie, Aktuelle Fragestellungen zur Umsatzbesteuerung der öffentlichen Hand. In BB 2012, S. 2154–2158 (zitiert als *Becker*, BB 2012)

Beer, Udo, Ist das Ordnungsamt ein Betrieb gewerblicher Art? In ZRP 2006, S. 265–266 (zitiert als *Beer*, ZRP 2006)

Belcke, Ulf Erik/Westermann, Eike Christian, Die Besteuerung öffentlicher Unternehmen – Die Umsatzsteuerreform und weitere aktuelle Praxishinweise zum Jahresbeginn 2016, BB 2016, S. 87–93 (zitiert als: *Belcke/Westermann*, BB 2016)

Belcke, Ulf Erik/Westermann, Eike Christian, Besteuerung öffentlicher Unternehmen - Aktuelles zu den variablen Ausgleichszahlungen, dem Kommunalrabatt, dem Wasserhausanschluss sowie weitere Praxishinweise, in BB 2018, S. 1431–1435 (zitiert als: Belcke/Westermann, BB 2018)

Berg, Werner/Mäsch, Gerald (Hrsg.), Deutsches und Europäisches Kartellrecht - Kommentar, 3. Aufl., 2018, Köln (zitiert als: *Bearbeiter*, in Berg/Mäsch, Kartellrecht)

Birk, Dieter/Desens, Marc/Tappe, Henning (Hrsg.), Steuerrecht, 21. Auflage, 2018, Heidelberg (zitiert als: Birk/Desens/Tappe, Steuerrecht)

Birkenfeld, Wolfram/Wäger, Christoph (Hrsg.), Das große Umsatzsteuerhandbuch, Kommentar, Stand 82. Ergänzungslieferung, Januar 2019, Köln (zitiert als *Bearbeiter*, in Birkenfeld/Wäger, UStG)

Bisle, Michael, Anmerkung zu BFH Urteil vom 12.07.2012 - I R 106/10, in SteuK 2012, S. 447–448 (zitiert als: *Bisle*, Anmerkung zu BFH Urteil vom 12.07.2012 - I R 106/10, in SteuK 2012)

Blankart, Charles B., Öffentliche Finanzen in der Demokratie: eine Einführung in die Finanzwissenschaft, 9. Aufl., 2017, München (zitiert als: *Blankart*, Öffentliche Finanzen in der Demokratie: eine Einführung in die Finanzwissenschaft)

Blümich, Heuermann, Bernd/Brandis, Peter (Hrsg.), Kommentar zum KStG, EStG, GewStG, Sand: 145. Ergänzungslieferung, Dezember 2018, München (zitiert als *Bearbeiter* in Blümich, KStG, EStG, GewStG)

Boetius, Jan, Der Begriff „Ausübung öffentlicher Gewalt (Hoheitsbetrieb)“ im Steuerrecht - Grenzen der Steuerfreiheit am Beispiel der gesetzlichen Krankenversicherung -, in DB 1996, Heft 48, S. 1–12 (zitiert als: *Boetius*, in DB 1996)

Braun, Wilfried, in Verwaltungsarchiv Band 76, 1985, Titel: Offene Kompetenznormen - ein geeignetes und zulässiges Regulativ im Wirtschaftsverwaltungsrecht? S. 24–60 (zitiert als: *Braun*, in Verw Arch 76)

Bunjes, Johann (Hrsg.), Kommentar zum Umsatzsteuergesetz, 17. Auflage, 2018, München (zitiert als: *Bearbeiter*, in Bunjes, UStG)

Calliess, Christian/Ruffert, Matthias (Hrsg.), Kommentar EUV/AEUV, 5. Aufl. 2016, München (zitiert als *Bearbeiter*, in Calliess/Ruffert, EUV/AEUV)

Canz, Stephan, Die Umsatzbesteuerung der öffentlichen Hand im Wandel, 2013, Hamburg (zitiert als: *Canz*, Die Umsatzbesteuerung der öffentlichen Hand im Wandel)

Clemens, Thomas, Die Verweisung von einer Rechtsnorm auf andere Vorschriften - insbes. ihre Verfassungsmäßigkeit -. AöR (111),1986, S. 63–127 (zitiert als *Clemens*, AöR 1986)

Damas, Jens-Peter, Die öffentliche Hand und die 6.EG-Richtlinie, UR 2005, S. 303–306 (zitiert als: *Damas*, UR 2005)

Dauses, Manfred, Handbuch des EU-Wirtschaftsrechts, 45. Ergänzungslieferung, Stand: Juli 2018, München (zitiert als: *Bearbeiter*, in Dauses, EU-Wirtschaftsrecht)

Debus, Alfred G, Verweisungen in deutschen Rechtsnormen, 2008, Berlin (zitiert als: *Debus*, Verweisungen in deutschen Rechtsnormen)

Desens, Marc, Der Weg zur wettbewerbsgerechten Mehrbelastung der Kommunen führt erst durch einen unnötigen Prozess der Rechtsunsicherheit, in ifo Schnelldienst 2/2017, S. 28–32 (zitiert als: Desens, in ifo 2017)

Di Fabio, Udo, Der offene Staat in der Wirtschaftsgesellschaft, In Festschrift für Klaus Vogel zum 70. Geburtstag, 2000, Heidelberg, S. 3–19 (zitiert als: *di Fabio* FS für Vogel, Der offene Staat in der Wirtschaftsgesellschaft)

Dichtl, Erwin/Issing, Otmar (Hrsg.), Vahlens Großes Wirtschaftslexikon, Band 2, L - Z, 2. Aufl., 1993, München (zitiert als: *Vahlen,* Wirtschaftslexikon)

Ditz, Xaver/Quilitzsch, Carsten, Die Änderungen im internationalen Steuerrecht durch das Anti-BEPS-Umsetzungsgesetz, DStR 2017, S. 281–292 (zitiert als: *Ditz/Quilitzsch,* in DStR 2017)

Dreier, Horst (Hrsg.), Kommentar zum Grundgesetz, 3. Aufl., 2013, Tübingen (zitiert als: *Bearbeiter,* in Dreier, GG)

Droege, Michael, Zur Besteuerung der öffentlichen Hand: die Emanzipation des Steuerrechts und das öffentliche Wirtschaftsrecht, 2018, Tübingen (zitiert als: *Droege,* Zur Besteuerung der öffentlichen Hand: die Emanzipation des Steuerrechts und das öffentliche Wirtschaftsrecht)

Drüen, Klaus-Dieter, Systembildung und Systembindung im Steuerrecht. In Festschrift für Wolfgang Spindler, Steuerrecht im Rechtsstaat, 2011, Köln, S. 29–39 (zitiert als: *Drüen,* in FS für Spindler, Systembildung und Systembindung im Steuerrecht)

Dziadkowski, Dieter, Erheblicher Reformbedarf bei der Umsatzbesteuerung der öffentlichen Hand aus gemeinschaftsrechtlicher Sicht. In IStR 2009, S. 835–838 (zitiert als *Dziadkowski,* IStR 2009)

Dziadkowski, Dieter, Zur umsatzsteuerlichen Behandlung der öffentlichen Hand. In BB 2011, S. 3031–3043 (zitiert als: *Dziadkowski,* in BB 2011)

Dziadkowski, Dieter, Zur umsatzsteuerlichen Behandlung von Leistungen öffentlich-rechtlicher Einrichtungen während der Übergangsphase bis 2021 und in der Zukunft, in ifo Schnelldienst 2/2017, S. 8–10 (zitiert als: *Dziadkowski,* in ifo 2017)

Ebsen, Ingwer, Fremdverweisungen in Gesetzen und Publikationen. In DöV 1984, S. 654–662 (zitiert als *Ebsen,* in DöV 1984)

Ehlers, Dirk/Fehling, Michael/Pünder, Hermann (Hrsg.), Besonderes Verwaltungsrecht, 4. Aufl., Heidelberg, 2019 (zitiert als: *Bearbeiter,* in Ehlers/Fehling/Pünder, Bes. Verwaltungsrecht)

Englisch, Joachim, Leistungen rechtlich verselbständigter kirchlicher Werke im kirchlichen Binnenbereich, DStR 2011, S. 1692–1696 (zitiert als: *Englisch,* DStR 2011)

Englisch, Joachim, Umsatzsteuerpflicht bei interkommunaler Kooperation, UR 2013, S. 570–579 (zitiert als: *Englisch,* UR 2013)

Epping, Volker/Hillgruber, Christian (Hrsg.), Kommentar zum GG, 2. Aufl., 2013, München (zitiert als: *Bearbeiter,* in Epping/Hillgruber, GG)

Epping, Volker/Hillgruber, Christian (Hrsg.) Beck'scher Online-Kommentar zum Grundgesetz, 39. Aufl., 2018, München (zitiert als: *Bearbeiter,* in BeckOK, GG)

Ernst & Young, Kommentar zum KStG, 135. Ergänzungslieferung, Stand 2018, Bonn (zitiert als: *Bearbeiter*, in Ernst & Young, KStG)

Fest, Timo, Umsatzbesteuerung von Zuschüssen an öffentlichen Beteiligungsunternehmen, DStR 2011, S. 1293–1298 (zitiert als: *Fest,* in DStR 2011)

Fezer, Karl-Heinz, Verantwortete Marktwirtschaft, in JZ 1990, S. 657–662 (zitiert als: *Fezer,* in JZ 1990)

Fischer, Wolfram, Europäische Wirtschafts- und Sozialgeschichte vom Ersten Weltkrieg bis zur Gegenwart, Band 6, 1987, Stuttgart (zitiert als: *Fischer,* Europäische Wirtschafts- und Sozialgeschichte)

Friauf, Karl-Heinrich/Höfling, Wolfram (Hrsg.), Berliner Kommentar zum Grundgesetz, Band 2, Februar 2018, Berlin (zitiert als: *Bearbeiter,* in Berliner Kommentar, GG)

Friauf, Karl-Heinrich, (Hrsg.) Steuerrecht und Verfassungsrecht, in Deutsche Steuerjuristische Gesellschaft, Band 12, 1989, Köln (zitiert als: *Bearbeiter,* DStJG 12)

Fuss, Ernst-Werner, Zur Verweisung des deutschen Umsatzsteuergesetzes auf den Gemeinsamen Zolltarif der Europäischen Gemeinschaft, in: Festschrift für Heinz Paulick zum 65. Geburtstag 9. Mai 1973, 1973, Köln, S. 293–323 (zitiert als *Fuss,* Zur Verweisung des deutschen Umsatzsteuergesetzes auf den Gemeinsamen Zolltarif der Europäischen Gemeinschaft, in FS Paulick)

Gabler Wirtschaftslexikon, Ko – Pe, 18. Aufl., 2014, Wiesbaden (zitiert als: *Gabler,* Wirtschaftslexikon, Ko – Pe)

Gabler Wirtschaftslexikon, T – Z, 18. Aufl., 2014, Wiesbaden (zitiert als: *Gabler,* Wirtschaftslexikon, T – Z)

Geitmann, Roland, Bundesverfassungsgericht und „offene" Normen, 1971, Berlin (zitiert als: *Geitmann,* Bundesverfassungsgericht und „offene" Normen)

Geserich, Stephan, Auslegung und Rechtsfortbildung, in DStR-Beih 2011, S. 59–66 (zitiert als: *Geserich,* DStR-Beih 2011)

Grabitz, Eberhard/Hilf, Meinhard/Nettesheim, Martin (Hrsg.), Das Recht der Europäischen Union: EUV/AEUV, 65. Auflage, 2018, München (zitiert als: *Bearbeiter,* in Grabitz/Hilf/Nettesheim, EUV/AEUV)

Grauer, Dieter, Die Verweisung im Bundesrecht, insbesondere auf technische Verbandsnormen, 1980, Zürich (zitiert als: *Grauer,* Die Verweisung im Bundesrecht, insbesondere auf technische Verbandsnormen) von der Groeben, Hans/Schwarze, Jürgen /Hatje, Armin (Hrsg.), Kommentar zum Europäischen Unionsrecht, 7. Aufl., 2015, Baden - Baden (zitiert als: *Bearbeiter,* in von der Groeben/Schwarze/Hatje, EUV/AEUV)

Gröpl, Christoph/Zukiwski, Monja, Über das Ziel hinaus - Die neue BFH-Rechtsprechung zu Beistandsleistungen, MwStR 2014, S. 77–86 (zitiert als: *Gröpl/ Zukiwski,* MwStR 2014)

Guckelberg, Annette, Die Gesetzgebungstechnik der Verweisung unter besonderer Berücksichtigung ihrer verfassungs- und gemeinschaftsrechtlichen Probleme. In ZG 2004, S. 62–88 (zitiert als: *Guckelberg,* ZG 2004)

Hammerl, Robert/Fietz Andreas, Anwendungsfragen zu § 2b UStG, Darstellung und Anmerkungen zum BMF-Schreiben v. 16.12.2016 zur Umsatzbesteuerung der Leistungen der öffentlichen Hand; MwStR 2017, S. 56–65 (zitiert als: *Hammerl/Fietz,* MwStR 2017)

Haratsch, Andreas/Koenig, Christian/Pechstein, Matthias (Hrsg.), Europarecht, 8. Aufl., 2012, Tübingen (zitiert als: Haratsch/Koenig/Pechstein, Europarecht)

Harte-Bavendamm, Henning/Henning-Bodewig, Frauke (Hrsg.), Kommentar zum Gesetz gegen den unlauteren Wettbewerb, 4. Aufl., 2016, München (zitiert als: *Bearbeiter,* in Harte-Bavendamm/Henning-Bodewig, UWG)

Hartmann, Alfred/Metzenmacher, Wilhelm (Hrsg.) Kommentar zum Umsatzsteuergesetz, 7 Aufl., 2011, Berlin (zitiert als: *Bearbeiter,* in Hartmann/Metzenmacher, UStG)

Hauke, Thieme, Neueste EuGH Rechtsprechung zur Umsatzbesteuerung der öffentlichen Hand, in BB 2009, S. 1900–1903 (zitiert als: *Hauke,* in BB 2009)

Heidner, Hans-Hermann, Umsatzbesteuerung der öffentlichen Hand - Auswirkungen der Rechtsprechung auf die Neuregelung in § 2b UStG -, UR 2016, S. 45–49 (zitiert als: *Heidner,* UR 2016)

Heintzen, Markus, Die umsatzsteuerrechtliche Organschaft bei Organisationsprivatisierungen in der öffentlichen Verwaltung. In DStR 1999, S. 1799–1803 (zitiert als: *Heintzen,* DStR 1999)

Heiss, H./Kammel, O./Heiss, R./Heiss, F, Bau, Einrichtung und Betrieb öffentlicher Schlacht- und Viehhöfe, 1932, Berlin (zitiert als: Heiss/Kammel/Heiss/ Heiss, Bau, Einrichtung und Betrieb öffentlicher Schlacht- und Viehhöfe)

Heizmann, Gerold/Heizmann, Elke/Schroeder, Uwe, Vorsteuerabzug aus vermögensverwaltender Tätigkeit juristischer Personen des öffentlichen Rechts - Konfliktpotential in der steuerlichen Beratungspraxis, in DStR 2004, S. 705–709 (zitiert als: *Heizmann/Heizmann/Schroeder,* in DStR 2004)

Henkow, Oskar, The VAT/GST Treatment of Public Bodies, 2013, New York (zitiert als: *Henkow,* The VAT/GST Treatment of Public Bodies)

Herrmann, Carl/Heuer, Gerhard/Raupach, Arndt (Hrsg.), EStG, KStG Kommentar, Stand 289. Ergänzungslieferung, 2019, Köln (zitiert als *Bearbeiter*, in Herrmann/Heuer/Raupach, KStG)

Heußner, Herrmann, Folgen der Verfassungswidrigkeit eines Gesetzes ohne Nichtigerklärung. In NJW 1982, S. 257–263 (zitiert als: *Heußner*, NJW 1982)

Hey, Johanna, Steuerplanungssicherheit als Rechtsproblem, 2002, Köln (zitiert als: *Hey*, Steuerplanungssicherheit)

Hidien, Jürgen, Besteuerung von Verwaltungseinheiten zwischen gewandelter Hoheitsfunktion und unvollständiger Wettbewerbsfunktion – Steuerrecht als konkretisiertes Verfassungsrecht, in Die Freiheit des Menschen in Kommune, Staat und Europa, Festschrift für Edzard Schmidt-Jortzig, 2013, Berlin, S. 483–510 (zitiert als: *Hidien*, in FS Schmidt-Jortzig)

Hidien, Jürgen, Thesen zur Umsatzbesteuerung der öffentlichen Hand, in ifo Schnelldienst 2/2017, S. 22–28 (zitiert als: *Hidien*, in ifo 2017)

Hilgenstock, Ralf, Besteuerung öffentlicher Unternehmen – Notwendigkeit und Ansatzpunkte für eine Reform der körperschaft-, gewerbe- und umsatzsteuerlichen Behandlung. 2002, Aachen (zitiert als: *Hilgenstock*, Besteuerung öffentlicher Unternehmen)

Hömig, Dieter/Wolff, Heinrich Amadeus, Grundgesetz für die Bundesrepublik Deutschland - Kommentar, 12. Aufl., 2018, Baden-Baden (zitiert als: *Bearbeiter*, in Hömig, GG)

Hoppe, Werner/Uechtritz, Michael/Reck, Hans-Joachim, Handbuch Kommunale Unternehmen, 3. Aufl., 2012, Köln (zitiert als: *Bearbeiter*, in Handbuch Kommunale Unternehmen)

Hoppmann, Erich, Marktmacht und Wettbewerb, in Recht und Staat in Geschichte und Gegenwart: eine Sammlung von Vorträgen und Schriften aus dem Gebiet der gesamten Staatswissenschaften, 1977, 471 Ausgabe, S. 6–28

Hotz, Reinhold, Erschließung ergänzender Regelungsinhalte durch stillschweigende dynamische Verweisung, in: Der Verfassungsstaat vor neuen Herausforderungen. Festschrift für Yvo Hangartner, 1998, St. Gallen, S. 195–212 (zitiert als: *Hotz*, in FS Hangartner)

Hübschmann/Hepp/Spitaler, Abgabenordnung/Finanzgerichtsordnung Kommentar, Stand 250. Ergänzungslieferung, Dezember 2018, Köln (zitiert als *Bearbeiter*, in Hübschmann/Hepp/Spitaler, AO/FGO)

Hundt-Eßwein, Hans U., „Mehr sein als scheinen“ – Die Unternehmereigenschaft im Umsatzsteuerrecht – Zugleich eine Besprechung der „ebay“-Entscheidung des BFH vom 26.4.2012, BFH 26.4.2012 Aktenzeichen V R 2/11. In DStR 2012, S. 1371–1375 (zitiert als: *Hundt-Eßwein*, in DStR 2012)

Hüpers, Bernd, Karl Larenz – Methodenlehre und Philosophie des Rechts in Geschichte und Gegenwart, 2010, Berlin (zitiert als: *Hüpers,* Larenz Methodenlehre)

Huschens, Ferdinand, Unternehmereigenschaft halböffentlicher Einrichtungen, UVR 2010, S. 61–65 (zitiert als: *Huschens,* UVR 2010)

Hussain, Syed B. (Hrsg.), Encyclopedia of Capitalism- Volume I, 2004, New York (zitiert als: *Hussain,* Encyclopedia of Capitalism- Volume I)

Hüttemann, Rainer, Die Besteuerung der öffentlichen Hand, 2002 Köln (zitiert als: *Hüttemann,* Die Besteuerung der öffentlichen Hand)

Hüttemann, Rainer, Der Beginn der subjektiven Körperschaftsteuerpflicht. In Festschrift für Franz Wassermeyer zum 65. Geburtstag, Körperschaftsteuer, Internationales Steuerrecht, Doppelbesteuerung, 2005, München, S. 27–48 (zitiert als: *Hüttemann,* in FS für Franz Wassermeyer, Der Beginn der subjektiven Körperschaftsteuerpflicht)

Hüttemann, Rainer, Neuregelung der Umsatzbesteuerung der öffentlichen Hand - alles wird gut?, in UR 2017, S. 129–139 (zitiert als: *Hüttemann,* UR 2017)

Immenga, Ulrich/Mestmäcker, Ernst-Joachim (Hrsg.) Gesetz gegen Wettbewerbsbeschränkungen, Kommentar, 5. Aufl., 2014, München (zitiert als: *Bearbeiter,* in Immenga/Mestmäcker, Wettbewerbsbeschränkungen)

Ipsen, Jörn, Richterrecht und Verfassung, 1975, Berlin (zitiert als: *Ipsen,* Richterrecht und Verfassung)

Isensee, Josef/Kirchhof, Paul (Hrsg.), Handbuch des Staatsrechts der Bundesrepublik Deutschland, Band II, 3. Aufl., 2004, Heidelberg (zitiert als: *Bearbeiter,* in Isensee/Kirchhof, Staatsrecht II)

Ismer, Roland/Keyser, Anne-Katharina, Umsatzbesteuerung der öffentlichen Hand - Aktuelle Entwicklungen und gesetzgeberische Handlungsoptionen -. In UR 2011, S. 81–91 (zitiert als: *Ismer/Keyser,* in UR 2011)

Ismer, Roland, Die wirtschaftliche Tätigkeit der öffentlichen Hand im Lichte aktueller Rechtsprechung, in MwStR 2016, S. 654–660 (zitiert als: Ismer, MwStR 2016)

Jaeger, Wolfgang/Kokott, Juliane/Pohlmann, Petra/Schroeder, Dirk (Hrsg.) Frankfurter Kommentar zum Kartellrecht, 92. Ergänzungslieferung, Stand Januar 2019, Köln (zitiert als: *Bearbeiter,* in Jaeger/Kokott/Pohlmann/Schroeder, Frankfurter Kommentar zum Kartellrecht)

Jarass, Hans/Pieroth, Bodo (Hrsg.), Kommentar zum Grundgesetz, 15. Aufl., München 2018 (zitiert als: *Bearbeiter,* in Jarass/Pieroth, GG)

Jehke, Christian, Bestimmtheit und Klarheit im Steuerrecht, 2005, Berlin (zitiert als: *Jehke,* Bestimmtheit und Klarheit im Steuerrecht)

Karla, Benedikt, Die öffentliche Hand als Unternehmer – Neue Dimensionen der Umsatzsteuerpflicht bei Wettbewerbsverzerrungen? In UVR 2012, S. 139–152 (zitiert als *Karla*, UVR 2012)

Karpen, Hans-Ulrich, Die Verweisung als Mittel der Gesetzgebungstechnik, 1970, Köln (zitiert als: *Karpen,* Die Verweisung als Mittel der Gesetzgebungstechnik)

Kastl, Michael, Vorsteuerabzug bei Gebäuden im Rahmen der Vermögensverwaltung von juristischen Personen des öffentlichen Rechts, in DStR 2018, S. 1145–1151 (zitiert als: *Kastl,* in DStR 2018)

Kessler, Wolfgang/Kröner, Michael/Köhler, Stefan (Hrsg.), Konzernsteuerrecht National – International, 3. Aufl., 2018, München (zitiert als: *Bearbeiter,* in Kessler/Kröner/Köhler, Konzernsteuerrecht)

Keyser, Anne-Katharina, Vorsteuerabzug bei gemischt hoheitlich-unternehmerischen Tätigkeiten der öffentlichen Hand, UVR 2011, S. 269–276 (zitiert als: *Keyser,* UVR 2011)

Keyser, Anne-Katharina, Der BFH auf dem Weg zu einer wettbewerbsneutralen und unionsrechtskonformen Umsatzbesteuerung der öffentlichen Hand, UVR 2012, S. 126–129 (zitiert als: *Keyser,* UVR 2012)

Kirchhof, Paul, Bundessteuergesetzbuch – Ein Reformentwurf zur Erneuerung des Steuerrechts, Schriftenreihe des Instituts für Finanz- und Steuerrecht, Forschungsstelle Bundessteuergesetzbuch, Bd. 4, 2011 (zitiert als: *Kirchhof,* Bundessteuergesetzbuch – Ein Reformentwurf zur Erneuerung des Steuerrechts)

Klein, Franz (Hrsg.), Kommentar zur Abgabenordnung, 14. Auflage, München 2018 (zitiert als: *Bearbeiter,* in Klein, AO)

Klöttschen, Gerd, Anmerkung zu BFH Urteil vom 20.8.2009, V R 70/05, in BB 2010, S. 35–39 (zitiert als: *Klöttschen*, Anmerkung zu BFH Urteil vom 20.8.2009, V R 70/05, BB 2010)

Kohlhepp, Ralf, Konkurrentklage im Umsatzsteuerrecht – Hoheitlicher Bereich des öffentlichen Rechts und Relevanz von Wettbewerbsbeziehungen, DStR 2011, S. 145–151 (zitiert als: *Kohlhepp,* DStR 2011)

König, Ulrich (Hrsg.), Kommentar zur AO, 3. Aufl., 2014 München (zitiert als *Bearbeiter,* in König, AO)

Korf, Ralph, Mehrwertsteuer: Abzugsfähigkeit von Werbeaktivitäten zugunsten einer politischen Partei, in IStR 2009, S. 778–780 (zitiert als: *Korf,* IStR 2009)

Korn, Christian, Anmerkung zu EuGH, Urteil vom 4. 6. 2009 – C-102/08 (SALIX), DStR 2009, S. 1196–1201 (zitiert als: Korn, Anmerkung zu EuGH, Urteil vom 4. 6. 2009 – C-102/08 (SALIX), DStR 2009)

Kraeusel, Jörg, Richtlinienkonforme Besteuerung der öffentlichen Hand. In UR 2010 S. 480–489. (zitiert als: *Kraeusel,* UR 2010)

Krautscheid, Andreas, Die Daseinsfürsorge im Spannungsfeld von europäischem Wettbewerb und Gemeinwohl, 1. Aufl., 2009, Wiesbaden (zitiert als: *Krautscheid*, Die Daseinsfürsorge im Spannungsfeld von europäischem Wettbewerb und Gemeinwohl)

Kronthaler, Ludwig, Feuerbestattung – die Spitze des Eisbergs – Wird die Besteuerung öffentlicher Einrichtungen künftig von Konkurrenten getrieben?, DStR 2007, S. 227–229 (zitiert als: *Kronthaler*, DStR 2007)

Küffner, Thomas, Umsatzsteuerliche Behandlung von juristischen Personen des öffentlichen Rechts im Lichte der 6. EG-Richtlinie, 2001, München (zitiert als: *Küffner*, Umsatzsteuerliche Behandlung von juristischen Personen des öffentlichen Rechts)

Küffner, Thomas, Wettbewerb entscheidet über Umsatzsteuerpflicht der öffentlichen Hand. In DStR 2003, S. 1606–1608 (zitiert als *Küffner*, DStR 2003)

Küffner, Thomas, Dammbruch der umsatzsteuerlichen Neutralität EuGH öffnet Weg für Konkurrentenklage privater Mitbewerber auf umsatzsteuerliche Gleichbehandlung mit der öffentlichen Hand, DStR 2006, S. 1120–1123 (zitiert als: *Küffner*, DStR 2006)

Küffner, Thomas/Zugmaier, Oliver, Führt die Gebührenpflicht für verbindliche Auskünfte zur Umsatzsteuerpflicht des Finanzamtes? In UR 2007, S. 327–329 (zitiert als *Küffner/Zugmaier*, UR 2007)

Küffner, Thomas, Anmerkung zu BFH, Urteil vom 15.4.2010, V R 10/09, in UR 2010, S. 646–655 (zitiert als: *Küffner*, in UR 2010)

Küffner, Thomas/von Streit, Georg, Der Vorsteuerabzug unter Berücksichtigung der aktuellen Rechtsprechung zur Zuordnung und Verwendung von Eingangsleistungen. In DStR 2012, S. 636–640 (zitiert als *Küffner/von Streit*, DStR 2012)

Küffner, Thomas, Anmerkung zu EuGH, Urteil vom 21.2.2013, C-18/12, Mesto Žamberk – Mehrwertsteuerbefreiung für Eintritt in Schwimmbäder, in DStR 2013, S. 407–411 (zitiert als: *Küffner*, in DStZ 2013)

Küffner, Thomas/Rust, Michael, Kirchen im Fokus der Umsatzsteuer – muss das sein? Ausübung öffentlicher Gewalt durch kirchliche Rechtsträger nach dem geplanten § 2b UStG, DStR 2014, S. 2533–2541 (zitiert als: Küffner/Rust, DStR 2014)

Küffner, Thomas/Rust, Michael, Reform der Umsatzbesteuerung der öffentlichen Hand – Probleme und Lösungsansätze bei Kooperationen zweier juristischer Personen des öffentlichen Rechts, in DStR 2016, S. 1633–1647 (zitiert als: *Küffner/Rust*, in DStR 2016)

Küffner, Thomas/Rust, Michael, Anmerkung zu BMF-Schreiben vom 16.12.2016, Umsatzbesteuerung der öffentlichen Hand, in DStR 2017, S. 40–50 (zitiert als: *Küffner/Rust*, in DStR 2017)

Küffner, Thomas/Rust, Michael, Das Jahr 2017 aus umsatzsteuerrechtlicher Sicht: Die für die Praxis wichtigsten Entscheidungen in Rechtsprechung und Verwaltung, in DStR 2018, S. 1321–1342 (zitiert als: *Küffner/Rust*, in DStR 2018)

Kunig, Philip, Zur „hinreichenden Bestimmtheit" von Normen und Einzelakten. In Jura 1990, S. 495–498 (zitiert als: *Kunig*, in Jura 1990)

Lambers, Berthold, Konkurrenz belebt das Geschäft, aber nur unter gleichen Bedingungen, in Forum 2018, Zeitschrift des Bundes der öffentlich bestellten Vermessungsingenieure, S. 50–50 (zitiert als: *Lambers*, in Forum 2018)

Lange, Hans-Friedrich, Neutralitätsprinzip bei der Umsatzbesteuerung der öffentlichen Hand, UR 1999, S. 385–391 (zitiert als: Lange, UR 1999)

Lange, Hans-Friedrich, Juristische Personen des öffentlichen Rechts als Unternehmer im Umsatzsteuerrecht; UR 2000, S. 1–13 (zitiert als: *Lange*, UR 2000)

Leibholz, Gerhard/Rinck, Hans-Justus, Kommentar zum Grundgesetz, 77. Ergänzungslieferung, Stand November 2018, Köln (zitiert als: *Bearbeiter*, in Leibholz/Rinck, Grundgesetz)

Lehner, Moris, Zur Bestimmtheit von Rechtsnormen - am Beispiel einer Entscheidung des Österreichischen VerfGH. In NJW 1991, S. 890–893 (zitiert als: *Lehner*, NJW 1991)

Leinemann, Ralf, Die Vergabe öffentlicher Aufträge, 2001, Köln (zitiert als: *Leinemann*, Die Vergabe öffentlicher Aufträge)

von Lewinksi, Kai/Burbat, Daniela, Bundeshaushaltsordnung - Kommentar -, 1. Aufl., 2013, Baden-Baden (zitiert als: *Bearbeiter*, in v. Lewinksi/Burbar, BHO)

Lippross, Otto-Gerd/Seibel, Wolfgang (Hrsg.) Basiskommentar Steuerrecht, 111. Ergänzungslieferung, Stand Januar 2019, Köln (zitiert als: *Bearbeiter*, in Lippross/Seibel, Basiskommentar Steuerrecht)

Lippross, Otto-Gerd, Umsatzsteuerliche Folgen der Verlagerung gemeindlicher Dienstleistungen der Daseinsvorsorge auf kommunale Eigengesellschaften - Zugleich Besprechung des BFH-Urteils vom 18.6.2009, V R 4/08, in UR 2010, S. 214–221 (zitiert als: *Lippross*, in UR 2010)

Lohse, Christian, Umsatzsteuer-Unwort: Unternehmen - Zugleich Besprechung des EuGH-Urteils VNLTO. In IStR 2009, S. 486–489 (zitiert als: *Lohse*, in IStR 2009)

Lohse, Christian/Zanziger, Dieter, Rechtsprechungsänderung des BFH bei Ertragsteuern und bei der Umsatzsteuer im Jahre 2012, DStR 2013, S. 1105–1110 (zitiert als: *Lohse/Zanziger*, DStR 2013)

Löwenheim, Ulrich/Meessen, Karl/Riesenkampff, Alexander, Kartellrecht Kommentar, 3. Aufl., 2016, München (zitiert als: *Bearbeiter,* in Löwenheim/Meessen/Riesenkampff, Kartellrecht)

Luttermann, Claus, Normenklarheit im Steuerrecht und „unbestimmte" Rechtsbegriffe? In FR 2007, S. 18–23 (zitiert als: *Luttermann,* FR 2007)

Maier, Stefan/Übleiß, Thomas, Beistandsleistungen und Umsatzsteuer – Zum Entwurf eines geplanten neuen § 2b UStG, KommJur 2015, S. 206–210 (zitiert als: *Maier/Übleiß,* KommJur 2015)

von Mangoldt, Herrmann/Klein, Friedrich/Strack, Christian (Hrsg.), Kommentar zum Grundgesetz, 7. Aufl., 2018, München (zitiert als: *Bearbeiter,* in v.Mangoldt/Klein/Strack, GG)

Mankiw, Gregory/Taylor, Mark, Economics, 4. Aufl., 2017, China RR Donnelley (zitiert als: *Mankiw/Taylor*, Economics)

Maunz, Theodor/Dürig, Günter (Begr.), Kommentar zum GG, Stand 85. Ergänzungslieferung, November 2018, München (zitiert als *Bearbeiter,* in Maunz/Dürig, GG)

Maurer, Hartmut, Staatsrecht I, 7. Aufl., 2014, München (zitiert als: *Mauerer,* Staatsrecht)

May, Hermann, Handbuch zur ökonomischen Bildung, 9. Aufl., 2008, München (zitiert als: *May,* Handbuch der ökonomischen Bildung)

May, Herrmann, Lexikon der ökonomischen Bildung, 8. Aufl., 2012, München (zitiert als: *May*, Lexikon der ökonomischen Bildung)

Mellinghoff, Rudolf, Deutsches Umsatzsteuerrecht unter unions- und verfassungsrechtlichem Einfluss. In UR 2013, S. 5–12 (zitiert als Mellinghoff, UR 2013)

Messer, Jan, Die Verständlichkeit multilingualer Normen, 2012, Göttingen (zitiert als: *Messer,* Die Verständlichkeit multilingualer Normen)

Meßmer, Kurt, Der Betrieb gewerblicher Art im Körperschaftsteuerrecht – ein Stiefkind des Gesetzgebers – in: Der Bundesfinanzhof und seine Rechtsprechung, Grundfragen – Grundlagen, Festschrift für Hugo von Wallis zum 75. Geburtstag am 12. April 1985, 1985, Bonn, S. 341–357 (zitiert als: *Meßmer,* FS für Wallis, Der Betrieb gewerblicher Art im Körperschaftsteuerrecht – ein Stiefkind des Gesetzgebers -)

Meyer, Andreas, Besteuerung von Beistandsleistungen. In KommJur 2012, S. 131–134 (zitiert als *Meyer,* KommJur 2012)

Meyer, Andreas/Westermann, Eike Christian, Das Handeln auf privatrechtlicher Grundlage und die zwingende Unternehmereigenschaft der öffentlichen Hand, in BB 2013, S. 1629–1633 (zitiert als: *Meyer/Westermann*, BB 2013)

Milej, Tomasz, Zur Verfassungsmäßigkeit der Umsetzung des Gemeinschaftsrechts durch dynamische Verweisungen und Rechtsverordnungen, EuR 2009, S. 577–592 (zitiert als *Milej*, EuR 2009)

Müller, Hanswerner, Handbuch der Gesetzgebungstechnik, 1968, Berlin (zitiert als *Müller*, Handbuch der Gesetzgebungstechnik)

von Münch, Ingo/Kunig, Philip (Hrsg.) Kommentar zum GG, 6. Aufl., 2012, München (zitiert als: *Bearbeiter*, v.Münch/Kunig, GG)

Musil, Andreas, Wettbewerb in der staatlichen Verwaltung, 2005, Tübingen (zitiert als: *Musil*, Wettbewerb in der staatlichen Verwaltung)

Musil, Andreas, Umsatzsteuerliche Behandlung der Leistungen der Friedhofsverwaltung, in Wirtschaft und Verwaltung, 2018/1, S. 45–52 (zitiert als: *Musil*, in WiVerw)

Nastelski, Karl, Unbestimmte Rechtsbegriffe, Generalklauseln und Revision, in GRUR, 1968, S. 545–549 (zitiert als: *Nastelski*, in GRUR, 1968)

Nettesheim, Martin, Der Grundsatz der einheitlichen Wirksamkeit des Gemeinschaftsrechts, in Gedächtnisschrift für Eberhard Grabitz, 1995, München S. 447–468 (zitiert als *Nettesheim*, Der Grundsatz der einheitlichen Wirksamkeit des Gemeinschaftsrechts)

Neumann, Steffen/Lübbehüsen, Dieter, Totgesagte leben länger - trotz Scheiterns des AIFM-StAnpG kein Ende der Investmentbesteuerung. In DB 2013, S. 2053–2056 (zitiert als: *Neumann/Lübbehüsen*, DB 2013)

Noack, Reinhard, Umsatzbesteuerung von Zuschüssen an öffentliche Beteiligungsunternehmen - Replik zu Fest, DStR 2011, 1293, in DStR 2011, S. 2027–2030 (zitiert als: *Noack*, DStR 2011)

O'Shea, Stella (Hrsg.), Camebridge Business English Dictionary, 2011, Camebridge (zitiert als: *O'Shea*, Camebridge Business English Dictionary)

Ossenbühl, Fritz, in Deutsches Verwaltungsblatt. Titel: Die verfassungsrechtliche Zulässigkeit der Verweisung als Mittel der Gesetzgebungstechnik, Heft 10, 15. Mai 1967, S. 401–408 (zitiert als: *Ossenbühl*, Die Zulässigkeit der Verweisung als Mittel der Gesetzgebungstechnik)

Palandt, Kommentar zum Bürgerlichen Gesetzbuch, 77. Aufl., München, 2018 (zitiert als: *Bearbeiter*, in Palandt, BGB)

Papier, Hans-Jürgen, Gewaltentrennung im Rechtsstaat, in Schriftenreihe der Hochschule Speyer, Band 106, Zum 300. Geburtstag von Charles Montesquieu, 1989, Berlin (zitiert als: *Papier*, in Schriftenreihe der Hochschule Speyer)

Papier, Hans-Jürgen, Bedeutung der Verwaltungsvorschriften im Recht der Technik, in Festschrift für Rudolf Lukes zum 65. Geburtstag, 1989, S. 159–168 (zitiert als: *Papier*, Bedeutung der Verwaltungsvorschriften im Recht der Technik, in FS. Für Lukes)

Papier, Hans-Jürgen, Steuerreform und Verfassungsrecht, In Festschrift für Klaus Vogel zum 70. Geburtstag, 2000, Heidelberg, S. 117–137 (zitiert als: *Papier*, in FS für Vogel, Steuerreform und Verfassungsrecht)

Purnhagen, Kai, Europarecht, 3. Aufl., 2018, München (zitiert als: *Purnhagen*, Europarecht)

Rabe, Hans-Jürgen, Grundrechtsbindung der Mitgliedstaaten, NJW 2013, S. 1407–1408 (zitiert als: *Rabe*, NJW 2013)

Rang, Hans-Jürgen/Baldauf, Uwe, Besteuerung kommunaler Sportstätten und Schwimmbäder sowie vergleichbarer Einrichtungen – Umsatzsteuerliche Betrachtung, in DStZ, 2014, S. 68–88 (zitiert als: *Rang/Baldauf*, in DStZ, 2014)

Rau, Günter/Dürrwächter, Erich (Hrsg.), Kommentar zum Umsatzsteuergesetz, Stand 179. Ergänzungslieferung, Dezember 2018, Köln (zitiert als: *Bearbeiter*, in Rau/Dürrwächter, UStG)

Rau, Thomas, Betriebswirtschaftslehre für Städte und Gemeinden, 1. Aufl., 1994, München (zitiert als: *Rau*, Betriebswirtschaftslehre für Städte und Gemeinden)

Reidt, Olaf/Stickler, Thomas/Glahs, Heike (Hrsg.) Kommentar zum Vergaberecht, 4. Aufl., 2017, Köln (zitiert als: *Bearbeiter*, in Reidt/Stickler/Glahs, Vergaberecht)

Reiß, Wolfram, Die nicht ordnungsgemäße Umsetzung von EG-Steuerrichtlinien und ihre Folgen, StuW 1994, S. 323–330 (zitiert als: *Reiß*, StuW)

Reiß, Wolfram, Der vorschnelle Abschied vom Betrieb gewerblicher Art. In UR 1994, S. 388–390 (zitiert als: *Reiß*, UR 1994)

Reiß, Wolfram, EuGH-Vorlage des BFH vom 8.7.2004, BFH 8.7.2004, VII R 24/03 zur Konkurrentenklage, IStR 2005, S. 53–55 (zitiert als: *Reiß*, IStR 2005)

Reiß, Wolfram/Kraeusel, Jörg/Langer, Michael (Hrsg.), Kommentar zum Umsatzsteuergesetz, Stand 149. Ergänzungslieferung, 2019, Bonn (zitiert als: *Bearbeiter*, in Reiß/Kraeusel/Langer, UStG)

Riebel, Volker, Arbeitsmarkt und Wettbewerb: – Der Schutz von Vertrags- und Wettbewerbsfreiheit im Arbeitsrecht -, 1996, Berlin (zitiert als: *Riebel*, Wettbewerb)

Ringwald, Angelika, Umsatzbesteuerung von Leistungen der öffentlichen Hand – Vorschlag einer Neuregelung des § 2b UStG-E -, UR 2015, S. 1–5 (zitiert als: *Ringwald*, UR 2015)

Ritter, Thomas, Neue Werteordnung für die Gesetzesauslegung durch den Lissabon-Vertrag. In NJW, 2010, S. 1110–1114 (zitiert als: *Ritter*, NJW 2010)

Rittershofer, Werner, Wirtschaftslexikon, 4. Auf., 2009, München (zitiert als: Rittershofer, Wirtschaftslexikon)

Rittner, Fritz/Dreher, Meinrad, Europäisches und deutsches Wirtschaftsrecht: Eine systematische Darstellung, 3. Aufl., 2008 Tübingen (zitiert als: *Rittner/Meinrad*, Europäisches und deutsches Wirtschaftsrecht)

Rodi, Michael, Ökonomische Analyse des Öffentlichen Rechts, 2014, Berlin (zitiert als: *Rodi*, Ökonomische Analyse des Öffentlichen Rechts)

Röhl, Klaus-Heiner, Rekommunalisierung – Gefährden die Privilegien öffentlicher Unternehmen die mittelständische Privatwirtschaft?, in IW policy paper 34/2015, Institut der deutschen Wirtschaft Köln (zitiert als: *Röhl*, in IW 34/2015)

Rumford, Chris, The Sage Handbook of European Studies, 2009, London (zitiert als: *Rumford*, European Studies)

Ruppe, Georg, Der Anspruch auf Normenklarheit im Steuerrecht und seine Durchsetzung im Gesetzgebungs- und Rechtsschutzverfahren. In DStR 2008, S. 20–25 (zitiert als: *Ruppe*, DStR 2008)

Sachs, Michael (Hrsg.), Kommentar zum Grundgesetz, 8. Aufl., München, 2018 (zitiert als *Bearbeiter*, in Sachs, GG)

Sarazin, Viktor, Stand der Beratungen des Vorschlags einer 6. Umsatzsteuer-Richtlinie der EG-Kommission. In UR 1974, S. 281–287. (zitiert als: *Sarrazin*, in UR 1974)

Schachtschneider, Karl Albrecht, Prinzipien des Rechtsstaates, 2006, Berlin (zitiert als: *Schachtschneider*, Prinzipien des Rechtsstaates)

Schäfer, Roland, § 2b UStG – Neuregelung der Umsatzbesteuerung der öffentlichen Hand, in ifo Schnelldienst 2/2017, S. 20–22 (zitiert als: *Schäfer*, in ifo 2017)

Schauhoff, Stephan (Hrsg.) Handbuch der Gemeinnützigkeit, 3. Aufl., 2010, München (zitiert als: *Bearbeiter*, in Schauhoff, Gemeinnützigkeit)

Schenke, Wolf-Rüdiger, Neuere Rechtsprechung zum Verwaltungsprozessrecht (1996–2009), 2009, Heidelberg (zitiert als: *Schenke*, Neuere Rechtsprechung zum Verwaltungsprozessrecht)

Schenke, Wolf-Rüdiger, in Verwaltung im Dienste von Wirtschaft und Gesellschaft, Festschrift für Ludwig Fröhler, 1980, Berlin, S. 87–126 (zitiert als: *Schenke*, in FS für Fröhler)

Schenke, Wolf-Rüdiger, Auslegung und Rechtsfortbildung Überlegungen zu Grundfragen der rechtsmethodischen Systembildung am Beispiel der „Auslegung gegen den Wortlaut“, DStR 2011, S. 54–59 (zitiert als: *Schenke*, DStR 2011)

Schmidt, Reiner, Öffentliches Wirtschaftsrecht in einer offenen Staatlichkeit. In Festschrift für Klaus Vogel zum 70. Geburtstag, 2000, Heidelberg, S. 21–45

(zitiert als: *Schmidt*, in FS für Vogel, Öffentliches Wirtschaftsrecht in einer offenen Staatlichkeit)

Schmidt-Bleibtreu, Bruno/Hofmann, Hans/Henneke, Hans Günter (Hrsg.), Kommentar zum Grundgesetz, 14. Aufl., Köln, 2018 (zitiert als: *Bearbeiter*, in Schmidt-Bleibtreu/Hofmann/Henneke, GG)

Schmitz, Martin/Erdbrügger, Andreas/Liegmann, Bastian, Reform der Umsatzbesteuerung und gemeinnützigen Sektors. In DStR 2011, S. 1157–1162 (zitiert als: Erdbrügger/Liegmann, DStR 2011)

Schoch, Friedrich/Schneider, Jens-Peter/Bier, Wolfgang (Hrsg.), Verwaltungsgerichtsordnung – Kommentar, 35. Ergänzungslieferung, September 2018, München (zitiert als: *Bearbeiter*, in Schoch/Schneider/Bier, VwGO)

Schulte, Josef/Just, Christoph (Hrsg.), GWB, Kartellvergaberecht, EU-Kartellrecht, Kommentar, 2. Aufl., 2015, Köln, (zitiert als: *Bearbeiter*, in Schulte/Just, Kartellrecht)

Seer, Roman, Inhalt und Funktion des Begriffs „Betrieb gewerblicher Art“ für die Besteuerung der öffentlichen Hand (Teil I), DStR 1992, S. 1751–1756 (zitiert als: *Seer*, DStR 1992, Teil 1)

Seer, Roman, Inhalt und Funktion des Begriffs „Betrieb gewerblicher Art“ für die Besteuerung der öffentlichen Hand (Teil II), DStR 1992, S. 1790–1794 (zitiert als: *Seer*, DStR 1992, Teil 2)

Seer, Roman, Verständigungen in Steuerverfahren, 1996, Köln (zitiert als: *Seer*, Verständigungen in Steuerverfahren)

Seer, Roman/Wendt, Volker, Strukturproblem der Besteuerung der öffentlichen Hand. In DStR 2001, S. 825–837 (zitiert als Seer/Wendt, DStR 2001)

Seer, Roman, (Hrsg.) Umsatzsteuer im europäischen Binnenmarkt, in Deutsche Steuerjuristische Gesellschaft, Band 32, 2009, Köln (zitiert als: *Bearbeiter*, in DStJG 32)

Seer, Roman/Klemke, Sina, Die Abgrenzung des Betriebs gewerblicher Art vom Hoheitsbetrieb. In BB 2010, S. 2015–2024 (zitiert als *Seer/Klemke*, BB 2010)

Selmer, Peter/Schulze-Osterloh, Lerke, in DÖV, 1978, S. 381–391 (zitiert als: *Selmer/Schulze-Osterloh*, in DÖV, 1978)

Siegel, Manfred, Der Begriff des „Betriebs gewerblicher Art“ im Körperschaft- und Umsatzsteuerrecht. Mit Abb. (Tübinger Schriften zum Staats- und Verwaltungsrecht; TSSV 46) (zitiert als: *Siegel*, Der Begriff des „Betriebs gewerblicher Art“ im Körperschaft- und Umsatzsteuerrecht)

Sodan, Helge, Grundgesetz – Beck'scher Kompakt-Kommentar, 4. Aufl., 2018, München (zitiert als: *Bearbeiter*, in Sodan, GG)

Smith, Adam, An Inquiry into the Nature and Causes of the Wealth of Nations (Der Wohlstand der Nationen), 1776, London (zitiert als: *Smith*, Wealth of Nations)

Smith, Adam, Der Wohlstand der Nationen - Eine Untersuchung seiner Natur und seiner Ursachen - aus dem Englischen übertragen und mit einer Würdigung von *Recktenwald, Horst Klaus*, 1974, München (zitiert als: *Smith,* Der Wohlstand der Nationen, nach der Übersetzung von *Recktenwald)*

Sölch, Otto/Ringleb, Karl (Hrsg.), Kommentar zum Umsatzsteuergesetz, Stand 84. Ergänzungslieferung, September 2018, München (zitiert als: *Bearbeiter,* in Sölch/Ringleb, UStG)

Sorgenfrei, Ulrich, Das neue Verständnis von § 2 Abs. 3 UStG am Beispiel der Deutschen Bundespost, DStR 1993, S. 1893–1900 (zitiert als: *Sorgenfrei,* DStR 1993)

Spindler, Wolfgang, Steuerrecht im Spannungsverhältnis zwischen Gesetzgebung, Verwaltung und Rechtsprechung. In Stbg 2006, S. 1–6 (zitiert als: *Spindler,* Stbg, 2006)

Stadie, Holger (Hrsg.), Kommentar zum Umsatzsteuergesetz, 3. Aufl., 2015, Köln (zitiert als: *Bearbeiter,* in Stadie, UStG)

Starkowski, Reinhard, in Schriften zum Völkerrecht, Band 26, Titel: Die Angleichung technischer Rechtsvorschriften und industrieller Normen in der Europäischen Wirtschaftsgemeinschaft, 1973, Berlin, S. 118–160 (zitiert als: *Starkowski,* Schriften zum Völkerrecht)

Sterzinger, Christian, Unternehmereigenschaft einer juristischen Person des öffentlichen Rechts. In UR 2009, S. 37–44 (zitiert als *Sterzinger*, UR 2009)

Sterzinger, Christian, Unternehmereigenschaft der öffentlichen Hand – Plädoyer für eine gesetzliche Änderung. In DStR 2010, S. 2217–2222 (zitiert als *Sterzinger*, DStR 2010)

Sterzinger, Christian, Anmerkung zu BFH Urteil vom 26.1.2012, VII R 4/11, in SteuK 2012, S. 258–258 (zitiert als *Sterzinger*, Anmerkung zu BFH, Urteil vom 26.1.2012, VII R 4/11, in SteuK 2012)

Sterzinger, Christian, zum Anwendungsschreiben der Finanzverwaltung vom 16.12.2016 zur Neuregelung des § 2b UStG, in DStR 2017, S. 233–238 (zitiert als: *Sterzinger*, in DStR 2017)

Storr, Stefan, Der Staat als Unternehmer: Öffentliche Unternehmen in der Freiheits- und Gleichheitsdogmatik des nationalen Rechts und des Gemeinschaftsrechts, 2001, Tübingen (zitiert als: *Storr,* Der Staat als Unternehmer)

Strahl, Martin, Neues zur Besteuerung juristischer Personen öffentlichen Rechts, BeSt 2012–Die Steuerberatung -, S. 15–17 (zitiert als: *Strahl,* BeSt 2012)

Streinz, Rudolf, Kommentar EUV/AEUV, Vertrag über die Europäische Union und Vertrag über die Arbeitsweise der Europäischen Union, 3. Aufl., 2018, München (zitiert als: *Bearbeiter*, in Streinz, EUV/AEUV)

Stumpf, Christoph A., Die Verjährung öffentlich-rechtlicher Ansprüche nach der Schuldrechtsreform. NVwZ 2003, S. 1198–1202 (zitiert als *Stumpf*, NVwZ 2003)

Stürner, Rolf, Privatautonomie und Wettbewerb unter der Hegemonie der angloamerikanischen Rechtskultur?, in AcP, Bd. 210, S. 105–(zitiert als: *Stürner*, in AcP, Bd. 210)

Suck, Jendrik, Zukunft von Beistandsleistungen unter umsatzsteuerrechtlichen Aspekten–Rechtsprechung des BFH und ihre Folgen für die öffentliche Hand: Unionsrechtliche Grenzen für ein von den Kommunen gefordertes Nichtanwendungsgesetz -, UR 2013, S. 205–240 (zitiert als: *Suck*, UR 2013)

Tehler, Hermann-Josef, Umsatzsteuerliche Beurteilung der Einschaltung von Unternehmern in die Erfüllung hoheitlicher Aufgaben. In UR 2006, S. 193–200. (zitiert als: *Tehler*, in UR 2006)

Tipke, Klaus/Kruse, Heinrich-Wilhelm, Abgabenordnung – Finanzgerichtsordnung – Kommentar, Stand: 154. Ergänzungslieferung, Dezember 2018, Köln (zitiert als: *Bearbeiter*, in Tipke/Kruse, AO/FGO)

Vogel, Klaus/Christian, Waldhoff, Grundlagen des Finanzverfassungsrechts: Sonderausgabe des Bonner Kommentars zum Grundgesetz (Vorbemerkungen zu Art. 104a bis 115 GG), 1. Aufl., 1999, Heidelberg (zitiert als: *Vogel/Waldhoff*, Finanzverfassungsrecht)

Wagner, Wilfried, Der leise Abschied des „Betriebs gewerblicher Art" aus dem Umsatzsteuerrecht, in UR 1993, S. 301–304 (zitiert als: *Wagner*, in UR 1993)

Wagner, Wilfried, Mehr Wettbewerbsgerechtigkeit oder neue Belastungen für die Kommunen?, in ifo Schnelldienst 2/2017, S. 3–6 (zitiert als: *Wagner*, in ifo 2017)

Waldhoff, Christian, Struktur und Funktion des Steuertatbestands. In Festschrift für Wolfgang Spindler, Steuerrecht im Rechtsstaat, 2011, Köln, S. 853–878 (zitiert als: *Waldhoff*, in FS für Wolfgang Spindler, Struktur und Funktion des Steuertatbestands)

Waldhoff, Christian/Grefrath, Holger, Normenklarheit und Bestimmtheit der Vorschriften über die Hinzurechnungsbesteuerung als Problem des Steuervollzugs. In IStR 2013, S. 477–484 (zitiert als: *Waldhoff/Grefrath*, IStR 2013)

Weill, Tim, Die DFL als „Veranstalterin" und Schuldnerin von Verwaltungsgebühren im deutschen Profifußball, NVwZ 12/2018, S. 846–852 (zitiert als: *Weill*, NVwZ 12/2018)

Weimann, Rüdiger/Lang, Fritz (Hrsg.), Kompakt-Kommentar Umsatzsteuer – national und international, 5. Aufl., 2018, Nördlingen (zitiert als: *Bearbeiter*, in Weimann/Lang, UStG)

Wendel, Matthias, Neue Akzente im europäischen Grundrechtsverbund, EuZW 2012, S. 213–217 (zitiert als: *Wendel*, EuZW 2012)

Widmann, Werner, Anmerkung zu BFH Urteil vom 15.4.2010, V R 10/09. In BB 2010, S. 2088–2093 (zitiert als *Widmann*, BB 2010)

Widmann, Werner, Anmerkung zu BFH Urteil vom 3.3.2011 – V R 23/10. In BB 2011, S. 2020–2023 (zitiert als *Widmann*, Anmerkung zu BFH Urteil vom 3.3.2011 – V R 23/10, in BB 2011)

Widmann, Werner, Umsatzbesteuerung der juristischen Personen öffentlichen Recht, in UR 2015, S. 5–11 (zitiert als: *Widmann*, UR 2015)

Willenbruch, Klaus/Wieddekind, Kristina, Vergaberecht, 4. Aufl., 2017, Köln (zitiert als: *Bearbeiter*, in Willenbruch/Wieddekind, Vergaberecht)

Wöhe, Günther/Döring, Ulrich (Hrsg.), Einführung in die Allgemeine Betriebswirtschaftslehre, 24. Aufl., 2010, München (zitiert als: *Wöhe/Döring*, Allgemeine Betriebswirtschaftslehre)

Wolff, Hans Julius, Typen im Recht und in der Rechtswissenschaft, Studium Generale, Heft 5, 1952, S. 195–205 (zitiert als: *Wolff*, Studium Generale 1952)

Woll, Artur, Volkswirtschaftslehre, 16. Aufl. 2011, München (zitiert als: *Woll*, Volkswirtschaftslehre)

Zippelius, Reinhold, Juristische Methodenlehre, 11. Aufl., 2012, München (zitiert als: *Zippelius*, Methodenlehre)

Quellenangabe zu Verwaltungsfundstellen

Bundesministerium der Finanzen, Richtlinie zur Körperschaftssteuer, vom 6. April 2016, Stand 4. März 2019 (zitiert als: KStR 2015)

Bundesministerium der Finanzen, Umsatzsteueranwendungs-Erlass, vom 1. Oktober 2010, konsolidierte Fassung Stand 2. Januar 2019 (zitiert als: UStAE)

Bundesministerium der Finanzen, Schreiben vom 16.12.2016, III C 2, Az. S 7107/16/10001, DOK 2016/1126266, Umsatzbesteuerung der Leistungen der öffentlichen Hand; Anwendungsfragen des § 2b UStG, DStR 2017 (zitiert als: BMF-Schreiben vom 16.12.2016, III C 2 – S 7107/16/10001, DStR 2017)

LSF Sachsen, vom 15. Mai 2014, S 7100–447/1–213, Fundstelle: MwStR 2014, S. 562 (zitiert als: *LSF Sachsen*, S 7100–447/1–213, MwStR 2014)

OFD Frankfurt am Main, Merkblatt vom 19.12.2016, S 7106 A – 119 – St 110, Verfügung betr. Merkblatt über die Grundsätze der Umsatzbesteuerung des Landes Hessen als juristische Person des öffentlichen Rechts, UR 2017, S. 313–320 (zitiert als: OFD Frankfurt am Main, Merkblatt vom 19.12.2016, UR 2017)

OFD Niedersachsen, vom 1. Oktober 2014, S 7106 - 296 - St 171, MwStR 2014, S. 783, Fundstelle: MwStR 2014, S. 783 (zitiert als: *OFD Niedersachsen*, vom 1. Oktober 2014, S 7106 - 296 - St 171, MwStR 2014)

OFD Nordrhein-Westfalen, Besteuerung der juristischen Personen des öffentlichen Rechts, vom 1.10.2014, abzurufen unter: https://www.finanzverwaltung.nrw.de/sites/default/files/asset/document/besteuerung_der_juristischen_personen_des_oeffentlichen_rechts_arbeitshilfe_ofd.pdf, aufgerufen am 4. März 2019.

OFD Karlsruhe, Verfügung betr. Unternehmereigenschaft beim Betrieb von Anlagen zur Erzeugung von Strom und Wärme, vom 28.09.2009, USt-Kartei OFD Karlsruhe § 2 Abs. 1 UStG S 7104 Karte 2 (zitiert als: OFD Karlsruhe, Verfügung vom 28.09.2009)

Internetquellen

Hatzopoulos, Vassilis, The concept of 'economic activity' in the EU Treaty: from ideological dead-ends to workable judicial concepts, http://aei.pitt.edu/39384/, University of Pittsburgh, aufgerufen am 4. März2019 (zitiert als: *Hatzopoulos,* in The concept of 'economic activity' in the EU Treaty: from ideological dead-ends to workable judicial concepts)

Siebert, Horst, Die Illusion von der Kooperation: zum Wettbewerb in der Weltwirtschaft gibt es keine Alternative, https://econpapers.repec.org/paper/zbwifwkwp/809.htm, Kiel Working Paper, No. 809, Institut für Weltwirtschaft, Kiel, aufgerufen am 26.2.2019 (zitiert als: *Siebert*, Die Illusion von der Kooperation: zum Wettbewerb in der Weltwirtschaft gibt es keine Alternative)

FSC
www.fsc.org
MIX
Papier | Fördert gute Waldnutzung
FSC® C083411

Kolibri 360 GmbH
Ferdinand-Jühlke-Straße 7
99095 Erfurt, Deutschland
produktsicherheit@kolibri360.de

Druck:
CPI Druckdienstleistungen GmbH
im Auftrag der
Kolibri 360 GmbH
Ferdinand-Jühlke-Str. 7
99095 Erfurt